WITHDRAWN

HARVARD LIBRARY

WITHDRAWN

Ehefragen im Neuen Testament

ARBEITEN ZUR RELIGION UND
GESCHICHTE DES URCHRISTENTUMS

Herausgegeben von Gerd Lüdemann

Band 7

Frankfurt am Main · Berlin · Bern · New York · Paris · Wien

Frank Kleinschmidt

Ehefragen im Neuen Testament

Ehe, Ehelosigkeit, Ehescheidung,
Verheiratung Verwitweter und Geschiedener
im Neuen Testament

PETER LANG
Europäischer Verlag der Wissenschaften

Die Deutsche Bibliothek - CIP-Einheitsaufnahme

Kleinschmidt, Frank:
Ehefragen im Neuen Testament : Ehe, Ehelosigkeit, Ehescheidung, Verheiratung Verwitweter und Geschiedener im Neuen Testament / Frank Kleinschmidt. - Frankfurt am Main ; Berlin ; Bern ; New York ; Paris ; Wien : Lang, 1998
   (Arbeiten zur Religion und Geschichte des Urchristentums ; Bd. 7)
   Zugl.: Göttingen, Univ., Diss., 1997
   ISBN 3-631-33001-4

Gedruckt mit Hilfe von Forschungsmitteln
des Landes Niedersachsen sowie durch
Druckkostenzuschüsse der ev.-luth. Landeskirche Hannovers
und der Georg-Strecker-Stiftung.

D 7
ISSN 0949-3069
ISBN 3-631-33001-4
© Peter Lang GmbH
Europäischer Verlag der Wissenschaften
Frankfurt am Main 1998
Alle Rechte vorbehalten.

Das Werk einschließlich aller seiner Teile ist urheberrechtlich geschützt. Jede Verwertung außerhalb der engen Grenzen des Urheberrechtsgesetzes ist ohne Zustimmung des Verlages unzulässig und strafbar. Das gilt insbesondere für Vervielfältigungen, Übersetzungen, Mikroverfilmungen und die Einspeicherung und Verarbeitung in elektronischen Systemen.

Printed in Germany 1 2 4 5 6 7

Vorwort

Ich möchte an dieser Stelle meinen besonderen Dank der Familie Strecker für ihre Unterstützung aussprechen: insbesondere Herrn Prof. Dr. Georg Strecker, der mir bei meinen ersten theologischen Arbeiten wichtige Anleitungen gab und mir durch die dreijährige Zeit als Wissenschaftliche Hilfskraft ermöglichte, tiefere Einblicke in die neutestamentliche Wissenschaft zu erlangen. Dankbar denke ich an die Mitarbeit bei seinen Veröffentlichungen der 90er Jahre sowie an viele Gespräche zurück, die mir bleibend wichtig sind.

Mein besonderer Dank gilt Frau Gisela Strecker und der Georg-Strecker-Stiftung, die durch ihre Unterstützung ein rasches Voranschreiten der Arbeiten an meiner Dissertation begünstigten.

Ich bedanke mich für die Druckkostenzuschüsse der ev.-luth. Landeskirche Hannovers, der Georg-Strecker-Stiftung sowie der ev.-theolog. Fakultät der Georg-August-Universität Göttingen aus Forschungsmitteln des Landes Niedersachsen.

Weiter danke ich meinem Doktorvater, Herrn Prof. Dr. Dr. Hartmut Stegemann, für die theologische Beratung. Viele Akzentsetzungen verdanken sich den Gesprächen mit ihm. Auch Herrn Prof. Dr. Hans Hübner danke ich für die Erstellung des Zweitgutachtens sowie den übrigen Mitgliedern der Prüfungskommission, Herrn Dekan Prof. Dr. Bernd Moeller, Prof. Dr. Eberhard Busch und Professor Dr. Rudolf Smend.

Wolfsburg, den 6. November 1997

Frank Kleinschmidt

Inhaltsverzeichnis

Vorwort 5

Zur Einführung 11

Zur Forschungslage 13

Die eigene Darstellung 27

I. Ehe (allgemein) 31
   1. Grundfragen des Eheverständnisses in der Antike (im Neuen Testament wie in dessen Umwelt) 31
   2. Ehebeschränkungen / Ehehindernisse 37
      2.1. Inzestbestimmungen (siehe umfassend V.8) 38
      2.2. Standesbedingte Eheverbote (siehe ferner II.2.3.3.) 39
      2.3. Religiöse Mischehen (siehe ferner II.2.3.) 41
      2.4. Priesterehe 50
   3. Die neutestamentlichen Ehetexte 52
      3.1. Die paulinische Beurteilung der Ehe 52
          3.1.1. Forschungsüberblick 52
          3.1.2. Exegese zu 1 Kor 7,1-7 56
          3.1.3. Weitere für die Beurteilung der Ehe wichtige Passagen aus 1 Kor 7 61
      3.2. Ehe in der neutestamentlichen Ständetafeltradition 65
          3.2.1. Einführung in die Ständetafelethik (Umfang, Vorgeschichte, theologische Verortung) 65
              3.2.1.1. Die Gattung "Ständetafeln" und die ihr zuzurechnenden Texte 65
              3.2.1.2. Vorgeschichte der neutestamentlichen Ständetafeln 67
              3.2.1.3 Zum theologischen Hintergrund der neutestamentlichen Ständetafelethik 68
          3.2.2. Literarisches Verhältnis der Ständetafeln von Kol und Eph 68
          3.2.3. Exegese von Kol 3,18f 69

	3.2.4. Exegese und religionsgeschichtliche Verortung von Eph 5,21-33	70
	3.2.4.1. Exegese	70
	3.2.4.2. Religionsgeschichtliche Einordnung des Konzepts von Eph 5,21-33	75
	darin 2 Exkurse:	
	– Zur Interpretation von Eph 5,21-33 auf dem Hintergrund gnostischer Syzygievorstellungen	79
	– Zum Verständnis der Ehe als Sakrament in der römisch-katholischen Kirche	85
3.3.	Ehe in den Pastoralbriefen	87

II. Besondere Eheformen ... 91

1. Monogamie und Polygamie ... 92
    1.1. Zur Begrifflichkeit ... 92
    1.2. Simultane Polygamie (bzw. Monogamie) ... 93
    1.3. Sukzessive Polygamie ... 94
2. Besondere Eheformen ... 95
    2.1. Die Einzigehe ... 95
        2.1.1. Paulus ... 95
        – darin ein Exkurs zur Diskussion um die Witwerschaft des Apostels Paulus ... 96
        2.1.2. Die synoptische Tradition ... 98
        2.1.3. Pastoralbriefe ... 99
            2.1.3.1. Der Textbefund und seine diversen Deutungen in der Forschung ... 99
            2.1.3.2. Forschungsüberblick zur Einzigehe ... 102
            2.1.3.3. Auswertung des religionsgeschichtlichen Materials ... 106
            FAZIT ... 115
    2.2. Syneisaktenehen in 1 Kor 7,36-38? ... 116
        2.2.1. Forschungsgeschichte ... 116
        2.2.2. Sprachlicher Befund ... 119
        2.2.3. Historische Überlegungen und Urteilsbildung ... 123
        Ausblick auf die Syneisaktenehe ... 131
    2.3. Religiös gemischte Ehen ... 132
        2.3.1. Paulus ... 133
        2.3.2. 1 Petr ... 135

2.3.3. Historische Erwägungen zur Mischehenproblematik (angesichts der augusteischen Ehegesetzgebung) 137
2.4. Leviratsehe 139

III. Ehelosigkeit 145
1. Ehelosigkeit in der neutestamentlichen Umwelt 145
2. Die neutestamentlichen Texte 153
   2.1. Paulus 153
   2.2. Texte der synoptischen Tradition 155
   2.3. Weitere neutestamentliche und nachneutestamentliche Literatur 164
   Exkurs zum Priesterzölibat 166

IV. Ehescheidung 175
1. Der Initiator der Scheidung in der neutestamentlichen Umwelt 175
2. Die neutestamentlichen Texte zur Ehescheidung 182
   2.1. Paulus 182
   – darin: Exkurs zur paulinischen Differenzierung hinsichtlich der Autorität von Herrenworten und eigenen Weisungen 184
   2.2. Mk 10,1-12 par Mt 19,1-9 (unter Einbeziehung von Mt 5,32 par Lk 16,18) 186
   darin Exkurse:
   – zur mt Unzuchtsklausel (Mt 5,32; 19,9) 189
   – zur Textkritik von Mt 19,9 193
3. Die Rückfrage nach der Beurteilung der Ehescheidung durch den historischen Jesus 197
   3.1. Methodische Reflexion 198
   3.2. Zum theologischen Hintergrund der Stellungnahme des historischen Jesus zur Ehescheidung 201
   – darin Exkurs zum Vergleich mit CD IV 20ff 201
   3.3. Andere religionsgeschichtliche und theologische Verortungen der Ablehnung der Ehescheidung durch den historischen Jesus 207
      3.3.1. Interpretation auf dem Hintergrund des sogenannten androgynen Mythos 207
      3.3.2. Interpretation auf dem Hintergrund der Sammlung eines eschatologischen Gottesvolkes (Isaksson) 209
      3.3.3. Baltensweilers historische Verortung (Hintergrund der Affäre zwischen Herodes Antipas und Herodias) 211

4. Inwiefern hält die synoptische Tradition an der Ablehnung der Ehescheidung durch den historischen Jesus fest? ... 212
    4.1. Markus und Lukas ... 212
    4.2. Verbindung von Ehescheidung und Wiederheirat – ein Schritt auf dem Weg zur Kasuistik ... 212
    4.3. Matthäus und die Unzuchtsklausel (vgl. Hirt des Hermas, Mand IV 1,1-11) ... 213

V. Ehebruch und Unzucht ... 215
1. Das Verständnis von Ehebruch ist nicht überall gleich ... 216
   – darin Exkurs zur Stellung der Frau im palästinischen Judentum in neutestamentlicher Zeit ... 216
2. Mt 5,27-30 ... 221
3. Begrifflichkeit hinsichtlich ehebrecherischen oder unzüchtigen Verhaltens (Texte u.a. die Lasterkataloge sowie 1 Thess 4,3ff) ... 222
4. Übertragene Bedeutung von Unzucht (und Ehebruch) (alttestamentlicher Ehebundgedanke; Kultprostitution, im Neuen Testament Apokalypse, ferner die Charakterisierung der Irrlehrer in Jud und 2 Petr) ... 227
5. Das Phänomen gleichgeschlechtlicher Liebe (Texte Röm 1,26-28, Lasterkataloge sowie religionsgeschichtliches Material) ... 230
6. Die Frage nach der Sanktionierung von Ehebruch (neben dem religionsgeschichtlichen Material: Joh 7,53-8,11; vgl. Mk 5,27ff; 7,21-23) ... 234
7. Prostitution (vor allem 1 Kor 6,12-20) ... 237
8. Inzest und ehewidrige Verwandtschaftsgrade (vor allem 1 Kor 5,1ff; vgl. I.2.1. und II.2.4.) ... 240
   – darin Exkurs zu den Inzestbestimmungen der frühen Alten Kirche ... 245

Fazit ... 249

Literaturverzeichnis ... 259

Abkürzungsverzeichnis ... 299

Zur Einführung

Diese Untersuchung befaßt sich vor allem mit Ehe, Ehelosigkeit, Ehescheidung, Verheiratung Verwitweter und Geschiedener im Neuen Testament. Wie wichtig diese Themenkreise für christliche Ethik sind, zeigen die aktuellen Diskussionen über Lebensführungsfragen, die sowohl in den reformatorischen Kirchen als auch in der Römisch-Katholischen Kirche geführt werden.

Dabei ist eine erneute Auseinandersetzung mit den neutestamentlichen Ehetexten unerläßlich, gerade weil sich in unserer Gesellschaft die Einstellung zu Fragen der Sexualität und Lebensführung gegenüber der Situation des frühen Christentums stark gewandelt hat.

Dies erscheint vor allem in den reformatorischen Kirchen als notwendig, in denen man sich in besonderer Weise auf das "sola scriptura" beruft, selbstverständlich aber auch in der Römisch-Katholischen Kirche, in der der Schrift neben dem breiten Strom der Tradition – beziehungsweise in diesen integriert – ebenfalls entscheidendes Gewicht beigemessen wird. Es muß jedoch vorab klargestellt werden, daß die uns erhaltenen Einzelbefunde sich nur sehr begrenzt für Fragestellungen grundsätzlicher Art eignen, die letztlich von ganz anderen Voraussetzungen her – etwa im Rahmen einer systematisch-theologisch verantworteten christlichen Ethik – zu treffen sind. Eine historisch-theologische Untersuchung kann in dieser Hinsicht nur Vorklärungen schaffen, etwa feststellen, was sich dem Neuen Testament entnehmen läßt und was nicht, und die Einzelbefunde qualifizieren. Nicht mehr – aber auch nicht weniger – ist das Ziel dieser Untersuchung.

Zur Forschungslage

Es gibt nur wenige Arbeiten, die alle neutestamentlichen Texte hinsichtlich sämtlicher, im Neuen Testament behandelten oder vorausgesetzten Aspekte der Ehe- und Sexualethik in den Blick nehmen. Viele Untersuchungen konzentrieren sich auf spezielle Fragestellungen, so z.B. B. Kötting auf die lebenslänglich einmalige Ehe oder F. Vogt und P.E. Harrell auf Ehescheidung und Wiederverheiratung Geschiedener. Andere Untersuchungen befassen sich mit den asketischen Tendenzen im Urchristentum und der frühen Alten Kirche, z.B. K. Müller, A. Vööbus, D.W. Trautman oder K. Heussi. Bisweilen liegt den Arbeiten eine eng eingegrenzte Textbasis zugrunde, so z.B. die paulinischen Texte (vor allem 1 Kor 7) den Untersuchungen von G. Delling, D.J. Doughty, W. Wolbert, den drei Monographien von N. Baumert wie zahlreichen Aufsätzen unter anderem von W. Schrage, K. Niederwimmer und D.L. Balch. Andere Werke beschränken sich im wesentlichen auf Eph 5,21-33, so z.B. K.-H. Fleckenstein und J.P. Sampley.

Bei der Fülle sexual- und eheethischer Fragestellungen und Texte des Neuen Testaments könnte eine Beschränkung des Arbeitsfeldes in der Tat als sinnvoll erscheinen. Dennoch ist es reizvoll, einmal das gesamte neutestamentliche Material zu ehe- und sexualethischen Fragen zu sichten, weil sich erst aus der Zusammenschau sämtlicher einschlägiger Befunde ein wirklichkeitsgetreues Gesamtbild ergeben kann und die letzten Jahrzehnte in religionsgeschichtlicher Hinsicht einige neue Perspektiven eröffnet haben, die gebührend berücksichtigt werden sollten.

A) Bereits H. Preisker[1] stellte in der Einleitung seiner Arbeit fest, daß das Problem der eheethischen neutestamentlichen Texte bis dahin allzu selten "angepackt wurde": "Vor allem fehlt bisher eine Studie über die Ehe in den ersten drei Jahrhunderten, die in die Einzelheiten hineingeht, und die vom Standpunkt historischer Betrachtungsweise aus die Tatsachen untersucht."[2] Es liege zwar eine Fülle von Material bereit[3]; doch erschöpfe sich diese Arbeit im wesentlichen in rechtlichen Fragen. Preisker gibt in seiner Einleitung einen Über-

---

1 "Christentum und Ehe in den ersten drei Jahrhunderten", 1927.
2 A.a.O., 5.
3 Preisker verweist auf die Aufarbeitung des jüdischen Materials durch L. Blau, Die jüdische Ehescheidung und der jüdische Scheidebrief I.II 1911.1912, und J. Neubauer, Beiträge zur Geschichte des biblisch-talmudischen Eheschließungsrechts, 1919/1920.

blick über die bislang von anderen geleistete Arbeit an den neutestamentlichen und altchristlichen Ehetexten und diagnostiziert folgende Defizite:

(1) Das christliche Material wurde im allgemeinen apologetisch von dem Material der Umwelt abgehoben: so "ist die Forschung weder den außerchristlichen Strömungen gerecht geworden, noch hat sie die geschichtliche Abhängigkeit der christlichen Kreise von der Umwelt erkannt; man geht von dem dogmatischen Urteil aus, daß das Christentum auch hier Neues, Unbekanntes, Einzigartiges bringen müßte"[4]. Erst das Vordringen der religionsgeschichtlichen Methode habe zu einem Umdenken geführt.[5]

Als ein Beispiel für die ältere, von H. Preisker kritisierte Forschung sei *J. Fischer*[6] genannt. Er ordnet den neutestamentlichen Stoff systematisch in den Kapiteln "I. Die Ehe"; "II. Die Jungfräulichkeit" und "III. Ehe und Jungfräulichkeit in ihrem Verhältnis zueinander". Die Einseitigkeit, mit der Fischer die Umwelt des Neuen Testament zeichnete, wird zum Beispiel daran deutlich, wie er die Rolle der Frau in diesem Bereich beschreibt: "Daß das Weib in der vorchristlichen Zeit, teilweise selbst im jüdischen Volke, eine ganz untergeordnete, ja geradezu unwürdige Stellung einnahm, ist eine allgemeine Tatsache ... Eine gründliche Wandlung in dieser Auffassung ist erst durch das Christentum herbeigeführt worden."[7] Erst das Christentum bringt nach Fischer einen "völligen Umschwung"[8]. Preiskers Arbeit zeigt dagegen vor allem durch Beispiele aus der stoischen Moralphilosophie, aber auch aus dem römisch-hellenistischen Volksleben, daß eine derartig pauschale Zeichnung der Realität dieser in keiner Weise gerecht wird. Wenn man aber den dogmatisch-apologetischen Hintergrund Fischers mitbedenkt, wird verständlich, warum die Analyse so ausfallen mußte: Fischers Arbeit ist ganz dem thomistischen Schema von Natur und Übernatur/Gnade verhaftet, so daß es notwendig ist, daß das Christentum der bloß "naturhaften Seite der Ehe"[9] einen höherwertigen "sittlichen Charakter"[10] sowie "eine religiöse Weihe"[11] aufpflanzt, welche die Ehe erst zu ihrer wirklichen Bestimmung kommen lassen. Es ist dann nur folgerichtig, wenn Fischer am Ende des I. Kapitels aufgrund von Eph 5,21-33 beim sakramentalen Verständnis der Ehe angelangt.[12] –

---

4 A.a.O., 7.
5 A.a.O., 8f.
6 Ehe und Jungfräulichkeit im Neuen Testament, BZ.NF 3/4, 1/2 1919.
7 A.a.O., 7.
8 A.a.O., 8.
9 So der Titel von Kap. I.5.
10 So der Titel von Kap. I.6.
11 So der Titel von Kap. I.7.
12 A.a.O., 45.

Eine derartige dogmatische Vorentscheidung macht einen unvoreingenommenen Blick auf die Phänomene der Umwelt, wie er dann für die Arbeit Preiskers (allerdings nur für den hellenistischen Bereich) charakteristisch ist, von vornherein unmöglich.

2. Weiterhin hat nach Preisker die religionsgeschichtliche Forschung ein Defizit der älteren Forschung aufgedeckt: Die "eschatologische Bedingtheit der urchristlichen Stellung zur Ehe"[13] sei lange Zeit verkannt worden. Durch die Freilegung dieser Dimension erscheinen die neutestamentlichen Texte in einem anderen Licht.

3. Eine von Preisker im Laufe seiner Arbeit ständig wiederholte Kritik an der bisherigen Forschung besteht schließlich darin, daß die heidnischen, das heißt für ihn, die hellenistisch-römischen, Materialien zu kurz gekommen seien, wobei Preisker vor allem an Texte der stoischen Moralphilosophie[14] denkt[15]. Die Arbeiten der religionsgeschichtlichen Forschung[16] hätten gezeigt, "daß eine über die heidnische hinausgehende sittliche Würdigung der Ehe der Kirche fremd war oder wenigstens als sehr sekundär zu gelten hat"[17]. Auch hätten die ethischen Gedanken des Neuen Testaments allenthalben Parallelen in der römischen Stoa, so daß von einer Singularität nicht gesprochen werden könne.

Preisker möchte an die Arbeit der religionsgeschichtlichen Schule anknüpfen und erstmals eine "ins Einzelne gehende Behandlung" vorlegen.[18] Eigentliches Ziel seiner Arbeit ist es, abzuklären, "welcher Zusammenhang zwischen der ursprünglichen jüdischen Eheauffassung und der späteren Entwicklung auf heidnischem Boden besteht"[19].

Preisker stellt somit fest, daß es an einer Gesamtdarstellung fehle, die trotz des umfassenden Vorhabens auch "Einzelheiten" auf die Spur kommt.[20]

Dabei geht er so vor, daß er "zunächst die Umwelt, Heidentum wie Judentum, in ihrer Stellung zur Ehe" darstellt[21]: I.1. "Das hellenistisch-römische Heidentum"; I.2. "Das Spät-Judentum". Preisker setzt jedoch – was von der Geschichte des Urchristentums wie auch von Preiskers eigener Zielsetzung her, den "Zusammenhang zwischen der ursprünglichen jüdischen Eheauffassung und der

---

13 A.a.O., 8.
14 Epiktet u.a.
15 A.a.O., 9.
16 Vor allem E. Fehrle, Die kultische Keuschheit im Altertum, 1910; A. Bonhöffer, Epictet und das N.T., 1911.
17 A.a.O, 10. Preisker zitiert hier zustimmend L. Zscharnack, Der Dienst der Frau in den ersten drei Jahrhunderten, 1902, 12.
18 A.a.O., 11.
19 Ebd.
20 A.a.O., 5; ähnlich 11.
21 A.a.O., 5.

späteren Entwicklung auf heidnischem Boden"[22] zu erhellen, eigentlich nahegelegen hätte – nicht mit jüdischen Positionen ein, sondern stellt in seiner religionsgeschichtlichen Skizze die stoische Moralphilosophie ausführlich und programmatisch an den Anfang.

In diesen Quellen findet Preisker eine außerchristliche Positionsbestimmung, die – auf der Basis der Forderung nach einem naturgemäßen Leben – die Ehe hochschätzt, sie auch in ihrem ideell-geistigen Wert würdigt[23] und vor allem an Mann und Frau gleich hohe sittliche Maßstäbe anlegt. Das Verdienst Preiskers, das stoische Material in seinem Wert anzuerkennen, trägt leider in der dann folgenden Darstellung vor allem des jüdischen wie des christlichen Materials negative Früchte: Man sieht im weiteren Verlauf der Untersuchung, daß die stoische Moralphilosophie dazu dient, einen Kontrast gegenüber allen übrigen Erscheinungen der frühchristlichen Umwelt aufzubauen. Gegenüber dem von den Stoikern gezeichneten Eheideal müssen alle anderen Traditionen von vornherein negativ abschneiden.

Besonders problematisch ist, wie die stoische Moralphilosophie als Kontrastfolie zum antiken Judentum[24] dient. Preisker zeichnet die jüdische Ehe- und Sexualethik in der Weise, daß die Ehe hier "eben nur Geschlechtsgemeinschaft ..., damit zugleich Sicherheitsventil gegen Ausschweifungen" gewesen sei[25]: "Eine höhere Wertung der Ehe als geistiges Band zweier Menschen fehlt gänzlich im Judentum"[26].

In seiner Einleitung macht es sich Preisker zur Aufgabe, nach Darbietung des religionsgeschichtlichen Vergleichsmaterials "kurz" zu charakterisieren, "wie das Christentum in seinen allerersten Anfängen die Ehe ansah"[27]; so lautet der Titel von Kap. II.1 "Die Anfänge des Christentums und die Wertung der Ehe". Es wird mit Recht versucht, trotz der schwierigen Quellenlage die Position des historischen Jesus wie auch die der frühchristlichen Gemeinden aus der synoptischen Tradition[28] zu erheben und diese wie auch die Position des Paulus konsequent auf dem Hintergrund der Eschatologie zu verstehen.

---

22 A.a.O., 11.
23 Sie also nicht bloß als biologische Konzession an die Triebhaftigkeit des Menschen ansieht.
24 Von Preisker – wie zu seiner Zeit noch üblich – als "Spätjudentum" bezeichnet.
25 A.a.O., 83.
26 A.a.O., 83; ähnlich nochmals 85: "Bezeichnend ist, daß ... eine geistige Gemeinschaft von Mann und Frau in keiner Weise in Erwägung gezogen wird. Ehe ist eben nur Geschlechtsgemeinschaft zur Erziehung von Nachkommenschaft."
27 A.a.O., 5.
28 Preisker setzt bereits die 1. Auflage von R. Bultmanns Geschichte der synoptischen Tradition aus dem Jahre 1921 voraus.

Problematischerweise wird auch hier wieder die hohe Meßlatte der Ehesicht der Stoa angelegt, so daß die Position Jesu, noch mehr aber die des Paulus, nicht sonderlich gut dastehen. Zum Jesus-Gut vermerkt Preisker: "Die Ehe als Grundlage sittlicher Förderung zweier Individualitäten, als der 'Wille zu zweien, das eine zu schaffen, das mehr ist, als die es schufen', kennt er nicht."[29] "Irgendein Verständnis für die Ehe als ein Sichineinanderverlieren zweier Menschen, denen diese Gemeinschaft Mittelpunkt von Leben und Welt und damit irdische Irrationalität ist, ist bei der Erdgelöstheit Jesu nicht zu erwarten."[30]

Noch schärfer ist Preiskers Verdikt über Paulus: "Was ist ... dem Apostel überhaupt die Ehe? Einfach Geschlechtsgemeinschaft, wie es der Rabbinenschüler von Anfang an gelernt hat. Keinen anderen Zweck sieht er in ihr erfüllt, als den einer erlaubten Befriedigung des Geschlechtsverkehrs."[31]. Die Ehe sei für Paulus "etwas Berechtigtes nur als Notbehelf gegen böse Entgleisungen ... Es muß also dabei bleiben, daß für Paulus die Ehe etwas Minderwertiges ist, er läßt ihr keine positive Würdigung zuteil werden. Erst recht fern liegt es ihm, die Ehe als eine geistige Gemeinschaft einzuschätzen."[32]

Preisker tritt einen Schritt hinter das von ihm Erkannte zurück, wenn er die eschatologische Erwartung im Verhältnis zur "Christusmystik"[33] nur in geringerem Maß für die asketische Position des Paulus verantwortlich macht[34], obwohl er doch in seiner Kritik an der voraufgegangenen Forschung das Gewicht der Eschatologie für die neutestamentlichen Ehetexte erkannt hat[35].

In einem nächsten Arbeitsschritt will Preisker die christlichen Schriften dahingehend untersuchen, "wo und wieweit die ursprünglich christliche Auffassung beibehalten ist oder sich verschoben hat"[36]; deshalb behandelt Teil II.2 "Die Anschauungen von der Ehe im spätern Urchristentum" und II.3 "Die Ehe in der frühkatholischen Kirche".

Hier finden sich interessante Überlegungen zu diffizilen Problemen der neutestamentlichen Ehetexte, die in der Forschung ansonsten gar nicht oder nur beiläufig Erwähnung finden, so zur lebenslänglich einmaligen Ehe[37] aufgrund

---

29 A.a.O., 108.
30 A.a.O., 109.
31 A.a.O., 126.
32 A.a.O., 127.
33 A.a.O., 131f.
34 A.a.O., 142.
35 S.o. Punkt 2.
36 A.a.O., 5.
37 Von mir – im Anschluß an H. Stegemann, Essener 269f – als "Einzigehe" bezeichnet.

von Texten wie 1 Tim 3,2.12; 5,9[38] oder zu den Syneisaktenehen[39], deren Existenz Preisker bereits in 1 Kor 7,36-38 gegeben sieht.

Doch finden sich auch in diesem Teil wieder problematische Bewertungen der neutestamentlichen Ehetexte. So gelingt es Preisker nicht, Eph 5,21-33 als einen eigenständigen Entwurf zu würdigen. Die christologisch-ekklesiologische Argumentationsstruktur des Textes wird von Preisker als "exegetische Spitzfindigkeit und mystische Geheimnistheologie" abgetan[40], ohne daß die Verklammerung mit der Grundebene, nämlich der Relation von Mann und Frau, ernsthaft in den Blick genommen wird. Deshalb kann Preisker in Eph 5,28b.29 nichts anderes sehen als den "nüchternsten, plattesten Rationalismus und Utilitarismus".[41]

Auch die Ständetafeltexte können – gemessen an dem stoischen Eheideal – nicht bestehen: "Daß dabei eine Wertung der Ehe als geistige Gemeinschaft fehlen muß, kann nicht wundernehmen, auch hier zeigt sich wieder das Christentum als Tochter des Judentums".[42] Den römisch-hellenistischen – auch stoischen! – Parallelen zum Unterordnungsgebot für die Frau wird bezeichnenderweise nicht nachgegangen, weil dies Schatten in das von Preisker gezeichnete stoische Eheideal hineingetragen hätte.

Für die Weiterarbeit an den Texten ist – trotz der problematischen Gesamtkonzeption Preiskers – dennoch so manche Einzelbeobachtung und religionsgeschichtliche Information hilfreich, so vor allem zu kultisch bedingten Einzigehen aus der neutestamentlichen Umwelt[43] oder zur Syneisaktenproblematik[44]. Da die einzelnen neutestamentlichen Schriften aber gesondert nach allen möglichen ehe- und sexualethischen Äußerungen durchgegangen werden, entbehrt die Arbeit Preiskers einer gewissen inhaltlichen Systematik. Man muß sich sämtliche Texte, die sich auf dasselbe sexualethische Phänomen beziehen, quer durch die Arbeit Preiskers selbst zusammensuchen, was das Erfassen von Entwicklungen erschwert.

Schließlich konnten aufgrund des Abfassungsdatums der Arbeit von Preisker Texte aus Qumran oder Nag Hammadi noch nicht einbezogen werden. Dennoch ist die Arbeit Preiskers die erste, noch heute relevante, konsequent religionsgeschichtlich gearbeitete Studie zur Gesamtproblematik. Niemand wird an dieser grundlegenden Arbeit vorbeigehen können, wenn er die neutestamentlichen Ehetexte religionsgeschichtlich untersuchen will.

---

38 A.a.O., 148-150.161.
39 A.a.O., 158ff.171ff.
40 A.a.O., 151.
41 A.a.O., 151.
42 A.a.O., 153.
43 A.a.O., 41.46.149.161.
44 A.a.O., 35.133-135.171ff.

B) Auch H. Baltensweiler[45] schreibt in der Einleitung zu seiner Untersuchung: "Gesamtdarstellungen der exegetischen Fragen aller neutestamentlichen Texte sind relativ selten."[46] Die Lexika enthielten nur grobe Überblicke, viele wichtige Detailinformationen befänden sich in "nur schwer zugänglichen Einzelabhandlungen"[47]. So liege die Notwendigkeit einer Gesamtdarstellung sämtlicher neutestamentlicher Ehetexte auf der Hand, zumal Preiskers Darstellung "eher ... eine historische als ... eine exegetische Arbeit" sei.[48] Baltensweiler faßt seine Kritik an seinem Vorgänger Preisker wie folgt zusammen: "Seine religionsgeschichtliche Betrachtungsweise ist für die Phänomene der neutestamentlichen Umwelt ergiebiger als für die Eheauffassung des Neuen Testaments selber. Dazu kommt, dass Preisker von dem ethischen Postulat einer Idealehe her denkt"[49]. Dabei würde "das Eigentliche und Besondere der neutestamentlichen Botschaft" eingeebnet.[50]

Baltensweiler möchte sich seinerseits "auf die rein exegetische Seite des Problems" konzentrieren[51], was bedingt, daß er den Stoff – nach einem allzu groben religionsgeschichtlichen Überblick (Kapitel I) – nicht systematisch darbietet, sondern jeden neutestamentlichen Text für sich analysiert (Kapitel II. Evangelien; Kapitel III. Brieftexte). Dies hat zur Folge, daß sich die angesprochenen Phänomene – abgesehen von II.A.B zu den Ehescheidungstexten – quer über die ganze Arbeit verteilen. Eine gewisse Zusammenschau soll dann Kapitel IV. ermöglichen, wo die Ergebnisse der Arbeit unter den Rubriken "A. Ehe", "B. Ehescheidung" und "C. Ehelosigkeit" kurz zusammengefaßt werden.

Die Darstellung der hellenistisch-römischen Umwelt kommt bei Baltensweiler allzu kurz. Er verweist hier im wesentlichen auf Preiskers Arbeit. Positiv zu würdigen ist, daß das Alte Testament verhältnismäßig umfangreich einbezogen wird. Dabei kann sich Baltensweiler viele der von W. Plautz kurz zuvor publizierten Erkenntnisse zueigen machen.[52] So eignet sich Baltensweiler einige terminologische Präzisierungen von Plautz an, Polygynie beziehungsweise Bigynie anstelle des undifferenzierten Terminus Polygamie. Wichtig an dem alttestamentlichen Vorbau Baltensweilers ist, daß die Ehetexte und Ehebundtraditionen

---

45 "Die Ehe im Neuen Testament", Exegetische Untersuchungen über Ehe, Ehelosigkeit und Ehescheidung, AThANT 52, 1967.
46 A.a.O., 13.
47 Ebd.
48 A.a.O., 13.
49 A.a.O., 14.
50 Ebd.
51 A.a.O., 13.
52 Baltensweiler zitiert des öfteren Plautz' Aufsatz aus der ZAW 75 (1963), 3-27, wo dieser die Ergebnisse seiner – von Baltensweiler jedoch nicht berücksichtigten – Dissertation von 1959 zusammenfaßt.

des Alten Testaments, die auch für neutestamentliche Texte relevant sind[53], in ihrer Bedeutung erfaßt werden.

Die Exegese der synoptischen Ehescheidungstexte ist sehr gründlich und umfaßt auch sämtliche textkritischen Probleme. Allerdings wäre eine Einbeziehung von 1 Kor 7,10f und die Abklärung des Verhältnisses dieser Stelle zu den synoptischen Ehescheidungstexten bereits hier erforderlich gewesen. Baltensweiler versucht, die Ablehnung der Ehescheidung durch den historischen Jesus, wie er sie in ihrer ursprünglichsten Form in Lk 16,18 wiedergegeben sieht, historisch zu erfassen: Hier werde Bezug genommen auf die "Affäre zwischen Herodes und seiner zweiten Frau Herodias"[54], die bereits Johannes der Täufer kritisiert habe, was er mit dem Tod bezahlen mußte. "Das Logion über die Entlassung der Frau und die Heirat mit einer Geschiedenen" paßt nach Baltensweiler "genau auf die Situation des Herodes und der Herodias".[55] Ob damit die Grundsätzlichkeit des Votums Jesu angemessen erfaßt ist, wird zu prüfen sein.

Die matthäischen Unzuchtsklauseln werden auf dem Hintergrund der "Auseinandersetzung der judenchristlichen matthäischen Gemeinde mit der ... (jüdischen, F.K.) Proselytenpraxis" interpretiert[56], wonach – entgegen der laxen Interpretation von Lv 18 im zeitgenössischen Judentum – die Gemeinde des Matthäus "eine Verschärfung ... im Sinne einer rigorosen Anwendung der Thora vollzogen" habe.[57] Diese These wird ebenfalls zu überprüfen sein. Auch Joh 7,53-8,11 wird in die Darstellung miteinbezogen, was aufgrund der Verwandtschaft zur synoptischen Tradition[58] als angemessen erscheint.

Zu würdigen ist die gegenüber den älteren Arbeiten von Preisker und Delling[59] differenziertere Darstellung der paulinischen Beurteilung der Ehe. Zu prüfen bleibt, ob Baltensweiler im Recht ist, wenn er in 1 Kor 7,1b ein paulinisches Statement sieht. Hilfreich ist der ausführliche Exkurs zur Auslegungsgeschichte von 1 Kor 7,36-38 wie auch zur Entwicklung der Syneisaktenehen in der Alten Kirche, wobei Baltensweiler – überzeugt durch Kümmels Arbeit[60] – in diesem paulinischen Text reale Verlöbnisse angesprochen sieht. Erfreulicherweise bezieht Baltensweiler auch 1 Thess 4,3-8 in die Darstellung der paulinischen Ehesicht mit ein, was in der Literatur zumeist nicht der Fall ist. Allerdings bleibt zu prüfen, ob hier wirklich das Epiklerat den Hintergrund abgibt.

---

53 Besonders Jes, Ez und Hos.
54 A.a.O., 71.
55 A.a.O., 72.
56 A.a.O., 100.
57 A.a.O., 100.
58 Siehe die gründliche Arbeit Beckers, die 1963 erschien.
59 Paulus' Stellung zu Frau und Ehe, 1931.
60 W.G. Kümmel, Verlobung und Heirat (1 Kor 7,36-38), s. Literaturverzeichnis.

In aller Kürze werden die deuteropaulinischen Briefe (Kol, Eph, Pastoralbriefe) wie auch 1 Petr durchschritten. Dabei bleibt die Behandlung von Eph 5,21-33 – einem der ganz zentralen neutestamentlichen Ehetexte überhaupt – allerdings ein wenig farblos. Baltensweiler scheint der Betrachtung des Textes auf dem Hintergrund gnostischer Syzygievorstellungen, gegen die sich dann der Verfasser des Eph abgrenze[61], zuzuneigen[62]. Andere Passagen wiederum scheinen diese Position zurückzunehmen.[63] Hier bleibt vieles nebulös; letztlich gelingt es Baltensweiler nicht, die traditionsgeschichtlichen Zusammenhänge des Textes aufzuklären.

Die Gemeindetafeln der Pastoralbriefe werden von Baltensweiler noch den "Haustafeln"[64] zugerechnet und knapp behandelt. Die strittigen Passagen von 1 Tim 3,2.12; Tit 1,6 werden meines Erachtens zu Recht im Sinne der "Einzigehe" kirchlicher Amtsträger interpretiert; doch ermangelt es der – hier sehr an der Oberfläche verbleibenden – Darstellung an der Heranziehung überzeugenden religionsgeschichtlichen Materials. Eine eigentliche Beweisführung wird nicht unternommen; es bleibt bei der immerhin naheliegenden Vermutung, daß "wohl die altkirchliche Auslegung das Richtige treffen" werde.[65]

Baltensweilers Untersuchung bleibt hilfreich, wenn man einen groben Überblick über die neutestamentlichen Ehetexte erhalten will. Doch ist das religionsgeschichtliche Belegmaterial oftmals nicht hinreichend. Dies betrifft insbesondere die 1967 bereits durchaus zugänglichen Texte aus den Qumranfunden, auf die Baltensweiler so gut wie gar nicht eingeht. Manche der sich vom Textbefund her aufdrängenden Fragen werden nicht einmal gestellt. Außerdem bedauert man den Mangel an systematischer Durchdringung des Materials; aber dieses Defizit war bereits bei Preisker festzustellen.

C) Die Arbeit von K. Niederwimmer, "Askese und Mysterium"[66] analysiert das gesamte neutestamentliche Material traditionsgeschichtlich strukturiert in "I. Kapitel: Die eschatologische Moralkritik Jesu", "II. Kapitel: Traditionen des Palästinensischen Judenchristentums", "III. Kapitel: Traditionen aus dem Bereich

---

61 So zuvor H. Schlier, Epheser [4]1963 (Baltensweiler zitiert die Ausgabe von 1958).
62 A.a.O., 228: "Der eigentliche Hintergrund aber, auf welchem die Aussagen des Eph zu sehen sind, stellt die Gnosis dar."
63 A.a.O., 228f: "Man muss also keine Abhängigkeit des Eph von diesen Vorstellungen konstruieren. Sondern im Gegenteil: Diese Vorstellungen geben gleichsam das Baumaterial ab, mit dem gebaut wird. Der Bau aber, der entsteht, ist sowohl nach Plan und nach Ausführung etwas Neues und Eigentümliches."
64 Von mir im folgenden als "Ständetafeln" bezeichnet.
65 A.a.O., 240.
66 Über Ehe, Ehescheidung und Eheverzicht in den Anfängen des christlichen Glaubens, 1975.

des judenchristlichen Missionschristentums. Paulus und die nachpaulinische Tradition" sowie "IV. Kapitel: Die Gemeinden im Prozeß der Katholisierung". Die Detailkritik der Betrachtungsweisen K. Niederwimmers geschieht im Rahmen der folgenden Untersuchung. Doch seien vorab zwei grundlegende Probleme der umfangreichen Arbeit Niederwimmers genannt, die zugleich die Eigenart seines Werkes bedingen und den Wert der Darstellung erheblich beeinträchtigen:

(1) Niederwimmer greift in seiner Arbeit immer wieder zu Psychologisierungen, die kaum als textgemäß erscheinen. Ob derartige Anleihen bei der modernen Tiefenpsychologie wirklich zu einem tieferen Verständnis der angesprochenen Phänomene helfen, muß bei der Dürftigkeit der Textbasis fraglich bleiben. So urteilt Niederwimmer zum Beispiel über die als paulinisch angesehene Position von 1 Kor 7,1b: "Der Satz scheint bestimmt zu sein von der Ritual-Angst vor der dämonischen Mächtigkeit des Sexuellen und speziell der Frau: sie ist negativ tabuiert."[67] Überzogen scheint mir auch die Zeichnung der jüdischen Sexualethik, die Niederwimmer als "Sexualrigorismus" diffamiert[68]. Dieser "traditionelle Sexualrigorismus" wird als von Paulus zu einem "Sexualpessimismus" verschärft angesehen, weil dieser "den Eheverzicht über die Ehe gestellt" habe.[69] Im Hintergrund stehe eine "unterbewußte Verdrängung" des Sexuellen bei Paulus.[70] Doch wo wird solches an den Texten konkret deutlich?

Diese Interpretation der paulinischen Sicht von Ehe und Ehelosigkeit geht auf Kosten der theologischen Motivation des paulinischen Eheverzichts: "der personale Verzicht ist nicht deutlich genug vom unbewußten Abwehrmechanismus getrennt: der eschatologische Verzicht ist unbewußt von Tabu-Ängsten und den daraus resultierenden Abwehrmechanismen *mitmotiviert,* aber eben zugleich auch gestört ..."[71].

Ebenso geht die tiefenpsychologische Auswertung des beigebrachten gnostischen Materials auf Kosten einer theologisch angemessenen Beurteilung dieser Phänomene.[72]

(2) Problematisch ist an der gesamten Arbeit Niederwimmers ferner, wie schnell auf Mythen zurückgegriffen wird und diese als zwingender Hintergrund neutestamentlicher Texte angesehen werden, so der androgyne Mythos[73] hin-

---

67 A.a.O., 85.
68 A.a.O., 97.
69 Ebd.
70 A.a.O., 123.
71 A.a.O., 123.
72 A.a.O., 218f.
73 A.a.O., 45ff.

sichtlich der neutestamentlichen Ehescheidungstexte oder der Syzygie-Mythos[74] als Hintergrund von Eph 5,21-33[75]. Beide Erklärungsversuche sind einer kritischen Überprüfung zu unterziehen. Es ist immerhin hervorzuheben, daß Niederwimmer – wenn er auf den androgynen Mythos zurückgreift – eine Erfassung des theologischen Hintergrundes der Ablehnung der Ehescheidung durch den historischen Jesus versucht, die zum einen religionsgeschichtlich orientiert ist[76], zum anderen positiv die Bedeutung der Relation von Urzeit (androgyner Mensch) und Endzeit (Wiederherstellung der inzwischen verloren gegangenen Einheit) hervorhebt. So ist dieser Entwurf – darin geht er über die Arbeiten Preiskers und Baltensweilers hinaus – hinsichtlich der Erfassung der Position Jesu eine Herausforderung zu weiterer kritischer Arbeit.

Bei der Interpretation von Eph 5,(21)22-33 auf dem Hintergrund gnostischer Syzygievorstellungen, wie sie zuvor bereits von H. Schlier[77] beansprucht wurden, bleiben zahlreiche Anfragen, ob diese Ableitung so wirklich zutreffend und historisch wahrscheinlich zu machen ist.

Das sind die beiden Kernprobleme des Niederwimmerschen Entwurfs. Positiv zu würdigen ist, daß Niederwimmer wirklich umfassend das Material der neutestamentlichen Umwelt zu sexualethischen Fragen heranzieht und dabei zum Teil bis weit in nachneutestamentliche Zeit hinaufgeht, so daß auch ein Licht auf die Wirkungsgeschichte neutestamentlicher Texte fällt. Die Syneisaktenehe wie asketische Witwenschaft werden umfassend beleuchtet. Dennoch gibt es manche Bereiche, die nicht – oder nicht zureichend – behandelt werden: so die Frage nach Ehe und Ehelosigkeit im allgemeinen Volksleben, insbesondere was die Frage der von B. Kötting in seiner Dissertation bereits 1943 untersuchten lebenslänglich einmaligen Ehe anbetrifft.[78] Es fällt auch auf, wie wenig Gebrauch Niederwimmer von dem reichhaltigen Material Qumrans macht – gerade wenn man demgegenüber die Fülle des herangezogenen gnostischen Materials im Blick hat. Als uferlos erscheint die Beibringung von Material zu gnostischen Systemen im letzten Kapitel (§ 18); es wird nicht recht deutlich, was dies zum

---

74 A.a.O., 124-157.
75 Niederwimmer zieht problematischerweise V.21 noch zum Vorangegangenen, ohne die Brückenfunktion des Verses zu erkennen, was Einseitigkeiten seiner Exegese nach sich zieht.
76 Niederwimmer stellt Jesus also nicht bloß apologetisch als Verkünder neuer Sittlichkeit den Phänomenen der Umwelt entgegen, wie dies in der Geschichte der Exegese allzuoft geschah.
77 Epheser [4]1963.
78 Z.B. Grabsteine, Briefe, Liebes-Literatur etc. – Mir scheint die Arbeit von Kötting zur Einzigehe überhaupt zu wenig in der gesamten Forschungsgeschichte berücksichtigt worden zu sein. Eine umfassende Besprechung dieser wichtigen Arbeit erfolgt im Rahmen eines Forschungsüberblicks zur Einzigehe im II. Kapitel.

Verständnis neutestamentlicher Texte beiträgt. Daß gnostischem Material in der Arbeit Niederwimmers eine so große Bedeutung beigemessen wird, erklärt sich vielleicht daher, daß er – im Anschluß an die Arbeiten von W. Schmithals[79] – 1 Kor 7 auf dem Hintergrund gnostischer Positionen interpretiert und – wie zuvor Schlier – auch Eph 5,21ff als polemische Auseinandersetzung mit gnostischer Schriftinterpretation beurteilt. Diese religionsgeschichtlichen Verortungen werden zu prüfen sein.

Methodisch stellt sich abschließend die Frage, ob es nicht sinnvoller wäre, systematisch alles Material zum Beispiel zur Ehescheidung in einem eigenen Abschnitt darzustellen, statt es über das gesamte Buch zu verstreuen – ebenso natürlich auch zu anderen Fragen. Dies ließe sich ja durchaus mit der Differenzierung nach diversen Traditionsstufen vereinbaren.

Abschließend ist dem Urteil H. Hübners über Niederwimmers Buch zuzustimmen: "Auseinandersetzung mit N. ist ... unumgänglich ... Die Frage nach der biblischen Sicht der Sexualität ist bohrend gestellt. Seitens der ntl. Wissenschaft ist ausführliche Antwort dringend geboten. Doch dürfte diese Antwort in eine andere Richtung weisen, als N. es tat ... N.s Bemühen um das zugrundeliegende hermeneutische *Gesamt*problem muß dankbar, aber äußerst kritisch aufgegriffen werden."[80]

D) Ergänzend zu diesem Überblick über den Forschungsstand seien noch zwei weitere Arbeiten genannt, eine evangelische von G. Friedrich[81] und eine römisch-katholische von W. Kirchschläger[82], die ihrerseits den neutestamentlichen Befund mit der heutigen Realität zu vermitteln suchen.

G. Friedrich konfrontiert das neutestamentliche Material mit der "Situation der Gegenwart"[83], die er als durch die "sexuelle Revolution" geprägt ansieht. Diese habe nicht nur Freiheit, sondern ihre eigenen Probleme und Zwänge mit sich gebracht. So geht es Friedrich darum, "angesichts dieser Problematik der Gegenwart ... zu untersuchen, was das Neue Testament zum Problem der Sexualität sagt und was sich daraus für die Fragen der Gegenwart ergibt."[84]

Nach diesem Eingangsteil wird das neutestamentliche wie religionsgeschichtliche Material in systematischer Gliederung dargestellt: Kapitel 1: Die Situation der Gegenwart, Kapitel 2: Nichtehelicher Geschlechtsverkehr, Kapitel 3: Homosexualität, Kapitel 4: Ehelosigkeit, Kapitel 5: Ehe, Kapitel 6: Ehebruch,

---

79 Gnosis in Korinth, ³1969; Neues Testament und Gnosis, besonders 28-33.
80 H. Hübner, ThLZ 103 (1978), 355-357, 357.
81 Sexualität und Ehe. Rückfragen an das Neue Testament, BiFor 11, 1977.
82 Ehe und Ehescheidung im Neuen Testament. Überlegungen und Anfragen zur Praxis der Kirche, Wien 1987.
83 A.a.O., 7.
84 A.a.O., 20f.

Kapitel 7: Ehescheidung. Diese systematische Darstellung, die in den Arbeiten Preiskers, Baltensweilers und Niederwimmers vermißt wurde, erleichtert das Durchdringen der Vielfalt der Texte, wobei alle neutestamentlichen Texte erfaßt werden. Allerdings kommen Detailprobleme nicht zur Sprache; dies hätte den Rahmen des kleinen Büchleins gesprengt. Jedes Kapitel bietet am Ende Reflexionen zur gegenwärtigen Situation.

Die Arbeit von W. Kirchschläger behandelt hingegen nicht sämtliche neutestamentlichen Texte. Aber auch in dieser Arbeit geht es um die hermeneutische Frage, wie man in der Frage von Scheidung und Verheiratung Geschiedener sowohl dem Anspruch der neutestamentlichen Texte als auch der heutigen Situation in der kirchlichen Praxis Rechnung tragen kann. Dabei macht Kirchschläger ernst mit der Forderung nach einem der Gottesherrschaft angemessenen Verhalten, wie es der historische Jesus eingefordert hat. So sei es letztlich Aufgabe der Kirche, Betroffenen nicht die Eucharistie zu verweigern, sondern sich gefallenen Menschen "in besonderer Weise zuzuwenden und gangbare Wege der Umkehr aufzuzeigen".[85]

Exegetische und historische Detailfragen der neutestamentlichen Texte kommen auch hier nicht in den Blick. Beide Arbeiten können aber bei hermeneutischen Fragen Hilfestellung geben.

---

[85] A.a.O., 96.

Die eigene Darstellung

Nach diesem Forschungsüberblick, der Fortschritte wie Defizite der genannten Arbeiten aufgezeigt hat, geht es darum, daraus die Konsequenzen für die eigene Arbeit zu ziehen.

1. In der vorliegenden Untersuchung wird versucht, sämtliche neutestamentlichen ehe- und sexualethischen Texte in religionsgeschichtlicher Perspektive zu untersuchen. Ein derartiger Versuch wurde bislang nur von Preisker unternommen und hat seine besondere Legitimation in der Abwendung von der apologetischen Darstellungsweise älterer Arbeiten, die sich außerdem nie sämtlichen sexualethischen Problemen zugewendet haben, wie dies Preisker getan hatte[1].

Es wird bewußt der religionsgeschichtliche Ansatz gewählt, weil die neutestamentlichen Texte nur auf dem Hintergrund der – zum Beispiel auch rechtlichen und religiösen – Bedingungen der Umwelt zu verstehen sind. Dabei umfaßt der Begriff "Religionsgeschichte" weitgehend auch die allgemeinere "Kulturgeschichte", weil alle Kulturen im Umfeld des Neuen Testaments "Religionskulturen" waren, die eine präzise Trennung beider Bereiche nicht zulassen, auch wenn sich in neutestamentlicher Zeit das Rechtswesen vor allem bei den Griechen und Römern bereits weitgehend aus den einstigen religiösen Zusammenhängen emanzipiert hatte.

Um ein hinreichendes Bild von der jeweiligen Umwelt der einzelnen neutestamentlichen Schriften zu erhalten, ist es jedenfalls erforderlich, zum einen die diversen Quellen, zum anderen die einschlägige Sekundärliteratur hinzuzuziehen. Hier sollen kurz die wichtigsten Autoren genannt werden, die sich einzelnen Kulturkreisen besonders zugewandt haben und deren Arbeiten auch innerhalb der jeweiligen Fachforschung (zum Beispiel Ägyptologie) als zentrale Orientierung dienen.[2]

a) Für den jüdischen Bereich gibt es neben den zwei Bänden zur Ehescheidung von L. Blau insbesondere die Arbeiten von L. Epstein und vor allem J. Neusner.

b) Für Ägypten stehen die Arbeiten von J. Nietzold, L. Bringmann und P.W. Pestman zur Verfügung.

---

1 Insofern ist der forschungsgeschichtliche Einstieg bei Preisker angemessen.
2 Für die genauen Titelangaben etc. sei auf das Literaturverzeichnis verwiesen.

c) Für Griechenland ist besonders die umfassende Untersuchung von W. Erdmann hilfreich; zu kultischen Fragen stehen außerdem die Arbeiten von A. Klinz und E. Fehrle zur Verfügung.

d) Für Rom sei auf die Arbeiten von E. Levy, M. Kaser, P.E. Corbett und J.F. Gardner verwiesen, für die augusteische Ehegesetzgebung außerdem auf P. Csillag und A. Mette-Dittmann.

Daneben ist insbesondere auf die Qumrantexte hinzuweisen, die in sämtlichen im Forschungsüberblick genannten Arbeiten gar nicht – oder nur ganz peripher – in den Blick kommen. Gerade hier besteht in der bisherigen Forschung an sexualethischen Texten eine Einengung der Blickrichtung, die in der vorliegenden Arbeit – soweit möglich – überwunden werden soll.

Von gewisser Relevanz sind auch die Texte aus Nag Hammadi, deren Ausgaben inzwischen vorliegen. Gnostisches Material wurde allerdings in der bisherigen Forschung ohnehin stärker beachtet und zur Interpretation neutestamentlicher Texte herangezogen, als man dies vom Material Qumrans sagen kann. Ob die bisherigen Interpretationen zutreffend sind, bleibt allerdings zu prüfen.

2. Bei aller Würdigung der Arbeit Preiskers ist doch auch aus dem Negativen seiner Arbeit zu lernen: Es kann nicht angehen, ein einzelnes ehe- oder sexualethisches Modell zur alleinigen Norm zu erheben, an der dann alles andere gemessen wird. Jeder Entwurf, sei er nun außerchristlich – also der neutestamentlichen Umwelt zugehörig – oder christlich, muß zunächst in seiner Eigenart verstanden werden. Eine abgestufte Werteskala ist wenig hilfreich und trägt den historischen Bedingungen der jeweiligen Modelle nicht hinreichend Rechnung. Diesen Gedanken muß man dahingehend weiterführen, daß selbst das, was für den historischen Jesus als theologische Position herausgearbeitet wird, oder die paulinische Sicht, nicht zur letzten Norm erhoben werden dürfen, an der alle übrigen Phänomene zu messen wären. Denn dann würde man analog zu der Weise vorgehen, wie dies Preisker hinsichtlich der stoischen Moralphilosophie getan hat.

Überhaupt ist Zurückhaltung bei Werturteilen geboten. Allzuoft hat man Paulus als Ehefeind verworfen, ohne den einzelnen Facetten seiner Sicht hinreichend nachzugehen. Wie schnell hat man einen Entwurf schematisiert, ohne ihn wirklich zu erfassen.

3. Im übrigen empfiehlt sich für die Stoffdarbietung eine systematische Darstellung, wie dies positiv an der überblicksmäßigen Arbeit Friedrichs aufgefallen ist. Das gesamte neutestamentliche Material soll deshalb nach Problemkreisen geordnet separat analysiert werden.[3] So wird man sowohl der eingetretenen Ver-

---

3 Auf Querverbindungen ist dann jeweils hinzuweisen.

schiebungen wie auch der Kontinuitäten gewahr. Selbstverständlich entbindet eine systematische Darstellung nicht von der exegetischen Sorgfaltspflicht und der Differenzierung einzelner Traditionsstufen. Eine systematische Darstellung hat aber zumindest den Vorteil, leserfreundlich zu sein – und das ist ja nicht zu verachten.

Als systematische Gesichtspunkte, aus denen die Kapiteleinteilung resultiert, ergeben sich für mich von der Sachlage her:

I. Eheverständnis im allgemeinen;
II. Besondere Eheformen;
III. Ehelosigkeit;
IV. Ehescheidung;
V. Weitere sexualethische Fragen, die aus der Perspektive neutestamentlicher Autoren als Ehebruch und Unzucht angesprochen, daher auch unter diesen Überschriften dargestellt werden, auch wenn einzelne der dort behandelten Phänomene – wie zum Beispiel gleichgeschlechtliche Liebe – heute differenzierter beurteilt werden.

4. Trotz der umfangreichen Aufgabe wird mit Preisker daran festgehalten, Detailprobleme nicht außer acht zu lassen. Gerade hier wird sich wiederholt zeigen, daß in der exegetischen Forschung noch längst nicht alle Aspekte der neutestamentlichen Ehe- und Sexualethik hinreichend erfaßt wurden. Dabei kann auf religionsgeschichtliche Hinweise und Beobachtungen älterer Arbeiten – vor allem von B. Kötting, aber auch von H. Preisker – zurückgegriffen werden, zum Beispiel wenn es um bestimmte Phänomene wie die Syneisaktenehe oder die Einzigehe geht. Die religionsgeschichtliche Forschung hat einen großen Schatz an Material der Umwelt beigebracht, dessen Reichtümer vielfach noch verborgen sind. Gerade die Arbeit von B. Kötting[4] liefert den besten Beweis hierfür.

5. Die mythischen Deutungen neutestamentlicher Texte, wie sie vor allem von K. Niederwimmer betrieben wurden, sind kritisch zu überprüfen. Dies gilt sowohl für den androgynen Mythos als auch für gnostische Syzygiemodelle.

6. Die Frage der ethischen Vermittlung angesichts der heutigen Problematik, wie sie von G. Friedrich und W. Kirchschläger angegangen wird, ist zu diffizil, als daß sie im Rahmen der vorliegenden Arbeit angemessen berücksichtigt werden könnte. Um der Gefahr des Dilettantismus – etwa durch Aufstellen von Handlungsanweisungen oder durch biblizistische Engführungen – zu entgehen, müßten zunächst grundlegende hermeneutische Überlegungen angestellt werden, inwiefern ein neutestamentlicher Text überhaupt beanspruchen kann, eine Antwort auf unsere heutigen sexualethischen Fragen zu geben oder die Gegen-

---

4 Die Beurteilung der zweiten Ehe im heidnischen und christlichen Altertum, Diss. kath. theol. Bonn 1943.

wartsdiskussion zu beeinflussen. Derartige Erwägungen fehlen folglich in dieser Arbeit. Dennoch ergeben sich nebenbei auch immer wieder Anregungen für gegenwärtige Diskussionen, die bisweilen in Analogie zu den einstigen neutestamentlichen Problemstellungen gesehen werden können.

I. Ehe

1. Grundfragen des Eheverständnisses in der Antike (im Neuen Testament wie in dessen Umwelt)

Der Untersuchung der neutestamentlichen Texte, die sich grundsätzlich mit dem Thema Ehe befassen, sollen einige grundlegende Bemerkungen zum Eheverständnis der Umwelt des Neuen Testaments vorangestellt werden. Dies ist meines Erachtens erforderlich, um den Hintergrund der neutestamentlichen Texte sachgemäß erfassen zu können. Die Notwendigkeit dieser Vorgehensweise zeigt sich zum Beispiel insbesondere 1 Kor 7, wo Paulus – anders als etwa der Verfasser von Eph 5 – auf konkrete Anfragen der Gemeinde eingeht und nicht zu einer systematischen oder umfassenden Würdigung und Bewertung der Ehe gelangt.

a) Nimmt man die neutestamentlichen Ehetexte in den Blick, so fällt auf, daß ein Aspekt merkwürdigerweise überhaupt nicht oder nur ganz am Rande genannt wird, der doch in der Ehesicht der Umwelt des Neuen Testaments eine zentrale Rolle gespielt hat. Von der Notwendigkeit der Ehe um der Erhaltung des Menschengeschlechts willen ist – abgesehen von 1 Tim 2,15 (vgl. 4,3); 5,14 – im Neuen Testament sonst nicht die Rede. Ganz anders verhält es sich im zeitgenössischen genuinen Judentum: Dort galt die Ehe traditionell als Pflicht mit dem Zweck der Zeugung von Nachkommenschaft. Grundlage für dieses Eheverständnis war Gen 1,27f mit dem Mehrungsgebot Gen 1,28a. Wer sich dieser Pflicht entzog, ohne daß eine Notwendigkeit – etwa aufgrund von Impotenz – vorlag, wurde nicht als vollwertiger Mensch angesehen, wie einschlägige rabbinische Voten belegen:

"Wer kein Weib hat, ist kein Mensch; denn es heißt: Als Mann und Weib schuf er sie und nannte ihren Namen Mensch."[1]. Ähnlich äußert sich auch Rabbi Hiyya ben Gondi[2], wonach ein Mann, der keine Frau hat, unvollständig sei. Zwar sind dies rabbinische Belege aus späterer Zeit; doch stehen sie in der Linie der traditionell-jüdischen Auslegung des Mehrungsgebots von Gen 1,28, das auch in neutestamentlicher Zeit in diesem Sinne als unabdingbarer Befehl Gottes an den Menschen aufgefaßt wurde.

---

1 Rabbi Eleazar ben Pedah, ca. 270 n. Chr., Babylonischer Talmud Jebamoth 63a.
2 Nach Midrasch Rabbah Gen 17,2.

Zwar erscheint in den rabbinischen Voten in der Regel der Mann als der primäre Adressat des Mehrungsauftrags. Nach Mischna Jebamoth 6,6 I.[3] unterliegt nur der Mann dem Fruchtbarkeitsgebot, nicht jedoch die Frau[4]. Doch macht ein Beleg wie Babylonischer Talmud Jebamoth 62B deutlich, daß auch die Frau als Adressatin des Mehrungsgebots mitgedacht ist; ist sie doch schließlich nach Gen 1,27 – dem Vers, der dem Mehrungsauftrag unmittelbar vorausgeht – mit dem Mann als Gattung Mensch erschaffen worden: *"Über den, der seine Frau wie sich selbst liebt und mehr als sich selbst ehrt, seine Söhne und Töchter auf dem rechten Weg leitet und sie nahe ihrer Reife verheiratet, spricht die Schrift: 'und du weißt, daß sein Zelt friedlich ist'."*[5] Aber auch hier ist der Mann (der Vater) der Adressat der Unterweisung – entsprechend der patriarchalischen Gesellschaftsstruktur jener Zeit, wie sie auch außerhalb des Judentums[6] weithin anzutreffen war.

Auch Philo[7] sieht in der Ehe die Gewährleistung der menschlichen Art gegeben. So ist es Aufgabe des Menschen, aufgrund seiner natürlichen Ausstattung dieser Bestimmung in gesetzgemäßer Weise, das heißt, nicht in Unzucht, nachzukommen. Zeugungsunfähigkeit ist aus dieser Ehesicht heraus natürlich ein zwingender Scheidungsgrund[8], weil hier die Ehe niemals zu dem werden kann, was sie sein soll: der legitime Rahmen zur Zeugung von Nachkommenschaft entsprechend dem göttlichen Gebot von Gen 1,28. Philo verurteilt es daher auch, wenn Männer Frauen heiraten, deren Unfruchtbarkeit ihnen bekannt ist.[9]

Aufgrund der kategorischen Befolgung von Gen 1,28 ist eine freiwillige[10] Entscheidung zu einer ehelosen Existenz im antiken Judentum schwer vorstellbar.[11] Dies gilt auch für die Qumranbefunde.[12]

Die im antiken Judentum eingeschärfte Verpflichtung zur Zeugung von Nachkommenschaft ist auch als der Hintergrund der in Kapitel II.2.4. zu bespre-

---

3 Ed. J. Neusner 352.
4 Vergleiche dagegen allerdings Mischna Jebamoth 6,6 J, das Votum Rabbi Yohanan ben Beroqahs.
5 Nach der Ausgabe von L. Goldschmidt, Babyl. Talmud IV 531.
6 Vor allem in Griechenland.
7 Spec. Leg. III 34ff.
8 Tosefta Jeb 8,4.
9 Spec. Leg. III 36.
10 Das heißt, eine nicht durch physische Bedingungen notwendig gewordene Entscheidung zu Ehelosigkeit, wie sie etwa Impotenz von Geburt an oder durch Krankheit oder ärztlichen Eingriff nahelegen könnten.
11 Wer sich – wie Rabbi ben Assai tatsächlich hierzu entschloß (in diesem Falle aufgrund des Torastudiums) – war massiver Kritik seiner Zeitgenossen ausgesetzt. Näheres dazu unten im Exkurs zur Witwerschaft des Paulus in II.2.1.1.
12 Siehe dazu den Eingangsteil des Kapitels III.

chenden Leviratsehe anzusehen. Ein Mann hat eine Frau geehelicht, ist jedoch gestorben, bevor es zur Zeugung von Nachkommenschaft kam. Daher ist es Aufgabe seines Bruders – beziehungsweise des nächsten männlichen Verwandten des Verstorbenen –, dem Verstorbenen durch Eingehung der sogenannten Leviratsehe doch noch legitime Nachkommenschaft zu zeugen. Zumindest der erste Sohn dieser Verbindung galt dann rechtlich als Nachkomme des Verstorbenen[13]. Der Verstorbene konnte auf diesem Umweg über den Tod hinaus doch noch dem Gebot der Fortpflanzung nachkommen.

Aber auch im hellenistisch-römischen Bereich wurde die Ehe fundamental um der Erhaltung der Menschheit willen gefordert, wenngleich hier trotz dieser Ehebegründung – anders als etwa im zeitgenössischen Judentum – manche Menschen bewußt die ehelose Existenz wählten, wie es vor allem für philosophische Kreise belegt ist[14], aber auch bisweilen aufgrund einer laxen Ehemoral in anderen Volksschichten vorkam.[15]

So betont der für seine hohe Ehemoral bekannte Philosoph Musonius[16], daß es nur durch die Zeugung von Nachkommenschaft gewährleistet sei, daß es Familien in der Polis gebe, daß die Polis nicht öde sei und sich das Gemeinwesen in einem guten Zustand befinde[17]. Auch nach Aristoteles ist die Gemeinschaft zwischen Mann und Frau – und mit ihr die Zeugung von Kindern – die Basis des politischen Gemeinwesens. So werde der Fortbestand von Familie und Polis gesichert.[18] Ähnlich fordert bereits Platon das Zustandekommen rechtmäßiger Ehen, in denen der Beischlaf "nur in naturgemäßer Weise ... zum Zwecke der Kindererzeugung" erfolgen soll[19]. Diese Voten sehen in Ehe und Fortpflanzung die Grundstützen der auf den einzelnen οἶκοι beruhenden Polisordnung. Damit zeigt sich der Einfluß staatlicher Interessen auf das Eheverständnis. Durch die Kindererzeugung – in dieser erfüllt die Ehe erst eigentlich ihr staatstragendes und staatserhaltendes Ziel – wird der Fortbestand des Staatswesens beziehungsweise der Polis gewährleistet. Auch im hellenistischen Bereich wird damit faktisch eine Ehepflicht proklamiert, ähnlich wie es im Judentum aufgrund von Gen 1,28 der Fall ist.

Infolge eingetretener schwerwiegender Wandlungen in der Ehe- und Sexualethik der römischen Bevölkerung – und hier vor allem der staatstragenden obe-

---

13 Dtn 25,6.
14 So Epiktet, Diss. III 22,81f die Kyniker, daneben manche Neupythagoreer.
15 Siehe unten Seite 33f zur augusteischen Ehegesetzgebung.
16 In seiner Wiedergabe durch Epiktet, siehe I. Stobaeus, Anthologii II.
17 I. Stobaeus, Anthologii II, 498,25 – 499,2.
18 Siehe I. Düring, Aristoteles 489-493; G. Busolt, Griechische Staatskunde 239, A.1 zu Aristoteles, Pol. I 2 p. 1252 B.
19 Nomoi VIII, 838e: τοῦ κατὰ φύσιν χρῆσθαι τῇ τῆς παιδογονίας συνουσίᾳ...

ren Schichten[20] –, wie sie sich vor allem in einer Ehemüdigkeit zeigten, schritt Augustus im Rahmen seines gesellschaftspolitischen Restaurationskonzepts zu einer rigiden Ehegesetzgebung. In der Lex Iulia et Papia Poppaea[21] wurde eine Ehepflicht für Männer zwischen 25 und 60 Jahren, für Frauen zwischen 20 und 50 Jahren festgelegt. Ehe- und Kinderlose wurden erb- und steuerrechtlich benachteiligt[22]. Hier wurde über die Ehegesetzgebung eine Konsolidierung des auf intakten Familien und Fortpflanzung beruhenden Staatswesens angestrebt. Man sieht: die fundamentale Begründung der Ehe aufgrund der Notwendigkeit zur Fortpflanzung war auch dem römischen Denken offenbar nicht fremd, wiewohl es für die Ehe den Ehekonsens allein als verbindlich und konstitutiv ansah.

In den neutestamentlichen Texten verlautet – bei aller positiven Würdigung der Ehe, sei sie jüdisch-traditionell[23] oder schöpfungstheologisch[24] oder christologisch-ekklesiologisch[25] begründet – nichts von diesem für die Umwelt des Neuen Testaments weithin primären Ehezweck der Kinderzeugung. Eine Ausnahme stellen hier die Pastoralbriefe dar. Gegen die Auffassung der – wohl gnostisierenden – Irrlehrer, gegen die die Pastoralbriefe ankämpfen, wonach vor allem die Ehe abgelehnt wird[26], betont der Verfasser von 1 Tim, daß Ehe und Kinderzeugung gerade zu den unabdingbaren Pflichten der Frau (!) gehören: 1 Tim 2,15: σωθήσεται δὲ διὰ τῆς τεκνογονίας ...; 1 Tim 5,14 hinsichtlich der jüngeren Frauen[27]: Βούλομαι οὖν νεωτέρας γαμεῖν, τεκνογονεῖν, οἰκοδεσποτεῖν ...

Daß sich die Christen nicht der Erhaltung des Menschengeschlechts widersetzen, betonen – wider etwaige Verleumdungen heidnischerseits gegen das Christentum, dieses lehne die Ehe ab und gefährde die staatliche Existenz – die Apologeten. Spätestens in dieser Zeit wurde im Christentum auch aufgrund der Notwendigkeit der Fortpflanzung positiv zur Ehe Stellung genommen, während in früheren Zeiten – jedenfalls soweit die neutestamentlichen Schriften hierfür ein repräsentatives Bild leisten können – andere Argumente ins Feld geführt

---

20 Wie vor allem die Arbeit von A. Mette-Dittmann, Ehegesetze des Augustus, passim, deutlich macht.
21 Es handelt sich hierbei um eine Sammelbezeichnung, die die gesamte Ehegesetzgebung des Augustus umfassen soll, so vor allem die Lex Iulia (18 v. Chr.) und die Lex Papia Poppaea (9 n. Chr.), welch letztere gewisse Modifikationen aufgrund der inzwischen eingetretenen Reaktionen führender Kreise mit sich brachte. Näheres hierzu in den Arbeiten von A. Mette-Dittmann, Ehegesetze des Augustus, und P. Csillag, The Augustan Laws on Family Relations.
22 Einzelheiten in den oben genannten Arbeiten.
23 Siehe Paulus.
24 Historischer Jesus.
25 Eph 5.
26 κωλυόντων γαμεῖν, 1 Tim 4,3.
27 Die noch nicht das Greisenalter von 60 Jahren erlangt haben.

wurden[28], so daß von dem Ehezweck der Fortpflanzung überhaupt nichts verlautete. Doch ist es denkbar, daß dieses Argument für die frühen Christen selbstverständlich mitschwang, wenn z.B. Mt 19,6 par Mk 10,9 von der schöpfungsgemäßen und unzertrennlichen Einheit von Mann und Frau, oder wenn Eph 5,31[29] und Mk 10,7f par Mt 19,5 – in Aufnahme von Gen 2,24 – vom Ein-Fleisch-Werden von Mann und Frau die Rede ist.

b) Es sollen nun vorab einige weitere wichtige Aspekte benannt werden, warum Ehen in neutestamentlicher Zeit geschlossen wurden. Solche Gründe werden in den neutestamentlichen Texten nicht oder nur am Rande erwähnt. Aber es bringt doch eine gewisse Vervollständigung des Bildes mit sich, wenn solche Gründe, die natürlich auch innerhalb der christlichen Gemeinde faktisch – wie auch in der Umwelt – eine Rolle gespielt haben, zumindest vorab angesprochen werden. Den neutestamentlichen Texten geht es um eine theologische Beurteilung von Ehe, Ehescheidung, Ehelosigkeit etc. Doch gehören die Notwendigkeiten der Gesellschaftsstruktur und des alltäglichen Lebens – zum Beispiel ökonomische Faktoren – ebenso zur Realität, der sich auch die Christen bereits in früher Zeit zu stellen hatten:

α) So war die Schließung einer Ehe für eine Frau in der Antike bereits aus ökonomischen Gründen unabdingbar, weil nur so ihre materielle Existenz gesichert war – wollte sie nicht noch als Erwachsene dem väterlichen Haushalt zur Last fallen oder von der materiellen Unterstützung durch ihre Geschwister abhängig sein. Ohne finanzielle Absicherung verblieb der Frau in der Antike oft kein anderer Weg als der der Prostitution. Freilich brachte dies soziale Ächtung mit sich, gleich ob es sich um jüdische oder um römisch-hellenistische Verhältnisse handelte.

β) Der Mann suchte legitime Erben und Nachkommen. Deshalb brauchte er – schon aus biologischen Gründen – eine Frau. Eine wichtige Rolle spielte hierbei im hellenistischen Kulturkreis auch die Vorstellung, daß der Bestand des häuslichen Kultes nur durch Aufrechterhaltung der Geschlechterkontinuität, also durch Fortpflanzung, gewährleistet werden könne; mit dieser Kulttradierung hing auch das Gedächtnis der verstorbenen Ahnen zusammen.[30]

Die Frau mußte sich – unter patriarchalischen Strukturen selbstverständlich – dem Haushalt und der Kindesaufzucht widmen, wobei sie zum Teil – jedenfalls in begüterteren Kreisen – auf die Hilfe von Bediensteten und Sklavinnen rechnen konnte. Mit der Frau kam aber auch Leben in das Haus des Mannes, wie ja

---

28 Siehe zum Beispiel die Ekklesiologie von Eph 5.
29 Vgl. 1 Kor 6,16.
30 Siehe zu diesem Gedanken W. Erdmann, Ehe im alten Griechenland 135.139; R.J. Devine, Holy Virginity 67f.

rabbinische und hellenistisch-philosophische Voten deutlich machen, wonach das Haus des Unverheirateten als unvollständig betrachtet wurde.

γ) Ehe wird aus Konvention geschlossen. Man heiratet, weil dies eben schon immer so war. Schließlich stammt doch jeder in der Regel aus einer Ehe und ist mit familiären Strukturen vertraut. Daraus erwächst dem Heranwachsenden die Sehnsucht, etwas Ähnliches zu schaffen und damit seinen Beitrag zur Geschlechterkontinuität zu leisten.

δ) 1 Kor 7,2-7[31] wie auch außerhalb des Christentums wird die Ehe weithin als diejenige Institution angesehen, in der Sexualleben und Triebbefriedigung "auf geordnetem (oder gesetzlichem) Weg" ausgelebt werden können. Dies wird in den Voten griechischer Philosophen, aber auch in der Grundtendenz der augusteischen Ehegesetzgebung deutlich. Auch nach 1 Kor 7,2-7 gilt dies – jedenfalls für die große Anzahl derer, die eben nicht das Charisma der Enthaltsamkeit haben.

ε) Ehe kann aber – wie vor allem die Voten stoischer Moralphilosophen[32] deutlich machen – auch als geistige Gemeinschaft besonders gewürdigt werden[33]:

In der Ehe kommt es (auch) zur geistigen Befruchtung, zur Vereinigung der Seelen der Ehepartner.[34] Die Ehe führt nach Meinung der stoischen Moralphilosophen in dieser geistigen Dimension beide Ehepartner zur Entfaltung einer geistigen Persönlichkeit[35], wobei beide Partner in unvergleichlicher Weise gemeinsamen Anteil nicht nur an Leib und Besitz, sondern auch an der Seele haben.[36]

Die Bedeutung der geistigen Gemeinschaft in der Ehe stellt Paulus m.E. bei seinen Ausführungen zur religiös gemischten Ehe in 1 Kor 7,12-16 in Rechnung,

---

31 Siehe auch 1 Thess 4,3-8.
32 Besonders Musonius, Hierokles und Antipater.
33 Siehe hierzu besonders G. Delling, Art. Eheleben 694f; A.C. van Greytenbeek, Musonius Rufus 62-71; H. Cancik-Lindemaier, Ehe und Liebe 242-249.
34 Das tiefere Ziel der Ehe ist es daher, daß die Seelen der Ehepartner in Harmonie "zusammenklingen" (so H. Preisker, Christentum und Ehe 23); s. zu diesem Gedanken I. Stobaeus, Anthologii IV 505, 14f; zu Antipater und Hierokles siehe A.C. van Greytenbeek, ebd., vor allem 64f. Wichtig ist in diesem Zusammenhang die Bedeutung der κοινωνία, die neben der Erzeugung von Nachkommenschaft als primärer Ehezweck angesehen wird und sich auf καὶ σώματα καὶ ψυχαὶ καὶ χρήματα erstreckt (A.C. van Greytenbeek, a.a.O., 65; siehe auch H. Cancik-Lindemaier, a.a.O., 244-246).
35 H. Preisker, a.a.O., 25.28.
36 I. Stobaeus, a.a.O., 500, Z.7-9. – Wird diese Dimension verfehlt, so ist eine Scheidung nach Auffassung der Moralphilosophen (auch Musonius) folgerichtig, siehe A.C. van Greytenbeek, a.a.O., 65.

indem er auf eine geistliche – ja gar missionarische – Einwirkung des christlichen Teils auf den heidnischen Partner hofft.

Auf diesem Hintergrund sind die neutestamentlichen Texte zum Thema Ehe zu lesen. Argumente wie die oben genannten schwangen auch für neutestamentliche Autoren wie Adressaten mit, wenn es um das Thema Ehe ging, auch wenn dies in den Texten nicht explizit zum Ausdruck kommt. Es ist nun aber interessant, welche Beurteilung die Ehe in den neutestamentlichen Texten erhält und welches die Hauptargumentationslinien sind. Dabei ist auch auf mögliche Entwicklungen zu achten. Es empfiehlt sich, die in Frage kommenden Passagen des Neuen Testaments jeweils zu exegesieren und die sachlichen und theologischen Beobachtungen besonders festzuhalten. Das Thema "Ehelosigkeit" wird in einem gesonderten Paragraphen eigens in den Blick genommen (Kap. III), wie auch das Thema "Ehescheidung" separat behandelt wird (Kap. IV). Die entsprechenden Ausführungen müssen daher – aufgrund der thematisch orientierten Darbietung der Stoffe – ergänzend herangezogen werden.

Es sei hier ausdrücklich darauf hingewiesen, daß dies I. Kapitel noch nicht sämtliche Phänomene von Ehe im Neuen Testament abdeckt. Dem II. Kapitel bleibt die Diskussion der Begrifflichkeit (Polygynie und Monogamie; simultane und sukzessive Polygamie) sowie die Untersuchung bestimmter Ehetypen wie Einzigehe, sogenannte Syneisaktenehe, religiös gemischte Ehe und Leviratsehe vorbehalten.

Vor der Besprechung der neutestamentlichen Texte soll noch auf Ehehindernisse eingegangen werden, wie sie sich aus diversen Gründen in den jeweiligen Ehegesetzgebungen niederschlagen. Auch dieser Aspekt gehört zu dem religionsgeschichtlichen Hintergrund der neutestamentlichen Ehetexte.

2. Ehebeschränkungen bzw. Ehehindernisse

In diesem Abschnitt sollen bestimmte Umstände in den Blick genommen werden, unter denen eine Eheschließung als unmöglich angesehen werden konnte. Auch in diesem Punkte ist es notwendig, zwischen den einzelnen Kulturkreisen sowie auch hinsichtlich sachlicher Gesichtspunkte zu differenzieren.

2.1. Inzestbestimmungen (siehe umfassend V.8)

Zum ersten ist auf die jeweiligen Inzestbestimmungen hinzuweisen, die im Zusammenhang mit 1 Kor 5,1ff in Kap. V.8 besprochen werden[37]. Dieser Abschnitt ist also unbedingt heranzuziehen, wenn nach Ehehindernissen gefragt wird. Die Erörterung der Inzestproblematik bzw. der als ehehinderlich angesehenen Familienbeziehungen erfolgt deshalb in Kap. V, weil es dort um neutestamentliche Texte geht, die sich mit dem Problem der Unzucht befassen, und 1 Kor 5,1ff die Besprechung des konkreten Falls in der korinthischen Gemeinde unter dem Stichwort πορνεία erfolgt[38]. So skizziere ich den religionsgeschichtlichen und auch rechtlichen Hintergrund der Problematik erst dort. Vorausschicken möchte ich aber bereits an dieser Stelle, daß Ehen unter nahen Verwandten – ja sogar unter Halbgeschwistern und Geschwistern – nach griechischem und ägyptischem Recht möglich und auch anzutreffen waren, während die Inzestbestimmungen nach römischem wie jüdischem Recht erheblich strenger sein konnten[39]. Grundlage für die jüdisch-rabbinischen wie auch altkirchlichen Inzestbestimmungen sind die Inzestgesetze von Lv 18, wobei die altkirchlichen Konzile stärker auf Schwägerschaft als auf Blutsverwandtschaft abheben, möglicherweise weil erstere im Alltag weniger als Ehehindernis angesehen wurde.[40]

Am Rande sei hier in aller Kürze auf zwei Ausnahmen gegenüber der relativ strengen Inzestgesetzgebung im Judentum hingewiesen:
a) zum einen auf das Institut der Leviratsehe[41], das in Kap. II.2.4. besprochen werden soll;
b) zum anderen auf eine Eheschließung aufgrund des Erbtochterrechts: So brachte das sogenannte Erbtochterrecht[42] die Verpflichtung für Erbtöchter[43] mit sich, einen Mann aus dem väterlichen Stamm zu heiraten, damit das Erbe nicht an einen fremden Stamm falle. Es handelt sich also in diesem Fall um eine ausdrückliche Verpflichtung zur sogenannten endogamen Ehe.[44]

---

37 Insbesondere hinsichtlich der Problematik geschlechtlicher Beziehungen eines Mannes zu seiner Stiefmutter.
38 1 Kor 5,1a: Ὅλως ἀκούεται ἐν ὑμῖν πορνεία ...
39 CD V 7-11; 11QTempel 66,17 gehen über die alttestamentlich-rabbinischen Inzestbestimmungen noch hinaus, indem dort – wie auch nach römischem Recht – selbst die Onkel-Nichte-Ehe abgelehnt wird.
40 Siehe H. Crouzel, Art. Ehe/Eherecht/Ehescheidung V 327.
41 Siehe vor allem Dtn 25,5-9.
42 Num 36; vgl. Num 27.
43 D.h., Töchter von Juden, die keinen Sohn als legitimen Erben (mehr) hatten, so daß das Erbrecht auf die Tochter überging.
44 Im Unterschied zur sogenannten exogamen Ehe. Dem entspricht im griechischen Erbrecht die Tendenz zur endogamen Ehe, wie sie im Epiklerat (Erbtochterrecht) ih-

2.2. Standesbedingte Eheverbote (siehe ferner II.2.3.3)

Standesbedingte Eheverbote bestanden – abgesehen von den besonderen Bestimmungen, denen die Ehe des (Hohen-)Priesters und nach 11QTempel LVII 17-19 die des Königs unterworfen waren[45] – im antiken Judentum nicht. Demgegenüber gab es standesbedingte Eheverbote im Rahmen der augusteischen Ehegesetzgebung: So unterlagen die Ehen von Angehörigen der Senatsaristokratie – wie auch die ihrer Nachkommen – besonderen Bedingungen: Eine Verehelichung mit Freigelassenen (libertini), Sklaven oder gar aus diversen (z.B. beruflichen) Gründen infamen Personen[46] war ihnen untersagt.[47] Eheschließung zwischen Freien und Sklaven war in der römischen Gesellschaft – wie übrigens auch im Judentum[48] – nicht möglich. Die standesgebundenen Beschränkungen hatten auch Auswirkungen auf christliche Gemeinden, insofern es für begüterte Christinnen aus der Senatsaristokratie schwierig wurde, entsprechend den kirchlichen Normen einen Christen[49] als Mann zu finden, der auch noch den sozialen Anforderungen der staatlichen Ehegesetzgebung entsprach. Die standesgebundenen Beschränkungen erstreckten sich auch auf das Konkubinat, insofern es der Frau nach römischer Auffassung nicht erlaubt war, ein Konkubinat mit einem ökonomisch und sozial schlechter gestellten Mann einzugehen.[50]

---

ren Ausdruck findet. So kam es in Griechenland häufig dazu, daß die Erbtöchter mit ihrem Onkel (dem Bruder des Vaters) verheiratet wurden, so daß das Erbe in der väterlichen Familie verblieb. – Die Onkel-Nichte-Ehe war auch nach jüdischem Eherecht möglich (anders allerdings Qumran, siehe CD V 7-11), weil sie nicht explizit in den Inzestbestimmungen von Lv 18 genannt war.

45 Dazu unten Punkt 4.
46 Siehe hierzu die Aufstellung bei P. Csillag, a.a.O., 100: Freigelassene, Töchter von Freigelassenen, ertappte Ehebrecherinnen, im öffentlichen Prozeß verurteilte Frauen, Prostituierte, Schauspielerinnen etc.
47 Es sei darauf verwiesen, daß es nach der Lex Iulia de adulteriis coercendis weitere Eheverbote gab, die *jeden* freigeborenen Römer betrafen: So durfte man keine Ehe eingehen mit einer Kupplerin, mit einer von einem Zuhälter ("leno") oder Zuhälterin ("lena") freigelassenen Frau, mit einer im Ehebruch ergriffenen oder in einem öffentlichen Prozeß verurteilten Frau oder mit einer Schauspielerin, siehe A. Mette-Dittmann, a.a.O., 145. – Ein generelles Eheverbot galt im 1. und 2. Jhdt. n. Chr. für Soldaten, siehe G. Delling, Art. Ehehindernisse 687; vgl. M. Kaser, Römisches Privatrecht I 270f; J.H. Jung, Eherecht der römischen Soldaten 302-346.
48 Siehe Mischna Gittin 4,5; vergleiche dort Jebamoth 2,5.
49 Denn einen Heiden durfte sie als Christin ja nach weitgehender Übereinstimmung der altkirchlichen Ehegesetzgebung ohnehin nicht heiraten! Dabei konnte man sich meines Erachtens mit Recht auf 1 Kor 7,39 (μόνον ἐν κυρίῳ) berufen, siehe unten Kap. II.2.3.1., S. 133-135.
50 Analogien zu sozial bedingten Ehehindernissen oder Ehebeschränkungen sind auch

Hinter den sozial bedingten Ehebeschränkungen steht das Interesse von Familien – beziehungsweise gar von ganzen Gesellschaften –, eigenes Vermögen, Prestige usw. zu wahren, möglichst sogar zu mehren. Ein Garant dafür ist die Abschottung "nach unten", also gegenüber – von Geburt – sozial schlechter gestellten Personen(-gruppen). Und das heißt auf die Ehe bezogen: die Verheiratung nur innerhalb dieser Kreise oder "Stände".

So wird nicht ohne Grund in der augusteischen Ehegesetzgebung der Versuch gesehen, gerade den Bestand der tragenden Oberschicht zu wahren, während die Ehemoral in der übrigen Bevölkerung nicht eigentlich im Blick war[51]. Dieser Ehegesetzgebung haftet der Hauch des Restaurativen[52], ja der Wille zur sozial oder ständisch klar abgestuften und abgegrenzten Gesellschaft, an.

Ein derartiges Bestreben, das Bestehen des Staates durch Stabilisierung einer klar gegliederten sozialen Schichtung – und diese wiederum durch eine restriktive Ehegesetzgebung – zu sichern, findet sich bereits in Platos Politeia. Das Staatswesen beruht in diesem utopischen[53] Entwurf auf der Dreiteilung des Volkes in regierende Philosophen, Wehr- und Nährstand. Diese sind klar voneinander unterschieden und auch geschieden. Das verdeutlicht besonders das Bild von den Metallen[54]. Es soll zu keiner Vermischung der unterschiedlich wertvollen und brauchbaren Metalle kommen. Die Konsequenz ist – wenn der Mythos auf die menschlichen Verhältnisse im Staat übertragen wird –, daß es zu keinen Ehen zwischen Gliedern der unterschiedlichen "Klassen" oder "Stände" und somit auch nicht zu "Mischlingskindern" aus derartigen Beziehungen kommen dürfe. Deshalb ist auf eine klare Trennung der Stände zu achten. Dies hat dem platonischen Entwurf nicht zu Unrecht den Vorwurf eingebracht, eine statische "geschlossene Gesellschaft" zu vertreten[55]. Dies ist hinsichtlich der restriktiven Familienplanung der Politeia

---

in der Gegenwart zu finden, so wenn es in Adelsfamilien noch heutzutage verpönt ist, einen oder eine "Bürgerliche(n)" zu heiraten und eine Zuwiderhandlung zu sozialer Ächtung und in dem Falle, daß es sich um einen Thronfolger handelt, sogar zum Ausschluß von der Thronfolge führen kann.

51 Siehe vor allem die gesamte Interpretation von A. Mette-Dittmann; auch P. Csillag, a.a.O., 96f u.ö. Besonders deutlich wird diese Intention der augusteischen Ehegesetzgebung in einem besonderen Teilgesetz: der Lex Iulia de maritandis ordinibus.
52 Siehe das Bestreben von Augustus, die alten Sitten durch seine gesellschafts- und religionspolitischen Maßnahmen wiederherzustellen.
53 Und später in den Nomoi aufgrund stärkerer Berücksichtigung der Realitäten in manchem – zum Beispiel was die "Frauengemeinschaft" in der regierenden Schicht der Philosophen anbetrifft – überholten und korrigierten Entwurf.
54 Politeia III 414b-415d.
55 Karl Popper, Die offene Gesellschaft und ihre Feinde I. Popper kritisiert, daß Plato die Stabilität seines Staatswesens durch die Struktur eines "Kastenstaates" (I 57 u.ö.)

richtig[56]; man darf jedoch nicht außer acht lassen, daß nach der Politeia – in Aufnahme des Bildes von den Metallen – durchaus auch unter den weniger wertvollen Metallen bisweilen ein wertvolleres Metall aufgefunden werden könnte[57]. Dieses ist dann aber schleunigst – entsprechend seinen Anlagen und Fähigkeiten – an seinen richtigen – das heißt höheren – Ort zu bringen. Eine gewisse Transparenz der Stände ist aufgrund dieses Elements zumindest im Ansatz enthalten.[58] So muß Poppers Kritik an diesem Punkt eingeschränkt werden.

Gegenüber Bestrebungen, das Staatswesen durch standesbedingte Eheberschränkungen zu erhalten, fällt das Fehlen derartiger Bestimmungen – abgesehen von der Verehelichung mit Sklaven oder Sklavinnen – im Judentum und in der kirchlichen Ehegesetzgebung auf. Hier lag das Interesse auf einem anderen Punkt: Es ging darum, durch Verbot religiös gemischter Ehen eine synkretistische Verwässerung oder eine Gefährdung des jüdischen beziehungsweise christlichen Ehepartners zu verhindern. Dieser Aspekt soll nun unter 3.[59] besprochen werden.

2.3. Religiöse Mischehen (siehe ferner II.2.3)

Religiöse Mischehen werden im AT[60] vor allem durch das Deuteronomistische Geschichtswerk[61] problematisiert. Programmatisch heißt es bereits Dtn 7,3f[62]:

---

zu wahren suche; dabei haben Arbeiter und Händler als "menschliches Herdenvieh ... für die Befriedigung der materiellen Bedürfnisse der herrschenden Klasse zu sorgen." (ebd.).

56 Popper kritisiert besonders die "eugenischen" wie auch die Auswahlmethoden, die in der Politeia angeraten werden (Popper I 97 "Lehre von der Züchtung") und charakterisiert diese Züge als eine "Art Metabiologie der Rasse der Menschen" (I 99).
57 Politeia 415c.
58 D.h., der kritische Maßstab für die Ein- und Zuordnung der Einzelnen zu den drei Ständen ist dessen individuelle Begabung und Befähigung.
59 Wie in Kap. II.2.3.3. hinsichtlich der entsprechenden neutestamentlichen Texte.
60 Auf Texte der Vätererzählungen wie Gen 24,3; 26,34f; 27,46; 34,14 sei hier nur am Rand verwiesen.
61 im folgenden: DtrG.
62 Es sei darauf hingewiesen, daß sich das Dtn in seiner dtr Endgestalt als Grundsatzerklärung Moses (und Bundesverpflichtung des Volkes) vor dem Einzug in das den Vätern verheißene Land versteht, siehe Dtn 1,1. Es geht im Deuteronomium (= "zweites Gesetz", hebräisch eigentlich Abschrift des Gesetzes!) – in theologischen Kategorien gesprochen – um den Imperativ (um das vom Gottesvolk verlangte Verhalten), das sich aus dem Indikativ (in Exodus und Landgabe erfahrenes Heil) selbstverständlich ergibt.

"... und du sollst dich nicht mit ihnen (den sieben zuvor genannten Fremdvölkern, F.K.) verschwägern. Deine Tochter darfst du nicht seinem Sohn geben, und seine Tochter darfst du nicht für deinen Sohn nehmen. Denn er würde deinen Sohn von mir abwenden, daß er andern Göttern dient, und der Zorn Jahwes würde gegen euch entbrennen, und er würde dich schnell vernichten." Den Angehörigen des Volkes Israel wird nicht nur untersagt, mit den Bewohnern der genannten Fremdvölker einen Bund oder dergleichen abzuschließen (Dtn 7,2); besonders eingeschärft wird das Verbot von "Mischehen". Dies ist aber – wie vor allem die paränetische Begründung in V.4 zeigt – nicht rassisch motiviert, was zunächst naheliegen könnte.

Anders verhält es sich demgegenüber mit Eheverboten gegenüber Fremden, die nicht das Bürgerrecht der Polis oder das römische Bürgerrecht haben, im römisch-hellenistischen Kulturkreis[63]. Diese Eheverbote sind nicht (primär) religiös motiviert, sondern auf dem Hintergrund eines eng gefaßten Bürgerrechtsbegriffes zu verstehen.[64] Mit Hilfe dieser Eheverbote sucht das jeweilige Staatswesen die Verleihung des vollen Bürgerrechts an Fremde möglichst weitgehend einzuschränken bzw. unter genauer Kontrolle zu behalten, indem bestimmt wird, welche Beziehungen wirkliche Ehen sind und welche Abkömmlinge folglich das volle Bürgerrecht (mit allen politischen Rechten und Pflichten) haben dürfen. Allerdings sind damit nicht jegliche geschlechtlichen Verhältnisse zwischen Vollbürgern und Nicht-Bürgern ausgeschlossen, da man ja zumindest eine gewisse Alternative in der Pallakie[65] beziehungsweise im Konkubinat oder dergleichen hatte.

Die Begründung des Eheverbots im Alten Testament erfolgt aus religiösen Gründen: Die Angehörigen der genannten Fremdvölker könnten, da sie aufgrund ihrer Abkunft anderen Göttern als Jahwe dienten, den israelitischen Teil, sei es nun den Mann oder die Frau, von ihrem Glauben an Jahwe, dem das Volk Israel doch Exodus wie Landgabe verdankt, abbringen. Es handelt sich also – und dies muß mit aller Deutlichkeit hervorgehoben werden – nicht um ein rassisch bedingtes Verbot, sondern um das *Verbot einer religiös gemischten Ehe*. Die Besprechung dieses Phänomens im Alten Testament erfolgt an dieser Stelle deshalb so eingehend, weil die Ablehnung beziehungsweise das Verbot der Schließung einer neuen religiös gemischten Ehe auch in neutestamentlichen wie altkirchlichen Texten eine Analogie dieses Problems darstellt und meines Erachtens unter Berücksichtigung des alttestamentlichen Hintergrundes zu verstehen ist.

---

63 Siehe zu Griechenland Plutarch, Pericl. 37, 3 p. 172d; speziell zu Athen Aristoteles, resp. Ath. 42,1 und Pseudo-Demosthenes 59,16.52; zu Rom: Ulpian, reg. 5,2.
64 Siehe auch W. Erdmann, Ehe im alten Griechenland 170.173.
65 Pseudo-Demosthenes 118.

Gegenüber Dtn 7,3f fällt allerdings ein Passus wie Dtn 21,10-14 auf, wonach Ehen mit kriegsgefangenen Frauen offenbar doch in gewissen Grenzen und unter bestimmten Auflagen möglich waren[66]. Vermutlich wird man dabei allerdings an die Differenzierung der Fremdvölker von Dtn 20,10-15.16-18 zu denken haben, wonach den sieben Fremdvölkern, mit denen jeglicher Verkehr auf das schärfste untersagt wird[67], die übrigen Völker gegenübergestellt werden, die nicht mit gleicher Ablehnung und Rigidität behandelt werden. Dies zeigt ja auch die Differenzierung von Dtn 20 hinsichtlich der Behandlung dieser Völker im Krieg: Die sieben Fremdvölker, das heißt, "die Völker, deren Städte Jahwe dein Gott, dir als Erbteil gibt", sollen nicht am Leben bleiben[68]; an ihnen ist der "Bann" vollständig zu vollstrecken[69]. Für die übrigen Völker hingegen[70] gilt aber, daß diese – so sie sich ergeben – alle am Leben bleiben dürfen und ihnen Dienstleistungen[71] auferlegt werden; im anderen Falle dürfen die Israeliten Frauen, Kinder, Vieh und Besitz[72] "für sich" rauben.

Die Verklammerung von religiösen Mischehen und religiösem Abfall zeigt sich auch in den dtr Partien des Richterbuches. Fremdgötterdienst ist Abfall von Jahwe[73]. Dieser besteht zum einen im Vergessen oder Verlassen Jahwes[74], zum anderen im konkreten Dienst gegenüber anderen Göttern[75], der auch als Hurerei bezeichnet werden kann[76]. Daß die Hauptgefahr dieses religiösen Abfalls wiederum von den Mischehen ausgeht, zeigt Jdc 3,6:

ויקחו את־בנותיהם להם לנשים ואת־בנותיהם נתנו
לבניהם ויעבדו את־אלהיהם:

Welche Gefahr für den Glauben die Ehe mit Fremdvölkern darstellt, die als solche üblicherweise einen anderen Glauben haben, zeigt auch das Beispiel Salomos in 1 Kön 11,1-13. Das Vergehen Salomos wird so eingeführt: "*Der König Salomo aber liebte viele ausländische Frauen, und zwar neben der Tochter des Pharao moabitische, ammonitische, edomitische, sidonitische, hetitische, von den Nationen, von denen Jahwe zu den Söhnen Israel gesagt hatte: Ihr sollt nicht*

---

66 Siehe Dtn 21,13.
67 Siehe Dtn 7,3f u.ö.
68 Dtn 20,16.
69 Dtn 20,17.
70 Das heißt, für die entfernten Städte, die nicht von den obengenannten Nationen sind, siehe Dtn 20,15.
71 Fron und dergleichen.
72 Nach Dtn 20,14.
73 Siehe Jdc 2,11-13.
74 ויעזבו את־יהוה אלהי אבותם ... ויכעסו את־יהוה (Jdc 2,12; vgl. 2,13).
75 Jdc 2,11(13) ויעבדו את־הבעלים;
   Jdc 2,12 וילכו אחרי אלהים אחרים מאלהי העמים
76 זנה אחרי אלהים אחרים.

zu ihnen eingehen, und sie sollen nicht zu euch eingehen; fürwahr, sie würden euer Herz ihren Göttern zuneigen."[77] Als weiteres Beispiel wäre Ahab zu nennen, der durch seine Ehe mit Isebel, der Tochter des Königs der Sidonier, zum Götzendienst verleitet wurde[78].

Die Gefahr des Abfalls durch Kontakt[79] mit Fremdvölkern zeigt auch Ex 34,15f.[80] Die Fremdvölker könnten zu Götzenopfern einladen; besonders gravierend ist aber die von einer Mischehe ausgehende Gefahr: *"Und du könntest von ihren Töchtern für deine Söhne (Frauen) nehmen, und (wenn dann) ihre Töchter ihren Göttern nachhuren, könnten sie deine Söhne dazu verführen, ihren Göttern nachzuhuren."*[81]

Die Problematisierung – das heißt das Verbot – von religiösen Mischehen erfolgt neben dem DtrG auch im Chronistischen Geschichtswerk (ChrG), hier vor allem in den Schriften Esra und Nehemia. Mit Esra wird die religiöse Konsolidierung und Restituierung Israels in nachexilischer Zeit in Verbindung gebracht. Besonders hervorgehoben wird in diesem Zusammenhang Esras Vorgehen gegen die "Mischehen"[82]: *"Als das nun vollbracht war, traten die Obersten zu mir und sagten: Das Volk Israel und die Leviten haben sich nicht von den Völkern der Länder – wegen deren Greuel – abgesondert, (nämlich von) den Kanaanitern, den Hetitern, den Perisitern, den Jebusitern, den Ammonitern, den Moabitern, den Ägyptern und den Amoritern. Denn sie haben von deren Töchtern für sich und für ihre Söhne (Frauen) genommen, und so hat sich der heilige Same mit den Völkern der Länder vermischt. Und die Hand der Obersten und der Vorsteher ist in dieser Untreue als erste (ausgestreckt) gewesen."*[83] Es fällt hierbei übrigens auf, daß die Namen der Fremdvölker von den im Dtn [84] genannten abweichen; es sind nun sogar acht Völker genannt. So ist es in der weiteren Tradierung und Aktualisierung des Mischehenverbots durchaus denkbar, das Verbot religiöser Mischehen auf jegliche Nicht-Juden überhaupt[85] auszudehnen, wie es dann in der rabbinischen Tradition bis hin zur derzeitigen Ehegesetzgebung Israels[86] der Fall ist.

---

77 1 Kön 11,1f.
78 1 Kön 16,31-33.
79 Vor allem durch Mischehen.
80 Zum dtn Ursprung der Gebotsreihung von Ex 34,11ff siehe L. Perlitt, Bundestheologie 203-232, besonders 221ff.
81 Ex 34,16.
82 Siehe besonders Esr 9f.
83 Esr 9,1f.
84 Vgl. auch Jdc 3,1ff.
85 Sofern sie nicht zum Judentum konvertieren, siehe unten zu den Proselyten exemplarisch Joseph und Aseneth.
86 Siehe hierzu den Beitrag "Letzter Trost" im Spiegel 26/1995, 127. Hier wird auf die

Esr 9,12a wird – aufgrund der – religiös bedingten – Unreinheit der Fremdvölker konstatiert: "*So sollt ihr nun nicht eure Töchter ihren Söhnen geben und ihre Töchter nicht (als Frauen) für eure Söhne nehmen*". In der Konsequenz der Ablehnung der Mischehe liegt dann Esr 10 die Auflösung der bestehenden Mischehen, weil sie Gottes Gebot zuwider sind: Nach einem Bußgebet und Bußbekenntnis heißt es Esr 10,3: "*So laßt uns jetzt mit unserm Gott einen Bund schließen, daß wir alle (ausländischen) Frauen und die von ihnen geborenen (Kinder) fortschicken, nach dem Beschluß meines Herrn und jener, die vor dem Gebot unseres Gottes zittern. Nach dem Gesetz soll gehandelt werden.*" Siehe auch Esr 10,10f: "*Da stand Esra, der Priester, auf und sagte zu ihnen: Ihr habt treulos gehandelt und habt ausländische Frauen geheiratet, um die Schuld Israels zu vermehren. So gebt nun Jahwe, dem Gott eurer Väter, das Lob und tut seinen Willen und sondert euch ab von den Völkern des Landes und von den ausländischen Frauen!*"

Auch von Nehemia wird im Zusammenhang seiner über die religiöse Konstituierung Israels hinausreichenden Maßnahmen unter anderem dessen scharfe Kritik an den offenbar weit verbreiteten Mischehen überliefert[87], wobei auch auf das Negativbeispiel des ansonsten tadellosen Königs Salomo, der von seinen ausländischen Frauen zum Abfall verführt wurde, rekurriert wird. Allerdings ist hier – im Unterschied zu Esr 10 – nicht von der Scheidung bestehender Mischehen die Rede. Doch geht Nehemia nach dem Selbstbericht von Neh 13,25 mit den betroffenen jüdischen Männern hart ins Gericht, verflucht und schlägt sie.

Kritik an den Mischehen begegnet auch Mal 2,11f: "*Juda hat treulos gehandelt, und ein Greuel ist in Israel und in Jerusalem verübt worden; denn Juda hat das Heiligtum Jahwes entweiht, das er liebt, und hat die Tochter eines ausländischen Gottes geheiratet. Dem Mann, der das tut, wird der Herr (alles) ausrotten, was lebt ...*"

Dieser Durchgang durch die für die Mischehenproblematik relevanten alttestamentlichen Texte zeigt die Schärfe, mit der Ehen eines jüdischen Menschen mit einem Nichtjuden angegriffen werden. Die Ablehnung der Ehe mit einem

---

Problematik hingewiesen, daß es in Israel nicht so etwas wie standesamtliche Trauungen gibt und "die Hoheit über alle Personenstandsgesetze ... bei den Religionshütern" liege (ebd.). Orthodoxe Rabbiner wachen seit der Staatsgründung 1948 darüber, daß in der Familie das religiöse Recht gilt. Weil eine 'Mischehe' nach orthodoxer Auffassung nicht zulässig ist, wird von den Rabbinern auch nicht eine solche vollzogen (wie gesagt: standesamtliche Trauungen gibt es gar nicht!). Deshalb sehen manche Betroffene den einzigen Ausweg darin, sich auf Zypern trauen zu lassen oder ein Heiratszertifikat in Paraguay zu erwerben.

87 Neh 13,23-27.

Nichtjuden findet sich aber auch in Texten wie Jub 30 oder TestLev 9,10; 14,6[88], wobei die religiöse Begründung nicht immer explizit ausgesprochen werden mußte, weil sie sich aufgrund der aufgezeigten alttestamentlichen Tradition von selber verstand. So ist nach Jub 30,7 derjenige zu steinigen, der seine Tochter oder Schwester einem Heiden gibt, die Betreffende soll verbrannt werden. Nach Philo[89] gefährdet eine "Mischehe" die Treue gegenüber der jüdischen Religion. TestLev 9,10 wird dem Juden angeraten, sich früh zu verheiraten; doch dürfe die Frau "keinen Tadel haben noch befleckt sein, noch vom Geschlecht fremdstämmiger Völker". Daß das Verbot der religiös gemischten Ehe auf alle Nichtjuden bezogen wurde, zeigen auch (aus späterer Zeit) Texte wie Babylonischer Talmud Meg. 13b und Kidd. 70b.[90] Wichtig ist dabei vor allem Babylonischer Talmud Aboda zara 36b: Dort wird festgehalten, daß das Mischehenverbot ursprünglich den alten kanaanäischen Völkern gegolten habe und dann auf alle anderen Fremdvölker ausgeweitet wurde. Ebenso fand eine Verschärfung statt, insofern ursprünglich nur für die jüdische Frau das Mischehenverbot galt und später auch der jüdische Mann dieses Verbot zu beobachten hatte. Die Verschärfung dürfte wohl in beiden Fällen die Reform Esras mit sich gebracht haben.

Wie gezeigt[91], lassen sich die Linien bis in die heutige Ehegesetzgebung in Israel weiterziehen. Doch hat es vor allem in Kreisen des Reformjudentums nicht an Versuchen gefehlt, das Mischehenverbot abzuschaffen. So plädierte etwa Samuel Holdheim für die Abschaffung des Mischehen-Verbots und setzte einen entsprechenden Beschluß in der Braunschweiger Rabbinerkonferenz von 1844 durch.[92] Doch lehnte die Mehrheit der Rabbiner diesen Beschluß ab.[93] So ist es im rabbinischen Judentum bei der Ablehnung religiöser Mischehen geblieben, so daß den Betroffenen nur die Möglichkeit der Konversion zum Judentum bleibt.[94]

---

88 Siehe auch TestJud 14,6; Tob 4,12; AntBibl 9,5; ParJer 8,2.4f; TestHi 45,3; Josephus, Ant. VIII 191f. Als heidnischen Beleg für das Faktum siehe Tacitus, Annales V 5: "alienarum concubitu abstinent". Die endogame Ehe (natürlich unter Berücksichtigung der Inzestgesetze, siehe 11QTempel 66,11ff) ist auch Teil des Königrechts von 11QTempel 57,15-19, wonach der König eine Frau aus seinem Vaterhaus (vgl. Gen 24,37f) und nach dem Tod der Frau wiederum aus seinem Vaterhaus, aus seiner Sippe, eine Frau nehmen soll.
89 Spec. Leg. III 29.
90 Ferner ist auf die in jüdischen Scheidungsurkunden anzutreffenden Wendungen "frei jedem Juden" (z.B. Papyr. Muraba'at 29 aus dem Jahr 71 n. Chr.) oder "frei für jeden außer ... einem Nichtjuden" (Tosefta Gittin 7,1; Babylonischer Talmud Gittin 85a) hinzuweisen.
91 Oben Anmerkung 175.
92 Siehe Z.W. Falk, Art. Mischehe I 6.
93 Z.W. Falk, ebd.
94 Immerhin hat sich heute insofern selbst im orthodoxen Judentum in dieser Frage Einiges getan, als nun der Übertritt, der nur um der Heirat eines jüdischen Partners

Ein in der hellenistisch-jüdischen Literatur bekanntes Beispiel für die Mischehenproblematik ist der Roman "Joseph und Aseneth". Ausgehend von Gen 41,45 – Pharao gab Joseph Aseneth zur Frau, die Tochter Potipheras, des Priesters zu On – ergab sich für einen Juden, der auf dem Boden des alttestamentlichen Verbots der religiös gemischten Ehe stand, die Problematik, wie solch eine Ehe des Patriarchen Joseph damit in Einklang zu bringen ist. Einen Lösungsvorschlag legt der Verfasser des Romans "Joseph und Aseneth" in neutestamentlicher Zeit, möglicherweise sogar schon im 2. Jh. v. Chr., vermutlich in Ägypten vor.[95]

Der Israelit Joseph meidet jeglichen Kontakt zu einer Ägypterin und zeigt sich auch gegenüber der Ägypterin Aseneth sehr distanziert. Dies erklärt der Verfasser 7,5 auf dem Hintergrund des alttestamentlich-jüdischen Mischehenverbots: "*Und das Angesicht seines Vaters Jakob vor seinen Augen hatte Joseph allezeit und war eingedenk der Gebote seines Vaters, denn es sprach Jakob (zu) seinem Sohne Joseph und all seinen Söhnen: 'Hütet euch, meine Kinder, kräftig vor einer fremden Frau, Gemeinschaft zu haben (mit) ihr, ihre Gemeinschaft nämlich ist Verderbnis und Verwesung!'*". Vergleiche weiter 8,6f: "*Sondern ein gottverehrender Mann wird küssen seine Mutter und die Schwester die aus seiner Mutter und die Schwester die aus seinem Stamme und Verwandtschaft und die Frau, die seine Beischläferin (ist), welche segnen (mit) ihrem Munde Gott den lebenden. Desgleichen auch einer gottverehrenden Frau nicht ist es geziemend, (zu) küssen einen fremden Mann, denn ein Greuel ist dies vor Herr dem Gott.*"[96]. Erst als sich Aseneth von ihren Götzen abwendet und sich zu dem Gott Israels bekennt, die Götterbilder beseitigt, und durch den Engelfürsten Annahme bei dem Gott Israels findet[97], ist eine Verehelichung mit Joseph möglich.

Damit zeigt der Roman "Joseph und Aseneth" an, unter welchen Bedingungen die Ehe eines Juden mit einem gebürtigen Nicht-Juden überhaupt denkbar ist: Es muß ein Proselyt sein, so daß eine Verehelichung nicht mehr zu einer religiös gemischten, sondern zu einer rein jüdischen Ehe führt.[98] Hätte sich die Ägypterin Aseneth nicht zum Judentum bekehrt, wäre eine Vereheli-

---

willen (also nicht aus eigentlich religiöser Überzeugung) erfolgt, akzeptiert wird, siehe Z.W. Falk, a.a.O., 6f.
95 Zu Fragen der Datierung und Verortung: C. Burchard, Joseph und Aseneth, in der Einleitung die Abschnitte 1./7.1.
96 Zitiert nach der Ausgabe von C. Burchard, a.a.O., 647f und 650.
97 Siehe die Speisung mit der Honigwabe und die Tränkung mit dem Kelch.
98 Dies ist ein weiterer Beleg dafür, daß es sich bei dem alttestamentlich-jüdischen Mischehenverbot nicht um ein "rassisch" motiviertes Gebot handelt, sondern daß es allein aus religiösen Gründen voll verständlich wird.

chung zwischen Joseph und Aseneth nicht aus "rassischen", sondern aus religiösen Gründen völlig ausgeschlossen.
Die Ablehnung religiös gemischter Ehen in alttestamentlich-jüdischer Tradition blieb nicht ohne Auswirkung auf die frühen christlichen Gemeinden wie auch auf die spätere altkirchliche Ehegesetzgebung. Zwar rät Paulus zur Aufrechterhaltung einer religiös gemischten Ehe, die eine solche erst durch die Konversion eines Ehepartners zum Christentum wurde[99], falls der Wille zur Aufrechterhaltung der Ehe beim heidnischen Teil überhaupt vorliegt. Doch lehnt Paulus meines Erachtens in 1 Kor 7,39 (μόνον ἐν κυρίῳ) die Schließung neuer religiös gemischter Ehen ab[100].
Entscheidend sind angesichts der Gemeinschaft von Christen "in Christus" für Paulus nicht standesbedingte (z.B. Sklave – Freier) oder volksbedingte (z.B. Jude – Grieche) noch geschlechtsbedingte (Mann – Frau) Differenzen, die doch in der sozialen Wirklichkeit der Umwelt trennenden Charakter hatten: Πάντες γὰρ υἱοὶ θεοῦ ἐστε διὰ τῆς πίστεως ἐν Χριστῷ Ἰησοῦ ... οὐκ ἔνι Ἰουδαῖος οὐδὲ Ἕλλην, οὐκ ἔνι δοῦλος οὐδὲ ἐλεύθερος, οὐκ ἔνι ἄρσεν καὶ θῆλυ· πάντες γὰρ ὑμεῖς εἷς ἐστε ἐν Χριστῷ Ἰησοῦ[101]. Diese Beurteilung, die die Christusgemeinschaft als allein wichtigen Maßstab für Christen postuliert und alle anderweitigen Differenzen transzendiert, dürfte auch auf die Ehewirklichkeit eingewirkt haben. Entscheidend ist nicht, ob ein Christ bzw. eine Christin einen Sklaven oder Freien, einen Juden oder Nichtjuden als Partner nimmt; allein wichtig ist, daß dieser auch in der Gemeinschaft mit Christus[102] steht. Hierin kann eine Parallele zu der jüdischen Beurteilung von Ehehindernissen gesehen werden, als die entscheidende Dimension der gemeinsame Glaube beider Ehepartner ist und dieser durch Übertritt des heidnischen Teils zum Judentum – bzw. hier zum Christentum – erfolgen kann, während andere Differenzen (wie standes- oder volksbedingte) nicht gleiche Relevanz haben.
Auch Ignatius, Polyc. 5,2 rät vom Eingehen einer religiösen Mischehe ab. Besonders vehement bezieht – der in Ehefragen auch sonst[103] rigoros urteilende – Tertullian Stellung gegen das Eingehen einer religiös gemischten Ehe, womit er allerdings keineswegs allein dasteht: "... *Wer möchte daran zweifeln, daß der Glaube von Tag zu Tag mehr abgestumpft wird im (ehelichen) Umgang mit einem Ungläubigen? Böse Unterhaltungen verderben gute Sitten, um wieviel mehr*

---

99 Siehe 1 Kor 7,12-16.
100 Siehe hierzu S. 133-135 mit Skizzierung der exegetischen Kontroverse um jene Stelle.
101 Gal 3,26-28.
102 Konstituiert durch die Taufe, die Gal 3,27 nicht zufällig genannt wird.
103 Zum Beispiel hinsichtlich der Einzigehe.

Zusammenleben und ungetrennte intime Gemeinschaft! Jede Christin muß ihre Gedanken auf Gott richten. Wie könnte sie nun zwei Herren dienen, Gott und ihrem Ehemann, und dazu noch einem heidnischen? ..."[104]. Ebenso kann auf Cyprian, Ad Quirinum III 62 verwiesen werden, wo es heißt: "Matrimonium cum gentilibus non iugendum".[105] Wie bedeutsam die alttestamentlich-jüdische Tradition des Verbots religiös gemischter Ehen für das christliche Mischehenverbot ist, zeigt der Fortgang der Argumentation in Ad Quirinum: Zunächst wird auf das Verbot von Tob 4,12[106] hingewiesen; dann wird als Beispiel Gen 24 beigebracht. Ein wichtiger Baustein der Argumentation ist die Scheidung der Mischehen durch Esra nach Esr 10; als neutestamentlicher Text wird 1 Kor 7,39f zitiert. Den Abschluß der Argumentation bildet wiederum ein alttestamentliches Beispiel "*Item de Solomone in Basilion III: Et averterunt uxores alienigenae cor eius post deos suos*"[107], womit deutlich wird, daß man sich der alttestamentlichen Beurteilung, religiös gemischte Ehen bringen die Gefahr des religiösen Abfalls mit sich, auch christlicherseits angeschlossen hat.

Daß die Christen der Alten Kirche mit einer gewissen Selbstverständlichkeit und Unbefangenheit auf alttestamentliche Texte zurückgriffen, die ja eigentlich das Volk Israel, nicht aber eine davon abweichende Größe im Blick haben, darf nicht verwundern, da man das "Alte Testament" als christliches Buch las und sich selbst als das wahre oder neue Israel verstand. Schließlich besaßen ja die allerersten christlichen Gemeinden noch gar keine andere heilige Schrift als das "Alte Testament", das man im Licht der neuen Offenbarung las.

Die Ablehnung der Schließung religiös gemischter Ehen fand ihren Niederschlag auch in der altkirchlichen Ehegesetzgebung. Dies zeigt bereits das Konzil von Elvira (ca. 306)[108] mit can. 15: "*Propter copiam puellarum gentilibus minime in matrimonium dandae sunt virgines Christianae, ne aetas in flore tumens in adulterium animae resolvatur.*"[109] Dies bezieht sich auch auf alle Andersglaubenden, wobei Juden und Häretiker in can. 16 explizit genannt werden; die Ehe mit Götzenpriestern wird überdies nach can. 17 am schärfsten beurteilt. Allerdings besteht auch hinsichtlich der Nicht- oder Andersglaubenden – ähnlich wie

---

104 Ad uxorem II 3,3-4, zit. nach der Textausgabe von C. Munier, Ehe und Ehelosigkeit in der Alten Kirche 254f, Text 175.
105 Nach der Ausgabe von C. Munier, a.a.O., 278, Text 193. Vgl. ferner Cyprian, De lapsis 6.
106 "Nimm eine Frau aus dem Stamm deiner Väter! Nimm keine Frau, die nicht zum Volk deines Vaters gehört!"
107 1 Kön 11.
108 Ein weiterer Konzilstext gegen religiös gemischte Ehen: Konzil v. Arles (314), can. 12 (11): "De puellis fidelibus quae gentilibus iunguntur, placuit, ut aliquanto tempore a communione separentur." (Munier, a.a.O., 308, Text 206).
109 Zitiert nach der Ausgabe von C. Munier, a.a.O., 298-301, Text 205.

dies ja hinsichtlich des Judentums für die Proselyten galt[110] – die Möglichkeit, sich über die Konversion zum orthodoxen Christentum die Erlaubnis zu erwerben, eine Christin ehelichen zu dürfen[111].

Man sieht aus alledem, wie sehr die alttestamentlich-jüdische Handhabung der Mischehenfrage auch auf die christliche Variante der Problematik religiös gemischter Ehen eingewirkt hat.

2.4. Priesterehe

Besonderen Beschränkungen und Auflagen unterliegt im Alten Testament und Judentum die Priesterehe. Zentral ist hierbei Lv 21,7: *"Eine Hure und eine Entehrte sollen sie (die Priester, die Söhne Aarons, F.K.) nicht (zur Frau) nehmen, und eine von ihrem Mann verstoßene Frau sollen sie nicht nehmen; denn heilig ist er seinem Gott."* Entsprechend heißt es Lv 21,13-15 von dem Hohenpriester: *"Und er soll eine Frau in ihrer Jungfrauschaft nehmen. Eine Witwe und eine Verstoßene und eine Entehrte, eine Hure, diese soll er nicht nehmen; sondern eine Jungfrau aus seinen Volksgenossen soll er zur Frau nehmen."* Man sieht: die Liste der für einen Priester nicht in Frage kommenden Personen ist hinsichtlich des Hohenpriesters noch um die Witwe erweitert worden, das heißt, der Hohepriester soll nach den Gesetzesbestimmungen von Leviticus keine Frau nehmen, die in irgendeiner Weise schon anderweitig ehelich gebunden war oder geschlechtlichen Verkehr hatte. Ez 44,22 spricht von den Priestern allgemein: *"Und eine Witwe und eine Verstoßene sollen sie sich nicht zu Frauen nehmen, sondern Jungfrauen von den Nachkommen des Hauses Israel. Und die Witwe, die eine Priesterwitwe ist, dürfen sie nehmen."* Eine Priesterwitwe ist also die einzige Frau, die – obwohl sie bereits verheiratet war und folglich auch geschlechtlichen Umgang mit ihrem Mann hatte – überhaupt noch für einen Priester neben der Jungfrau als zukünftige Frau infrage kommt. Im Hintergrund steht hierbei die Vorstellung von der besonderen Reinheit des Priesterstandes, an der auch die Frau des Priesters partizipiert.

Darüber, daß ein Priester oder Hoherpriester keine Geschiedene (term. techn. גרושה), keine Dirne (term. techn. זונה) und keine Entweihte (חללה), d.h., eine aus einer verbotenen Priesterehe hervorgegangene Tochter, heiraten dürfen, besteht in der jüdisch-rabbinischen Literatur Einhelligkeit.[112] Dabei versteht sich

---

110 Siehe Joseph und Aseneth.
111 Siehe Chalcedon, can. 14.
112 Siehe unter anderem M. Cohn, Art. Priesterehe 1122. Siehe zum "gewöhnlichen Priester" (im Unterschied zum Hohenpriester, an den noch strengere Maßstäbe angesetzt werden) Mischna Jeb. 6,5. Demnach darf ein gewöhnlicher Priester keine

von selbst, daß ebensowenig eine noch unverheiratete junge Frau infrage kommt, die mit einem anderen Mann bereits Geschlechtsverkehr hatte. Hinsichtlich der Witwe wird in der Mischna differenziert: *"eine Witwe ist einem Hohenpriester nicht erlaubt, eine Geschiedene oder eine Witwe, die vom Levir nicht ins Levirat genommen wurde (also eine halisah), ist dem normalen Priester nicht erlaubt."*[113] D.h., der Hohepriester darf überhaupt keine Witwe heiraten, wie es dann auch im Babylonischen Talmud Jeb. 20a[114] festgelegt wird. Darüber hinausgehend schärft Mischna Jeb. 6,4 A[115] ein, daß das Verbot, ein Hoherpriester dürfe keine Witwe heiraten, nicht nur für den Fall gilt, daß eine Ehe vollzogen wurde; bereits eine einem Mann durch Verlobung verbundene Frau gilt als Witwe, so der Verlobte vor der Eheschließung verstarb. Daß an den Hohenpriester besonders strenge Maßstäbe angelegt werden, zeigt auch die Mischna Jeb. 6,4 B. Demnach soll er keine Heranwachsende heiraten.[116] Ferner soll ein Hoherpriester nach der Mischna Jeb. 6,4 J, den Ritus der halisah vollziehen und nicht die Leviratsehe eingehen.[117]

In der Alten Kirche hielt man zunächst, als die Kleriker üblicherweise noch heirateten bzw. heiraten konnten[118], an den Bestimmungen des Alten Testaments für die (Hohen-)Priester fest[119]: so war es Klerikern nicht gestattet, eine Witwe, eine Geschiedene, eine Dirne oder – der staatlich-römischen Gesetzgebung entsprechend[120] – eine Sklavin zu heiraten.[121]

Unfruchtbare, keine Proselytin, keine Freigelassene oder eine aus Unzucht hervorgegangene Frau heiraten.
113 Mischna Jeb. 6,2 C, zitiert nach J. Neusner, Mischna 351.
114 ed. Goldschmidt IV 378f.
115 ed. Neusner, Mischna 351.
116 Vergleiche dagegen allerdings Rabbi Eleazar und Rabbi Simeon, ed. Neusner, a.a.O., 351.
117 ed. Neusner, a.a.O., 352 (nach ed. Rengstorf: 6,4 G.).
118 Bischöfe, Presbyter und Diakone auf der Basis von 1 Tim 3,2.12; Tit 1,6 in Einzelgehe.
119 Siehe B. Kötting, Zölibat 11f.
120 Siehe oben S. 33f zu sozialen Ehehindernissen nach der Lex Iulia et Pappia Poppaea. Vergleiche kritisch dazu Hieronymus, ep. 69,5.
121 Siehe B. Kötting, a.a.O., 11f.

3. Die neutestamentlichen Ehetexte

3.1. Die paulinische Beurteilung der Ehe

3.1.1. Forschungsüberblick

A.) Eine forschungsgeschichtlich strittige Frage ist zunächst die Bewertung der Ehe in 1 Kor 7 hinsichtlich des charismatischen Aspekts. Ist die Ehe – wie auch die Ehelosigkeit – nach 1 Kor 7,7 ein Charisma? 1 Kor 7,7b heißt es: ἀλλὰ ἕκαστος ἴδιον χάρισμα ἐκ θεοῦ, ὁ μὲν οὕτως, ὁ δὲ οὕτως. Hierbei besteht die Gefahr, in alte konfessionelle Schablonen zu verfallen bzw. diese in den Text hineinzutragen. a) So etwa, indem man den Text im Sinne einer Zwei-Stufen-Moral versteht, welche sich in der Alten Kirche insbesondere bei der theologischen Bewertung des Mönchtums wie des priesterlichen Zölibats artikulierte, bis sie Martin Luther im Zuge der Reformation scharf angriff[122]. Ist Ehelosigkeit – wie 1 Kor 7,38 nahelegt – der seligere Weg bzw. entspricht diese den consilia evangelii, denen nur wenige Begabte zu folgen vermögen, während die breite Masse doch auf einem sittlich tiefer stehenden Niveau (praecepta) stehen bleibt?

b) Evangelischerseits besteht wiederum die Gefahr, den lutherischen Beruf(ung-)sgedanken vorschnell in 1 Kor 7,7 hineinzulesen. So etwa, wenn W. Michaelis den Passus in dem Sinne versteht, daß jeder sein eigenes Charisma habe, der eine eben das der Ehelosigkeit, der andere das der Ehe.[123] Aber läßt sich diese Deutung wirklich mit 1 Kor 7,38 vereinbaren, wo eindeutig zwischen einer guten Handlung (Ehe) und einer besseren Handlung (Ehelosigkeit) unterschieden wird? W. Michaelis versucht, diesen Widerspruch aufgrund der Parusienaherwartung des Apostels Paulus zu erklären: "Also nicht absolut gewertet ist die Ehelosigkeit besser als die Ehe, sondern angesichts der Parusie"[124]. So "wird für Paulus die relative Bewertung als die allein noch mögliche zur absoluten"[125]. Michaelis hat in seiner Arbeit, was die von Preisker, Delling und Niederwimmer bestrittene Hochschätzung der Ehe wie auch die Wichtigkeit der Parusienaherwartung für die Hochschätzung der Ehelosigkeit durch Paulus anbetrifft, Richti-

---

122 Vgl. etwa K. Niederwimmer, Mysterium und Askese 123f, der Paulus als "Wegbereiter des Frühkatholizismus" ansieht. Eine Zweistufenmoral sei – auch wenn Paulus dies eigentlich nicht gewollt habe – unausweichlich gewesen.
123 W. Michaelis, Ehe und Charisma bei Paulus, ZSTh 5 (1928), 426-452.
124 A.a.O., 440.
125 Ebd.

ges festgestellt. Doch läßt sich die Bewertung der Ehe als Charisma – wenn auch bloß "in der weiteren Fassung des Wortes"[126] – gegen W. Michaelis nicht halten. W. Wolbert führt in seiner Untersuchung zu 1 Kor 7 aus einer falschen Alternative heraus: Zwar bezieht sich der Begriff "Charisma" nach der paulinischen Argumentation in 1 Kor 7 nur auf die Ehelosigkeit, während die übrigen Menschen eben "irgendein anderes" Charisma haben[127]. Doch bedeutet dies noch lange nicht das Aufrichten von zwei sittlich differierenden Rängen. Es muß vielmehr die jeweilige Persönlichkeit mit ihren realen Möglichkeiten berücksichtigt werden, wenn eine sittliche Beurteilung erfolgen soll. "So ist die Ehelosigkeit für Paulus nicht schlechthin die bessere Möglichkeit, sondern unter einem bestimmten Gesichtspunkt (nämlich dem, daß die entsprechende Person über das Charisma der Enthaltsamkeit überhaupt verfügt, F.K.). ... Es gibt Gründe, die für ein eheloses Leben sprechen, es gibt Gründe für die Ehe."[128]

B.) Über die Frage, ob die Ehe auch ein Charisma ist, hinausgehend stellt sich insgesamt die Frage nach der Beurteilung der Ehe durch Paulus.[129] In der Geschichte der Exegese[130] wurde Paulus immer wieder als Feind von Ehe und Sexualität dargestellt. Es ist aber zu fragen, ob man mit einer derartigen Beurteilung der paulinischen Position wirklich gerecht wird. Als Jude mußte Paulus mit der traditionell jüdischen Begründung der Ehe aufgrund der Notwendigkeit der Zeugung von Nachkommenschaft (Gen 1,28) vertraut gewesen sein, wie sie unter I.1 skizziert wurde. Doch fällt auf, daß von diesem Ehezweck in 1 Kor 7 überhaupt nichts verlautet. Dennoch kann Paulus gemäß seiner jüdischen Prägung die Ehe als gut bezeichnen (1 Kor 7,38). Wie ist das zu erklären?

Die genannten Arbeiten von G. Delling, K. Niederwimmer und H. Preisker sehen die paulinische Bejahung der Ehe als Zugeständnis, um Schlimmeres zu verhüten – also als "remedium incontinentiae"[131] bzw. lediglich "sub condicione

---

126 A.a.O., 433. Die nähere Bestimmung erfolgt 435: Charisma im weiteren Sinne bedeutet demnach "eine bestimmte Eigenschaft, Fähigkeit, Haltung, die andere anders beurteilen mögen und die auch anders beurteilt werden kann", die Paulus aber "als Christ bewertet, nicht κατὰ ἄνθρωπον ..., sondern als einer, der den Geist Gottes hat ...".
127 W. Wolbert, Ethische Argumentation und Paränese in 1 Kor 7 91. Vgl. dag. die Kritik von W. Michaelis, a.a.O., 430f an J. Weiß' dahingehender Argumentation.
128 A.a.O., 90. Ähnlich N. Baumert, Ehelosigkeit und Ehe 348; D.J. Doughty, Heiligkeit und Freiheit 24 u.ö.
129 Siehe hierzu ferner die Überlegungen zur eigenen Person des Paulus (Ehelosigkeit/Witwerschaft/Sexualität) unten S. 96-98.
130 Siehe unter anderem Preisker, Delling und Niederwimmer.
131 K. Niederwimmer, a.a.O., 88; G. Delling, Paulus' Stellung zu Frau und Ehe 67: "Die Ehe ist nur besser als das Sichverzehren in brennender Leidenschaft". Ebd.: "Da wird es um so verständlicher, daß er das Eheliche für sittlich minderwertig hält und

incontinentiae"[132]; dabei liegt es nahe, sich auf 1 Kor 7,2 διὰ δὲ τὰς πορνείας ἕκαστος τὴν ἑαυτοῦ γυναῖκα ἐχέτω καὶ ἑκάστη τὸν ἴδιον ἄνδρα ἐχέτω zu berufen.[133] K. Niederwimmer stellt ferner ein "Realitätsprinzip" in Rechnung: "... die Legitimität der Ehe ist ihm durch das Gesetz gesichert"[134]. Eine echte Würdigung der Ehe durch Paulus findet sich nach Niederwimmer eigentlich nirgends. Selbst 1 Kor 7,4, wonach die Frau (!) ein Verfügungsrecht über den Körper des Mannes hat[135], schließt nach K. Niederwimmer "streng genommen den modernen Gedanken der Partnerschaft aus"[136]. Aber ist dieser Gedanke von 1 Kor 7,4 nicht doch partnerschaftlich, und erkennt Paulus damit nicht der Frau eigene sexuelle Rechte gegenüber ihrem Mann zu?

Das Grundproblem, zu einer vorschnellen und undifferenzierten Negativbeurteilung der paulinischen Position zur Ehe zu gelangen, besteht darin, in 1 Kor 7 so etwas wie eine umfassende Ehelehre des Paulus zu suchen. Dabei wird verkannt, daß es sich 1 Kor 7 primär um Beantwortung konkreter Anfragen aus der korinthischen Gemeinde durch den Apostel Paulus handelt.[137] Paulus will hier nicht eine Grundsatzerklärung zur Ehe abgeben, auch wenn 1 Kor 7,29-31.32-35 eine solche Auffassung nahelegen. Paulus setzt hinsichtlich der grundsätzlichen Sicht der Ehe vieles von dem voraus, was in seiner jüdisch-hellenistischen Umwelt z.B. durch Popularphilosophie und jüdische Verkündigung gang und gäbe war[138]. Die Ausführungen von 1 Kor 7 richten sich also an bestimmte Adressaten, die sich mit ganz konkreten Fragen an Paulus gewandt haben[139]. Die Anfragen waren vor allem sexualethischer Art[140], wie besonders 1 Kor 7,1 deutlich

---

nur konzessionsweise empfiehlt". A.a.O., 69f: Die Ehe ist das legitime Mittel zur Befriedigung eines an sich natürlich-menschlichen, aber für Paulus unterchristlichen Bedürfnisses." – Vergleiche dagegegen zu Recht N. Baumert, Ehelosigkeit und Ehe 347; D.J. Doughty, a.a.O., 8ff.16.19.23 (dort auch A.3).

132 K. Niederwimmer, a.a.O., 89.
133 Siehe aber zu Recht Doughty's Kritik an den Entwürfen von Delling und Preisker u.a., vor allem a.a.O., 23: "διὰ τὰς πορνείας gibt an sich weder den 'einzigen' noch den 'eigentlichen Grund des Heiratens an", auch A.3.
134 A.a.O., 89f.
135 Dabei steht Paulus in der jüdischen Tradition, nach der die Frau mit der Ehe ihrem Mann gegenüber das Recht auf Nahrung, Kleidung und Sexualverkehr hat.
136 A.a.O., 92.
137 Siehe zu Recht D.J. Doughty, a.a.O., 16f.18; v.a. 19 sowie durchgängig sowohl in der Exegese (Teil I) als auch im religionsgeschichtlichen Abschnitt (Teil II), dort vor allem 171: "In Wirklichkeit ... bietet Paulus hier keine ausführliche Diskussion der christlichen Ehe an, sondern wendet sich gegen ein verkehrtes Verständnis der Ehelosigkeit".
138 So die grundsätzliche Bejahung der Ehe, vgl. 1 Kor 7,38.
139 Siehe unten zum Beispiel zu 1 Kor 7,36-38.
140 Und als Folge davon auch rechtlicher Art, siehe 1 Kor 7,10-16.

wird. Dementsprechend liegen auch die Antworten des Apostels vorwiegend in der sexuellen Dimension der Eheethik. Doch setzt das Urteil des Paulus, eine Witwe handele gut, wenn sie wieder heiratet, – bzw. die Empfehlung an die Verlobten in 1 Kor 7,36-38, sie dürften ruhig heiraten, wenn die physischen Bedingungen dementsprechend seien –, voraus, daß Paulus der Ehe doch auch einen – über die Vermeidung von Unzucht hinausreichenden – hohen Wert beimißt, wenngleich dieser nicht näher expliziert wird. Hier wird man materialiter an das zu denken haben, was im Judentum aufgrund der Urgeschichte[141] selbstverständlich war.[142]

Zu einer derartig differenzierten Betrachtung der paulinischen Positionsbestimmung gelangt D.J. Doughty in seiner Göttinger Theologischen Dissertation von 1965[143]. Doughty sieht Paulus zutreffend "auch als Christ in der Anschauungswelt des (hellenistischen) Judentums"[144], dem eben die Hochschätzung der Ehe aufgrund der Schöpfungsordnung Gottes selbstverständlich war.[145] Dies werde unter anderem 1 Kor 7,3f deutlich, wo Paulus sogar noch über das jüdische Eheverständnis hinausgehe. Hier vertrete Paulus eine "volle gegenseitige Geschlechtsverantwortung"[146]. D.h., es gibt für Paulus sehr wohl eine "positive Bedeutung der Ehe"[147]. Überraschend ist vielmehr, daß der Jude Paulus nicht explizit mit dem Mehrungs- und Zeugungsgebot (von Gen 1,28) argumentiert, wie dies im Judentum üblich war[148] und auch Hellenisten aufgrund des Polisgedankens verständlich gewesen wäre. Die Ehe erfüllt nach Doughtys Interpretation eben nicht bloß die leidlich positive Funktion, "remedium incontinentiae / concupiscentiae" zu sein: "'Wegen der Unzucht' beantwortet nicht die Frage: 'warum soll man heiraten?', sondern vielmehr die Frage: 'warum darf man nicht danach streben, das Ideal der Enthaltsamkeit einzuhalten?'"[149].

Fazit: Dieser Überblick macht zum einen deutlich, daß 1 Kor 7 nicht als grundsätzliche und lückenlose Ehebelehrung, sondern als Beantwortung konkre-

---

141 Schöpfung der Menschen als Mann und Frau nach Gen 1,27 und Mehrungsauftrag von Gen 1,28.
142 Deshalb war es meines Erachtens unverzichtbar, diese Grundlegung vor der Besprechung von 1 Kor 7 voranzuschalten.
143 Heiligkeit und Freiheit, 1965.
144 A.a.O., 167.
145 Ebenso zu Recht H. Schelkle, Ehe und Ehelosigkeit 190f, der auf die Bedeutung der Urgeschichte für Paulus hinweist (siehe 1 Kor 6,16; 11,7-9; 15,45.47).
146 A.a.O., 167. – Vgl. oben genannte abweichende Interpretation des Passus durch Niederwimmer.
147 A.a.O., 166.
148 A.a.O., 168.
149 A.a.O., 171, wobei hier solche Leute im Blick sind, die nicht über das Charisma der ἐγκράτεια verfügen.

ter Anfragen durch Paulus sachgemäß zu verstehen ist. Zum anderen wird deutlich, daß die religionsgeschichtliche Basis[150] der Ausführungen von 1 Kor 7 mitzubedenken ist, wenngleich diese bei Paulus nur gelegentlich durchschimmert, so a) wenn er Heiraten grundsätzlich als gut bezeichnet (1 Kor 7,38); b) wenn er den Ehepartnern einschärft, einander nicht die sexuellen Pflichten zu verweigern (1 Kor 7,2-5) bzw. wenn er in der Ehe die legitime Möglichkeit sieht, den Sexualtrieb zu befriedigen, ohne in Unzucht zu verfallen (1 Kor 7,2-5); c) wenn er mit Selbstverständlichkeit auf die jüdischer Tradition entsprechende Verlobungsvorstellung zurückgreift (2 Kor 11,2) und d) wenn er 1 Kor 7,39f[151] wie selbstverständlich von dem legitimen Recht einer verwitweten Person auf Wiederverheiratung spricht, wie sie im Judentum[152] unstritig war, während im römisch-hellenistischen Bereich eine zweite Ehe – vor allem der Frau – nicht so gern gesehen wurde.

Methodisch ist im folgenden so vorzugehen, daß zunächst aus 1 Kor 7 primär die Verse 1-7 herangezogen werden, da die übrigen Passagen speziellere Fragen in den Blick nehmen, so 7,8-9 die Verheiratung von Verlobten und Verwitweten; 7,25-38 die Ehelosigkeit von Verlobten; 7,39f die Ehelosigkeit bzw. Verheiratung von Verwitweten (Frage der Einzigehe); 7,10-16 die Probleme Scheidung und religiös gemischten Ehen. Es muß daher auf die Darstellung dieser Texte am jeweiligen Ort hingewiesen werden, um unnötige Wiederholungen zu vermeiden.

Texte wie 1 Kor 7,29-31 (ὡς μή) und 1 Kor 7,32-35 (Dienstgedanke) wie auch die eschatologische Argumentation in 1 Kor 7,25ff haben ihre Konsequenzen hinsichtlich der Bewertung von Ehe und Ehelosigkeit, müssen also in beiden Kapiteln in den Blick genommen werden.

3.1.2. Exegese zu 1 Kor 7,1-7

Zunächst nimmt Paulus Bezug auf ein Schreiben, d.h., die schriftliche Anfrage der korinthischen Gemeinde (1 Kor 7,1a: Περὶ δὲ ὧν ἐγράψατε). Ein wichtiges Indiz dafür, daß hier eine Gemeindeanfrage Gegenstand der theologischen Erörterung wird, ist die Einleitung mit περὶ δὲ + Genitiv[153]. Die Frage dürfte gewesen sein, ob Geschlechtsverkehr überhaupt noch für einen Christen möglich sei.[154]

---

150 Fundierung im Judentum mit seiner traditionellen Hochschätzung der Ehe.
151 Vgl. Röm 7,3f.
152 Abgesehen von den Essenern, siehe unten S. 104-112 zur Einzigehe.
153 Siehe 1 Kor 7,1.25; 8,1; 12,1; 1 Thess 4,13; 5,1.
154 F. Lang, Korinther 88; H. Conzelmann, Der erste Brief an die Korinther 139. – Nach R. Schnackenburg, Ehe 423, greift Paulus eine Parole bzw. einen Grundsatz einer "enkratitischen Richtung" auf, um sich dann in seinen Ausführungen über

Die weitere Interpretation von 1 Kor 7,1 ist umstritten: Handelt es sich 7,1b (καλὸν ἀνθρώπῳ γυναικὸς μὴ ἅπτεσθαι) um die eigene Meinung des Apostels?[155] Oder zitiert er hier eine in der korinthischen Gemeinde anzutreffende Position, auf die er dann näher eingeht?[156] In der Exegese des Textes werden beide Interpretationen gleichermaßen vertreten. Meines Erachtens wird aber die zweite Position dem Text eher gerecht:

a) Zunächst ist bereits in der einleitenden Wendung von V.1a (περὶ δὲ ὧν ἐγράψατε) eine in der paulinischen Briefkorrespondenz übliche Bezugnahme auf die Adressaten mit ihren konkreten Fragestellungen zu sehen. So liegt es mehr als nahe, in V.1b eine Angabe des Bezugspunktes der folgenden Ausführungen zu vermuten.

b) Die Position von 1 Kor 7,1b steht in eindeutigem Widerspruch zur traditionell-jüdischen Sexualethik wie auch zum alttestamentlichen Schöpfungsglauben. Dies wäre an sich noch nicht beunruhigend, da es ja sein könnte, daß Paulus hier den Rahmen der jüdischen Tradition gesprengt hätte. Allerdings wird im folgenden klar, daß Paulus aufgrund seiner Grundposition in 1 Kor 7, Ehelosigkeit sei (nur) für diejenigen besser, die das Charisma der Enthaltsamkeit haben, während es für die übrigen angemessen ist, zu heiraten, nicht prinzipiell und für jeden Menschen behauptet hat, es sei besser, eine Frau nicht anzufassen. Wie vertrüge sich eine so kategorische Position etwa mit 1 Kor 7,3ff, wonach sich die beiden Ehepartner einander nicht dauerhaft sexuell entziehen, sich also doch auch berühren (!) sollen? Oder mit der Bewertung des Paulus, daß Heiraten durchaus gut sei (1 Kor 7,38a)?

So muß 1 Kor 7,1 doch in dem Sinne verstanden werden, daß Paulus hier eine Radikalposition aufgreift, die in der korinthischen Gemeinde zumindest von einigen aufgrund ihres pneumatischen Enthusiasmus propagiert wurde. Paulus verwendet diese These, um sich mit ihr differenziert auseinanderzusetzen. Wie der Gesamtduktus von 1 Kor 7 zeigt, ist die in der 1 Kor 7,1b aufgegriffenen Parole zum Ausdruck kommende Position nach Auffassung des Paulus nicht grundsätzlich falsch. Sie ist richtig, sofern sie auf Menschen bezogen wird, die wirklich das Charisma der Enthaltsamkeit haben. Sie über-

---

Ehefragen mit einer positiven Sichtweise der Ehe abzugrenzen; siehe auch E. Lohse, Theologische Ethik 77.

155 Diese Meinung vertreten unter anderem K. Niederwimmer, Analyse 241ff; E. Fascher, Erster Korinther 180; X. Léon-Dufour, Mariage et continence selon s. Paul 319-329.

156 Für diese Interpretation votieren u.a. H. Conzelmann, a.a.O., 146f; G. Delling, Logion Mar. X,11 385; D.J. Doughty, a.a.O., 17-22; F. Lang, Korinther 88; E. Lohse, Theologische Ethik 77; R. Schnackenburg, Ehe 423; W. Wolbert, a.a.O., 78.

fordert aber diejenigen, die nicht mit diesem Charisma begabt sind, und kann in diesem Falle nicht als richtig angesehen werden.

Die Anfrage der korinthischen Gemeinde, ob die 7,1b genannte Position richtig sei, greift Paulus also zu Beginn seiner Ausführungen von 1 Kor 7 auf. Wie bereits V.1b, dann aber auch V.7 – und prägnant V.38; V.39 – deutlich wird, hält Paulus Ehelosigkeit für gut. Hierin unterscheidet er sich diametral von der zeitgenössischen jüdischen Sicht, die freiwillig gewählte Ehelosigkeit als im Gegensatz zum Mehrungsgebot von Gen 1,28 stehend verstand.[157] Die theologische Fundierung dieses Urteils – und hierin besteht die größte eigenständige Leistung des Apostels Paulus in 1 Kor 7 gegenüber den Vorstellungen der Umwelt – muß im Kapitel zur Ehelosigkeit näher in den Blick genommen werden. Dort wird zu fragen sein, welche Argumente Paulus für diese vor allem für jüdische Ohren unerhörte Hochschätzung freiwilliger Ehelosigkeit vorbringt und wie diese miteinander verknüpft sind. Paulus verweist auf die Ehelosigkeit seiner eigenen Person.

Bei der paulinischen Hochschätzung der Ehelosigkeit darf jedoch nicht außer Acht gelassen werden, daß Paulus davon ausgeht, daß die Gabe der Enthaltsamkeit, die er als χάρισμα bezeichnet (V.7), nicht jedermann gegeben ist. Deshalb sei die Ehe für Menschen gut, die nicht das χάρισμα der Enthaltsamkeit haben. Paulus führt als Begründung an, daß in diesem Falle durch die Ehe der πορνεία wirksam entgegengewirkt werde (V.2a). Aber auch in der Ehe werden – wie 1 Thess 4,4f zeigt[158] – Zucht und Heiligung von den Ehepartnern erwartet. Dies bedeutet – wie meine Exegese zeigen wird[159] – nicht bloß eine Ablehnung von Promiskuität, sondern auch eine strenge Sexualethik. Eine gewisse Reserve gegenüber der Sexualität[160] ist unverkennbar. Vermutlich schwingt hier die jüdische Tradition – ähnlich äußern sich aber auch hellenistische Moralphilosophen[161] – mit, die Sexualität wohl bejaht, weil sie naturgemäß ist, diese aber andererseits nur dann als legitim ansieht, wenn sie der Erzeugung von Kindern dient und nicht bloß um des Vergnügens willen stattfindet.[162]

---

157 Siehe oben S. 31-33; sowie unten S. 145-150.
158 εἰδέναι ἕκαστον ὑμῶν τὸ ἑαυτοῦ σκεῦος κτᾶσθαι ἐν ἁγιασμῷ καὶ τιμῇ, μὴ ἐν πάθει ἐπιθυμίας καθάπερ καὶ τὰ ἔθνη τὰ μὴ εἰδότα τὸν θεόν. Siehe hierzu unten S. 225f im Kap. Ehebruch und Unzucht.
159 Siehe unten S. 225f.
160 Vgl. 1 Thess 4,5a: μὴ ἐν πάθει ἐπιθυμίας.
161 Vgl. Musonius u.a.
162 Belege sind von mir in Kap. V. (S. 232, besonders A. 113) ausführlich zitiert: siehe vor allem Philo, Spec. Leg. III 34.36 hinsichtlich des Sexualverkehrs mit einer erwiesenermaßen unfruchtbaren Frau; Spec. Leg. III 39 hinsichtlich homosexuellen Verkehrs; ferner Musonius 64,3f; 65,4-6 (ed. Hense), siehe auch die Platon-Belege aus dessen späterer Schaffenszeit (Nom 838e-839a).

In der Ehe werden – und das ist gerade angesichts der weit verbreiteten patriarchalischen Vorstellungen nicht nur der jüdischen, sondern auch der griechischen Umwelt besonders bemerkenswert! – (in den Versen 2-4) keine Unterschiede zwischen Mann und Frau gemacht. Das wird daran deutlich, daß Paulus jeweils die Sätze, die er zunächst im Hinblick auf den Mann formuliert, analog für die Frau formuliert, ohne qualitative Veränderungen vorzunehmen.[163] Dies Vorgehen behält Paulus auch über 1 Kor 7,1-7 hinausgehend bei. So fällt auf, daß Paulus hinsichtlich der Frage nach der Ehescheidung 1 Kor 7,10f sogar die Frau als mögliche Initiatorin der Scheidung vor(!) dem Mann in den Blick nimmt.

Da die Ehe von Paulus maßgeblich damit begründet wird, daß die πορνεία nicht Macht über den Menschen gewinnen dürfe, widmet er sich auch der Frage nach geschlechtlichem Entzug in der Ehe. Beide Ehepartner sollen sich einander nur dann entziehen, wenn sie es beide wollen, um sich Gott für eine gewisse Zeit zuwenden zu können. Dies soll aber kein Dauerzustand sein[164], da sonst die Begierde (bzw. der Satan) in der Enthaltsamkeit ein Einfallstor finden könnte (V.5).[165] Hierbei fußt Paulus wie selbstverständlich auf sexualethischen Auffassungen des zeitgenössischen Judentums. Die Frage nach der möglichen und zulässigen Dauer des geschlechtlichen Entzugs während der Ehe war in neutestamentlicher Zeit umstritten: Nach Meinung der Schammaiten dürfe dieser Entzug maximal zwei Wochen, nach Meinung der Hilleliten gar nur eine Woche – nach dem zuletzt vollzogenen Geschlechtsverkehr – andauern. Freilich konnte man berufsspezifische Ausnahmen machen: So durften Tora-Studierende sowie Kameltreiber 30 Tage und Schiffer sogar 6 Monate enthaltsam sein.[166] Die Notwendigkeit solcher Diskussionen ergab sich aufgrund des Faktums, daß die Frau

---

163 F. Lang, a.a.O., 90 urteilt daher: "Eine solche, Mann und Frau gleichstellende, Betrachtung der Ehe findet sich weder bei den Rabbinen noch bei den stoischen Philosophen, nicht einmal bei dem Stoiker Musonius, der die Ehe sehr hoch wertet."
164 Siehe auch TestNaftali 8,8.
165 Paulus fügt V.6 hinzu, daß dies als Erlaubnis, nicht als Gebot zu verstehen sei. Damit wird – wie auch sonst im Duktus von 1 Kor 7 (vgl. V.10 οὐκ ἐγὼ ἀλλὰ ὁ κύριος; V.12 ἐγὼ οὐχ ὁ κύριος; V.25 περὶ δὲ τῶν παρθένων ἐπιταγὴν κυρίου οὐκ ἔχω, γνώμην δὲ δίδωμι ὡς ἠλεημένος ὑπὸ κυρίου πιστὸς εἶναι; V.40 κατὰ τὴν ἐμὴν γνώμην· δοκῶ δὲ κἀγὼ πνεῦμα θεοῦ ἔχειν) – deutlich, daß Paulus verschiedene Verbindlichkeitsgrade ethischer Unterweisung kennt. An oberster Stelle steht ein unmittelbar auf den Herrn zurückzuführendes Gebot (V.10); dies beansprucht volle Autorität ohne jedwede weitere Diskussion. Wo keine ἐπιταγὴ κυρίου zur Hand ist, spricht der Apostel seine γνώμη aus. Dies ist aber kein unverbindlicher Rat, sondern erfolgt vom Apostel mit der Berufung auf seinen Geistbesitz (V.40) bzw. auf seine Erwählung durch den Herrn (V.25), wie sie in seiner Missionstätigkeit zum Ausdruck kommt.
166 Siehe H. Strathmann, Geschichte der frühchristlichen Askese I 25.

unter anderem auch Anspruch auf regelmäßigen Geschlechtsverkehr mit ihrem Mann hatte – auch wenn dieser in Polygynie lebte. So sollten entsprechende Regelungen einer Vernachlässigung der einzelnen Frau entgegenstehen.

Für Paulus ist – wie 1 Kor 7 deutlich wird – die Ehe dem Christen freigestellt (V.7b). Doch ist die persönliche Priorität des Apostels für die Ehelosigkeit klar erkennbar. Er hütet sich aber davor, aus der Ehelosigkeit ein Prinzip zu machen, das dann doch der natürlichen Veranlagung vieler Christen nicht entsprechen würde.

Und schließlich hätte sich Paulus mit einer radikalen und kompromißlosen Ablehnung der Ehe, wie sie wohl von einigen Enthusiasten in der korinthischen Gemeinde auf ihre Fahnen geschrieben wurde[167], in absolutem Gegensatz zum biblischen Schöpfungsglauben begeben, was ihm schon aufgrund seiner jüdischen Grundlagen überhaupt nicht möglich war. Das Alte Testament war ja *die* heilige Schrift der frühen Christen. Kategorisch gegen die Schöpfungsordnung von Gen 1f konnte man sich auch in den frühchristlichen Gemeinden nicht stellen, es sei denn, daß man sich wie die Marcioniten bewußt gegen den alttestamentlichen Schöpfergott und die von ihm erlassenen Gebote aussprach.

Ehe wie Ehelosigkeit kommt nach Paulus keine soteriologische Funktion per se zu.[168] Die Frage nach Ehe und Ehelosigkeit ist nach 1 Kor 7,7 davon abhängig, ob man über das Charisma der Enthaltsamkeit verfügt.

Daß auch die Ehe nach paulinischer Auffassung ein Charisma ist – wie dies W. Michaelis aus 1 Kor 7,7 herausliest[169] –, gibt 1 Kor 7 so nicht her. Paulus versteht die eigene Ehelosigkeit als charismatisch bedingt und wünscht, jeder wäre so wie er; aber jeder hat sein eigenes Charisma von Gott, der eine so, der andere anders. Paulus geht also davon aus, daß der, der nicht über das Charisma der Enthaltsamkeit verfügt, andere Gaben von Gott empfangen hat. Und diese gibt es – wie vor allem 1 Kor 12-14 und Röm 12 deutlich wird – in reichlicher Fülle und verschiedener Ausprägung. Das größte Charisma aber, das für jeden Christen unverzichtbar ist, ist die Liebe (1 Kor 13). Diese bewahrt vor einer falschen Überhöhung des Charismas der Enthaltsamkeit, wie sich ja auch alle anderen Charismen dem Charisma der Liebe als dem höchsten Wert[170] unterzuordnen haben.

Daß die Ehe nicht wie die Enthaltsamkeit von Paulus als Charisma gewertet wird, bedeutet – wie der Forschungsüberblick gezeigt hat – noch lange nicht eine Minderbewertung der Ehe durch den Apostel, wie sie in der Geschichte

---

167 Vgl. die von Paulus zitierte Parole in V.1a: καλὸν ἀνθρώπῳ γυναικὸς μὴ ἅπτεσθαι.
168 F. Lang, a.a.O., 89.
169 Siehe oben S. 52f im Forschungsüberblick.
170 Gemäß der Wertehierarchie von 1 Kor 13.

der Exegese vielfach unterstellt wurde. Gerade die selbstverständliche Heranziehung jüdischer sexual- und eheethischer Positionen und Vorstellungen[171] spricht gegen eine solche Eheverachtung.

3.1.3. Weitere für die Beurteilung der Ehe wichtige Passagen aus 1 Kor 7:

a) Den Rat, daß man – falls mit dem Charisma der Enthaltsamkeit begabt – Ehelosigkeit den Vorzug vor der Ehe geben, im gegenteiligen Fall jedoch besser heiraten (als brennen) sollte[172], wendet Paulus in 1 Kor 7,8f.25ff.39f auf Unverheiratete (λέγω δὲ τοῖς ἀγάμοις V.8) bzw. jungfräuliche Personen (περὶ δὲ τῶν παρθένων V.25) wie auch auf Verwitwete (καὶ ταῖς χήραις V.8[173]) an.

b) Paulus ruft 1 Kor 7,29-31 auch die Verheirateten durch Einschärfung des eschatologischen ὡς μή dazu auf, in der Ehe – wie auch in Besitz, Freude und Weinen – nicht einen letzten Wert zu sehen. Diejenigen, die Frauen haben, sollen sein, als hätten sie keine[174].

Wie ist diese paradox formulierte Aussage zu verstehen, und wie läßt sie sich religionsgeschichtlich verorten?

α) Es läßt sich mit H. Braun[175] fragen, ob Paulus hier und Epiktet[176] "je in *ihrem* weltbildmäßigen Horizont ... jede dieser Antworten zum Ausdruck" brächten, "daß der Mensch über die Dinge nicht verfügt, sondern sein äußeres Leben in extremer Ungesichertheit lebt."[177]

Epiktet zählt – wie Diss. III 24 und Enchiridion I 1-3 deutlich machen – Leib[178], Besitz[179], Menschen[180], Stellung, Geltung, ja sogar Empfindungen wie Trennungsschmerz und Freude zu den τὰ ἀλλότρια[181] bzw. zu den τὰ οὐκ ἐμά[182]. Es gilt, sich von diesen τὰ ἀλλότρια innerlich freizumachen und sich den τὰ ἴδια[183] zuzuwenden. Diese allein stehen in der Verfügungsgewalt der Person. Es handelt sich bei diesen τὰ ἴδια – oder, wie Epiktet Enchiridion I 1-3 auch sagen

---

171 1 Kor 7,2-5; 1 Kor 7,38; 1 Kor 7,39f par Röm 7,3f; 2 Kor 11,2.
172 Siehe 1 Kor 7,7.
173 Vgl. V.39f.
174 1 Kor 7,29b: : ἵνα καὶ οἱ ἔχοντες γυναῖκας ὡς μὴ ἔχοντες ὦσιν.
175 Indifferenz gegenüber der Welt 159-167.
176 Etwa in Diss. III 24.
177 A.a.O., 164.
178 Mit ihm Gesundheit und Krankheit.
179 Auch dessen Verlust.
180 Auch deren Verlust.
181 Diss. III 24,68.
182 Diss. III 24,68.
183 24,3.

kann: bei den τὰ ἐφ' ὑμῖν[184] – um Annahme (ὑπόληψις), Antrieb (ὁρμή), Streben (ὄρεξις), Widerwille (ἔκκλισις), also um die eigenen Werke (ἡμέτερα ἔργα), die in der freien Selbstbestimmung (προαίρεσις) des Menschen liegen. So nimmt der wahrhaft Freie (ἐλεύθερος) die Haltung der ἀταραξία ein. Er hat zwar, weil er in der Welt ist, noch mit den τὰ ἀλλότρια zu tun; er lebt aber in innerer Freiheit gegenüber diesen Gütern, so daß er auch deren Verlust mit stoischem Gleichmut hinnehmen kann.

Auch Paulus relativiert in 1 Kor 7,29-31 Besitz, Ehe, Freude und Trauer. Diese Dinge zählen – so wird man aus 1 Kor 7,32-35 entnehmen dürfen – für Paulus zu den τὰ τοῦ κόσμου und ziehen den Menschen zumindest partiell von der allein relevanten Konzentration auf die τὰ τοῦ κυρίου ab. Daher sieht Paulus den Verheirateten als "gespalten" an[185]: Die Sorge um den Partner zieht von der Sorge um die Dinge des Herrn ab. Diese Beurteilung ist – im Vergleich zu der ausgewogeneren Beurteilung in 7,1-7.8f.38.39f – nun doch sehr überzogen und kann als Indiz dafür gewertet werden, daß das paulinische Verhältnis zur Ehe nicht unproblematisch ist und daß Paulus – "im Eifer des Gefechts" und vermutlich auch aufgrund seiner eigenen ehelosen Existenz[186] – bisweilen zu einer sehr harten und vergröbernden Beurteilung der Ehe gelangt. Denn Ehe oder Ehelosigkeit an sich können doch wohl noch nicht allein eine sichere Aussage darüber ermöglichen, ob jemand imstande ist, dem Herrn zu dienen. Auch der Unverheiratete hat ja schließlich seine weltlichen Sorgen; außerdem bleibt auch er ein sexuelles Lebewesen[187]; auch er muß seinen Lebensunterhalt erarbeiten etc. Paulus kannte aufgrund seiner Missionstätigkeit auch Ehepaare und ganze Häuser, die sich trotz[188] ihres Ehestandes der Sache des Herrn zuwenden konnten – und dies nicht ohne Erfolg. Man denke nur an das Ehepaar Prisca und Aquila! Paulus hat sich hier in 1 Kor 7,32-35 meines Erachtens nun doch "vergaloppiert" und hält die durchaus plausible Argumentation von 1 Kor 7,7[189] nicht konsequent durch.

Zumindest strukturell liegt eine Parallele in der paulinischen Differenzierung zwischen τὰ τοῦ κόσμου und τὰ τοῦ κυρίου und der Unterscheidung Epiktets zwischen τὰ ἀλλότρια und τὰ ἴδια bzw. τὰ οὐκ ἐμά und τὰ ἐμά vor. Doch geht es Paulus nicht um die Ataraxie des Menschen. Es ist gerade nicht am besten um den Menschen bestellt, wenn er (bloß) in sich selbst in stoischer Gelassenheit

---

184 Vgl. Diss. III 24,68: τὰ ἐμά.
185 μεμέρισται, 1 Kor 7,34a.
186 Siehe dazu unten S. 96-98 die Diskussion um die Witwerschaft des Paulus.
187 So kann auch der Versuch völligen Triebverzichts seine problematischen Auswirkungen haben und ebenfalls von dem Herren wegführen.
188 Vielleicht sollte man sogar sagen: aufgrund ihrer gemeinsamen Ehe, durch die sie auch einen Rückhalt im anderen Partner fanden.
189 Ist jemandem die Gabe der Enthaltsamkeit verliehen oder nicht?

ruht. Seinen Frieden findet er nach Paulus erst, wenn er sich in Glaube, Liebe und Hoffnung auf Gott hin orientiert und in ihm seinen Grund hat. Paulus denkt – im Gegensatz zu Epiktet – nicht pantheistisch.

β) Aber die Differenz zwischen der weltdistanzierten Haltung bei Paulus und Epiktet ist noch erheblich größer, wie ein Blick auf die Rahmenverse von V.29a und V.31b um die fünf ὡς μή-Reihen zeigt: ὁ καιρὸς συνεσταλμένος ἐστίν (V.29a); παράγει γὰρ τὸ σχῆμα τοῦ κόσμου τούτου (V.31b). Das paulinische ὡς μή bringt wohl eine weltdistanzierte Haltung zum Ausdruck, wie sie in zum Teil analoger Weise bei Epiktet gefordert wird; doch ist diese Position bei Paulus eschatologisch fundiert. Angesichts der nahe bevorstehenden Parusie[190] gewinnt der Christ eine neue Perspektive hinsichtlich seines Gebrauchs der weltlichen Güter und Werte, zu denen auch Ehe und Besitz zählen. Der Mensch ist angesichts des Eschatons zwar noch in der Welt, aber nicht von der Welt, das heißt, er gebraucht die Güter dieser Welt und führt – wenn er verheiratet ist – die Ehe; er tut dies allerdings in dem kritischen Bewußtsein, daß diese Dinge – auch die Ehe – nicht Letztes, sondern Vorletztes – weil vergänglich – sind.[191]

Darin zeigt sich die Fundierung der paulinischen Position im jüdisch-eschatologischen Denken, wie es auch andernorts zum Ausdruck kommt.[192] So verweist W. Schrage als Paralleltext auf 6 Esr 16,41-46[193], wo es angesichts der nahe bevorstehenden Drangsale heißt: *"Hört das Wort, mein Volk, bereitet euch zur Schlacht und im Übel seid so wie Fremdlinge auf der Erde: Wer verkauft, als sei er auf der Flucht, und wer kauft, als sei er im Begriff, zu verlieren, wer handelt, als werde er keinen Gewinn mehr einnehmen, wer baut, als werde er nicht mehr wohnen, wer sät, als ob er nicht ernten, ebenso auch wer seine Weinstöcke beschneidet, als ob er nicht Lese halten werde; die da heiraten: so, als ob sie keine Kinder erzeugen würden, und die nicht heiraten, als ob sie verwitwet wä-*

---

190 Vgl. etwa 1 Thess 4,13-17; 1 Kor 15,50f.

191 Vgl. Mt 22,30: ἐν γὰρ τῇ ἀναστάσει οὔτε γαμοῦσιν οὔτε γαμίζονται, ἀλλ' ὡς ἄγγελοι ἐν τῷ οὐρανῷ εἰσιν.

192 Es ist ein Verdienst Schrages, dies hervorgehoben zu haben (Stellung zur Welt 125-154).

193 In die Diskussion um den umstrittenen jüdischen Ursprung dieses Textes soll hier nicht eingegangen werden, siehe dazu W. Schrage, a.a.O., 139-144. Er soll hier nur als Illustration für die Position der Apokalyptik dienen und bietet sich aufgrund einer verwandten sprachlichen Struktur als Paralleltext an. Das ehe- und weltkritische Potential der (jüdisch-)apokalyptischen Texte kann auch anhand weiterer Texte aufgezeigt werden, siehe unten III.2.2.d) insbesondere von den neutestamentlichen Endzeittexten, die ein Zerreißen der Familienbande (Mk 13,12f par Lk 21,16f) wie auch eine besondere Drangsal für Schwangere und Stillende (Mk 13,17 parr Mt 24,19; Lk 21,23) angesichts der Drangsale (vgl. Mt 24,21 θλῖψις μεγάλη) der Endzeit in Aussicht stellen.

ren. Deshalb arbeiten umsonst, die da arbeiten. Ihre Frucht werden Fremde ernten, und ihr Vermögen werden sie rauben, ihre Häuser zerstören, ihre Söhne in Gefangenschaft führen. Darum sollen die da heiraten, wissen, daß sie ihre Kinder in Gefangenschaft und Hungersnot hervorbringen werden."[194]
Beide Texte sind darin verwandt, daß sie eine "Reihe von kurzen Mahnungen in antithetischem Parallelismus"[195] enthalten. Das zweite Glied des Parallelismus ist in beiden Texten stets mit ὡς μή bzw. quasi (non) eingeleitet und dem ersten gegenübergestellt. In beiden Texten wird vom Kaufen gesprochen; vergleichbar sind nubere und γυναῖκας ἔχειν. Die übrigen Begriffspaare differieren. Während 1 Kor 7 ins Allgemeine erweitert, fehlt etwas Derartiges im 6 Esr, so daß Schrage mit Recht von einer "größeren Radikalität und Dialektik" in 1 Kor 7 spricht.[196]

Ein wesentlicher Unterschied beider Texte besteht darin, daß 6 Esr das hintere Glied futurisch, 1 Kor 7 hingegen partizipial-präsentisch ist. Nach 6 Esr stehen die Endereignisse nahe bevor. Die paulinische Eschatologie hingegen befindet sich in der Spannung von präsentischer und futurischer Eschatologie. Daß Paulus ähnlich wie die Verfasser apokalyptischen Schrifttums von der Zukunft sprechen kann, wird auch 1 Thess 4,13-17[197] deutlich. Und auch 1 Kor 7,26 ist von der bevorstehenden Not (διὰ τὴν ἐνεστῶσαν ἀνάγκην) die Rede, angesichts derer Paulus Unverheirateten dazu rät, sich möglichst nicht mehr mit einer Ehe zu belasten. Auch 1 Kor 7,28 findet sich ein dezidiert eschatologischer Terminus: Paulus erwartet von der Endzeit für die Verheirateten eine noch größere θλῖψις als für die Unverheirateten.[198]

---

194 6 Esr 16, 41-46, zitiert nach K. Berger/C. Colpe, Religionsgeschichtliches Textbuch I 238f. Entsprechend den ὡς μή-Reihen von 1 Kor 7,29-31 finden sich in 6 Esr 16,42-45 quasi non-Reihen: Als Beispiel und zum Vergleich zum Ehevers 1 Kor 7,29b gebe ich 6 Esr 16,45: "Qui nubunt, sic quasi filios non facturi; et qui non nubunt, sic quasi uidui." (W. Schrage, a.a.O., 141).
195 W. Schrage, a.a.O., 147.
196 A.a.O., 148. Dies zeigt sich bereits sprachlich: 1 Kor 7 findet sich die Verneinung der vor dem ὡς μή gebrauchten Verbformen in den ersten drei Reihen. 6 Esr gebraucht hingegen durchweg unterschiedliche Verben innerhalb einer Reihe. Bisweilen fehlt gar in 6 Esr die Negation ganz.
197 Vgl. 1 Kor 15,50f.
198 Näheres zur eschatologischen Argumentationslinie in 1 Kor 7 siehe unten S. 154f im Kap. III. Ehelosigkeit. – Zu ἀνάγκη und θλῖψις siehe Zeph 1,15 LXX (ἡμέρα θλίψεως καὶ ἀνάγκης); Mk 13,19; Lk 21,23; vgl. inhaltlich ferner Jub 23,11ff; 4 Esr 5,1ff; 6,18ff; 9,1ff.

3.2. Ehe in der neutestamentlichen Ständetafeltradition

In diesem Abschnitt sollen die Ehetexte der neutestamentlichen Ständetafeln betrachtet werden. Hierzu zähle ich Kol 3,18-4,1; Eph 5,21-33 und 1 Petr 3,1-7[199]. 1 Petr 3,1-7 geht von einem nichtchristlichen οἶκος aus, insofern die Frau Christin, der Mann jedoch Heide ist. Deshalb behandele ich diesen Text in Kap. II.2.3.2. im Zusammenhang der religiös gemischten Ehen, wo auch 1 Kor 7,12-16 zu bedenken sein wird.

Bei der Lektüre von Kol, Eph und 1 Petr wird deutlich, daß mit einer gewissen Selbstverständlichkeit von der Ehe gesprochen wird; Ehelosigkeit als alternative Lebensform, wie sie 1 Kor 7 hoch angepriesen, aber auch in der synoptischen Tradition[200] als erstrebenswert vor Augen gestellt wird[201], kommt hier gar nicht eigens in den Blick. Es fällt also die Selbstverständlichkeit auf, mit der gerade in den Deuteropaulinen davon ausgegangen wird, daß der Christ verheiratet ist. Da dies so ist, bemühen sich die neutestamentlichen Ständetafeln darum, Anweisungen und Verhaltensmuster für Mann und Frau hinsichtlich ihrer gemeinsamen Ehe zu geben. Ist die Eheparänese in Kol 3,18f denkbar knapp gehalten, so nutzt der Verfasser des Eph die Eheparänese dazu, sein ekklesiologisches Konzept zu entwickeln. Gerade Eph 5,21-33 ist – wenn nach der neutestamentlichen Beurteilung der Ehe gefragt wird – von besonderer Wichtigkeit, da dieser Text im Rückgriff vor allem auf die alttestamentliche Ehebundtradition und paulinisches Gut ein eigenständiges Konzept entwickelt. Gerade dieser Text hat insbesondere wegen Eph 5,32a (τὸ μυστήριον τοῦτο μέγα ἐστίν, im Lateinischen wiedergegeben mit sacramentum) zu der Beurteilung der Ehe als Sakrament in der römisch-katholischen Theologie geführt.

3.2.1. Einführung in die Ständetafelethik

3.2.1.1. Die Gattung "Ständetafeln" und die ihr zuzurechnenden Texte.

Ständetafeln, die sich in Unterweisungsform an die jeweils Über- und Untergeordneten wenden, gibt es im Neuen Testament nur Kol 3,18-4,1; Eph 5,21-6,9 und 1 Petr 2,13-3,7[202].

---

199 Letztgenannter Text wird nicht von allen Exegeten den Ständetafeln im engeren Sinne zugerechnet, sondern bereits den Gemeindetafeln zugewiesen, siehe dazu den gesamten Abschnitt I.3.2.1.
200 Siehe III.2.2.
201 Vgl. nur Lk 20,35: οἱ δὲ καταξιωθέντες τοῦ αἰῶνος ἐκείνου τυχεῖν καὶ τῆς ἀναστάσεως τῆς ἐκ νεκρῶν οὔτε γαμοῦσιν οὔτε γαμίζονται.
202 Siehe auch J. Gnilka, Kolosserbrief 207.213.

G. Strecker zählt 1 Petr 2,13ff nicht mehr zu den eigentlichen Ständetafeln, sondern bezeichnet den Text "als sozialethische Pflichtenlehre"[203]. Dies ist insofern richtig, als 1 Petr 2,13ff – im Unterschied zu Kol und Eph – eine paarweise Belehrung nur im Falle der Eheleute vorliegt; doch weisen Stil, Aufbau[204] und die Verchristlichung "im Herrn"[205] oder "um des Herrn willen"[206] auf eine Verwandtschaft mit den Texten aus Kol und Eph. Daß 1 Petr sodann auch eine Weisung hinsichtlich des Verhältnisses zum Staat erfolgt[207], spricht nicht gegen die Zuordnung zur Gattung der Ständetafeln, wie ein Blick auf die außerchristlichen Vorläufer[208] zeigt. Als weiteres Argument gegen die Zuordnung von 1 Petr 2,13ff zur Ständetafeltradition führt G. Strecker an, daß hier mit einem nichtchristlichen οἶκος gerechnet werde.[209]

Demgegenüber sind verwandte Texte wie 1 Tim 2,1-15 und Tit 2,1-10[210] nicht mehr den Ständetafeln zuzurechnen. Hier werden die Personen hinsichtlich ihres Verhaltens in der Gemeinde angesprochen, d.h., die Eheleute kommen nicht wegen ihrer Ehe[211], sondern aufgrund ihrer Stellung in der Gemeinde in den Blick, wie ja auch der Anschluß des Bischofs- und Diakonenspiegels signalisiert. In der frühen Patristik[212] tritt die Ständetafelform weiter zurück.[213] Frauen werden kaum noch direkt angesprochen wie auch das für oben genannte Ständetafeln charakteristische Nebeneinander der über- und untergeordneten (angesprochenen) Personen verschwindet.[214]

---

203 Literaturgeschichte 111; ähnlich auch K. Müller, Die Haustafel des Kolosserbriefes und das antike Frauenthema 267, A.19; 269f.
204 J. Gnilka, Kolosserbrief 205: "nominativische Anrede, der Imperativ (allerdings im Partizipialstil) und ... Motivation".
205 Kol 3,18.20; >Eph 6,1<.
206 1 Petr 2,13.
207 1 Petr 2,13-17.
208 Epiktet, Diss. II 17,31: θέλω δ' ὡς εὐσεβὴς καὶ φιλόσοφος καὶ ἐπιμελὴς εἰδέναι τί μοι πρὸς θεούς ἐστι καθῆκον, τί πρὸς γονεῖς, τί πρὸς ἀδελφούς, τί πρὸς τὴν πατρίδα, τί πρὸς ξένους; III 7,26; I 29,39; Philo, de post. Cain 181; Diog. Laert. VII 108.
209 Literaturgeschichte 111.
210 Vgl. ferner 1 Tim 6,1f; 1 Clem 1,3; 21,6-9; IgnPol 5,1.2; PolPhil 4,2-6,3.
211 Vgl. etwa Kol 3,18f; Eph 5,21-33; 1 Petr 3,1-7.
212 Siehe zum Beispiel IgnPol 5,1.2; PolPhil 4,2-6,3; Barn 19,5-7; Did 4,9-11; 1 Clem 21,6-9.
213 J. Gnilka, a.a.O., 206f.
214 J. Gnilka, ebd.

3.2.1.2. Vorgeschichte der neutestamentlichen Ständetafeln.

Vorlagen der neutestamentlichen Ständetafeln waren Texte der Profangräzität[215], wie z.B. Texte aus der Stoa und der hellenistischen Ökonomik[216]. Doch ist mit einer noch mehrsträngigeren Vorgeschichte zu rechnen. Es fällt auf, daß in den hellenistischen Vorläufern "fast immer nur der männliche, erwachsene und freie Leser angesprochen und ihm dargelegt (wird), wie er sich Frauen, Kindern und Sklaven gegenüber benehmen soll"[217]. Daß auch die sozial schwächer gestellten Glieder angesprochen werden, wie dies in den neutestamentlichen Ständetafeln der Fall ist (Frauen, Kinder, Sklaven), ist ein auffälliges Charakteristikum der neutestamentlichen Ständetafeln. Auch der sozial Untergeordnete kommt als eigenständiges Subjekt ethischer Belehrung in den Blick[218]. Ferner weist die Struktur der Unterweisung[219] auf alttestamentlich-jüdischen Hintergrund hin, wobei vor allem das alttestamentliche apodiktische Recht[220], die Paränesen des Deuteronomium, aber auch die alttestamentliche Weisheit mit ihrer pädagogischen Mahnung[221] zu nennen sind.

Die oben genannten hellenistischen Traditionen sind der neutestamentlichen Ständetafelethik allerdings erst über Zwischenstufen zugekommen, wobei vor

---

215 Siehe G. Strecker, Literaturgeschichte 109; E. Schweizer, Kolosser 159f. G. Strecker, Haustafeln 357f sieht am Anfang "die griechischen ungeschriebenen Gesetze volkstümlicher ethischer Tradition" (357). Diese wurden dann in der griechischen Philosophie (Plato, Xenophon, Aristoteles) reflektiert. Die Stoa habe sich dieser Überlieferung bedient und sie unter die ihr maßgebliche Norm des καθῆκον gestellt. Dieses wurde verstanden als die Existenz κατὰ φύσιν (Epiktet, Diss. I 11,5.7.8 u.ö.), wie es von der Gottheit (bzw. den Göttern) verordnet wurde.
216 Siehe zu letzterem K. Müller, a.a.O., 263-319; D. Lührmann, Neutestamentliche Haustafeln 83-97. Müller macht neben der in Texten der antiken Ökonomik anzutreffenden Reziprozität der Weisungen auch ihr "Interesse" geltend, "die Übermacht männlicher Hegemonie im Hause auf der Basis menschlicher Kooperation und Liebe im Zaum zu halten" (a.a.O., 298). Er verweist (a.a.O., 286-288) auf Passagen aus Columella (z. Zt. Neros), Über die Landwirtschaft; Seneca, Ep. ad Lucilium 94,1 und Hierokles, der nach Stobaeus einen Traktat über die Ökonomie hinterließ (a.a.O., 285).
217 E. Schweizer, a.a.O., 159f.
218 Siehe auch E. Schweizer, a.a.O., 160.
219 "Anrede – Imperativ – Motivation", J. Gnilka, Kolosserbrief 214.
220 J. Gnilka, Kolosserbrief 210.
221 J. Gnilka, Kolosserbrief 214f, z.B. Sir 3,1: "Ihr Söhne ... höret, was das Recht des Vaters ist, und handelt danach ... damit es euch gut geht" (siehe bereits den Dekalog zum Elterngebot).

allem auf das hellenistische Judentum – Philo und Josephus – hinzuweisen ist[222]. Diese jüdisch-hellenistischen Autoren haben die griechische Tradition einerseits monotheistisch, andererseits unter Einwirkung des Dekalogs umgeprägt. Entweder dienten bereits diese Autoren den Verfassern der neutestamentlichen Ständetafeln als Vorlage oder es ist mit G. Strecker eine "verhältnismäßig offene, mündlich überlieferte christliche Zwischenschicht" anzunehmen[223].

3.2.1.3. Zum theologischen Hintergrund der neutestamentlichen Ständetafelethik.

Es bleibt die Frage, warum die Verfasser von Kol, Eph und 1 Petr zu diesem Schritt griffen. Die Antworten divergieren. Sieht z.B. J. Gnilka hinter den neutestamentlichen Ständetafeln nicht mehr als eben die Erfordernisse des "banalen Alltags"[224], so erscheint mir diese Antwort als nicht hinreichend. Es stellte sich in nachpaulinischer Zeit in einigen Bereichen des Christentums ein "Parusieverzögerungsbewußtsein" ein, so daß "klare ethische Weisungen" für das Leben der Gemeinde in der sich dehnenden Zeit erforderlich wurden[225]. Dabei konnte man sich des paränetischen Materials vor allem des hellenistischen Judentums bedienen, wie sich ja zunächst das Christentum im Fahrwasser des hellenistischen Judentums ausbreiten konnte, das dem Christentum bei den Heiden den Boden bereitet hatte.

3.2.2. Das literarische Verhältnis der Ständetafeln von Kol und Eph.

Wie die Exegese von Kol 3,18f und Eph 5,21-33 zeigen wird, ist in Kol die literarische Vorlage von Eph zu sehen. Die Ständetafel von Eph 5,21-33 knüpft an die Vorlage an und füllt diese materialiter aus wie auch – im Verbund mit der ekklesiologischen Argumentation – eine weitere Verchristlichung festzustellen

---

222 J. Gnilka, Kolosserbrief 212-214; auch Pseudo-Phokylides ist zu nennen. Denkbar ist, daß oben genannte alttestamentlich-jüdische Prägungen dieser Bearbeitungsstufe zuzuordnen sind.
223 G. Strecker, Haustafeln 358.
224 Kolosserbrief 216.
225 G. Strecker, Haustafeln 359; Literaturgeschichte 111; vgl. dag. D. Lührmann, Neutestamentliche Haustafeln 96f. – Damit soll nicht gesagt sein, daß die Parusieverzögerung als ein Problem oder eine Krise erfahren wurde. Das Bewußtsein, daß sich die Zeit dehne, erforderte eben eine Neureflexion über das Verhalten in den alltäglichen Lebensbezügen und brachte naturgemäß zuweilen andere Ratschläge mit sich, als dies etwa bei Paulus 1 Kor 7 mit seiner ungebrochenen Parusienah(est)erwartung der Fall ist.

ist[226]. Im Duktus lehnt sich der Eph an Kol an, ist aber viel umfangreicher und führt dabei – auch sonst – neue Gedankengänge ein, vergleiche die Abfolge von:
1) Paränese für die neue (christliche) Existenz (Kol 3,1-17; vgl. Eph 4,17-5,20);
2) Eigentliche Haustafel (Kol 3,18-4,1; vgl. Eph 5,21-6,9);
3) Aufforderung zum Gebet (Kol 4,2-4; vgl. Eph 6,18-20).
Hierbei ist Eph 6,10-17, der Abschnitt zur geistlichen Waffenrüstung der Christen, wiederum eine Ergänzung gegenüber der Kol-Vorlage.

3.2.3. Exegese von Kol 3,18f:

Den Frauen wird geraten, sich den Männern unterzuordnen.

Auch die pagane hellenistische Überlieferung verwendet das Verb ὑποτάσσεσθαι für das Verhältnis der Frau zu ihrem Mann[227]. Es sei vor allem hingewiesen auf Pseudo-Callisthenes I 22: πρέπον γάρ ἐστι τῇ γυναικὶ τῷ ἰδίῳ ἀνδρὶ ὑποτάσσεσθαι; und auf Plutarch, Praecepta coniugalia 33[228]. Belege aus dem hellenistischen Judentum hierfür sind zu finden bei Philo[229] und bei Josephus[230]. Freilich kann auch auf alttestamentlichen Hintergrund hingewiesen werden. So ist die Unterordnung der Frau unter ihren Mann nach Gen 3,16b eine Folge des Sündenfalls; von daher ließ sich die Unterordnung der Frau unter ihren Mann herleiten. Dabei konnte auch aufgrund von Gen 2,21f damit argumentiert werden, daß der Mann einen zeitlichen Vorrang vor der Frau habe und sie erst aus ihm geschaffen wurde[231].

Damit ist dem Mann aber kein Freibrief für eine rücksichtslose Unterjochung der Frau ausgestellt, weil das ἐν κυρίῳ als kritisches Korrektiv in Kol 3,18b anzusehen ist. Auch die Männer erhalten eine Weisung. Sie sollen ihre Frauen lieben und nicht bitter gegen sie werden. Der Hintergrund des Liebesgebotes an die Männer ist aber umstritten:

---

226 Dazu differenzierter unten S. 70-75.
227 G. Strecker, Haustafeln 360; W. Schrage, Haustafeln 9; E. Schweizer, Kolosser 164; J. Gnilka, Kolosserbrief 216f.
228 = Moral. 142 d/e: ὑποτάττουσαι (erg. αἱ γυναῖκες) μὲν γὰρ ἑαυτὰς τοῖς ἀνδράσιν ἐπαινοῦνται, κρατεῖν δὲ βουλόμεναι μᾶλλον τῶν κρατουμένων ἀσχημονοῦσι.
229 Hypoth. 7,14.
230 Contra Apionem II 201.
231 Vergleiche etwa 1 Tim 2,13; vergleiche zum jüdischen Hintergrund: Sifre Dtn 37 zu Dtn 11,10 (43). – Logisch zugrunde liegt der Gedanke, daß zeitliche Priorität auch eine sachliche Priorität bedeutet, siehe bereits bei Plato, Politeia 412 C; Nomoi XI 917 A.

a) Nach G. Strecker und G. Delling ist diese Forderung nicht spezifisch christlich[232].

b) Demgegenüber betont W. Schrage das "spezifisch Christliche oder besser das christlich Adäquate"[233]. Agape meine – besonders in der Parallelstelle im Eph – "die sich hingebende, von sich absehende Liebe, die von der Tat des Christus her definiert ist"[234].

c) Über diese Alternative führt J. Gnilka hinaus, indem er Interpretation a) insofern Recht gibt, daß eine spezifisch christliche Motivation nicht explizit gegeben werde, andererseits aber darauf hinweist, daß das Liebesgebot an den Mann im Kontext der Ausführungen über die ἀγάπη im Kol[235] verstanden werden müsse[236].

3.2.4. Exegese und religionsgeschichtliche Verortung von Eph 5,21-33.

In diesem Abschnitt soll zunächst die Struktur von Eph 5,21-33 erfaßt und der Textbefund untersucht werden. Es wird sich dabei zeigen, daß der Verfasser von Eph hierbei – im Unterschied zu den bislang in den Blick genommenen Texten des Neuen Testaments – ein eigenes Konzept entwickelt. Es stellt sich im nächsten Abschnitt die Frage, wie dieser Text religionsgeschichtlich einzuordnen ist. Dabei ist auch auf die kontroverse Forschungslage hinzuweisen.

Den Abschluß der Darstellung zu Eph 5,21-33 soll ein kurzer Exkurs zum katholischen Sakramentsverständnis der Ehe aufgrund von Eph 5 bilden, der sich von der wirkungsgeschichtlichen Tragweite dieses Textes her anbietet.

3.2.4.1. Exegese.

Zunächst soll der Text mit seinen Argumentationsebenen, auf die ausführlich in der Exegese einzugehen ist, strukturiert werden:

Ὑποτασσόμενοι ἀλλήλοις ἐν φόβῳ Χριστοῦ,
  αἱ γυναῖκες τοῖς ἰδίοις ἀνδράσιν
    ὡς τῷ κυρίῳ,
    ὅτι ἀνήρ ἐστιν κεφαλὴ τῆς γυναικὸς
    ὡς καὶ ὁ Χριστὸς κεφαλὴ τῆς ἐκκλησίας,

---

232 G. Strecker, Haustafeln 361; G. Delling, Paulus' Stellung zu Frau und Ehe 124 (dort auch A.27 mit weiteren Belegstellen unter anderem von Stobaeus und Pseudo-Demosthenes).
233 Haustafeln 13.
234 Haustafeln 13.
235 Charakteristikum des neuen Menschen nach 1,4.8.13; 2,2; 3,12.
236 Kolosserbrief 218.

αὐτὸς σωτὴρ τοῦ σώματος·
ἀλλὰ ὡς ἡ ἐκκλησία ὑποτάσσεται τῷ Χριστῷ,
οὕτως καὶ αἱ γυναῖκες τοῖς ἀνδράσιν ἐν παντί.
Οἱ ἄνδρες, ἀγαπᾶτε τὰς γυναῖκας,
καθὼς καὶ ὁ Χριστὸς ἠγάπησεν τὴν ἐκκλησίαν
καὶ ἑαυτὸν παρέδωκεν ὑπὲρ αὐτῆς,
ἵνα αὐτὴν ἁγιάσῃ καθαρίσας τῷ λουτρῷ τοῦ ὕδατος ἐν ῥήματι,
ἵνα παραστήσῃ αὐτὸς ἑαυτῷ ἔνδοξον τὴν ἐκκλησίαν,
μὴ ἔχουσαν σπίλον ἢ ῥυτίδα ἤ τι τῶν τοιούτων,
ἀλλ' ἵνα ᾖ ἁγία καὶ ἄμωμος.
οὕτως ὀφείλουσιν [καὶ] οἱ ἄνδρες ἀγαπᾶν τὰς ἑαυτῶν γυναῖκας ὡς τὰ ἑαυτῶν σώματα.
ὁ ἀγαπῶν τὴν ἑαυτοῦ γυναῖκα ἑαυτὸν ἀγαπᾷ.
Οὐδεὶς γάρ ποτε τὴν ἑαυτοῦ σάρκα ἐμίσησεν ἀλλὰ ἐκτρέφει καὶ θάλπει αὐτήν,
καθὼς καὶ ὁ Χριστὸς τὴν ἐκκλησίαν,
ὅτι μέλη ἐσμὲν τοῦ σώματος αὐτοῦ.
Zitat Gen 2,24 LXX:
ἀντὶ τούτου καταλείψει ἄνθρωπος [τὸν] πατέρα καὶ [τὴν] μητέρα
καὶ προσκολληθήσεται πρὸς τὴν γυναῖκα αὐτοῦ,
καὶ ἔσονται οἱ δύο εἰς σάρκα μίαν.
τὸ μυστήριον τοῦτο μέγα ἐστίν·
ἐγὼ δὲ λέγω εἰς Χριστὸν καὶ εἰς τὴν ἐκκλησίαν.
πλὴν καὶ ὑμεῖς οἱ καθ' ἕνα,
ἕκαστος τὴν ἑαυτοῦ γυναῖκα οὕτως ἀγαπάτω ὡς ἑαυτόν,
ἡ δὲ γυνὴ ἵνα φοβῆται τὸν ἄνδρα.

Eph 5,21-33 ist das erste Element der umfangreichen Ständetafel 5,21-6,9, die einen dreiteiligen Aufbau hat. 5,21 ist dabei der Obersatz, der für alle (generell) gilt: Die im folgenden Angesprochenen sollen sich einander unterordnen in der Furcht Christi. Das Partizip ὑποτασσόμενοι steht in Rückbindung an die zuvor gegebenen Einzelmahnungen[237]. 5,22-33 bezieht sich auf die Relation von Mann und Frau, also auf die Ehe; 6,1-4 auf die Relation von Eltern und Kindern; 6,5-9 auf die Relation von Herren und Sklaven. Mit 6,10 beginnt ein neuer Abschnitt, der bis 6,20 reicht und die Waffenrüstung Gottes zum Gegenstand hat. Schon aufgrund dieser ersten Grobgliederung ergibt sich, daß Eph besonderes Gewicht auf das erste Glied dieser Haustafel richtet. In dieses Glied sind dann auch zum Teil längere soteriologische Passagen – z.B. 5,25b-27 – eingeflochten.

5,22-33 läßt sich nochmals untergliedern: 5,22-24 sind die Frauen (γυναῖκες), 5,25-28 die Männer (ἄνδρες) angeredet. 5,29-33 hat dann grundsätzlich beide

---

237 Bis 5,20, siehe bereits die partizipialen Wendungen in VV.19.20.

Ehepartner und ihre Zuordnung im Blick, wobei in V.33a wiederum die Männer, in 33b dann die Frauen angeredet werden. So könnte man von einer chiastischen Struktur sprechen.

Es fällt auf, daß 5,22-24 und 5,25-28 in vielem parallel gehen: (1) Zunächst beginnen beide Abschnitte mit einer Aufforderung an die jeweils Angesprochenen (5,22 und 5,25a).

(2) Diese Aufforderung erhält dann eine Begründung (5,23f; 5,25b-27).

(3) Den Abschluß bildet eine οὕτως-Passage (5,24b.28), in der die Schlußfolgerungen für das gemeinsame Zusammenleben von Mann und Frau gezogen werden.

(4) In beiden Abschnitten wird auf drei Ebenen argumentiert:
a) hinsichtlich der Relation von Mann und Frau (5,22.23a.24b.25a.28);
b) die Parallel- bzw. Vergleichsebene der Relation von Christus und Gemeinde (ἐκκλησία) (5,23bα.24a.25bα);
c) die soteriologische Argumentationsebene, die die Ebene b) vertieft (5,23bβ.25bβ.26f).

Dabei fällt als Differenzpunkt auf, daß der Frau die Unterordnung (ὑποτάσσεσθαι 5,24; vgl. Furcht 5,33), dem Mann hingegen die Liebe (ἀγαπᾶν 5,25.33) geboten wird, wobei jeweils das entsprechende Verb auch auf der Vergleichsebene (Ebene b: 24a.25bα) gebraucht wird. Doch darf dies nicht als Gegensatz verstanden werden, da jeder Christ selbstverständlich dem doppelten Gebot der Gottes- und Nächstenliebe unterliegt[238] wie auch das gegenseitige Unterordnen nach Eph 5,21 allen Christen geboten ist.

Was nun die gegenseitige Relation von Mann und Frau anbetrifft, so wird der Frau besonders eingeschärft, sie habe sich dem Mann unterzuordnen, wie dies ja auch die Gemeinde Christus gegenüber zu tun hat (vgl. 24b mit 24a). Die Unterordnung wird also nicht einfach geboten, sondern theologisch (ein-)gebunden, so daß sie nicht zur blinden Herrschaftsusurpation mißbraucht werden kann.

Darauf weist ja bereits das ὡς τῷ κυρίῳ in 5,22 hin. Damit dieses Mißverständnis nicht entsteht, wird nicht bloß auf der Ebene a, sondern auch auf den Ebenen b und c argumentiert. 23a wird die Unterordnung der Frau damit begründet, daß der Mann das Haupt der Frau sei wie ja auch Christus das Haupt der Gemeinde sei (23b). Hier wird die σῶμα-Ekklesiologie des Eph deutlich, die sich von der des Paulus[239] abhebt. Ist bei Paulus das ganze σῶμα die Ekklesia und zugleich der Christus-Leib, so bezeichnet Eph Christus als das Haupt, die Ekklesia hingegen als das – vom Haupt – unterschiedene σῶμα, das des führenden Hauptes bedarf. Begründet wird diese Führungsstellung Christi als Haupt

---

238 Siehe z.B. Röm 13,8-10; Mt 22,35-40 par Mk 12,28-31.
239 Vgl. 1 Kor 12; Röm 12.

gegenüber dem σῶμα in 5,23bβ damit, daß Christus der Retter (σωτήρ) des σῶμα sei (Ebene c).

Den Männern wird eingeschärft, daß sie diese Führungsstellung als Haupt der Frau nicht auszunutzen, sondern in Liebe auszuüben haben. Als Fundierung wird auf der Ebene b die Christusliebe gegenüber der Gemeinde genannt. Diese erfährt auf Ebene c eine soteriologische Begründung: Christus gab sich für die Gemeinde hin (25bβ). Auch die (ethische) Zielrichtung dieser Hingabe wird genannt (26f, jeweils durch ἵνα eingeleitet): daß er sie heilige, nachdem er sie durch das Wasserbad in dem Wort gereinigt hat (26)[240]; daß er selbst sich die Gemeinde herrlich herstelle (27a), wobei dann 27b ausgeführt wird, was mit dieser Herrlichkeit gemeint ist: frei von allen Makeln etc.; ferner, daß sie heilig und untadelig sei (27bβ). Dies paßt zur σῶμα-Ekklesiologie des Eph. Das σῶμα bilden die Christen. Dieses σῶμα, dessen Haupt Christus ist, muß natürlich rein und untadelig sein. Schließlich hat Christus das σῶμα doch gerettet (23). Und die Integration in dieses σῶμα als neuer Seinswirklichkeit der Christen ist ihnen in der Taufe – durch Wasserbad und Wort – zugeeignet worden.

Diese Ausführung ist – ähnlich auch 2 Kor 11,2 – in Anlehnung an die in den Rahmen der Hochzeitsfeier gehörende Brautzuführungsvorstellung formuliert worden. Zu beachten ist hier die Verschiebung des Bildes gegenüber 2 Kor 11,2: 1) Führt Paulus nach 2 Kor 11,2 Christus die reine Braut zu, so führt nach Eph 5,27a Christus selbst sich die gereinigte Braut zu. 2) 2 Kor 11,2 ist eine Einzelgemeinde, nämlich die korinthische Adressatengemeinde, die Braut, während Eph 5,27a die Gesamt-Ekklesia mit der Braut gemeint ist. Dies zeigt ein fortgeschrittenes Stadium der Ekklesiologie an.

Damit verschiebt sich auch der Gehalt von παραστῆναι, wie J. Gnilka[241] zutreffend feststellt. Geblieben ist freilich der Anklang an das der Brautzuführung vorangegangene Reinigungsbad, wie es griechischem und jüdischem Hochzeitsritus entsprach.[242] Dies ist Eph 5 sehr geschickt verbunden mit dem Gedanken an das von der Sünde reinigende Taufbad (V.26).

Aus diesem Passus werden dann Schlußfolgerungen – wiederum auf Ebene a – für den Mann hinsichtlich seines Verhaltens der Frau gegenüber gezogen: Er ist aufgrund des soeben dargestellten Heilsindikativs schuldig, seine Frau zu lieben (Imperativ). Ein weiterer Aspekt tritt hinzu, der im Grunde die Spitzenaus-

---

240 Offenbar ist das Taufgeschehen, das dem Täufling durch Wasserbad und Wort (Taufformel bzw. ὄνομα des Herrn) widerfuhr, gemeint, ebenso H. Schlier, Epheser 256f; H. Hübner, Philemon/Kolosser/Epheser 246f.
241 Epheserbrief 282; vgl. dagegen H. Hübner, a.a.O., 248.
242 Dazu J. Gnilka, Epheserbrief 280, A.2: jüdische Belege: Babylonischer Talmud Jeb. 77b; Aboth des R. Nathan 41; für Griechenland ist auf die Louthrophorie in geheiligten Wassern (in Athen in der Kallirhoe-Quelle) hinzuweisen.

sage des Zitats in V.31 vorwegnimmt (die zwei werden ein Fleisch sein). Der Mann soll die Frau lieben wie seinen eigenen Körper. Da die zwei ein Fleisch sind, ist es nur konsequent, wenn es weiter in V.28bβ heißt: Der, der seine Frau liebt, liebt sich selbst.

V.29-33 erfolgt dann im Zusammenhang der Ehe ein dritter Gedankengang, der zunächst mit einer allgemeinen Erfahrung (29a) einsetzt: Niemand nämlich hat jemals sein eigenes Fleisch gehaßt, sondern er hegt und pflegt es. Mit dieser allgemeinen Erfahrung, der doch jeder vernünftige Mensch eigentlich zustimmen müßte, soll der Grund für das weitere gelegt werden. V.29b kommt wieder eine andere Ebene, nämlich die Relation von Christus und Gemeinde, in den Blick, die durch καθώς in Entsprechung zu dieser allgemeinen Erfahrung gesetzt wird. Die σῶμα-Ekklesiologie wird in V.30 weiter expliziert: Wir – gemeint sind die Christen – sind Glieder seines (also Christi) Somas. Hier schimmert – anders als etwa V.23 – noch etwas vom paulinischen σῶμα-Begriff von 1 Kor 12 und Röm 12 durch.

Die Textkritik von Eph 5,30 kann hier nicht in aller Breite erfolgen. Doch ist der kürzeren, von Nestle-Aland gewählten Lesart[243] der Vorrang zu geben. Die sekundäre, längere Lesart führt eine Ergänzung ein, indem sie den Somagedanken in Vorbereitung auf das folgende Genesiszitat[244] gemäß Gen 2,23a LXX[245] umprägt.[246]

Es folgt ein Zitat aus der LXX: Gen 2,24 – ein Satz, der fundamental für die klassische jüdische (positive) Haltung zur Ehe ist[247] und die Ehe in der Schöpfungsordnung verankert. V.32 knüpft der Autor dann an das Zitat an und macht deutlich, worum es ihm eigentlich geht, d.h., unter welcher hermeneutischen Fragestellung er dieses Schriftzitat versteht: "Dieses Geheimnis ist groß. Ich beziehe es aber auf Christus und die Gemeinde." Es geht also nach dieser Interpretation nicht bloß um die schöpfungsmäßige Zuordnung von Mann und Frau,

---

243 Die sekundäre Textversion ergänzt: ἐκ τῆς σαρκὸς αὐτοῦ καὶ ἐκ τῶν ὀστέων αὐτοῦ.
244 Gen 2,24 LXX in Eph 5,31.
245 καὶ εἶπεν Αδαμ· Τοῦτο νῦν ὀστοῦν ἐκ τῶν ὀστέων μου καὶ σὰρξ ἐκ σαρκός μου.
246 Siehe auch zutreffend E. Kähler, Die Frau in den paulinischen Briefen 119.
247 Eph steht nach G. Dautzenberg, Φεύγετε τὴν πορνείαν 281f, "in der gleichen hellenistisch-jüdischen Auslegungstradition wie Sir und Philo" (282); vgl. Sir 25,25 und Philo, Quaest in Gen I 29. Diese unterscheide sich "vom hellenistischen Vergleich der Frau mit dem σῶμα des Mannes durch die Betonung der sarkischen Einheit von Frau und Mann" (ebd.). "Für Eph 5,28 besteht sie [die zu schützende Einheit von Mann und Frau, F.K.] wie für Sir 25,26 vor allem in der Erweiterung der σάρξ des Ehemannes, so daß der Brief in guter Absicht Gattenliebe als eine Form der Selbstliebe deutet." (ebd.).

sondern vielmehr um die Syzygie von Christus und Gemeinde, die hier typologisch (vor-)abgebildet ist[248].

Damit ist im Grunde der Gedankengang abgeschlossen. Es folgt – ganz im Rahmen der Ständetafel – eine nochmalige zusammenfassende Einschärfung des Liebesgebotes für den Mann seiner Frau gegenüber sowie der Ehrfurchts-, also Unterordnungspflicht der Frau dem Mann gegenüber (vgl. V.24).

Es fällt auf, daß der Autor hier in 5,22-33 in seiner Argumentation viel weiter ausgreift als in den Passagen 6,1-4 und 6,5-9. Ihm geht es in 5,22-33 offensichtlich nicht bloß um die Klärung des rechten Verhältnisses von Mann und Frau. Er nutzt diese Gelegenheit vielmehr dazu, sein ekklesiologisches Konzept darzustellen, so daß hierin mit Recht – trotz des Gesamtcharakters als Ständetafel – das Proprium der Argumentation zu sehen ist.

3.2.4.2. Religionsgeschichtliche Einordnung des Konzepts von Eph 5,21-33.

Nach der strukturellen Analyse von Eph 5,21-33 ist nun nach dem religionsgeschichtlichen Hintergrund des Textes mit seinem Christus-Ekklesia-Modell zu fragen und zu prüfen, worin die Eigenleistung des Verfassers besteht.

Zunächst fällt auf, daß die Beziehungen Christus – Ekklesia sowie Mann – Frau in enge Relation zueinander gesetzt werden. Aus dem Verhältnis Christi zu seiner gereinigten und bereiteten Ekklesia ergeben sich Konsequenzen für das Zusammenleben von Mann und Frau in der Ehe.

a) Dabei liegt es nahe, nach der Relevanz der Hieros-Gamos-Vorstellungen zu fragen, wie sie in der Umwelt des Neuen Testaments – bereits in deutlich vorneutestamentlicher Zeit – breit belegt sind:

1. Schon in der Umwelt Israels gab es die Vorstellung vom ἱερὸς γάμος.[249] So stand nach der kanaanäischen Religion Baal[250] "zur Erde im Verhältnis eines ἱερὸς γάμος; er ist die mythisch zeugende Potenz, die die Erde durch das Sperma des Regens befruchtet"[251]. Konsequenz ist für die Anhänger des Baalskultes der "imitative Nachvollzug"[252]: die kultische Prostitution. Von derartigen Phänomenen der kanaanäischen Umwelt grenzte sich Israel unter Herausbildung des Monotheismus allmählich ab, wie in den alttestamentlichen Schriften die Auseinan-

---

248 Siehe dazu den folgenden Abschnitt über die religionsgeschichtliche Einordnung dieses Konzepts.
249 Zum Zweistromland siehe H.-F. Richter, Geschlechtlichkeit, Ehe und Familie 159.168.
250 Der ja nach ugaritischen Zeugnissen auch selbst verheiratet ist, und zwar mit seiner Schwester Anat (K. Niedewimmer, Askese und Mysterium 135, A.44).
251 K. Niedewimmer, a.a.O., 135.
252 K. Niedewimmer, ebd.

dersetzung mit kultischer Prostitution, den Hierodulen sowie dem Aschera-Dienst zeigt (DtrG). Die Exklusivität Jahwes[253] schloß jegliche Beiordnung einer weiblichen Gottheit an die Seite Jahwes aus. Wir wissen freilich auch, daß Juden in Elephantine in ihrem Kultus neben Jahwe eine weibliche Gottheit (Anatjahu) als Throngenossin verehrten[254], ferner ist auf Kuntillet Adschrud[255] – wie Elephantine nordreichsorientiert – hinzuweisen.

Der ἱερὸς γάμος begegnet aber auch im Hellenismus[256]: Im Heiligtum des Zeus und der Hera auf Samos beging man auch noch in neutestamentlicher Zeit den ἱερὸς γάμος beider Gottheiten.[257] Der Kultritus der heiligen Hochzeit ist auch in Samothrake ab dem 2. vorchristlichen Jahrhundert belegt, wie auch auf "die literarische Gestaltung des Hieros Gamos des Adonis in Alexandrien" hinzuweisen ist.[258]

In Athen fand am zweiten Tag des Anthesterienfestes, an den Choen, im Bukoleion, dem alten Amtslokal des Archon, die heilige Hochzeit des Dionysos mit der Basilissa, der Frau des Archon Basileus statt[259]. Eine Analogie zur Ehe der Basilissa, die Jungfrau sein mußte, findet sich in Rom: Wie der Archon Basileus bei dem Tod der ihm durch heilige Hochzeit angetrauten Frau aus dem Amt zu scheiden hatte, so galt dies in Rom für den Flamen Dialis[260]. Die Ehe des Flamen Dialis galt als ἱερὸς γάμος, "als Darstellung der heiligen Vermählung des Himmels mit der Erde, der alles Lebende seinen Ursprung verdankt"[261].

---

253 Vgl. Dtn 6,4f.
254 O. Kaiser, Theologie des AT I 111; G.v. Rad, Theologie des AT I 41 (zu Elephantine im 6. vorchristl. Jhdt.); H. Donner, Geschichte II 382f. Hierbei muß berücksichtigt werden, daß sich die Juden in Elephantine auch sonst von dem abhoben, was palästinische Juden vertraten. So lehnten sich die elephantinischen Juden – im Gegensatz zu den Juden Palästinas – an das gräko-ägyptische Scheidungsrecht an, nach dem die Frau die Möglichkeit hatte, die Scheidung zu initiieren (siehe unten S. 182).
255 Um 900 v. Chr.. Dort wird יהוה שמרון, d.h., der zu Samaria verehrte Jahwe, nicht der Jerusalemer (!) Jahwe, genannt. Siehe hierzu U. Winter, Frau, Kap. IV A 1.2. (= S. 486-490) mit drei inschriftlichen Belegen sowie S. 553f.
256 Siehe das reichhaltige Material bei A. Klinz, ἹΕΡΟΣ ΓΑΜΟΣ, Diss. Halle 1933; auch E. Fehrle, Kultische Keuschheit 223 u.ö.
257 Siehe H. Schlier, Epheser 266.
258 H. Schlier, ebd., dort auch weitere Belege; vgl. ferner Platon, Politeia V,8 458 E, wobei es sich bereits um die rationale Umdeutung des Mythos handelt.
259 B. Kötting, Beurteilung der zweiten Ehe, 27-30; E. Fehrle, a.a.O., 11f, dort weiteres Material.
260 Siehe B. Kötting, a.a.O., 16.29f.
261 B. Kötting, a.a.O., 16.

2.a) Zu einer Sublimierung der polytheistischen Syzygievorstellungen der Umwelt kam es in der jüdischen Weisheitstheologie.[262] Vor allem im hellenistischen Judentum Ägyptens[263] entwickelte sich auf einer übertragenen Ebene faktisch so etwas wie eine Syzygie, bei der die Weisheit (החכמה bzw. σοφία) den weiblichen Part Jahwe gegenüber einnehmen konnte[264]. Wie Prov 8,22ff zeigt, war die Weisheit nach der sich hier entwickelnden Vorstellung schon zur Zeit der Schöpfung als Schöpfungsmittlerin bei Jahwe:*"Der Herr hat mich schon gehabt im Anfang seiner Wege, ehe er etwas schuf, von Anbeginn her. Ich bin eingesetzt von Ewigkeit her, im Anfang, ehe die Erde war. Als die Meere noch nicht waren, ward ich geboren, als die Quellen noch nicht waren ... da war ich als sein Liebling bei ihm; ich war seine Lust täglich und spielte vor ihm allezeit ..."*.[265]

Hier wird die Weisheit als eine personifizierte Größe Jahwe an die Seite gestellt. Vor Beginn der Schöpfung war Jahwe nicht allein, sondern hatte die Weisheit bei sich, durch die er alles schuf.[266] Bei dieser Sublimierung polytheistischer Hieros-Gamos-Vorstellungen durch die jüdische Weisheitsspekulation wurde also auf das weibliche Element nicht völlig verzichtet.

Eine Weiterbildung stellt demgegenüber die Weisheitsspekulation von SapSal 6,12-9,18 dar. Hier erscheint die Weisheit als Mittlerwesen, das einerseits Throngenossin Jahwes ist[267] und in συμβίωσις θεοῦ steht[268]; andererseits lebt aber auch der Weisheitsschüler in συμβίωσις mit der Weisheit[269]. Die zwischen Jahwe und der σοφία bestehende – freilich geistige – Syzygie wird vom Menschen imitativ nachvollzogen im Streben nach Weisheit, im Erkenntnisakt.[270]

---

262 Vergleiche die Erwägungen K. Niederwimmers, a.a.O., 136ff, 138: "Deutlich ist hier (in den Prov., F.K.) die החכמה (die natürlich nicht wirklich als eigenständige Größe neben Jahwe erscheinen kann) als Gegenbild zur orientalischen Göttermutter gezeichnet, vom Gegenbild her erhält sie alle Farbe; der Hieros-Gamos wird spiritualisiert." – Vergleiche U. Wilckens, Weisheit und Torheit 174f.193-195.
263 SapSal; Philo.
264 Siehe bereits im Alten Testament Prov 8; ferner SapSal 7,1-9,18, dann die philonische Logosspekulation.
265 Prov 8,22ff.
266 Dieser Gedanke ließ sich dann in der christlichen Tradition auf Christus als Schöpfungsmittler übertragen, siehe vor allem Kol 1,15ff.
267 SapSal 9,4.
268 SapSal 8,3.
269 Vgl. 6,12.14; 7,10; 8,9.16.
270 K. Niederwimmer, a.a.O., 139: "Die Synusie des Weisen mit der Weisheit ist der Nachvollzug und darin zugleich die Teilhabe an der urbildlichen Synusie zwischen Gott und Sophia."

Eine weitere Fortbildung der Weisheitsspekulation betreibt Philo.[271] Auch nach ihm ist die Weisheit Throngenossin Jahwes[272]. Gott ist nach de cher. 49 σοφίας ἀνήρ. Er steht als Schöpfer und πατήρ der Weisheit (ἐπιστήμη bzw. ἀρετή), die als μήτηρ erscheint, gegenüber[273]. Die Familie von Vater und Mutter wird komplettiert durch das Kind, den Kosmos.[274]

Doch transzendiert die göttliche Syzygie mit der Weisheit die geschlechtlichen Kategorien: *"... denn bei den Menschen macht die Vereinigung zum Zwecke der Kindererzeugung die Jungfrauen zum Weibe; wenn aber Gott mit der Seele zu verkehren begonnen hat, erklärt er die, die zuvor schon Weib war, wieder zur Jungfrau ..."*[275].

Der Myste tritt nach Philo in die "Liebesvereinigung mit Gott ein" und "ist in mystischer Weise, wie die Weisheit, Tochter und Gattin Gottes geworden"[276].

b) Auch in gnostischen Texten finden sich Syzygievorstellungen. K. Niederwimmer charakterisiert das Grundmuster ("pattern") so: "Diese mythologische Tradition hat vermutlich vom Fehltritt der wollüstigen Sophia berichtet, die ohne Zustimmung des höchsten Wesens bzw. ohne ihren Paargenossen einen Sohn gebiert – den Demiurgen. Dieser Fehltritt bewirkt ihren 'Fall' oder Absturz in die untere Welt, aus der sie errettet werden muß. Dabei ist Sophia natürlich zugleich auch der Repräsentant des himmlischen Teils im Gnostiker und als solche zur Rettung des Gnostikers berufen. Sie ist salvatrix salvanda. Die Erlösung geschieht durch Heimholung und Wiedervereinigung der Sophia mit ihrem Syzygos".[277]

Die gnostischen Syzygievorstellungen sind meines Erachtens als Weiterentwicklung der jüdischen Weisheitsspekulation anzusehen.[278] In den Texten der jüdischen Weisheitslehre findet sich noch nicht die für die gnostischen Systeme so grundlegende Vorstellung von einem Fall der Weisheit oder "vom himmlischen Ursprung des Menschen"[279].

---

271 Siehe hierzu U. Wilckens, Weisheit und Torheit 139-159.
272 de spec. leg. IV 201.
273 de fuga 109; leg. all. 2,49; quod det. pot. ins. 54.
274 de fuga 109; leg. all. 2,49; quod det. pot. ins. 54; de ebr. 30f.
275 de cher. 50, zit. nach der Philo-Ausgabe von L. Cohn III 1919, 185.
276 U. Wilckens, a.a.O., 154, der sich hierbei auf de cher. 49f stützt.
277 A.a.O., 143; vgl. zum gnostischen Mythos die Dogmengeschichten, z.B. B. Hägglund, Geschichte der Theologie 25-30.
278 Siehe auch K. Niederwimmer, a.a.O., 141-148; vgl. dagegen U. Wilckens, a.a.O., 197. Auf eine eingehende Diskussion dieser Position muß im Rahmen der vorliegenden Arbeit aus Raumgründen verzichtet werden. Ich kann daher in diesem Falle nur die Basis meiner weiteren Argumentation angeben.
279 U. Wilckens, a.a.O., 195.

Fest ausgeprägte gnostische Systeme werden erst mit dem zweiten Jahrhundert n. Chr. greifbar, so daß es nicht angeraten scheint, diese unmittelbar bei der Interpretation von Eph 5 heranzuziehen. Dennoch soll im folgenden exkursweise eine Auseinandersetzung mit K. Niederwimmer und H. Schlier geführt werden, die Eph 5 auf dem Hintergrund gnostischer Syzygievorstellungen zu erklären suchen. Im Anschluß an den Exkurs soll dann positiv der eigene Vorschlag zur religionsgeschichtlichen Verortung des Konzepts von Eph 5,21-33 beigebracht werden.

Exkurs: Zur Interpretation von Eph 5,21-33 auf dem Hintergrund gnostischer Syzygievorstellungen.

K. Niederwimmer nimmt an, daß sich Eph 5,22-33 gegen "Vertreter einer gnostisierenden oder bereits im eigentlichen Sinn gnostischen Syzygienlehre" wende.[280] Dagegen polemisiere der Verfasser des Eph, indem er "aus der gleichen Tradition schöpfe" wie die gnostisierenden oder gnostischen Gegner.[281] Dabei sei Eph 5 "religionsgeschichtlich zwischen nachbiblisch-jüdischer Chokma-Spekulation und gnostischer Explizierung anzusetzen", weil die spezifisch gnostische Pointierung" fehle.[282]

Bei der Auseinandersetzung des Verfassers des Eph mit den gnostisierenden/gnostischen Gegnern habe Gen 2,24 eine Rolle gespielt: "Die Kontroverse konkretisiert sich mithin als Kampf um Schriftexegese, als *Auseinandersetzung mit gnostisierender Schriftdeutung*."[283]

In der Gnosis komme es zur Entwicklung eines Sophia-Mythos, "der die Sophia über Jahwe (den Demiurgen) stellt und mit dem höchsten Gott zur Syzygie verbindet"[284], andererseits aber aufgrund des Mythos vom Fall und der Erlösungsbedürftigkeit der Sophia – und mit dieser korrespondierend des Pneuma-Selbst im Gnostiker – spricht. Eph 5 hingegen werde "die irdische Ehe mit dem Heilsgeschehen verbunden und durch dieses begründet"[285]. So weise die in Gen 2,24 mitschwingende "sexuelle Gemeinschaft hinaus auf die 'himmlische' Verbindung Christi mit seiner Kirche"[286], während die gnosti-

---

280 Askese und Mysterium 124-157, 154; vgl. H. Schlier, Epheser 252-280.
281 A.a.O., 154.
282 A.a.O., 155. – Gerade dieser Befund zeigt, wie fragwürdig die Interpretation von Eph 5 auf dem Hintergrund der Gnosis ist.
283 Ebd.; siehe auch H. Schlier, Epheser 260ff, 262: "Paulus zitiert also die auch sonst angeführte Stelle Gen 2,24, um sie seinen Gegnern zur Bestätigung seiner Auffassung von der Ehe als Nachvollzug des Verhältnisses Christi zur Kirche zu entwinden."
284 Ebd.
285 Ebd.
286 A.a.O., 156; s.a. H. Schlier, a.a.O., 263: "... die Ehe ... als Nachvollzug des Ur- und Vorbildes der Ehe Christi mit der Kirche".

schen Gegner aufgrund ihrer Syzygienlehre zu asketischen oder libertinistischen Konsequenzen gelangten.
Ebenso sah bereits H. Schlier gnostische Syzygievorstellungen als Hintergrund von Eph 5,22ff an, wobei sich die himmlische Hochzeit oder Syzygie des Soter "auf eine irgendwie geartete menschliche Nachahmung (sakramentale, asketische, libertinistische, spirituelle)" beziehe.[287]. Dabei habe "der Apostel ... unter der Destruktion" des gnostischen Mythos den Gegnern "ihren Aussagen kritisch die seinen von dem Mysterium der Ehe" gegenübergestellt.[288] Paulus sei aber gerade so vorgegangen, daß er "dem gegnerischen Sophia-(Adam-)Anthroposmythus ... nicht einfach ein(en) Ekklesia-Christusmythus" entgegensetze, sondern "einzelne Elemente des gnostischen Mythus ohne Rücksicht auf dessen Gesamtgeschehen von seiner Christologie aus" uminterpretiere.[289]

Auf diesem Weg gelinge es dem Apostel, den libertinistischen und asketischen Gnostikern gegenüber die hohe Würde des Nachvollzuges "der himmlischen Ehe Christi und seiner Kirche" durch die irdische Ehe geltend zu machen.[290] Der Rückgriff auf Gen 2,24 erkläre sich so, daß das "Schöpfungsverhältnis Adams und Evas, das in sich schon das Erlösungsverhältnis Christi und der Kirche grundlegend" berge "und in sich darauf" verweise, "in jeder Ehe von Mann und Frau nach dem Willen Gottes aktualisiert" werde.[291] Somit komme in der Ehe – entgegen den gnostischen Vorstellungen – Gottes Schöpfungs- und Erlöserwille zum Ausdruck.[292]

Die Interpretation von Eph 5,21-33 auf dem Hintergrund gnostischer Syzygievorstellungen ist aber meines Erachtens abzulehnen, vor allem weil sich – wie anschließend gezeigt werden soll – Eph 5,21-33 einleuchtender erklären läßt, wenn man ihn auf dem Hintergrund der alttestamentlichen Ehebundtexte versteht. Es seien nur die wichtigsten Argumente gegen die gnostische Interpretation genannt:

a) Wirklich ausgeprägte gnostische Systeme mit ihren umfassenden Syzygien sind erst im zweiten Jahrhundert (und später) wirklich greifbar. Manchmal wird bereits auf Simon Magus als frühen Gnostiker verwiesen.[293] Doch bleibt hier vieles Vermutung. Allenfalls ist zu erwägen, ob die Vorstellung von ei-

---

287 A.a.O., 275.
288 A.a.O., 275f.
289 A.a.O., 276.
290 Ebd.
291 Ebd.
292 Ebd.
293 K. Rudolph, Gnosis, 315-319; vgl. umfassend G. Lüdemann, Untersuchungen zur simonianischen Gnosis, 1975, v.a. 20-23.

ner Syzygie oder Synusie von Christus und Ekklesia ein Traditionsbaustein ist, auf den der Verfasser von Eph wie später diverse Gnostiker bei der Entwicklung ihrer komplizierten Syzygien zurückgreifen konnten. In diese Richtung deutet m.E. die Motivverwandtschaft zwischen Eph 5,21-33 und der gnostischen Schrift "Exegesis animae", in der es um die erlösende Wiedervereinigung der gefallenen Seele mit dem himmlischen Bräutigam geht, wobei Gen 2,24 ebenfalls von Bedeutung ist und auch Bezüge zur Taufe begegnen.[294] Doch muß vor voreiligen Ableitungen gewarnt werden. Die Schrift ist jünger als Eph; vorliterarische Grundformen der gnostischen Schrift bleiben rein hypothetisch. Weder läßt sich im Eph ein gnostischer Mythos noch eine Auseinandersetzung mit selbigem nachweisen.

Die Frage nach der religionsgeschichtlichen Verortung von Eph 5 ergibt, daß nicht die gnostischen Texte, sondern vielmehr zeitgenössische oder ältere Texte, die ähnliche oder verwandte Vorstellungen wie die in Eph 5 beobachteten enthalten, heranzuziehen sind. Dabei sind die oben genannten Hieros-Gamos-Vorstellungen auf dem Weg ihrer Vermittlung durch die jüdische Weisheitsspekulation von Bedeutung. Ein weiterer Traditionszweig, der ebenfalls als Sublimierung polytheistischer Hieros-Gamos-Vorstellungen zu verstehen ist, liegt in den noch zu untersuchenden alttestamentlichen Ehebundtexten vor.

b) Nirgends in Eph 5,21-33 wird echte Polemik gegen Positionen von Irrlehrern auch nur ansatzweise erkennbar. Eine Stellungnahme zu zeitgenössischen Irrlehrern, wie sie in den im nächsten Abschnitt zu untersuchenden Pastoralbriefen erfolgt[295], ist im Eph weder beabsichtigt noch nötig gewesen. Gnostisierende oder gar gnostische Irrlehrer kamen dem Verfasser des Eph – jedenfalls was die Sexualethik anbetrifft – überhaupt nicht in den Blick. Eine Auseinandersetzung hätte deutlichere Spuren hinterlassen müssen, wie dies etwa 1 Tim 4,3; 2,15 u.ö. der Fall ist. Auch wären dann entsprechende Anspielungen auf Positionen der Irrlehrer unvermeidlich gewesen. Doch wo sind diese in Eph 5,21ff?

Man könnte zum einen erwägen, ob nicht zumindest in Eph 5,23, wonach Christus der σωτὴρ τοῦ σώματος ist, eine Auseinandersetzung mit gnostisierenden oder gnostischen Irrlehrern vorliegt. Doch hat der Verfasser meines Erachtens hiermit nichts anderes im Sinn, als die Heilstaten Christi – Kreuz,

---

294 Siehe insgesamt NHC II,6; 132,2-134,6 sowie zur Taufe 131,27-31; 135,24. Dieser Beleg ist jedoch literarisch jünger als Eph, könnte aber vielleicht auf eine ältere Grundform zurückgeführt werden, siehe hierzu H. Hübner, Philemon/Kolosser/Epheser 251, der sich hier auf Pokorný und die Ergebnisse des Berliner Arbeitskreises für koptisch-gnostische Schriften stützt.
295 1 Tim 4,3, dazu siehe unten Kap. I.3.3.

Auferstehung sowie die Taufe der Christen auf seinen Namen – als Belege für die Liebe Christi zur Ekklesia den Adressaten vor Augen zu stellen, die sich ja auch in der Ehe gegenseitig als ein Abbild solcher Fürsorge und Liebe erweisen sollen.

Zum anderen sehen z.b. Niederwimmer und Schlier – wie gezeigt – in Eph 5,21ff eine Auseinandersetzung mit häretischer – sprich gnostischer – Schriftexegese von Gen 2,24. Doch besteht die Leistung des Verfassers meines Erachtens vielmehr darin, über Mk 10,1ff par Mt 19,1ff[296] (vgl. 1 Kor 6,16) wie auch über die Diskussion im zeitgenössischen genuinen Judentum hinausgehend diese Genesisstelle nicht allein auf die Relation von Mann und Frau in der Ehe, sondern auch auf das Verhältnis von Christus zur Ekklesia zu interpretieren (Eph 5,32b) und auf diesem Weg zu einer weiteren theologischen Vertiefung der Ehe zu kommen.[297]

Daß in der gnostischen Schrift Exegesis animae die erlösende Wiedervereinigung von Seele und himmlischem Bräutigam mit dem Hinweis auf Gen 2,24 begründet wird[298], belegt eine gewisse Motivverwandtschaft, aber keinesfalls einen "Kampf" um die richtige Exegese dieser Stelle.

c) Nirgends in Eph 5,21-33 ist von der Präexistenz der Ekklesia die Rede, was doch unter den Denkvoraussetzungen der gnostischen Syzygiesysteme unerläßlich wäre.

c) Traditionsgeschichtlich am bedeutsamsten sind für Eph 5 meines Erachtens alttestamentliche Texte, die vom Ehebund Jahwes mit seinem Volk Israel handeln.[299] In diesem Zusammenhang ist insbesondere auf Ez 16 hinzuweisen.

---

296 Vgl. 1 Kor 6,16.
297 Vergleiche die schöpfungstheologische Begründung der Ehe in der synoptischen Tradition sowie die auf dem Boden der jüdischen Tradition – auch hier spielt die Schöpfungstheologie, insbesonders Gen 1f, eine besondere Rolle – fußende paulinische Ehesicht. Eph erarbeitet mit der ekklesiologischen Interpretation eine weitere Argumentationsstruktur, wobei sich der Verfasser des Eph auf die alttestamentliche Vorstellung von einem Ehebund Jahwes mit Israel (siehe unten c) sowie auf den Konnex von weltlicher Erotik bzw. Hochzeitsvorstellungen und allegorischer Interpretation als Bund Jahwes mit seinem Volk (Hoheslied) stützen konnte.
298 Siehe H. Hübner, a.a.O., 251, der ebenfalls die alttestamentliche Ehevorstellung als grundlegend für Eph 5,21-33 ansieht.
299 Auch hierin besteht eine spiritualisierte Übertragung der Hieros-Gamos-Vorstellung der Umwelt Israels. Daß die alttestamentlichen Ehebundtexte auch auf neutestamentliche Autoren weitergewirkt haben, zeigt neben 2 Kor 11,2 und Eph 5,21ff auch Apk 21,2, wonach das aus dem Himmel von Gott herabkommende Jerusalem bereitet ist wie eine für ihren Mann geschmückte Braut. Im Kontrast dazu steht – wie auch in alttestamentlichen Ehebundtexten (vor allem Ez 16) – in der Apk die Hure, hier die Hure Babylon (Apk 17f).

Dieser Text steht meines Erachtens vor allem im Hintergrund der Ausführungen von Eph 5, wie folgender Vergleich zeigen soll.

Ez 16 ist Teil des geschichtlichen Aufweises der Schuld Judas[300], der die Notwendigkeit des bevorstehenden Gerichtes (587/86 v. Chr.) begründen soll. Ez 16 ist davon die Rede, daß Jerusalem wie ein weggeworfenes Findelkind[301] ungereinigt in seinem Blut liegend (Ez 16,4-6) von Jahwe vorgefunden wurde, als er an ihm vorüberging. Doch Jahwe erbarmte sich dieses Mädchens, mit dem er einen Bund (ברית) schloß (Ez 16,8). Inhalt dieses Bundesversprechens war die Zueignung an Jahwe (ותהי לי). In der Konsequenz dieses erwählenden Handelns Jahwes lag die dem Mädchen bislang nicht zuteil gewordene Fürsorge, wie sie Ez 16,7-14[302] als "Zubereitung" der Braut beschrieben wird. Für den Vergleich mit Eph 5[303] von besonderer Bedeutung ist Ez 16,9:

וארחצך במים ואשטף דמיך מעליך ואסכך בשמן ("Und ich badete dich mit Wasser und wusch dich von deinem Blut und salbte dich mit Öl.").

Diesen Gedanken aufnehmend, der – wie in der Exegese gezeigt – Teile eines Hochzeitsrituals beinhaltet[304], ist Eph 5,26 davon die Rede, daß Christus sich die Ekklesia gereinigt habe durch das Wasserbad im Wort.[305] Wie Jahwe in seinem bedingungslos erwählenden Handeln (Ez 16) so setzt sich auch Christus – sogar unter Hingabe seines eigenen Lebens[306] – für die Ekklesia ein. Dadurch ist diese für Christus (als Braut) "zubereitet" und frei von Runzeln oder ähnlichen Makeln (Eph 5,27). Auch die von Jahwe erwählte Frau Jerusalem ist aufgrund des liebevollen und fürsorglichen Umsorgtwerdens durch Jahwe voll Ruhm, wunderschön und vollkommen (Ez 16,14), so daß sie angesehen ist bei den Völkern.

Der Schwerpunkt von Ez 16 liegt in dem Schuldaufweis, der im Vorwurf des Ehe- und Treuebruchs Jerusalems Jahwe gegenüber gipfelt[307]. Doch steht am

---

300 Wobei es Ez 16 insbesondere um Jerusalem geht, dessen Katastrophe (siehe die Ereignisse von 587/86) vom Propheten als nahe bevorstehend angekündigt wird. – Vgl. z.B. auch Ez 15, wonach Jerusalem wie ein an beiden Seiten angesengtes Rebholz ist (siehe die Ereignisse von 598/97), das der völligen Verbrennung (587/86) entgegengeht. – Siehe zum Schuldaufweis bei Ez ferner Ez 20.23.
301 Siehe insbesondere die Anspielungen in Ez 16,2 auf den heidnischen Ursprung Jerusalems, vgl. Jdc 1,21; 2 Sam 5.
302 Als Explikation der zuvor erwähnten grundsätzlichen Entscheidung Jahwes, daß das Mädchen leben möge (V.6, Versende).
303 Vor allem 5,26f.
304 Siehe ferner W. Eichrodt, Hesekiel I 123.
305 Womit offenbar die Taufe gemeint ist, siehe oben S. 73.
306 Eph 5,25: παρέδωκεν ὑπὲρ αὐτῆς.
307 Vgl. Ez 16,32 u.ö.; siehe auch das in VV. (35ff)38-41(ff) geschilderte Verfahren wegen Ehebruchs, das nach V.40 zu Steinigung und Zerstückelung der Ehebreche-

Ende von Ez 16 – korrespondierend mit Ez 16,8 – der eschatologische Ausblick[308] in 16,60-63, nach dem Jahwe eine ברית עולם (Ez 16,60, vgl. 16,62) mit der treulos gewordenen Frau verheißt.

Ähnlich ist auch Hos 2,20-22 zu verstehen. Hier wird trotz Israels Untreue, die sich ebenfalls im Ehebruch manifestierte (Hos 2,4.7-9) und zum Ausspruch der Scheidungsformel durch Jahwe führte[309], Bund (Hos 2,20) und Verlobung לעלם verheißen (Hos 2,21f).

Meines Erachtens steht die alttestamentliche Ehebund-Tradition, wie sie in diesen Texten vorliegt, im Hintergrund der Ausführungen von Eph 5,21ff. Der Verfasser des Eph greift primär auf den Gedanken des Ehebundes zwischen Jahwe und Jerusalem/Israel/Juda zurück, wie er auch sonst im Alten Testament[310] anzutreffen ist[311]. Diese Tradition ist ihrerseits eine Sublimierung bzw. Spiritualisierung der oben skizzierten Hieros-Gamos-Vorstellungen der Umwelt Israels.[312] Der Monotheismus ließ die Beiordnung einer weiblichen Gottheit an der Seite Jahwes nicht zu. Dennoch griff man auf die Hieros-Gamos-Tradition zurück, um sie im übertragenen Sinne zu verwenden, wie die Chokmaspekulation (Prov 8), die Weisheits- und Logosspekulation Philos und auch Ehebundtexte wie Hos 2, Ez 16 und Jer 2 zeigen.

Diese Entwicklung setzt Eph 5 seinerseits voraus. Die Weiterentwicklung gegenüber den alttestamentlichen Ehebundtexten besteht darin, daß Christus an die Stelle Jahwes als männlicher Part tritt und die Ekklesia die frei erwählte und gereinigte Braut ist. Das Verhältnis Christi zur Ekklesia ist Ur- und Vorbild der Ehe zwischen Mann und Frau. In Analogie zum Ehebund Jahwes mit seinem Volk[313] ist auch die Eph 5,21-33 explizierte Relation Christi zu seiner Ekklesia, dem neuen Gottesvolk, zu verstehen. Bereits Paulus verwendet 2 Kor 11,2 diese

---

rin führt.
308 Dieser ist freilich einer späteren Schicht zuzurechnen als oben genannte Passagen, siehe auch W. Zimmerli, Ezechiel I 341f.371; ferner W. Eichrodt, a.a.O., I 131f, der auf die Verschiebung des ברית-Verständnisses gegenüber Ez 34,25 und 37,26 hinweist.
309 Hos 2,4: כי־היא לא אשתי ואנכי לא אישה.
310 Vor allem Hos 1-3, aber auch Jer 2.
311 Ferner ist auf die Aufnahme des Hohenliedes in die hebräische Bibel hinzuweisen, das ursprünglich eine Sammlung weltlich-erotischer Liebeslieder war und erst durch die Umdeutung auf das Verhältnis Jahwes zu seinem Volk Eingang in die hebräische Bibel fand. Zu ähnlichen Deutungen des Hohenliedes kam es auch in der christlichen Kirche: So vertrat man die Auffassung, es sei hier vom Verhältnis Christi zur Kirche (Hippolyt) oder zur Seele (Origenes) die Rede; oder man griff – wie Ambrosius – zur mariologischen Interpretation.
312 Siehe auch G.v. Rad, Theologie des AT II 148; M. Theobald, Heilige Hochzeit 225; K.-H. Fleckenstein, Eheperikope in Eph 5,21-33 150-155.
313 Israel/Juda/Jerusalem.

Metaphorik, indem er davon spricht, daß er die Adressaten(gemeinde) einem Mann verlobt habe, um sie Christus als reine Jungfrau zuzuführen (... ἑνὶ ἀνδρὶ παρθένον ἁγνὴν παραστῆναι). Es ist denkbar, daß der Verfasser des Eph auf diese von Paulus verwendete Metaphorik zurückgreift; die Terminologie spricht jedenfalls dafür: ... ἵνα παραστήσῃ αὐτὸς ἑαυτῷ ἔνδοξον τὴν ἐκκλησίαν. So besteht die Eigenleistung des Verfassers des Eph, da er auf eine Tradition – wie sie 2 Kor 11,2 vorliegt – zurückgreifen kann, in der sorgfältigen Ausführung als Eheparänese.[314] Die Analogie wird paränetisch fruchtbar gemacht, indem sie als Vorbild für die konkrete Ehewirklichkeit vor Augen gestellt wird.[315]

Es fällt auf, daß 2 Kor 11,2 und Eph 5,21ff nur auf die positive Seite der alttestamentlichen Ehebundtradition zurückgegriffen wird. Doch mag für die Adressaten, sofern sie mit dem Alten Testament vertraut waren, die Vorstellung mitgeschwungen haben, daß auch die Ekklesia jederzeit in der Gefahr steht, eine untreue Braut zu werden[316]. An die negative Seite der alttestamentlichen Ehebundtradition knüpfen neutestamentliche Spätschriften[317] an, indem sie das in oben genannten alttestamentlichen Texten – wie auch im DtrG – geläufige Verständnis von Ehebruch im übertragenen Sinn aufgreifen und für ihre Paränese an Christen in für ihren Glauben gefahrvoller Situation fruchtbar machen[318].

Abschließender Exkurs zum Verständnis der Ehe als Sakrament in der römisch-katholischen Kirche (aufgrund von Eph 5,21ff).

Ein in der Exegese und Theologiegeschichte strittiger Punkt ist die Frage, ob und inwiefern man sich bei der Beurteilung der Ehe als Sakrament auf Eph 5,21-33 berufen kann. Ein sakramentales Verständis der Ehe in der römisch-katholischen Theologie legte sich aufgrund von Eph 5,32 nahe, wo von dem μυστήριον die Rede ist, das groß sei. Dabei ist von Bedeutung, daß der Begriff Mysterion in der Vulgata mit sacramentum wiedergegeben wird[319].

Doch zeigt die Exegese, daß der Mysterienbegriff von Eph 5,32 nicht geeignet ist, ein sakramentales Verständnis der Ehe zu begründen. Das große Geheimnis bezeichnet vielmehr die eigene Interpretation des vorangestellten Passus

---

314 In den alttestamentlichen Texten geht es theologisch um die Wahrung der Bundestreue. Ehebruch bedeutet demgegenüber Abfall von Jahwe. – 2 Kor 10-13 ist das einzigartige Verhältnis des Apostels zu seiner korinthischen Gemeinde im Blick, das durch verleumderische Irrlehrer bedroht ist. Dabei ist der Apostel Paulus nach 2 Kor 11,2 der treue Brautführer, der Christus die Ekklesia (hier – im Unterschied zu Eph 5,21ff – noch als Einzelgemeinde verstanden) zuführt.
315 Ähnlich auch M. Theobald, a.a.O., 232f.
316 Vergleiche Hos 2, Jer 2 und Ez 16.
317 Apk, Jud und 2 Petr.
318 Siehe Kap. V.4.
319 Vgl. dagegen einen weit verbreiteten Texttypus der Vetus Latina, der mit mysterium statt mit sacramentum übersetzte, s. R. Schnackenburg, Epheser 261.

von Gen 2,24 LXX, die der Verfasser hier bietet. Der Passus läßt sich nach Auffassung Verfassers des Eph im tiefsten Sinn auf die Relation von Christus und Ekklesia beziehen, während er sonst lediglich auf das Miteinander von Mann und Frau bezogen wird. Der tiefere mysterienhafte Sinn erschließt sich erst aufgrund der ekklesiologischen und christologischen Argumentationsebenen, die der Verfasser in Eph 5,21-33 herangezogen und mit der Eheparänese verwoben hat.

Dieser exegetische Befund hat einen Teil der römisch-katholischen Exegeten[320] dazu bewogen, davon Abstand zu nehmen, aus Eph 5 heraus die Ehe sakramental zu verstehen, zumal "das Sakramentsverständnis ... auch heute noch die Auffassung der Ehe zwischen den Konfessionen" belaste.[321] Andere – wie H. Schlier – halten an dem Sakramentsverständnis fest, wollen dies aber nicht aus Eph 5,32, sondern aus Eph 5,21-33 in seiner Gesamtaussage ableiten. Demnach ergebe sich der sakramentale Charakter der Ehe "... nicht aus dem Begriff μυστήριον in V.32 bzw. seiner Übersetzung mit *sacramentum*, wohl aber aus der ausgeführten Tatsache, daß sie (die Ehe, F.K.), und sie allein, jenes erwählte Nachbild (des ihr vorangegangenen Typos von Christus und Ekklesia als Urbild, F.K.) ist."[322]

Damit ist ein richtiger Aspekt hinsichtlich der christologischen und ekklesiologischen Dimension einer christlichen Ehe erfaßt, der m.E. aber nicht die Bezeichnung einer christlichen Ehe als Sakrament nahelegt. Es ist angemessener, die Ehe als gemeinsamen "Bund" zweier Menschen zu bezeichnen. Zum einen wird damit die reichhaltige Ehebundtradition des Alten Testaments aufgegriffen, die die Weltlichkeit der Ehe und die theologisch-symbolische Tiefendimension der (weltlichen) Ehe nicht als Gegensätze empfand, sondern miteinander verbinden konnte. Zum anderen steht – wie gezeigt wurde – auch Eph 5,21-33 in seiner Gesamtaussage (!) in dieser alttestamentlichen Ehebundtradition. Wurde die "weltliche Ehe" im Alten Testament transparent gemacht für den Ehebund Jahwes mit seinem Volk Israel, so setzt der Verfasser des Eph die christliche Ehe in Relation zum Bund Christi mit der von ihm erwählten, gereinigten und geheiligten Ekklesia. Die Relation von Christus und Kirche hat ihr sichtbares Symbol in der Ehe, die die bleibende Verbundenheit Christi und seiner Kirche zeichen-

---

320 Siehe zum Beispiel R. Schnackenburg, Epheser 261.
321 Ebd.
322 H. Schlier, a.a.O., 276. Ferner ist – was meine Ergänzungen anbetrifft – insbesondere 262 heranzuziehen. – Das richtige Moment, das in dieser Argumentation steckt, ist die Betonung der "Bedeutsamkeitseinheit" von Ehe und Kirche, siehe H. Hübner, a.a.O., 249: "Die Ehe weist über sich hinaus auf die Kirche. Umgekehrt gründet die Heiligkeit der Kirche in der Heiligkeit der Ehe. Beider Heiligkeit konkretisiert sich aber in der Liebe: Wie Christus die Kirche geliebt hat, so der Ehemann seine Frau."

haft abbilden soll. Gelingt es den Betroffenen, mit ihrer Ehe den Bund Christi und der Kirche abbildhaft zu veranschaulichen und konkret im gegenseitigen Liebesdienst nachzuleben, so ist sie wahrhaft ein Symbol der Liebe Gottes zu den Menschen wie auch der Liebe Christi zu seiner Kirche. Zerbricht diese Gemeinschaft aber an menschlicher Sünde, so ist dieses Scheitern ein Gleichnis dafür, daß wir Menschen nur aufgrund der Vergebung Gottes leben können.

Da es unsicher ist, ob es einem Ehepaar gelingen wird, den Bund Gottes abbildhaft zu realisieren, ist es m.E. sinnvoller, die Ehe nicht mit der Sakramentalität zu belasten. Dadurch würde nur der Druck auf die Betroffenen verstärkt und die Frage unausweichlich, ob die Gültigkeit der Sakramente nicht doch von dem Verhalten der Empfänger abhängig ist. Der Begriff "Sakrament" sollte Taufe und Abendmahl – möglicherweise auch der Beichte – vorbehalten bleiben, zumal diese nach biblischer Tradition als durch Christus eingesetzt gelten. Das soll die Würde der christlichen Ehe nicht mindern. Ihre Würde erhält sie aufgrund des Bundes Gottes mit seinem Volk, aufgrund des Bundes Christi mit der Kirche.

3.3. Ehe in den Pastoralbriefen

Bereits im vorigen Abschnitt zu Kol und Eph wurde festgestellt, daß in diesen Schriften mit einer gewissen Selbstverständlichkeit davon ausgegangen wird, daß Christen heiraten bzw. verheiratet sind. Von einem Lob der – zumal lebenslänglichen – Virginität, wie es etwa Lk 20,34-36, Mt 19,10-12 oder 1 Kor 7 erklingt, ist hier nichts zu vernehmen. Dabei ist es dem Verfasser des Eph gelungen, sich nicht einfach auf die Konvention zu berufen, was im Rahmen der Ständetafelethik vielleicht nahegelegen hätte; sicher, er tut dies auch, wenn er – wie auch Kol und 1 Petr 3,1-7 – eine gewisse Rollenverteilung übernimmt, wie sie in seiner Umwelt üblich war[323]. Aber der Verfasser des Eph erbringt doch eine nicht gering zu schätzende Eigenleistung, indem er zu einer ekklesiologisch-christologischen Begründung der Ehe kommt. Wenn sich das Verhältnis Christi zu seiner Ekklesia abbildhaft in dem Verhältnis des Mannes zur Frau widerspiegelt, dann liegt der hohe Wert der Ehe auf der Hand. Hier ist kein Raum für eine Ethik, die der Ehe lediglich den zweiten, geringeren Rang gegenüber der viel höher einzuschätzenden Ehelosigkeit einräumt[324].

---

323 Gehorsamspflicht der Frau dem Mann gegenüber.
324 Paulus steht – trotz 1 Kor 7,7 – in der Gefahr, dies zu tun, siehe vor allem VV.32-35.

Auch in den Pastoralbriefen wird mit völliger Selbstverständlichkeit von der Ehe gesprochen; lebenslängliche Ehelosigkeit als Alternative hierzu kommt dem Verfasser nicht in den Blick. Dafür war sie durch die Propaganda häretischer Kreise viel zu diskreditiert[325].

Dabei könnte es sich nun wirklich um gnostisierende Gegner gehandelt haben. Indizien und Anspielungen finden sich jedenfalls in den Pastoralbriefen an mehreren Stellen: Nach 1 Tim 6,20 beanspruchen die Irrlehrer für sich Gnosis bzw. treten mit diesem Schlagwort auf; sie propagieren nach 1 Tim 4,3 Eheverzicht und sahen diesen – wie 1 Tim 2,15 nahelegt – sogar als heilsnotwendig an; sie üben nach 1 Tim 4,3 Askese von bestimmten Speisen. Die Irrlehrer bieten nach 1 Tim 1,4 und Tit 3,9 Genealogien, nach 1 Tim 1,3; 4,7 und 2 Tim 4,4 Fabeln auf, womit gnostische Äonenspekulationen gemeint sein könnten. Ferner vertreten sie nach 2 Tim 2,18 eine präsentische Auferstehungsvorstellung[326].

Gerade weil von den Gegnern, die der Verfasser der Pastoralbriefe im Blick hat, gegen die Ehe polemisiert wird (1 Tim 4,3), votiert der Verfasser mit Eindringlichkeit und z.T. überzogener Schärfe für die Ehe:

a) Dies wird zum einen deutlich, wenn er 1 Tim 5,14 jüngeren Witwen dringlich nahelegt, zu heiraten, Kinder zur Welt zu bringen und den Haushalt zu führen (Βούλομαι οὖν νεωτέρας γαμεῖν, τεκνογονεῖν, οἰκοδεσποτεῖν, ...). Ganz anders ist das Urteil des Apostels Paulus in 1 Kor 7 ausgefallen. Er rät 1 Kor 7 im Grunde allen Christinnen und Christen – gleich welchen Alters – dazu, ehelos zu leben, so sie denn das Charisma der Enthaltsamkeit haben.[327] Die Akzentverschiebung in den Pastoralbriefen ist also unverkennbar. Darin spiegelt sich ein ganz anderes Verhältnis zu Ehe und Ehelosigkeit wider.

b) Noch zugespitzter heißt es 1 Tim 2,15, die Frau werde durch das Kindergebären gerettet (σωθήσεται δὲ διὰ τῆς τεκνογονίας ...). Dieser Satz läßt sich meines Erachtens nur hinreichend verstehen, wenn er als Polemik gegen die gegnerische Position aufgefaßt wird, wonach Ehe- und folglich auch Kinderlosigkeit heilsnotwendig sind[328]. So verfällt der Verfasser der Pastoralbriefe in seiner Polemik in 1 Tim 2,15 hier in das andere Extrem, wenn er der Frau im Kindergebären ihren Heilsweg aufzuzeigen scheint. Der Verlust an wirklich theologischer Argumentation ist – gerade wenn man hiermit Eph 5,21ff vergleicht – unverkennbar. Der Verfasser unterläßt es, positiv aufzuzeigen, worin denn –

---

325 Siehe 1 Tim 4,3, wo es von den Gegnern heißt: κωλυόντων γαμεῖν ... .
326 λέγοντες (τὴν) ἀνάστασιν ἤδη γεγονέναι.
327 1 Kor 7,7. Auch hinsichtlich der Witwen (1 Kor 7,8f.39f) macht Paulus keine Unterschiede. Er konzediert – entsprechend dem jüdischen Gesetz, s. Röm 7,3f; 1 Kor 7,39f – lediglich die Wiederverheiratung (aber nur im Herrn, siehe S. 133-135); lieber sähe er es aber, wenn die Verwitweten fortan ehelos lebten.
328 1 Tim 4,3 weist in diese Richtung.

theologisch gesehen – der besondere Wert der Ehe liegt; möglicherweise setzt er das bei seinen Adressaten als bekannt voraus; vermutlich hat ihm aber die polemische Auseinandersetzung mit den Gegnern keine sachliche Behandlung der Thematik ermöglicht. In der Polemik stellt man mit Vorliebe seine eigene Position antithetisch gegen die gegnerische Auffassung; Argumente kommen hier nur begrenzt zum Einsatz.

Soviel wird aber anhand von 1 Tim 2,15 und 1 Tim 5,14 deutlich, daß Ehe, Fortpflanzung und Haushaltsführung nach Meinung des Verfassers des 1 Tim zu den selbstverständlichen Pflichten der (jüngeren) Frau gehören. Dies entspricht faktisch der Situation der meisten Frauen in der hellenistischen wie jüdischen Umwelt des Verfassers. Das heißt, der Verfasser von 1 Tim erwartet hier nichts anderes von den Frauen als auch in der Umwelt von ihnen erwartet wird.

Damit schließt sich der Kreis dieses 1. Kapitels. 1 Tim liegt hinsichtlich der Ehe faktisch nahe bei dem, was in der Umwelt als primäres Motiv für die Ehe propagiert wurde: Fortpflanzung steht in selbstverständlicher Verknüpfung mit der Ehe[329].

---

329 1 Tim 2,15: σωθήσεται δὲ διὰ τῆς τεκνογονίας; 1 Tim 5,14: Βούλομαι οὖν νεωτέρας γαμεῖν, τεκνογονεῖν...

II. Besondere Eheformen

Nachdem im 1. Kapitel Ehe und Ehebegründung im allgemeinen in den Blick genommen wurden, soll es in diesem Kapitel darum gehen, bestimmte Eheformen zu besprechen. Zunächst sollen Monogamie und Polygamie in ihren unterschiedlichen Erscheinungsformen begrifflich präzisiert werden. Dies dürfte gerade aufgrund des in der Forschungsliteratur weitgehend zu verzeichnenden undifferenzierten Gebrauchs der Worte "Einehe" bzw. "Polygamie" notwendig sein.

Nach dieser Begriffsklärung sollen besondere Eheformen in den Blick genommen werden, wie sie teils in den neutestamentlichen Texten begegnen, teils zumindest hinsichtlich des neutestamentlichen Materials erwogen werden. Dabei zeigt sich immer wieder die Notwendigkeit, einerseits synchron nach möglicherweise entsprechenden Erscheinungen in der Umwelt des Neuen Testaments zu fragen; andererseits sind auch aus späterer Zeit kirchengeschichtlich die Linien bis in die neutestamentliche Zeit zurückzuverfolgen, wobei nach Kontinuitäten bzw. Entwicklungen zu fragen bleibt. Dieses II. Kapitel ist ein besonderer Schwerpunkt meiner Arbeit zum Thema "Ehe"; auf diesem Gebiet – besonders im Hinblick auf Einzigehe und Syneisaktenehe – gibt es viele unerledigte oder unzureichend geklärte Fragen, so daß sich die Möglichkeit bietet, neue Denkanstöße zu geben und Lösungsvorschläge zu unterbreiten.

Als besondere Eheformen kommen dabei in den Blick: die "Einzigehe", das heißt, die lebenslänglich einmalige Ehe; die "Syneisaktenehen" sowie die religiös gemischten Ehen[1]. Abschließend ist noch kurz auf die Leviratsehe einzugehen, die im Neuen Testament im Zusammenhang der synoptischen Perikope von der Totenauferstehungsdiskussion[2] eher am Rande begegnet.

---

1 Der Begriff "Mischehe" weckt, wenn man z.B. an die Rassegesetze des Dritten Reiches oder an die Apartheid in Südafrika zurückdenkt, ungute Gefühle und soll daher vermieden werden. – Im Zusammenhang der Frage nach religionsverschiedenen Ehen wird auch die Problematik der Ehe zwischen sozial unterschiedlich gestellten Partnern, wie sie sich gerade aufgrund der augusteischen Ehegesetzgebung (vor allem Lex Iulia de maritandis ordinibus) ergibt, miteinzubeziehen sein. Beide Phänomene hatten Auswirkungen auf die Realität in den christlichen Gemeinden. – Siehe auch I.2.2. und I.2.3.
2 Mk 12,18-27 parr Mt 22,15-22; Lk 20,20-26.

1. Monogamie und Polygamie:

1.1. Zur Begrifflichkeit:

a) Monogamie und Polygamie bezeichnen als Begriffe zunächst nichts weiter, als daß ein Mensch einen bzw. mehrere Ehepartner hat, und zwar mit vollem Ehestatus, nicht bloß als Konkubine oder Liebhaber.

b) Hat eine Frau mehr als einen Ehemann, so spricht man von "Polyandrie". Diese ist in manchen Kulturen erforderlich, weil unter den gegebenen ökonomischen Bedingungen ein Mann alleine nicht dazu in der Lage ist, den Lebensstandard der Familie zu gewährleisten[3]. Für die im Rahmen dieser Untersuchung relevanten Kulturkreise spielt eigentliche Polyandrie aber keine Rolle.[4] – Hat ein Mann mehrere Frauen, so ist von "Polygynie" zu sprechen. Auf diese wird hinsichtlich des Judentums einzugehen sein.

c) Handelt es sich bei der Differenzierung von b) um eine geschlechtsspezifische Differenzierung hinsichtlich des Polygamiebegriffs, so ist dieser Begriff auch in zeitlicher Hinsicht zu differenzieren. Diese Unterscheidung wird im Laufe dieses Kapitels wichtig bleiben. Man kann zwischen "simultaner" und "sukzessiver Polygamie" differenzieren. Simultane Polygamie bezeichnet den Umstand, daß ein Mann oder eine Frau mehrere Ehepartner *zur gleichen Zeit* hat. Sukzessive Polygamie bezeichnet den Umstand, daß ein Mann oder eine Frau zeitlebens *nacheinander* mehrere Ehepartner hat, aber jeweils nur einen bestimmten zur gleichen Zeit. Das heißt, heiratet ein Mensch nach der Scheidung von seinem Ehepartner oder nach dem Tod des Ehepartners erneut – und zwar, wie hinsichtlich der Scheidung zumindest hervorgehoben werden muß, einen *anderen* Ehepartner –, so lebt dieser in sukzessiver Polygamie. Gerade letzteres Faktum würden wir mit unserer anders gearteten Ehe- und Sexualethik gar nicht mehr als polygam empfinden; doch war dies in der Antike – wie insbesondere das Kapitel "Einzigehe" zeigen wird – anders.

---

3 Polyandrie findet sich aufgrund der oben genannten Gründe bisweilen in Afrika.

4 Allenfalls könnte man in dem Umstand, daß verwitwete oder geschiedene Frauen sich wieder einen neuen Partner suchten, sukzessive Polyandrie sehen (zur Unterscheidung von "sukzessiv" und "simultan" siehe unten). An *sukzessive* Polyandrie wird man auch hinsichtlich der samaritanischen Frau von Joh 4,1-26 zu denken haben. Die Frau hatte fünf Männer; und der Mann, den sie jetzt hat, ist nicht ihr Mann (Joh 4,16-18); mit ihm lebt sie offenbar in unehelicher Lebensgemeinschaft zusammen.

1.2. Simultane Polygamie (bzw. Monogamie)

a) Im Judentum war dem Mann in neutestamentlicher Zeit Polygynie erlaubt.[5] Dies wird bereits im Alten Testament, dann aber auch in den Talmudim deutlich. Es mußte nur gewährleistet sein, daß der Mann seinen Grundverpflichtungen gegenüber seiner Frau bzw. seinen Frauen, das heißt Nahrung, Kleidung und regelmäßiger Geschlechtsverkehr, nachkam. Aus ökonomischen Gründen reduzierten sich daher faktisch die Möglichkeiten des Mannes, mit mehreren Frauen gleichzeitig verheiratet zu sein. So blieb Polygynie wohl weitgehend den reicheren Schichten, vor allem den Herrscherdynastien, vorbehalten, da diese über die hinreichenden ökonomischen Möglichkeiten verfügten. Eine große Anzahl von Ehefrauen – wie auch heute noch in polygamen Kulturkreisen – steht dementsprechend für besonders großen Reichtum.[6] Man kann es sich eben leisten, eine gewisse Anzahl von Frauen zu haben und das heißt auch: sie finanziell zu unterhalten.[7]

Daß Polygynie nicht notwendigerweise zum Nachteil der Frau gewesen sein muß, wird z.B. bei Philo, Spec. Leg. III 34f deutlich. Hier behandelt Philo den Fall, daß eine Frau sich nach zehnjähriger Ehezeit als unfruchtbar erwiesen hat.[8] Normalerweise müßte sich der Mann von dieser Frau trennen und, um dem Mehrungsgebot von Gen 1,28 Folge leisten zu können, erneut heiraten. Doch schlägt Philo, Spec. Leg. III 34 für diesen Fall einen Ausweg vor: Der Mann kann, weil die Verbundenheit mit seiner Frau groß ist (s. Spec. Leg. III 35), die Ehe mit ihr aufrechterhalten. Bedenkt man hierbei, daß im zeitgenössischen Judentum Polygynie grundsätzlich zulässig und nichts Anstößiges gewesen ist, so bleibt in diesem von Philo diskutierten Fall die Möglichkeit, daß dieser Mann dennoch dem Mehrungsgebot der Schöpfungstora nachkommt, indem er eine zweite Frau hinzunimmt, während er seine liebgewonnene Frau nicht verstößt. In diesem Falle behält die Frau – trotz erwiesener Unfruchtbarkeit – ihre ökonomische Versorgung wie auch ihren ehelichen Status. Dies ist nicht unwichtig: denn wer würde als Jude eine Frau heiraten, von der bekannt ist, daß sie keine Kinder gebären

---

5 Siehe unter anderem L.M. Epstein, Marriage Laws in the Bible and the Talmud, dort Kap. 1. Ferner E. Schürer, Geschichte des jüdischen Volkes I 406f, A. 127.
6 Als biblisches Beispiel wäre auf die 700 Haupt- und 300 Nebenfrauen des Königs Salomo zu verweisen, siehe 1 Kön 11,3.
7 Siehe zu diesem Aspekt auch W. Plautz, Frau in Ehe und Familie 88f; Ders., Monogamie und Polygamie 16-18.
8 Daß hierbei auch die Unfruchtbarkeit des Mannes vorliegen könnte, ist ein besonderes Problem und zeigt die gewisse Einseitigkeit, mit der diese Problematik in einer patriarchalischen Gesellschaft angegangen wurde.

kann? Die Frau bleibt somit auch von der sozialen Ächtung ihrer Gesellschaft verschont.

b) In Rom und Griechenland war zwar gesetzlich Einehe die einzig legitime Eheform. Doch waren außereheliche Verhältnisse keine Seltenheit[9], wie auch neben bzw. anstelle der Ehe Erscheinungen wie Konkubinat oder die – gegenüber dem römischen Konkubinat rechtlich besser gestellte – griechische Pallakie[10] anzutreffen sind.

c) Eine Einseitigkeit, die im Grunde bereits zum Fragenkomplex "Ehebruch" gehört, sei bereits in diesem Zusammenhang erwähnt, weil auch Promiskuität zu einer schleichenden Unterwanderung der gesetzlich vorgesehenen Monogamie führt: Bei allen Divergenzen zwischen der römisch-hellenistischen und der jüdischen Sexualmoral besteht doch eine grundlegende Übereinkunft darin, daß Ehebruch des Mannes lediglich im Verkehr mit einer anderweitig verheirateten Frau besteht, weil hiermit die Rechte eines anderen Ehemannes berührt werden.[11] Ehebruch der Frau hingegen besteht in jeglichem außerehelichen Verhältnis.[12]

d) Wie die griechischen Papyri der frühptolemäischen Zeit zeigen, war nach gräko-ägyptischem Recht – anders als etwa im attischen Recht – auch der Mann zur ehelichen *Treue* wie zur Monogamie verpflichtet.[13] Bei Verstößen wurde er – wie Papyr. Eleph. 1,10 bereits aus vorgriechischer Zeit zeigt – mit empfindlichen Geldstrafen belegt.[14] Hierin drückt sich die traditionell bessere Stellung der ägyptischen Frau gegenüber ihren Geschlechtsgenossinnen etwa im jüdischen oder hellenistischen Raum aus.

1.3. Sukzessive Polygamie

Dieses Problem soll hier nicht abstrakt behandelt werden. Seine Erörterung erfolgt besser im Zusammenhang mit zwei einschlägigen Problembereichen, näm-

---

9 Zu Rom siehe P. Csillag, The Augustan Laws on Family Relations 44.196.
10 Zu ihr: H.J. Wolff, Grundlagen des griechischen Eherechts 26-29; R. Sealey, Lawful Concubinage in Athens 111-133.
11 W. Plautz, Frau in Ehe und Familie 110; G. Strecker, Bergpredigt 73; P. Hoffmann, Jesu Wort von der Ehescheidung 326; G. Delling, Art. Ehebruch 666; Strack-Billerbeck I 297; Hauck-Schulz, Art. πόρνη 582; H.D. Preuß, Theologie des Alten Testaments II 115. – Zu Abweichungen von dieser Position (hellenistische Moralphilosophie, jüdische Autoren, auch Mt 5,27-30) siehe unten S. 219-221.
12 W. Plautz, ebd.; H.D. Preuß, ebd.; P. Hoffmann, ebd.; G. Delling, ebd.; Strack-Billerbeck, ebd.; Hauck-Schulz, ebd.
13 L. Bringmann, Die Frau im ptolemäisch-kaiserlichen Aegypten 18.
14 Rückgabe der doppelten Mitgift, siehe L. Bringmann, a.a.O., 19.

lich 1. im Zusammenhang der Frage nach einer Wiederverheiratung von verwitweten Personen, wie sie anläßlich von 1 Kor 7,8f.39f, aber auch im Zusammenhang bestimmter Passagen der Pastoralbriefe aufgeworfen wird; sowie 2. im Zusammenhang der Ehescheidung, weil hiermit die Frage nach der Wiederverheiratung Geschiedener verbunden ist.

2. Besondere Eheformen

2.1. Die Einzigehe

2.1.1. Paulus

Paulus äußert sich – wie im Kap. I bereits dargelegt – in 1 Kor 7,8f.39f auch im Hinblick auf die Wiederverheiratung verwitweter Personen. Daneben ist noch Röm 7,2f, wo Paulus sich hinsichtlich der Gültigkeit des Gesetzes äußert, heranzuziehen.

1 Kor 7,8f: Hier rät Paulus den Unverheirateten und Verwitweten, zu bleiben, wie Paulus selbst ist, d.h., unverheiratet.[15] Dies ist aber – gemäß 1 Kor 7,7 – nur denen zu empfehlen, die das Charisma der Enthaltsamkeit haben. Ansonsten rät Paulus dazu, zu heiraten, anstatt sich in brennender Begierde[16] zu verzehren (1 Kor 7,9: εἰ δὲ οὐκ ἐγκρατεύονται, γαμησάτωσαν, κρεῖττον γάρ ἐστιν γαμῆσαι ἢ πυροῦσθαι).

Röm 7,2f: Im Zusammenhang der Frage nach der Gültigkeit des Gesetzes (siehe Röm 7,1) greift Paulus zur Verdeutlichung seiner heilsgeschichtlichen Sicht 7,2f auf ein Beispiel aus dem Eherecht zurück: Eine verheiratete Frau ist, solange ihr Mann lebt, an diesen gebunden. Ein außereheliches Verhältnis zu einem anderen Mann würde sie zur Ehebrecherin (μοιχαλίς) machen. Stirbt jedoch der Mann, so ändert sich die Rechtslage: ἐλευθέρα ἐστιν ἀπὸ τοῦ νόμου, das heißt, sie kann eines anderen Mannes Frau werden, ohne zur Ehebrecherin zu werden (7,3 Versende).

1 Kor 7,39f: In Vers 39 wird – genau wie in Röm 7,2f – die Rechtslage für eine verheiratete/verwitwete Frau dargelegt. Im Falle des Ablebens des Mannes gilt: ἐλευθέρα ἐστιν ᾧ θέλει γαμηθῆναι. In Vers 40 gibt Paulus – wieder entsprechend seinem Grundsatz von Vers 7 – den Rat, daß eine Witwe, wenn sie das

---

15 Siehe hierzu den Exkurs zur von J. Jeremias erwogenen Witwerschaft des Apostels Paulus im Anschluß an das Kapitel II.2.1.1.
16 Dieses Verständnis von "Brennen" teilt Paulus nach F. Lang, Korinther 91, "mit dem hellenistischen Judentum und der Profangräzität". Vgl. Anacreonta 10,14f.

Charisma der Enthaltsamkeit hat, οὕτως μείνῃ, d.h. verwitwet, also ehelos, bleiben soll. Dies wäre – soweit möglich – einer Wiederheirat vorzuziehen. Doch betont Paulus, daß es sich hierbei um seinen eigenen Rat (κατὰ τὴν ἐμὴν γνώμην) handelt; aber er verleiht diesem Rat dadurch Nachdruck, daß er Pneumabegabung für sich beansprucht (7,40 Versende).

Ein interessanter und in der Forschung kontrovers diskutierter Aspekt sei noch angesprochen. Auf diesen soll aber erst im Rahmen der Frage nach religiös gemischten Ehen ausführlicher eingegangen werden. Am Versende von 7,39 heißt es hinsichtlich der gesetzlich zulässigen Wiederverheiratung Verwitweter[17], die Paulus ihnen ja durchaus zugesteht, gewissermaßen einschränkend in einem Nachsatz: μόνον ἐν κυρίῳ. Es wird an gegebener Stelle[18] zu überlegen sein, ob damit gesagt sein soll, daß nur ein christlicher Partner geheiratet werden dürfe, oder ob darin lediglich zum Ausdruck kommen soll, daß diese neue Ehe – gleich ob nun mit einem Christen oder Nicht-Christen eingegangen – unter dem Herrschaftsanspruch Christi stehen soll.

Exkurs zur Witwerschaft des Paulus

Ende der 20er Jahre führten J. Jeremias und E. Fascher in der ZNW eine Diskussion über die (mögliche) Witwerschaft des Paulus.[19] J. Jeremias eröffnete die Diskussion mit der Überlegung, Paulus müsse in seiner vorchristlichen Existenz verheiratet gewesen sein, denn sonst hätte man ihn nicht mit der Verfolgung der Christen offiziell beauftragen können.[20] Im Judentum war es – wie Kap. I.1 dargelegt – undenkbar, daß ein Mann unverheiratet blieb[21]. Das übliche Heiratsalter

---

17 Eine Einbeziehung verwitweter Männer halte ich – gemäß dem Gesamtduktus von 1 Kor 7, wo Paulus hinsichtlich von Männern und Frauen analogen Rat erteilt – für angemessen. Die Frau dient hier als Beispiel. Für den Mann konnte allerdings nicht – jedenfalls nicht für vom Judentum geprägte Gemeindeglieder, die es ja auch in christlichen Gemeinden wie Korinth und Rom gegeben hat – in Entsprechung zu Röm 7,2f; 1 Kor 7,39 argumentiert werden, da es im Judentum (und aus diesem stammt ja auch Paulus) dem Mann grundsätzlich erlaubt war, mehrere Frauen gleichzeitig zu haben, d.h., in simultaner Polygynie zu leben. Folglich lag es Paulus näher, seine Sicht hinsichtlich verwitweter Personen anhand der Frau zu explizieren, da sie auch im Judentum zur Monoandrie gesetzlich verpflichtet war.
18 Siehe unten Kap. II.2.3.1., S. 133-135.
19 J. Jeremias, War Paulus Witwer?, ZNW 25 (1926), 310-312; E. Fascher, Zur Witwerschaft des Paulus und der Auslegung von 1 Cor 7, ZNW 28 (1929), 62-69; J. Jeremias, Nochmals: War Paulus Witwer?, ZNW 28 (1929), 321-323.
20 J. Jeremias, War Paulus Witwer? 310f (siehe Act 9,1f). Allerdings ist die Historizität von Act 9,1f fragwürdig, siehe H. Conzelmann, Apostelgeschichte 57; G. Lüdemann, Das frühe Christentum 111f.
21 Siehe Kap. I.1 zu Gen 1,28.

betrug für den Mann 18 Jahre[22], für die Frau hingegen bereits 13-14 Jahre. Das Heirats- und Mehrungsgebot der Genesis stellte "nach der übereinstimmenden Lehre der rabbinischen Gelehrten" ein "unabdingbares Pflichtgebot" dar.[23] Wer, wie Simeon ben Assai, dennoch unverheiratet blieb, war scharfer Kritik seiner Zeitgenossen ausgesetzt[24]: Dieser soll – wegen seiner Ehelosigkeit von Rabbi Eleasar zur Rede gestellt – entgegnet haben: *"Was soll ich tun, meine Seele hängt liebend an der Thora, mögen andere zur Erhaltung des Menschengeschlechts beitragen."*[25] Dem steht jedoch die Auffassung entgegen, um der Heirat willen müsse man sogar bereit sein, eine Thorarolle zu verkaufen.[26]

Paulus müsse also nach J. Jeremias verheiratet gewesen sein, denn er sei als Richter "ordiniert worden". Bei ihm habe also ein "ähnliches Hindernis" wie bei Simeon ben Assai "nicht vorgelegen".[27]

Diese Theorie von J. Jeremias, die sich auf die innere Wahrscheinlichkeit beruft, kann sich jedenfalls auf keinen paulinischen Text stützen. Nirgends ist auch nur entfernt davon die Rede, daß Paulus verheiratet gewesen sei. Auch er selbst bringt nicht einmal einen Hinweis dazu, was er doch problemlos bei seinen Ausführungen zum Witwen-/Witwerproblem in 1 Kor 7 hätte tun können. 1 Kor 7,8 καλὸν αὐτοῖς ἐὰν μείνωσιν ὡς κἀγώ läßt sich auch nicht dahingehend verstehen, daß Paulus selbst verwitwet gewesen sei. Er spricht ja in V.8 Unverheiratete und Verwitwete gleichermaßen an. Mit dem Passus, es wäre ihnen besser, sie blieben wie ich, wird schlichtweg das Faktum der ehelosen (ledigen) Existenz des Apostels umschrieben und als Lebensmodell den Unverheirateten und Verwitweten nahegelegt, sofern sie – gemäß 1 Kor 7,7.9 – dazu in der Lage sind.

Der Argumentation von J. Jeremias hält E. Fascher ein durchaus bedenkenswertes Argument entgegen, auf das J. Jeremias bei seiner Entgegnung in der ZNW merkwürdigerweise überhaupt nicht eingeht: Paulus war als Jude nicht allein palästinischen Einflüssen ausgesetzt, sondern wurde maßgeblich durch hellenistisches Gedankengut mitgeprägt[28], so daß sich von hier durchaus Mutatio-

---

22 S.a. J. Jeremias, War Paulus Witwer? 311 (18-20 Jahre). Vgl. demgegenüber 1QSa I 9-11, wonach der Mann nicht vor Vollendung des 20. Lebensjahres heiraten darf.
23 J. Jeremias, War Paulus Witwer? 311; siehe auch H. Strathmann, a.a.O., Geschichte der frühchristlichen Askese I 23ff.
24 J. Jeremias, War Paulus Witwer? 311f; ders., Nochmals: War Paulus Witwer? 323, wonach Simeon ben Assai um seiner Ehelosigkeit willen "Ordination und selbständiges Lehramt zeitlebens versagt" geblieben seien. Siehe auch H. Strathmann, a.a.O., I 24.
25 Tosefta Jebamoth 8,7 H.-K. (engl. J. Neusner, Tosefta 233; Tosefta III 29); deutsche Übersetzung nach H. Preisker, Christentum und Ehe 84.
26 Siehe S. Bialoblocki, Art. Ehe II 233-253, 233.
27 J. Jeremias, Nochmals: War Paulus Witwer? 323.
28 Vgl. E. Fascher, a.a.O., 63.

nen oder Korrekturen der palästinisch-jüdischen Ehebeurteilung ergeben konnten. Im hellenistischen Bereich lernte der Jude Paulus[29] auch andere Sichten der Ehe und Lebensformen kennen, die eher asketisch geprägt waren[30]. Freilich blieb der Gegensatz zur klassisch-jüdischen Ehebewertung, dessen sich auch Paulus bewußt gewesen sein muß.

Die Möglichkeit einer Witwerschaft des Paulus kann also – nach inneren Kriterien – nicht völlig ausgeschlossen werden, wenn sie auch eher spekulativ ist. Es käme ja dann auch noch eine weitere Möglichkeit in Betracht: Warum sollte Paulus nicht geschieden gewesen sein?[31] Dies war doch nach traditionell jüdischer Anschauung leicht möglich. Paulus könnte sich ja aufgrund seiner Berufung (oder bereits vorher aus anderen Gründen) von seiner Frau getrennt haben, wie er es 1 Kor 7,12-16 von einigen seiner Adressaten annimmt. Doch ergibt sich hierbei dieselbe Schwierigkeit wie bei der Witwerschaft des Paulus. Es fehlt jeglicher Textbeleg. Paulus hätte auch in diesem Fall auf seine eigene Person bei seinen Ausführungen zur Scheidungsfrage eingehen können. Die Frage bleibt also spekulativ.

2.1.2. Die synoptische Tradition

In den Texten der synoptischen Tradition wird das Problem der Einzigehe nicht eigens thematisiert. Es erscheint eher am Rande: 1) So wird immerhin die langjährige Witwenschaft der nur sieben Jahre mit ihrem (einzigen) Mann verheirateten Prophetin Hanna Lk 2,36-38 eigens hervorgehoben, wie ja auch von ihrer vorehelichen Jungfräulichkeit Lk 2,36 die Rede ist. Damit ist ein Beispiel für Enthaltsamkeit vor Augen gestellt, wie es durchaus der radikalisiert asketischen Tendenz lk Texte[32] entspricht. Nach Lk 2,36-38 befand sich die Prophetin Hanna stets im Tempel und "diente Nacht und Tag mit Fasten und Flehen", d.h., ihre enthaltsame Existenz machte sie frei für ihren besonderen prophetischen Dienst. In ähnlicher Weise wird man sich vielleicht auch die Rolle der Gemeindewitwen von 1 Tim 5,3-16 vorstellen dürfen, die in fortgeschrittenem Alter als Witwen nach einer einzigen Ehe (1 Tim 5,9) "in Flehen und Gebeten Nacht und Tag verharren" (1 Tim 5,5). Ihre ökonomische Versorgung scheint durch die Gemeinde erfolgt zu sein (vgl. 1 Tim 5,16).[33]

---

29 Der im übrigen das römische Bürgerrecht besaß.
30 Die Kyniker, siehe Epiktet, Diss. III 22,81f, sowie die Pythagoreer, siehe H. Strathmann, a.a.O., I 307f.
31 Zu dieser Möglichkeit siehe die Untersuchung von H.-U. Wili, Das Privilegium Paulinum (1 Kor 7,15f) – Pauli eigene Lebenserinnerung?, BZ 22 (1978), 100-108.
32 Siehe unten S. 155f.162 im Kapitel Ehelosigkeit.
33 Siehe vor allem J. Roloff, Erster Timotheus 286: "Die Gemeinde übernahm in die-

2) In der Perikope Mk 12,18-27 parr Mt 22,23-33; Lk 20,27-40 wird – allerdings von den sadduzäischen Gegnern – mit Selbstverständlichkeit anhand der im zeitgenössischen Judentum nicht unüblichen *Leviratsehe* eine Widerlegung des Auferstehungsglaubens versucht. Dies ist zumindest hinsichtlich des zeitgenössischen palästinischen Judentums ein Hinweis auf das Faktum, daß die Wiederverheiratung der Witwe vor allem dann für notwendig angesehen wurde, wenn der verstorbene Mann keine Kinder gezeugt hatte. Durch die Leviratsehe sollte dem verstorbenen Mann doch noch Nachkommenschaft verschafft werden.[34] Ferner war eine Wiederverheiratung der Witwe schon aus ökonomischen Gründen oftmals naheliegend, um ihre Versorgung zu sichern.[35]

2.1.3. Pastoralbriefe

2.1.3.1. Der Textbefund und seine kontroversen Deutungen in der Forschung:

1 Tim 3,2 wird vom Bischof gefordert, er solle stets μιᾶς γυναικὸς ἀνήρ sein; 1 Tim 3,12 wird Entsprechendes von den Diakonen (Plural), Tit 1,5f vom Presbyter erwartet. Von den Gemeindewitwen wird nach 1 Tim 5,9 verlangt, daß sie ἑνὸς ἀνδρὸς γυνή sind. Die Interpretation der Passagen ist forschungsgeschichtlich umstritten, so daß zunächst eine Übersicht über die kontroversen Positionen zu geben ist:

a) Der Passus fordere von den betreffenden Personen, daß sie die Ehe eingehen, gerade weil diese von gnostischen Irrlehrern in Mißkredit gebracht werde (1 Tim 4,3: Sie gebieten, nicht zu heiraten und Speisen zu meiden, die Gott geschaffen hat ...)[36]. Die Ehe ist eben Gottes Schöpfungsordnung. Deshalb sollten gerade kirchliche Amtsträger mit gutem Beispiel vorangehen.[37]

---

sem Fall die verbindliche Verpflichtung, diese Witwe zu unterstützen und ihren Lebensunterhalt zu sichern; d.h., die Witwe empfing regelmäßige Besoldung. War dieses Entwicklungsstadium erreicht, und die Past setzen es voraus, so waren damit die Witwen zu einem festen gemeindlichen **Stand** geworden ...". Siehe auch N. Brox, Pastoralbriefe 197: "Die Gemeinde und ihre Fürsorge ist ausschließlich für die Unversorgten zuständig".

34 Siehe zur Leviratsehe unten II.2.4.
35 Siehe auch W. Plautz, a.a.O., 103.
36 Siehe hierzu oben S. 87-89 in Kap. I.3.3.
37 Diese Interpretation vertreten u.a. Dibelius und Conzelmann sowie G. Holtz, Pastoralbriefe 76 ("antignostisch und antizölibatär"); J.M. Ford, Proto-Montanism in the Pastoral Epistles 345; vgl. das Referat von J. Roloff, Erster Timotheus 155; N. Brox, Pastoralbriefe 143.

b) Der Passus richte sich gegen die Wiederverheiratung Geschiedener.[38] Damit würde gerade von den Amtsträgern erwartet, daß sie mit ihrem eigenen Lebenswandel dem radikalen Scheidungsverbot Jesu Rechnung tragen, auch wenn Scheidung in der Umwelt gang und gäbe war. Als Argument für diese Interpretation wird angeführt, daß jüngeren Witwen nach 1 Tim 5,13 die zweite Ehe geradezu empfohlen werde.

c) Der Passus vertrete die Forderung der Einzigehe. Das Ideal der univires/univirae ist auch außerchristlich vor allem für Rom[39] belegt. Dabei konnte man an den Rat des Paulus für Witwer, möglichst nicht wieder zu heiraten (1 Kor 7,8), anknüpfen. Hierbei mag vielleicht auch die Vorstellung eine Rolle gespielt haben, daß die auf Erden geschlossenen Ehen im Jenseits weiterbestehen, so daß es besonders erstrebenswert wurde, nicht wieder zu heiraten[40], sondern dem Ehepartner die Treue über den Tod hinaus zu halten.[41] Dabei schwang vielleicht auch – zumindest unterbewußt – die Sorge mit, bei der Auferstehung, den ersten, nämlich den eigentlichen Ehepartner nicht wiederzuerkennen.[42]

In diese Richtung weist auch Tertullian, de monogamia 10: Die geistigen Beziehungen des Ehepaares finden demnach über den Tod hinaus ihre Fortsetzung. Die Eheleute werden füreinander aufbewahrt und erkennen einander wieder[43]. Die Auferstehung verbindet die beiden Eheleute zu einem spirituale consortium. Eine Wiederverheiratung nach dem Tod des Partners steht dieser Kontinuität entgegen.[44]

d) Der Passus wende sich allgemein gegen Polygamie, ohne die Spitzfindigkeiten der oben genannten Interpretationen im Auge zu haben.[45] D.h., es wird

---

38 So nach A. Schlatter auch J. Jeremias, Timotheus und Titus 24; siehe das Referat von J. Roloff, a.a.O., 155; N. Brox, Pastoralbriefe 142.
39 Tertullian, Ad uxorem I 6,1 (MPL 1, 1283f); Belege bei B. Kötting, Beurteilung der zweiten Ehe 76-99; ferner G. Holtz, Pastoralbriefe 76.
40 G. Holtz, Pastoralbriefe 76; G. Delling, Paulus' Stellung zu Frau und Ehe 137; Ders., Art. Eheleben 705, der hinsichtlich des Fortbestehens der geistigen Gemeinschaft der Eheleute v.a. auf Tertullian, de exh. cast. 11; de monog. 10,5 hinweist. Der überlebende Teil opfert für den verstorbenen an dessen Todestag und betet ständig für seine Seele.
41 Siehe G. Stählin, Art. χήρα, ThWNT IX 451 (auch A.204); B. Kötting, a.a.O., 134.147, der auf die Abhängigkeit dieses Motivs vom römischen Konsensgedanken hinweist. Der Ehekonsens wird nach verbreiteter römischer Auffassung wohl durch Scheidung, nicht aber durch den Tod aufgehoben.
42 Siehe Tertullian, de monog. 10,8; vgl. hierzu bereits Mk 12,18-27 parr Mt 22,23-33; Lk 20,27-40.
43 De monogamia 10,8.
44 Siehe B. Kötting, a.a.O., 146 (vor allem A.3).
45 N. Brox, Pastoralbriefe 142: "... Minimalcharakter der ... Forderungen ..., so erscheint es durchaus möglich, daß die Regel ganz schlicht auf Forderung der Einehe

lediglich die simultane Polygamie untersagt, wie sie in der Umwelt des Urchristentums weit verbreitet war.[46]

Nach Interpretationstyp d) wird der Passus in den Pastoralbriefen auf diesem religionsgeschichtlichen Hintergrund als Einschärfung des Verbots der simultanen Polygamie gedeutet. Gerade für kirchliche Amtsträger sei eine solche Lebensweise unmöglich.

M.E. reicht aber die Erklärung d) nicht aus. Warum sollte hier von den kirchlichen Amtsträgern das besonders gefordert werden, was sich für jeden Christen ohnehin von selbst versteht? Sicher kann man darauf verweisen, daß auch die übrigen Forderungen im allgemeinen verbleiben.[47] Aber es ist doch ernsthaft mit der Möglichkeit zu rechnen, daß für die genannten kirchlichen Amtsträger strengere Maßstäbe hinsichtlich ihrer Ehe angelegt wurden. Die Einzigehe wurde im allgemeinen – d.h. im römisch-hellenistischen Volksempfinden, in der Dichtung, aber auch nach diversen Kultvorschriften – als erstrebenswert angesehen[48]; doch ließ sie sich – trotz des entsprechenden Rates des Apostels Paulus (1 Kor 7,8) – nicht allgemein durchsetzen.[49] Es muß daher mit der Möglichkeit gerechnet werden, daß der Verfasser von 1 Tim/Tit jedenfalls an Bischof, Diakone, Presbyter und Gemeindewitwen diese Idealforderung richtet.[50]

Diese Interpretation wird auch durch den zeitlich viel späteren Passus bei Origenes, In Lucam hom. XVII unterstützt: *"Sicut enim ab ecclesiasticis dignitatibus non solum fornicatio, sed et nuptiae repellunt, neque enim episcopus, nec presbyter, nec diaconus, nec vidua possunt esse digami"*[51]. Hier wird von den "ecclesiasticae dignitates", zu denen Bischof, Presbyter, Diakon und Witwe zählen, gefordert, daß sie sich von Hurerei und einer zweiten Ehe fernhalten müssen. Interessant ist daran neben der Forderung der Einzigehe, die hier ebenfalls neben einer für einen Christen selbstverständlichen Mahnung, nämlich sich der Hurerei zu enthalten, steht, daß nicht nur Bischof, Presbyter und Diakone, sondern auch die Witwen zu den kirchlichen Amtsträgern zählen.[52]

Es ist, um eine Entscheidung hinsichtlich der Interpretation oben genannter Passagen der Pastoralbriefe fällen zu können, über die Methodik zu reflektieren.

---

gegenüber willkürlichen Scheidungen und Wiederverheiratungen sowie ehebrecherischen Praktiken zielt". Siehe auch J. Roloff, a.a.O., 156.
46 Siehe den Eingangsteil dieses Kapitels: II.1.2. Simultane Polygamie.
47 N. Brox, Pastoralbriefe 142.
48 Siehe unten S. 102-104 im Forschungsüberblick zu B. Kötting.
49 Anders in Qumran, siehe unten S. 104-112 zu CD IV 21ff.
50 Siehe auch G. Delling, Paulus' Stellung zu Frau und Ehe 136.
51 MPG 13,1846f.
52 Siehe zum Witwenamt 1 Tim 5,3-16.

Dabei stimme ich dem Urteil B. Köttings zu, daß die Lösung "mit rein exegetischen Mitteln ... wohl nicht vorangebracht werden könne".[53] Erst unter Heranziehung des religionsgeschichtlich – wie auch kirchengeschichtlich – relevanten Materials kann es zu einer relativ gesicherten Entscheidung dieser Frage kommen. Ich möchte vorab einen Forschungsüberblick zur Einzigehe in religionsgeschichtlicher Perspektive geben und auf die wenigen vorhandenen, aber recht instruktiven Arbeiten hierzu hinweisen.

2.1.3.2. Forschungsüberblick zur Einzigehe:

a) Hinsichtlich der Propagierung der Einzigehe durch den Apologeten Athenagoras sowie durch den Kirchenvater Tertullian[54] sind zunächst folgende ältere Untersuchungen zu nennen: A. Hauber, Tertullians Kampf gegen die zweite Ehe[55], und K.G. Preysing, Ehezweck und zweite Ehe bei Athenagoras[56]. Diese Untersuchungen befassen sich zwar nicht primär mit den oben genannten zur Debatte stehenden neutestamentlichen Texten. Doch wird hier deren frühe Wirkungsgeschichte sowie die Tragweite der Problematik der Einzigehe für die frühe 'Alte Kirche' im Kontext ihrer Umwelt deutlich.[57]

b) Die bedeutungsvollsten Arbeiten zu diesem Komplex stammen von B. Kötting. Hier ist vor allem seine Dissertation für die Katholisch-theologische Fakultät Bonn zu nennen: Die Beurteilung der zweiten Ehe im heidnischen und christlichen Altertum[58], sowie in komprimierter – aber leichter zugänglicher – Fassung: B. Kötting, Die Beurteilung der Wiederverheiratung (der zweiten Ehe) in der Antike und in der Frühen Kirche[59].[60]

Kötting bietet zunächst umfassend das religionsgeschichtliche Vergleichsmaterial der römisch-hellenistischen Umwelt auf[61], wie es sich aufgrund "der Beurteilung der zweiten Ehe in der Familientradition römischer Adelsgeschlechter"[62] wie aufgrund der Vorschriften heidnischer Kulte sowie aufgrund von Volks-

---

53 B. Kötting, a.a.O., 174.
54 Sowohl was seine vormontanistische als auch was seine noch rigorosere montanistische Position anbetrifft.
55 ThStKr 18,2 (1845), 607-662.
56 ThQ 110 (1929), 85-110.
57 Dabei wird ersichtlich, wie man in der Umwelt der Christen hinsichtlich der Einzigehe gedacht hat und in welcher Relation hierzu christliche Traditionen standen.
58 1943.
59 RhWAW.G 292, 1988.
60 Dennoch sollte man Köttings Dissertation heranziehen, wenn man eine intensive Auseinandersetzung mit dieser Frage beabsichtigt.
61 §§ 1-6 seiner Arbeit.
62 So der Titel von § 1 der Arbeit.

frömmigkeit (siehe vor allem Grabinschriften und Hochzeitsriten) und Dichtung darstellt. Hierbei zeigt sich die Komplementarität von 'univira' und μόνανδρος.[63] Die Belege konvergieren in einer "außerordentlich(en) Hochschätzung der ersten Ehe und (in) eine(r) Bewertung der zweiten Ehe der Frau als etwas, was eigentlich nicht sein soll".[64] Aufgrund der "Volksauffassung von der Zusammengehörigkeit von Frau und einmaliger Ehe" ergibt sich auf der Basis der Belege für B. Kötting der Schluß: "Der Begriff 'univira' und seine anderen Umschreibungen schließen darum nicht so sehr Ehebruch und unsittliches Verhalten innerhalb der Ehe aus, als vielmehr jede Wiederverheiratung, sei es nach Tod oder Scheidung"[65]. Ebenso erklärt sich μόνανδρος "der Grundbedeutung nach ... als Ablehnung der Wiederverheiratung"[66]. B. Kötting stellt hinsichtlich der Kultvorschriften eine Ungleichheit der Sicht gegenüber Mann und Frau in der Frage der Einzigehe fest. Es gibt nach B. Kötting nur wenige (und zumal strittige) Belege für entsprechende Kultvorschriften hinsichtlich der Einzigehe des Mannes[67]. Demgegenüber urteilen H. Strathmann[68], E. Fehrle[69], H. Preisker[70] u.a. positiver hinsichtlich von Belegen für die Einzigehe männlichen heidnischen Kultpersonals. Die Strittigkeit dieser Frage ergibt sich aus der unterschiedlichen Interpretation der entsprechenden heidnischen Quellen[71] wie auch aus der Frage nach dem Quellenwert von Ausführungen der Kirchenväter Tertullian und Hieronymus[72] zur Sache. Tertullian ist ein guter Kenner der heidnischen Kulte, aber er ist vor allem in seiner montanistischen Phase in der Frage der Einzigehe – die sich zwischen Großkirche und Montanisten zu einem status confessionis entwickelte – interessengeleitet, so daß seine Wahrnehmung keineswegs objektiv ist. Außerdem besteht eine Abhängigkeit Tertullians von Ausführungen des Hieronymus, so daß auch der Quellenwert dieser Texte eingeschränkt wird.

So kommt B. Kötting zu der Folgerung, daß in den Pastoralbriefen eine Ausdehnung der in der Umwelt des Neuen Testaments hinsichtlich der Frau wün-

---

63 A.a.O., 94.
64 A.a.O., 96.
65 A.a.O., 98.
66 A.a.O., 99.
67 Siehe die Frage nach der Einzigehe des Flamen Dialis, des mithrischen Oberpriesters wie auch griechischer heidnischer Priester, unten S. 112-114.
68 Geschichte der frühchristlichen Askese I 207, A.2.
69 Kultische Keuschheit 97.
70 Christentum und Ehe 48.
71 Servius und Pausanias, vergleiche Gellius, Priscian und Plutarch, siehe unten S. 112f.
72 Siehe unten S. 113f.

schenswerten Forderung der Einzigehe auf männliches Kultpersonal erfolge[73]: "Es besteht wenigstens die Möglichkeit, dass er [74] eigentümliche damalige Volksanschauungen weitergibt, die in erster Linie religionsgeschichtlich ... gefasst werden müssen".[75]

Die forschungsgeschichtliche Bedeutung der Untersuchung Köttings besteht vor allem darin, erkannt zu haben, daß "die Aufrollung des Problems in religionsgeschichtlicher Fragestellung" erfolgen müsse[76]: "Die Heranziehung der Kultverbote für zweimal Verheiratete in der heidnischen Antike vermag den Nachweis zu liefern, dass die Anschauung von der Unverträglichkeit einer zweiten Ehe und der Ausübung kultischer Funktionen tief im Volksempfinden verankert war und von da aus seinen Niederschlag im Sakralrecht gefunden hat".[77] Dabei sieht B. Kötting aufgrund der Negativbewertung hinsichtlich von Belegen für die Einzigehe männlichen Kultpersonals in der neutestamentlichen Umwelt[78] in den Pastoralbriefen "zum ersten Mal" eine Ausdehnung "auf den Mann, der kultische Funktionen ausübt"[79].

B. Kötting unterläßt es in seiner Studie nicht, die kirchengeschichtlichen Linien hinsichtlich der Sicht der Einzigehe und der Beurteilung einer Wiederverheiratung bei östlichen und westlichen Kirchenvätern bis hin zu späteren Konzilsentscheidungen weiterzuziehen[80], so daß sich ein geschlossenes Bild ergibt.

c) Ein weiterer bedeutender Fortschritt besteht darin, daß H. Stegemann – ausgehend von CD IV 21ff[81] – gezeigt hat, daß die Essener offenbar in Einzigehe gelebt haben und wie man sich dies in der Praxis in etwa vorzustellen hat.[82]

---

73 Siehe §11 "Das Weihehindernis der Bigamie im christlichen Altertum", dort vor allem a) "Die Bestimmungen der Pastoralbriefe", a.a.O., 174ff.
74 Gemeint ist Paulus, den Kötting als Verfasser der Pastoralbriefe ansieht. Kötting hält diese Interpretation der Pastoralbriefe – trotz Annahme paulinischer Autorschaft – für vereinbar mit 1 Kor 7,8f.39f; Röm 7,2f, indem er eine Entwicklung der Position des Paulus annimmt und das Votum für die Einzigehe in den Pastoralbriefen am Ende dieser Entwicklung sieht.
75 A.a.O., 175.
76 A.a.O., 187. – Dies ist m.E. zutreffend, da eine Entscheidung dieser Frage wie auch der im nächsten Teilkapitel zu behandelnden Frage nach der Interpretation von 1 Kor 7,36-38 allein mit exegetischen Mitteln nicht sicher getroffen werden kann.
77 Ebd.
78 In eben diesem Punkt können wir heute nicht mehr mit B. Kötting übereinstimmen, wie der weitere Verlauf der Untersuchung zeigen wird.
79 Ebd.
80 §§9.10.13 seiner Arbeit; ferner §§ 8 und 12 zu den Montanisten und Novatianern.
81 Zu diesem Text siehe unten S. 104-112.
82 Vergleiche die in mancherlei Hinsicht ähnlichen Ergebnisse von A. Isaksson, Marriage and Ministry in the New Temple 45-65, der ebenfalls für die Qumran-Essener die lebenslänglich einmalige Ehe annimmt – allerdings nur für die Männer zwischen

Entgegen der Auffassung zahlreicher anderer Exegeten sei CD IV 21 weder als Votum gegen simultane Polygamie noch als Votum gegen Polygamie und Wiederverheiratung nach einer Scheidung zu verstehen. Die Essener radikalisierten vielmehr die Sexualethik gegenüber dem zeitgenössischen (palästinischen) Judentum, wie an CD IV 21 – V 11 aufgezeigt werden kann. CD V 7-11 verschärft die verbotenen Verwandtschaftsgrade dahingehend, daß auch die Onkel-Nichte-Ehe verboten wird, gegen die man sonst in der zeitgenössisch-jüdischen Gesetzesauslegung nichts einzuwenden hatte. Eine weitere, schärfere Radikalisierung bestand in dem Postulat der Einzigehe (CD IV 21), zu dem man durch die drei Pentateuchstellen kombinierende Schriftexegese gelangte.

Wie H. Stegemann[83] deutlich macht, kam es in der Konsequenz der Praktizierung der Einzigehe dazu, daß vor allem aufgrund der hohen Frauensterblichkeitsrate – infolge der zahlreichen Geburten, dem sehr frühen Heiratsalter der Mädchen wie auch infolge der harten klimatischen und ökonomischen Bedingungen – faktisch die meisten Essener ehelos lebten. Zum einen durften sie erst heiraten, wenn sie das 20. Lebensjahr vollendet hatten (1QSa I 11); zum anderen durften sie aufgrund von CD IV 20f auch dann nicht erneut heiraten, wenn ihre Frau bereits verstorben war. Dadurch konnte für Außenstehende der Eindruck entstehen, es gebe im wesentlichen nur männliche Essener. Dieser Eindruck wurde außerdem dadurch begünstigt, daß weibliche Essener bei gemeindlichen Versammlungen gar nicht in Erscheinung traten, sondern ein zurückgezogenes Dasein im Haus führten.

Hiermit ist ein – nun näherer Prüfung zu unterziehender – zeitgenössischer Beleg aus dem Judentum in den Blick gekommen, der die Position erhärtet, daß die Einzigehe in der Umwelt des Neuen Testaments auch von Männern erwartet und gefordert werden konnte. Dies ist eine wichtige Ergänzung vor allem zu den Ergebnissen Köttings, der in der Umwelt des Neuen Testaments die Erwartung der Einzigehe lediglich an die (vor allem im kultischen Dienst stehende) Frau gerichtet sieht und die Passagen der Pastoralbriefe als eine demgegenüber völlig neue Ausdehnung auch auf männliche Amtsträger wertet.

So singulär ist die Forderung der Pastoralbriefe also nicht, wenn man CD IV 21 hinzuzieht und möglicherweise mit Strathmann, Fehrle und Preisker[84] auch

---

dem 20. und 25. Lebensjahr. Danach lebten sie nach Isaksson faktisch ehelos, da sie sich voll und ganz ihrer Teilnahme am heiligen Krieg der Endzeit zu widmen hatten und hierfür völlige und dauerhafte Enthaltsamkeit erforderlich gewesen sei.
83 Essener 267-274, 271.
84 Siehe auch Samter in PRE VI zum Flamen Dialis; mit der athenischen Parallele des Archon Basileus.

im römisch-hellenistischen Bereich die Forderung der Einzigehe von hochrangigem männlichen Kultpersonal[85] als belegt ansieht.[86]

2.1.3.3. Auswertung des religionsgeschichtlichen Materials

Nach diesem Forschungsüberblick soll das für die Einzigehe in religiöser Hinsicht[87] relevante religionsgeschichtliche Material vorgestellt werden:

1. CD IV 20b – V 2a: "*Sie sind durch zweierlei gefangen: in der Hurerei, daß sie sich zwei Weiber zu ihren Lebzeiten nehmen; aber die Grundlage der Schöpfung ist: Als Mann und Weib hat er sie erschaffen (Gen. 1,27). Und die in die Arche hineingingen, sind je zwei und zwei in die Arche gegangen. Und über den Fürsten steht geschrieben: Er soll sich nicht viele Weiber halten (Deut. 17,17).*"[88]

Hier wird Gen 1,27 mit Gen 7,9[89] kombiniert, so daß man aus Gen 1,27 auch die schöpfungsmäßige Stiftung der monogamen Partnerschaft von Mann und Frau durch Gott herausliest – ähnlich wie dies Mk 10,1ff par Mt 19,1ff durch Kombination von Gen 1,27 und Gen 2,24 der Fall ist.[90]

In der Forschung werden drei Interpretationen dieser Passage vertreten. Man sieht darin:

(1) ein Votum gegen simultane Polygamie. Dann handelt es sich schlicht um eine massive Stellungnahme zugunsten der Einehe[91];

oder (2) ein Votum gegen (simultane) Polygamie und Wiederverheiratung nach einer Scheidung, weil in letzterem Umstand auch Polygamie gesehen wird, denn der erste Ehepartner (von dem man geschieden ist) ist noch am Leben, während man den nächsten Partner hat[92];

---

85 Mithrischer Oberpriester, Flamen Dialis, Archon Basileus.
86 Ferner kommt den dahingehenden Kirchenvätertexten doch auch ein gewisser – wenn auch umstrittener – Aussagewert zu. Immerhin handelte es sich bei ihnen (v.a. Tertullian) um gute Kenner heidnischer Kulte und heidnischen Brauchtums.
87 Zur Volkssitte (Grabinschriften etc.) siehe oben zu B. Kötting.
88 Nach der Textausgabe und Übersetzung von E. Lohse, Qumran 74f.
89 Und schließlich auch noch mit Dtn 17,17.
90 Zum Vergleich der Zitatkombination in CD IV 20ff und Mk 10,6-8 par Mt 19,4-6a (dort aber Gen 1,27 und 2,24), siehe unten Kap. IV, S. 201f.
91 So L. Ginzberg, Eine unbekannte jüdische Sekte 1922, 26; W. Staerk, Jüdische Gemeinde 57; Ch. Rabin, Zadokite Documents 17; G. Vermes, Dead Sea Scrolls (Ausg. 1962) 36; Ders., Qumran Interpretation of Scripture 88; Ders., Sectarian Matrimonial Halakhah 50-56 (im folgenden zitiert nach der Ausgabe von G. Vermes (ed.), Post-biblical Jewish studies).
92 S. Schechter, Documents of Jewish Sectaries XXXVI; G.F. Moore, The Covenanters of Damascus 344f; R.H. Charles, Apocrypha et Pseudepigrapha II 791.796; D. Daube, The New Testament and Rabbinic Judaism, 85f.299; P. Winter, Sadoqite

oder (3) ein Votum gegen sukzessive Polygamie, also eine Propagierung der Einzigehe[93].

Welche dieser Interpretationen hat die größte Wahrscheinlichkeit für sich?

a) Nach Vermes[94] zielen die drei alttestamentlichen Belegstellen, die CD IV 20 – V 2 herangezogen werden, auf ein Votum gegen simultane Polygamie ab. Zwar könne man Gen 1,27 ebenso gegen sukzessive Polygamie wie auch gegen Scheidung verwenden; doch bestehe hinsichtlich von Gen 7,7-9 und Dtn 17,17 keinerlei Zweifel: "Gen 7,7-9 ... makes sense only if polygamy is the target of the author's criticism. After all, any of the four men in question might have remarried after divorce or widowhood and still have come to the ark 'two by two'."[95]

Dagegen ist jedoch zu sagen, daß eigentlich keiner der drei alttestamentlichen Belegtexte *für sich* ein eindeutiges oder gezieltes Votum gegen Polygamie – welcher Art auch immer sie sei – abgibt. Gen 1,27 stellt einfach das Faktum fest, daß Gott den Menschen zweigeschlechtlich (männlich und weiblich) erschaffen hat. Gen 7,7-9 ist lediglich von der paarweisen Errettung der Tiere und analog dazu der Menschenpaare die Rede; bei den betreffenden Menschen handelte es sich gemäß der Überlieferung[96] offenbar um zu diesem Zeitpunkt monogam lebende Personen, was aber nicht grundsätzlich gegen Polygamie spricht, die im Pentateuch ebenso oftmals anzutreffen ist. Dtn 17,17 ist Teil des Königsgesetzes (Dtn 17,14-20). Hier wird dem König eingeschärft, sich nicht allzu viele Frauen anzuschaffen, was mit der Befürchtung zusammenhängt, diese könnten ihn zum Götzendienst verleiten. Es handelt sich also ebensowenig um ein gezieltes Votum gegen Polygamie.

Erst die Kombination dieser Texte (Gen 1,27 mit Gen 2 sowie Gen 7,7-9 mit 7,13) sowie die dementsprechende Interpretation von Dtn 17,17 führen zu einer dezidiert antipolygamen Ausrichtung. Ob damit aber lediglich die simultane oder auch die sukzessive Polygynie angegriffen werden, ist – allein von der Zitatkombination her gesehen – so noch nicht deutlich. Die kombinierende Zitatexe-

---

Fragments IV 20,21 74-77; A. Dupont-Sommer, Essene Writings 129; É. Cothenet/J. Carmignac/H. Lignée, Les Textes de Qumran II 163; Y. Yadin, The Temple Scroll I 355-357; L. Moraldi, I manoscritti di Qumran 235f; J.A. Fitzmyer, Divorce Texts 197-226, vor allem 219f; J.R. Mueller, Temple Scroll and the Gospel Divorce Texts 247-256.

93 Zuerst von J. Hempel in seiner Anm. 1 als Hg. der ZAW zu P. Winters Beitrag in ZAW 68 (1956) auf S. 84; dann von M. Burrows, More Light on the Dead Sea Scrolls 98f (dt. Ausg. 85); J. Murphy-O'Connor, An Essene Missionary Document? 220; H. Stegemann, The Qumran Essenes 126-134; Ders., Essener 270f.
94 Sectarian Matrimonial Halakhah 54.
95 A.a.O., 54.
96 Erst aus Gen 7,13 geht dies hervor!

gese unterliegt besonderen Gesetzen: Man vertritt eine bestimmte Position und versucht diese – auch gegen den ursprünglichen Sinn der herangezogenen Pentateuchzitate – als Belege für die eigene Position zu verwenden. Eine Entscheidung darüber, welche der drei oben genannten Interpretationen die richtige ist, ist auf diesem Weg nicht möglich.

b) G. Vermes sieht die Interpretation (1) durch den unmittelbaren Kontext, v.a. durch CD V 2-5 gestützt: "Now clearly, the only matrimonial offence for which David is excused here is polygamy"[97]. David habe das Gesetzbuch nicht gelesen, weil es in der Bundeslade war und bis Zadok verborgen blieb. D.h., David konnte von dem Verbot simultaner Polygamie nicht gewußt haben und lebte deshalb in simultaner Polygamie.

Gegen diese Interpretation von CD IV 20.21 durch V 1-6 hat aber sogar P. Winter eingewandt: "It is a fallacious argument to deduce from column V lines 1-6 of Sadoqite Fragments that the words in column IV lines 20,21 are aimed exclusively against the practice of polygamy ... It is therefore not possible to argue from col. V lines 1-6 that the words in IV 20,21 were directed against polygamy only ... The purport of the words in IV 20,21 is not made clearer by the subsequent lines".[98] Daß es in CD IV 20 – V 11 um sexualethische Vergehen im weiteren Sinne und vielfältiger Art geht[99], wird auch durch die Attacke gegen die Onkel-Nichte-Ehe als inzestuöser Beziehung in CD V 7-11 deutlich, die gleichfalls in diesem Abschnitt als Beleg für die Verkommenheit der Gegner angeführt wird.

c) Von Befürwortern der Interpretation (3), d.h., als Votum gegen sukzessive Polygamie wird darauf hingewiesen, daß es בחייהם heißt und hiermit eindeutig die Lebensdauer der männlichen Handlungssubjekte (die dem Tadel ausgesetzt sind) gemeint ist.[100]

Dieser Umstand spricht entschieden gegen die anderen beiden Deutungen und hat die hebräische Grammatik auf seiner Seite.[101] Doch wollen die Befürworter der anderen beiden Modelle dies Argument auf diverse Weise entkräften,

α) sei es, indem sie von einem bloßen Textfehler ausgehen[102];

---

97 A.a.O., 54.
98 Sadoqite Fragments IV 20,21 78.
99 Siehe auch P. Winter, ebd.: "... against sexual libertinism of any sort".
100 Siehe auch J.M. Baumgarten, Studies im Qumran Law 34, A.80: "This is the plan meaning of BHYYHM in CDC 4:21, referring to the lifetime of the husbands, not their wives (= BHYYHN) ... The law therefore prohibits not merely polygamy, but even the remarriage of a widower."
101 Siehe auch M. Burrows, Mehr Klarheit über die Schriftrollen 85: "Eine buchstäbliche Übersetzung, die der grammatischen Form ihre eigentliche Bedeutung läßt, ergibt als das, was hier verboten wird, daß ein Mann in seinem Leben mehr als einmal heirate".

β) sei es, daß sie in dem maskulinen Suffix lediglich einen Ersatz für das feminine Suffix (demnach müßte es also בחייהן heißen) sehen[103]. Doch dürfte dies laut hebräischer Grammatik nur dann geschehen sein, wenn neben den weiblichen Bezugspersonen zumindest eine männliche Person mitgemeint ist. Die Interpretation von CD IV 20.21 als Votum gegen simultane Polygamie wie auch gegen Wiederverheiratung nach Ehescheidung (als Spezialfall simultaner Polygamie) würde aber bedeuten, daß בחייהן gelesen werden müßte und daß dies Wort ausschließlich auf weibliche Personen zu beziehen ist; denn es würde nach dieser Interpretation den Männern vorgeworfen, daß diese zu Lebzeiten ihrer Frau(en) (!) eine weitere hinzunehmen.[104] Deshalb votiert J.R. Mueller auch dafür, das maskuline Suffix beizubehalten und es zu verstehen "as referring to the lifespan of both the husband and the wife".[105]

γ) Ferner will man sich abhelfen, indem man im Passus בחייהם lediglich eine Tautologie sieht: "What is the difference between 'by taking two wives', and 'by taking two wives in their life-time', unless of course the author meant to exclude pre-natal or post-mortem marriage?"[106] Doch führt diese ironische Begründung nicht daran vorbei, daß בחייהם sich auf die gesamte Lebensspanne des männlichen Handlungssubjekts bezieht und folglich dazu dient, diesem – über die simultane Polygynie hinausgehend – auch die sukzessive Polygynie zu untersagen.[107]

d) Gegen die Interpretation als Votum gegen sukzessive Polygamie wird vor allem von J.A. Fitzmyer, Y.Yadin und J.R. Mueller 11QTempel 57,17-19 ins Feld geführt.[108] Dieser Tempelrollenbeleg mache deutlich, daß es in CD IV 21ff nicht um die Verpflichtung zur Einzigehe gehe: "... she alone shall be with him all the days of her life; and if she dies, he shall take for himself another (wife)."[109] Demnach hätte einer Heirat nach dem Tode des Partners nichts im Wege gestanden. Also müsse CD IV 12b – V 14a als Verbot 1) von Heirat Ge-

---

102 J. Maier, Von Eleasar bis Zadok 232; L. Ginzberg, An Unknown Jewish Sect 1976, 20.
103 Siehe G. Vermes, Sectarian Matrimonial Halakhah 55f. Dies sei geschehen, weil das männliche Suffix bevorzugt wurde, wenn irgend möglich.
104 Siehe zu Recht J. Hempel, Anm.1 des Hg., ZAW 68 (1956), 84.
105 Ders., a.a.O., 253.
106 G. Vermes, Sectarian Matrimonial Halakhah 55.
107 Siehe auch M. Burrows, Mehr Klarheit über die Schriftrollen 85: "Er kann natürlich nicht gut zu anderer Zeit heiraten; der Satzteil 'bei ihren Lebzeiten' kann trotzdem gebraucht sein, um die Lebenslänglichkeit des Verbots zu betonen".
108 J.A. Fitzmyer, The Matthean Divorce Texts 219f; Y. Yadin, The Temple Scroll I 355-357; J.R. Mueller, a.a.O., 247-256.
109 A.a.O., 215f.

schiedener und 2) als Verbot von Verwandtenehen nach Lv 18,13 (so CD V 8-11) verstanden werden.

Doch hat die Argumentation gravierende Schwachstellen: 1) Ist in keinem der genannten Texte explizit von Scheidung die Rede; 2) spricht der Passus aus der Tempelrolle – entsprechend Dtn 17,14ff – vom Monarchen – "quod non licet Iovi, non licet bovi"[110] dürfte schwerlich ausreichen, die Tragweite des Textes auszudehnen; 3) ist auch die Kombination von 11QTempel und CD nicht problemlos, weil jede Schrift aus sich selbst heraus verstanden werden muß[111]; denn es muß ja auch mit Entwicklungen und kontroversen Positionen diverser Qumranschriften (die ja auch nicht alle aus demselben Zeitraum und zudem von unterschiedlichen Verfassern stammen!) gerechnet werden, wenn man sich nicht einfach mit einer Homogenität[112] der "Qumran-Theologie" begnügt.[113]

Diese Bedenken gewinnen an Gewicht, wenn man mit H. Stegemann in 11QTempel ein voressenisches Werk (aus der ersten Hälfte des 4. Jhdts. v. Chr.!) sieht.[114] Demgegenüber steht CD am Ende der essenischen Gemeinde- und Disziplinarordnungen und ist mit H. Stegemann etwa um 100 v. Chr. zu datieren.[115] Ein beträchtlicher zeitlicher Abstand liegt (unter Annahme dieser Datierung) zwischen beiden Schriften, so daß durchaus auch mit theologischen Differenzen zu rechnen sein kann. So möchte ich zumindest die Vermutung äußern, daß man

---

110 A.a.O., 216.
111 Siehe grundsätzlich zur Methodik der Interpretation der Qumran-Schriften H. Hübner, Zölibat in Qumran? 154 mit Hinweis auf das Votum Elligers, wonach jede der Qumranrollen zunächst für sich zu untersuchen und nur aus ihr heraus ein zusammenhängendes Bild für diese Schrift zu gewinnen ist. – Vgl. dagegen J.R. Mueller, a.a.O., 254: "... we must ... admit that the *Temple Scroll* may indeed hold the key which unlocks difficult passages in other scrolls." – Allerdings gesteht auch Mueller Verschiebungen zwischen beiden Schriften zu: Verurteile CD Polygamie und Verheiratung *nach* einer Scheidung, so gehe 11QTempel 57,17-19 darüber hinaus, indem hier sogar Scheidung an sich abgelehnt werde (a.a.O., 254). – Doch ist es bei solcher Interpretation merkwürdig, daß 11QTempel 54,4 mit Selbstverständlichkeit von einem Gelübde der Geschiedenen die Rede ist! Scheidung muß also auch nach der Tempelrolle zulässig gewesen sein, zumal bereits im Pentateuch (Dtn 24,1-4) von ihrem Faktum ausgegangen wird.
112 Siehe auch die berechtigte Kritik von Murphy-O'Connor, Remarques 99f.
113 Dies leuchtet ein, wenn man sich z.B. die theologische Breite der unterschiedlichen neutestamentlichen Schriften vor Augen führt; selbst innerhalb der paulinischen Theologie sind Wandlungen und Neuakzentuierungen zwischen den einzelnen Schriften aufweisbar, siehe z.B. die Eschatologie, insbesondere die Vorstellung von der Totenauferstehung, aber auch die Stellungnahme zu Israel.
114 H. Stegemann, Essener 136-138, v.a. 137. Diese Schrift war nach Meinung Stegemanns als weiteres (6.) Buch zum Pentateuch konzipiert worden. Die meisten Ausleger datieren diese Schrift jedoch später.
115 H. Stegemann, a.a.O., 165f.

in 11QTempel – entsprechend der traditionell jüdischen Sicht – nichts gegen eine Wiederverheiratung Verwitweter einzuwenden hatte, wofür 11QTempel 57,17-19 zeugt; die Ehe- und Sexualethik wurde aber von den Essenern verschärft: am Ende der Entwicklung dürfte die Ablehnung der Wiederverheiratung Verwitweter und Geschiedener gestanden haben, wie sie meines Erachtens in CD IV 20f vorliegt.

e) So bleiben wir bei der Interpretation von CD IV 20f auf die Damaskusschrift selbst angewiesen, sollen nicht Gedanken anderer (womöglich zeitlich und vielleicht auch theologisch abständiger) Schriften hineingelesen werden. Hier dürfte es aber nicht ohne Bedeutung sein, daß nach CD XIII 17f ("... für den, der verstößt ...") Scheidung offenbar erlaubt gewesen ist[116].

So ist meines Erachtens nach all diesen Überlegungen die Interpretation von CD IV 20f im Sinne der Einzigehe, d.h., als Votum gegen sukzessive Polygamie die wahrscheinlichste. Dabei versteht der Verfasser von CD IV 20f die herangezogenen Texte Gen 1,27 und Gen 7,9 im Sinne von "paarweise"; Dtn 17,17 soll belegen, daß keine Mehrzahl von Frauen, sondern nur eine einzige Ehefrau zulässig ist. Der Verfasser radikalisiert – über diese alttestamentlichen Passagen hinausgehend – die Sexualethik hier denkbar scharf gegenüber seiner Umwelt, wie er es dann auch auf andere Weise wenig später (CD V 7-11) gegenüber der im außeressenischen Judentum nicht als anstößig empfundenen Onkel-Nichte-Ehe tut. CD IV 20 – V 1 ist gegen die Wiederverheiratung nach der Scheidung vom Ehepartner wie nach dem Tod des Ehepartners gerichtet, was beides nach der herkömmlichen Eheethik des sonstigen palästinischen Judentums überhaupt nichts Anstößiges war. Das fehlende Bewußtsein für Verstöße gegen diese radikalen Normen der Einzigehe wird den Gegnern als Verfangenheit in der Sünde angekreidet. Wichtig ist meines Erachtens die Differenzierung, daß sich CD IV 20f eben nicht gegen Scheidung als solche richtet[117]. Diese war – in Übereinstimmung mit der zeitgenössischen jüdischen Auslegung – gemäß Dtn 24,1ff zulässig. Untersagt war vielmehr nach CD IV 20f eine neue Verehelichung geschiedener wie verwitweter Personen. Es ist daher zutreffend, von einem Verbot sukzessiver Polygamie zu sprechen.

Bemerkenswert ist – vorausgesetzt man teilt diese Einschätzung von CD IV 21 –, daß hier die Forderung der Einzigehe zur generellen Forderung erhoben wird, die an *jeden Menschen* gleichermaßen gerichtet ist, während die Pastoral-

---

116 Siehe B. Vawter, Divorce 534, A.9; G. Vermes, Sectarian Matrimonial Halakhah 52. – Freilich ist dieser Text nicht völlig sicher. – Auch in anderen Qumranschriften wird von der Faktizität der Scheidung (weil diese als toragemäß angesehen wurde!) ausgegangen, wie 11QTempel 54,4 zeigt.
117 Wie dies etwa die neutestamentlichen Texte Mt 19,1ff par Mk 10,1ff tun, siehe Kap. IV.

briefe nicht so weit gehen, von allen Gemeindegliedern die Einzigehe zu verlangen, sondern diese Forderung nur an Träger kirchlicher Ämter richten. Bemerkenswert ist ferner, daß hier ein Beleg dafür vorliegt, daß in der Umwelt des Neuen Testaments *auch von Männern*[118] die Einzigehe gefordert werden konnte. So singulär stehen die Pastoralbriefe, die ja ebenfalls von – freilich nicht allen – Männern und Frauen Einzigehe verlangen, gar nicht da, wie es nach der Arbeit Köttings der Fall zu sein scheint.

2. Auch in heidnischen Zusammenhängen ist die Einzigehe nicht nur durch die oben genannten – und in ihrem Quellenwert umstrittenen – Kirchenvätertexte, sondern auch durch außerchristliche Autoren belegt. So waren heidnische griechische Priesterinnen zur Einzigehe verpflichtet, wie Servius, Comm. in Verg. Aen. IV 19 und Pausanias VII 25,13 belegen.[119] Der Forderung nach Einzigehe unterlagen aber auch wenige, jedoch besonders hochstehende heidnische Priesterpositionen wie die des Flamen Dialis, und zwar als Verpflichtung für den männlichen Amtsinhaber(!):

Der Flamen Dialis gehörte zu den drei flamines maiores – flamen Dialis, flamen Martialis, flamen Quirinalis –, die stets patrizisch blieben[120]. Der flamen Dialis wurde in früher Zeit vom König, später vom Pontifex maximus ernannt, genoß große Ehrenrechte, stand an der Spitze der flamines, unterlag aber gleichzeitig auch besonderen Beschränkungen[121], die sich auch auf sein Eheleben auswirkten: So konnte die Ehe des Flamen Dialis, die eine sogenannte konfarreierte Ehe[122] sein mußte[123] nach Gellius und Plutarch[124] nicht geschieden werden. Der Flamen Dialis unterlag – gegen eine Fehlinterpretation von Servius[125],

---

118 Und zwar aus religiösen Gründen: Schöpfungs- und Eheverständnis.
119 Siehe H. Strathmann, Geschichte der frühchristlichen Askese I 207, A.2; vgl. B. Kötting, a.a.O., 25f.
120 Im Unterschied zu den 12 flamines minores.
121 Zum Beispiel einem Schwurverbot.
122 D.h., eine nach alter patrizischer Tradition unter Amtierung eines Priesters mit dem Speltbrotritual geschlossene Ehe. Demgegenüber gab es als weitere Eheschließungsmodi im römischen Recht die sogenannte coemptio (ohne sakrale Einbettung!) und den Eheusus (d.h., die automatische Legalisierung nach einjährigem ununterbrochenen Zusammenleben).
123 Servius, Comm. in Verg. Aen. IV 103.374; Gaius, Inst. I 112; Tacitus, Annales IV 16. Ebenso mußte der Flamen Dialis aus einer solchen Ehe hervorgegangen sein, siehe den genannten Tacitus-Beleg.
124 Noctes atticae X 15,23 ("Matrimonium flaminis nisi morte dirimi ius non est"), zitiert nach der Ausgabe von P.K. Marshall I 317f; ferner Plutarch, quaest. Rom 50 (Moralia IV) u.a.
125 Comm. in Verg. Aen. IV 29 ("nec flamini aliam ducere licebat uxorem, nisi post mortem flaminicae uxoris"), zitiert nach der Ausgabe von Stocker/Travis, a.a.O., 259f.

auf die sich Kötting stützt – doch der Forderung der Einzigehe, allerdings nur, solange er das Amt innehatte.[126] Starb die Frau des Flamen Dialis, so hatte der Flamen nach Gellius[127] ebenso Priscian[128], Plutarch[129] sowie den unten genannten christlichen Autoren Tertullian und Hieronymus aus dem Amt zu scheiden. Eine anschließende neue Verehelichung war dann natürlich wieder möglich; nur vertrug sie sich nicht mit diesem Amt und den besonderen Anforderungen, die an dessen Inhaber gestellt wurden.

Wichtige Belege für die Einzigehe finden sich christlicherseits vor allem bei dem Kirchenvater Tertullian, der bereits in seiner vormontanistischen Phase, dann aber besonders rigoros in seiner montanistischen Phase die Einzigehe verficht. Dabei verweist Tertullian als Kenner der Thematik auf heidnische Kulte, in denen die Einzigehe praktiziert wurde bzw. eine Voraussetzung für volle kultische Beteiligung darstellte, so in seiner Schrift De monogamia 17,3f auf die Verehrerinnen der Fortuna Muliebris[130] sowie auf Verehrerinnen der Mater Matuta, ferner auf den Pontifex Maximus[131] wie auch auf die Frau des Flamen[132]:

"Fortunae muliebri coronam non imponit, nisi univira; sicut nec matri Matutae. Pontifex Maximus et Flaminica nubent semel."[133].

---

126 Siehe auch Samter, Art. Flamines, PRE VI, 2484-2492, 2487.
127 Noctes atticae X 15,22.
128 V 12 (p. 149,5 ed. Hertz).
129 quaest. Rom 50.
130 Belegt durch Dionysius von Halicarnass, Antiqu. Rom 8,56,4 und Minucius Felix, Octavius 24.
131 Dies ist allerdings historisch falsch, s. K.G. Preysing, Ehezweck und zweite Ehe bei Athenagoras 107, A.107; B. Kötting, a.a.O., 17 (auch A.3).19 (A.1).
132 Von der Einzigehe auch des Flamen spricht neben den oben genannten heidnischen Autoren christlicherseits auch Hieronymus, Ep. 123,8: "Flamen unius uxoris ad sacerdotium admittitur. Flaminea quoque unius mariti eligitur uxor." (MPL 22,1051); ders., Adv. Jov. 1,49: "nullum Flaminem bimaritum" (MPL 23,282). Gegen die Einzigehe des Flamen spricht allerdings Servius, Comm. in Verg. Aen. IV 29, nachdem er zuvor die Einzigehe der Frau des Flamen besprochen hat: "... nec flamini aliam ducere licebat uxorem, nisi post mortem flaminicae uxoris". Diese Äußerung ist jedoch mißverständlich. Wie oben genannte Voten (auch heidnischerseits) gezeigt haben, durfte der Flamen Dialis als Amtsinhaber keine zweite Ehe *während* seiner Amtszeit eingehen, sondern hatte bei dem Tod der Flaminica aus dem Amt zu scheiden. *Dann* konnte er natürlich erneut heiraten; nur war er dann kein Flamen mehr. Diesen Umstand dürfte Servius im Blick haben; nur ist seine Beschreibung in der oben zitierten Form mißverständlich, so daß z.B. B. Kötting sich zu der Folgerung veranlaßt sah, anzunehmen, der Flamen Dialis habe (in jedem Falle, auch als Amtsinhaber) wieder heiraten dürfen. Siehe zum Problem von Servius, Comm. in Verg. Aen. IV 29 auch Samter, a.a.O., 2487.
133 MPL 2,952f; vgl. auch Hieronymus, Adv. Jov. I 49, MPL 23,294 C, vgl. kritisch dagegen B. Kötting, a.a.O., vor allem 18f.

Nach Tertullians Schrift De praescr. haeretic. 40 war auch dem mithrischen Oberpriester die Einzigehe auferlegt.[134]

Weshalb führen die Apologeten, insbesondere Tertullian, solche Beispiele aus dem heidnischen Kultus der Umwelt an? Aus dem Umstand, daß selbst in heidnischer Religions- und Lebenspraxis Beispiele vorbildlichen Sexual- bzw. Ehelebens anzutreffen sind, ja insbesondere von dem Kultpersonal verbindlich gefordert werden konnten, ergibt sich die Motivation, daß die Christinnen und Christen dem in nichts nachstehen sollten, um durch ihre Sexualethik gleichfalls ein authentisches ethisches Zeugnis für ihren Glauben abzulegen.

Ein zentrales Element der montanistischen Sexualethik war gegenüber der der Großkirche[135], daß die Einzigehe nicht bloß kirchlichen Amtsträgern, sondern allen Gliedern der Gemeinde verpflichtend auferlegt wurde, wie die zahlreichen Selbstdarstellungen des Montanismus durch Tertullian zeigen.[136] – Darin bestand dann ebenso eine Steigerung gegenüber den oben genannten heidnischen Kulten, indem nun allen Angehörigen des christlichen Kultes die Einzigehe[137] abverlangt wird. Insofern kann dann auch von einer Überbietung der Sexualethik selbst der in dieser Hinsicht strengeren heidnischen Kulte gesprochen werden.[138]

Als entschiedener Befürworter der Einzigehe ist auch der Apologet Athenagoras zu nennen.[139] Preysing zeigt die Abhängigkeit dieser Position von der stoischen Popularphilosophie auf. So findet sich bei Seneca wie bei Plutarch eine ablehnende Stellungnahme gegen eine zweite Ehe der Frau nach dem Tod des

---

134 "Quid, quod et summum pontificem in unis nuptiis statuit? habet et virgines, habet et continentes ..." (zitiert nach d. Ausgabe von A. Kroymann, a.a.O., 51).
135 Vergleiche die Essener gegenüber dem sonstigen palästinischen Judentum hinsichtlich der Forderung wie auch deren Allgemeingültigkeit.
136 Ad uxorem I 2,1 (MPL 1, 1277: "Non quidem abnuimus conjunctionem viri ac foeminae benedictam a Domini ...; unam tamen"); I 6,1 (s.o.); adversus Marcionem I 29,4; de exhortatione castitatis 1,4; 12,2; de monogamia 1,2 (MPL 2, 931: "Unum matrimonium novimus, sicut unum Deum"); 4,5; 9,8; 14,4; 17,3f; de pudicitia 1,20.
137 Eine legitime Alternative ist christlicherseits allerdings die völlige Sexualaskese.
138 Weitere Argumentationsstränge neben dem religionsphänomenologischen sind bei Tertullian zum Beispiel der Hinweis auf die nur *eine* Urmutter Eva (Ad uxorem I 2,1, MPL 1, 1277: "Nam et Adam unus Evae maritus, et Eva una uxor illius, una mulier, una costa.") oder der Hinweis auf die Tierwelt, in der die lebenslänglich einmalige Partnerschaft ebenfalls nachweisbar sei. In der antiken Diskussion ist die Taube das Beispiel schlechthin, siehe umfassend B. Kötting, a.a.O., 113-121, so u.a. nach Ambrosius, Basilius, Gregor von Nyssa, Amphilochius von Ikonium, Clemens Alexandrinus, Hieronymus wie auch nach Aristoteles und Aelian.
139 Zu ihm siehe die oben genannte Arbeit von K.G. Preysing.

Gatten.[140] Auch der stoische Kaiser Mark Aurel lehnte für sich nach dem Tod der Gattin eine Wiederverheiratung ab.

Fazit für die Exegese der Passagen der Pastoralbriefe:

In diesem religionsgeschichtlichen Material liegt meines Erachtens der Schlüssel zum richtigen Verständnis der Passagen der Pastoralbriefe bereit. Hier wird zumindest von den kirchlichen Amtsträgern – einschließlich der Gemeindewitwen – die Einzigehe gefordert. Damit war es möglich, einem auch heidnischerseits weitgehend hochgeachteten Lebensideal in der Person des kirchlichen Amtsträgers Ausdruck und somit auch eine gewisse Werbewirkung zu verleihen. Die Befolgung eines so strengen Prinzips wie dem der Einzigehe mußte für die hochstehende Ehe- und Sexualethik der Christen sprechen. Gerade die kirchlichen Amtsträger und Gemeindewitwen standen ja in besonderer Weise im Rampenlicht der Aufmerksamkeit der heidnischen Zeitgenossen, sei es durch ihre repräsentativen, sei es durch ihre karitativen Aufgaben.

Die altkirchliche Tradition konnte sich mit gutem Recht in die Tradition der Pastoralbriefe[141] stellen. So wurde die Einzigehe im allgemeinen in der Großkirche hoch geachtet. Die Montanisten verboten jegliche von der Einzigehe abweichende Ehe[142], so daß die Großkirche sich alsbald von dieser rigorosen Sexualethik abgrenzte[143]: Man lehnte das Verbot der Wiederverheiratung Verwitweter ab, förderte aber dennoch die Praxis der Einzigehe, indem man heiratenden Witwe(r)n Bußstrafen auferlegte.[144]

---

140 K.G. Preysing, a.a.O., 105f, A.71 und A.72.
141 Die ja in 1 Kor 7,8f.39f ihrerseits neben den vom Heidentum wie vielleicht von den Essenern ausgehenden Impulsen einen Anhaltspunkt bei Paulus fand. Allerdings konnte der theologische Hintergrund der Parusienaheserwartung, wie sie für 1 Kor 7 fundamental ist, in späteren Zeiten so nicht mehr übernommen oder vermittelt werden. Andere Motive – wie die oben von mir genannten – traten an die Stelle dieses paulinischen Motivs, das ihn von einer Wiederverheiratung Verwitweter abraten ließ.
142 Siehe Tertullian.
143 Es entwickelte sich diese Frage zu einem status confessionis, so daß z.B. Bischöfe vor ihrer Ernennung gefragt werden mußten, ob sie die zweite Ehe verdammen, siehe B. Kötting, a.a.O., 189f.
144 Siehe B. Kötting, a.a.O., 169-173.

2.2. Syneisaktenehen in 1 Kor 7,36-38?

2.2.1. Forschungsgeschichte[145]

1 Kor 7,36-38 ist ein spezieller Fall in der korinthischen Gemeinde im Blick, zu dem Paulus Stellung bezieht, wie er ja auch sonst 1 Kor 7 auf konkrete Anfragen aus der korinthischen Gemeinde antwortet. Das Problem besteht vor allem darin, daß es schwierig ist, anzugeben, worum es sich genau gehandelt hat.

In der Geschichte der Exegese des Textes sind im wesentlichen vier Interpretationsmodelle anzutreffen, die jeweils wiederum gewisse Modifikationen erfahren haben.

(1) Das klassische, in der Alten Kirche[146] bereits übliche Deutungsschema: Es geht um die Verfügungsgewalt des Vaters über seine (inzwischen vielleicht längst ehereif gewordene) Tochter[147], wie sie ihm aufgrund seiner κυριεία über seine Tochter zustand. Diese Interpretation kann sich darauf berufen, daß eine Frau im hellenistischen Bereich nicht ohne Kyrios agieren konnte. Es war ihr nur durch ihn (!) möglich, Verträge abzuschließen. Auch bei der Regelung von Ehesachen, die ja naturgemäß etwas mit Verträgen zu tun haben, war sie ohne Kyrios überhaupt nicht aktionsfähig.[148]

Nach diesem Interpretationstyp stellte sich für den Vater die Frage, ob er seine Tochter in die Ehe geben oder sie im jungfräulichen Stand belassen soll.

Noch in diesem Jahrhundert wurde dieses Modell hier und da vertreten, so unter anderem von J. Sickenberger[149] und A. Oepke[150].

Eine gewisse Modifikation dieses Modells bietet S. Schiwietz[151]. Er bezieht den Passus auf die Relation eines patronus gegenüber seiner herangewachsenen Sklavin. Schiwietz verweist dabei auf das Vorkommen der Sklavenproblematik in 1 Kor 7,17-24, die nun in 1 Kor 7,36-38 in einem ganz konkreten Fall aufgegriffen werde. Aus Korinth sei eine Anfrage an Paulus gekommen, ob die "Ehe

---

145 In diesem Überblick werden – im Unterschied zur übrigen Darstellung – nicht nur Kurztitel gegeben, sondern die Literaturangaben voll ausgeführt, um z.B. auch eine zeitliche Einordnung der Positionen nachvollziehbar zu machen.
146 Epiphanius, Adversus Haereses 61,5 (MPG 41, 1045-1048); Johannes Chrysostomos, De virginitate 78 (MPG 48, 590f); Theodoret v. Cyrus, Interpret. ep. I ad Cor. VII,36 (MPG 82, 283f); Augustin, Quaest. in heptateuch IV 57 (MPL 34, 744).
147 ὑπέρακμος wird dabei also auf die Jungfrau bezogen.
148 Siehe zur griechischen Kyrieia vor allem neben der Arbeit von W. Erdmann: G. Busolt, Griechische Staatskunde, vor allem 243. Die griechische Frau war – im Gegensatz zur römischen "gewalt-freien" Frau – prinzipiell nicht "sui iuris".
149 Syneisaktentum im ersten Korintherbriefe?, BZ 3 (1905), 44-69.
150 Irrwege in der neueren Paulusforschung, ThLZ 77 (1952), 449-458, 449-452.
151 Eine neue Auslegung von 1 Kor 7,36-38, ThGl 19 (1927), 1-15, v.a. 9ff.

eines patronus mit seiner Sklavin" recht sei[152]. Der religionsgeschichtliche Hintergrund sei die Ablehnung eines solchen Verhältnisses in der Umwelt: "Ein Neuchrist in Korinth konnte auch von dem Apostel Aufklärung über die Erlaubtheit einer solchen Ehe wünschen, weil die Verbindung eines Freien mit einer Sklavin nicht als matrimonium, sondern als concubinatus bezeichnet wurde ..."[153].

Allerdings bleibt Schiwietz den Nachweis schuldig, daß es in den umstrittenen Versen wirkliche – auch sprachlich überzeugende – Indizien dafür gibt, daß hier von einer Sklavin und ihrem Herrn die Rede ist, weshalb dieser Versuch, die klassische Interpretation – wenn auch unter Modifikationen – zu retten, als gescheitert angesehen werden muß.

(2) Neben der Deutung auf Vater und Tochter findet sich in der Alten Kirche gelegentlich ein allegorisches Verständnis von 1 Kor 7,36-38. Demnach würde es sich um die Frage handeln, ob jemand die eigene Jungfräulichkeit bewahren kann und soll. Die allegorische Interpretation wurde vor allem von Methodius, Hieronymus und Gaudentius, Pseudo-Primasius[154] und Sedulius[155] vertreten sowie von Epiphanius[156] und Pelagius[157] zumindest neben der Vater-Tochter-Interpretation in Erwägung gezogen.[158] Zuletzt setzte sich Holsten 1880 für das allegorische Verständnis von 1 Kor 7,36-38 ein.[159]

Das allegorische Verständnis entsprach offenkundig einem besonderen Textzugang altkirchlicher Exegese, wird aber der ursprünglichen Intention des Textes in keiner Weise gerecht. Es müßte in diesem Fall – wie bereits von altkirchlichen und mittelalterlichen Theologen zu Recht festgestellt wurde – zumindest von Jungfräulichkeit[160] oder dergleichen, nicht von Jungfrauen, die Rede sein.[161] Der sprachliche Nachweis, daß παρθένος mit παρθένιος gleichgesetzt werden könnte, läßt sich aber nicht erbringen. So scheidet die allegorische Interpretation bereits im Vorfeld der Untersuchung aus.

(3) Es handelt sich um eine sogenannte geistliche Ehe. Gemeint ist der geistliche Bräutigam, der (s. V.37) mit einer Frau in geistlicher Gemeinschaft, aber in

---

152 A.a.O., 9.
153 Ebd.
154 MPL 68,524.
155 MPL 103,144.
156 Adv. haer. 61,5; MPG 41,1045-1048.
157 MPL 30,740 A/B.
158 Belege s. A. Jülicher, Die Jungfrauen im ersten Korintherbrief, PrM 22 (1918), 97-119, v.a. 100f.
159 C. Holsten, Evangelium des Paulus I, 1880, 306f.
160 παρθενία oder dessen Derivat παρθένιος.
161 Siehe zur allegorischen Interpretation auch das kritische Referat von R. Steck, Geistliche Ehen bei Paulus? (I. Kor. 7,36-38), SThZ 34 (1917), 177-189, 181f.

geschlechtlicher Askese zusammenlebt. Dann läge hier der "älteste Beleg für das Syneisaktenwesen" vor[162]. Es stellte sich für die beteiligten geistlich Verlobten die Frage, ob sie – unter dem Druck der physischen Notwendigkeiten – ihre geistliche "Ehe" nicht in eine auch die Geschlechtlichkeit mitumfassende volle Ehe überführen sollten.

Diese Interpretation kam Ende des 19. Jhdts. auf durch E. Grafe[163] und I. Rohr[164]. Variiert wurde diese Interpretation von H. Achelis[165] dahingehend, daß es darum gehe, ob ein deutlich älterer Mann, bei dem eine Syneisakte in Enthaltsamkeit lebt, die Syneisakte weiter in seinem Haushalt behalten solle, nachdem sich bei ihm das geschlechtliche Verlangen nach ihr eingefunden hat. Achelis versucht das Syneisaktenmodell religionsgeschichtlich abzusichern, indem er behauptet, bei den Therapeuten habe es Vergleichbares gegeben.[166]

Die Syneisakteninterpretation Grafes fand seitdem immer wieder Zuspruch. Es seien nur F. Fahnenbruch[167], R. Steck[168], K. Müller[169], H. Lietzmann[170], K. Niederwimmer[171], G. Delling[172] und H. Schlier[173] genannt.

(4) Es geht um "wirkliche Verlöbnisse"[174]. Dann wird hier die Frage erörtert, ob ein junger Mann, der bereits mit einer Frau verlobt ist, "angesichts der in Bälde erwarteten Parusie Christi seine Braut noch heiraten" solle.[175] Demnach wäre 1 Kor 7,36-38 nichts anderes im Blick als der im allgemeinen auf die Verlobung folgende Schritt der Heirat, wie es vor allem jüdischer Sitte und Tradition entsprach[176].

Zu nennen ist als Wegbereiter dieser Interpretation W.C. van Manen[177], der sich kritisch mit J.W. Straatman, einem Vertreter des klassischen Vater-Tochter-

---

162 H. Conzelmann, Der erste Brief an die Korinther 161.
163 Geistliche Verlöbnisse bei Paulus, TARWPV, NF. 3, 1899, 57-69.
164 Paulus und die Gemeinde von Korinth, Bibl. Studien IV,4, 1899, 64ff.
165 Virgines subintroductae, 1902; s.a. Ders., Christentum ²1925, 92f.
166 Virgines subintroductae 29-33; ihm folgend auch G. Delling, a.a.O., 86-91.
167 Zu 1 Kor 7,36-38, BZ 12 (1914), 391-401.
168 Geistliche Ehen bei Paulus? (1 Kor 7,36-38), Schweizerische Theologische Zeitschrift 34, Zürich 1917, 177-189.
169 Die Forderung der Ehelosigkeit für alle Getauften in der alten Kirche 8.10.
170 Geschichte der alten Kirche I 138.
171 Askese und Mysterium 117-119, wo Niederwimmer die Syneisakteninterpretation jedenfalls nicht ausschließt.
172 Paulus' Stellung zu Frau und Ehe 86-91.
173 Epheser 272, dort A.2 mit Auflistung der Argumente.
174 So H. Conzelmann, a.a.O., 161.
175 F. Lang, Korinther 102; s.a. W.G. Kümmel, Verlobung und Heirat 322-327.
176 Aber auch für den römischen Kulturkreis gut belegt ist, siehe unten S. 128-130.
177 De verloofden te Korinthe (1 Kor. VI: 36-38), Theologisch Tijdschrift 8 (1874), 608-616.

Modells[178], auseinandersetzt und den Text auf wirkliche Verlöbnisse deutet. Weitere Vertreter dieser Interpretation sind vor allem W.G. Kümmel[179] und N. Baumert[180].

Die Diskussion der drei denkbaren Modelle – vom allegorischen Verständnis ist aus oben genannten Gründen ganz abzusehen – soll nach Skizzierung der sprachlichen Probleme des Textes erfolgen.

2.2.2. Sprachlicher Befund:

Eine Reihe sprachlicher Probleme dieses kurzen Textes sind sehr strittig, so daß eine sichere Entscheidung allein aufgrund sprachlicher Kriterien kaum möglich ist. In V.36 ist zunächst unklar, ob der männliche Part oder seine παρθένος Subjekt der Verben ist, so im Falle von ἢ ὑπέρακμος, aber auch bei θέλει und ποιείτω und οὐχ ἁμαρτάνει. Es finden sich quer durch die Interpretationstypen unterschiedliche Kombinationen (oft mit Fragezeichen ehrlicherweise eingestanden). Die Frage muß auch hier letztlich offenbleiben. Doch seien zumindest einige Erwägungen vorab gegeben:

a) ἢ ὑπέρακμος wird vielfach – meines Erachtens mit gutem Grund – auf die παρθένος bezogen. Dabei könnte man sich auf außerneutestamentliche Texte wie Soranus, Γυναικεία I 22[181] und Diod. Sic. 32,11,1[182] stützen[183]. In diesem Sinne bedeutet ἀκμή bzw. dessen Derivat ὑπέρακμος – auf die Frau bezogen – "hinaus über den Höhepunkt", "überreif, im Verblühen"[184], aber auch: "vollerblüht"[185].

Sprachlich und sachlich ist daneben aber auch ein Bezug auf den eingangs genannten τις möglich und würde dann das gesteigerte (auch erotische) Begeh-

---

178 Bijdragen tot de kritiek en exegese des N. Testaments, Theologisch Tijdschrift 8 (1874), 400-409.
179 Verlobung und Heirat, in: Ders., Heilsgeschehen und Geschichte I, MThSt 3 (1965), 310-327.
180 Ehelosigkeit und Ehe, ²1986, v.a. 295-297, aber auch in seinen Arbeiten aus dem Jahr 1992 z.St.: Frau und Mann; Antifeminismus bei Paulus?
181 Der Blutfluß ist zunächst bei den Frauen nur schwach, ὀλίγαις γὰρ παντελῶς καὶ ταύταις ὑπερακμοις (= über die Reife hinaus) πρὸ τῆς διακορεύσεως ἁθροῦν ἐπιφαίνεται.
182 εἰς δὲ τὴν ἀκμὴν τῆς ἡλικίας παραγενομένη συνῳκίσθη τινὶ τῶν πολιτῶν, von der Frau ausgesagt.
183 Weitere Belegtexte bei Bauer-Aland, Wörterbuch 1673, die einen Bezug von ἀκμή auf die Jugendblüte einer παρθένος bezeugen.
184 Bauer-Aland, ebd.
185 A. Oepke, a.a.O., 452. Diese Bedeutung wird 1 Kor 7,36-38 am ehesten gerecht.

ren des τις gegenüber seiner παρθένος bezeichnen. Auch hierfür bietet Bauer-Aland Vergleichstexte[186].

Eine sichere Entscheidung ist dem heutigen Leser nicht mehr möglich, da er nicht die konkreten Umstände in Korinth kennt, auf die Paulus hier eingeht. Das wiegt aber nicht so schwer, da es sich ja in beiden Fällen darum handelt, daß gegebenenfalls beim τις oder seiner παρθένος eine physische Situation entstanden ist, deren Konsequenzen nun zu bedenken sind.

b) Das Subjekt von ποιείτω und οὐχ ἁμαρτάνει ist meines Erachtens in dem τις von V.36a zu sehen, da er bei den Ausführungen von 1 Kor 7,36-38 – entsprechend den allgemeinen Gepflogenheiten jener Zeit vor allem in einer griechischen Stadt – als Initiator einer möglichen Verehelichung[187] allein in Frage kommt. Dies gilt für alle drei Interpretationsmodelle, sei es daß es sich um den Kyrios einer Jungfrau handelt, der erwägt, die Jungfrau zu verehelichen, sei es daß es sich um einen geistig oder real Verlobten handelt.

c) Offener muß der Bezug von θέλει bleiben. Zwar liegt es nahe, auch hier an das männliche Subjekt des übergeordneten ποιείτω zu denken. Doch muß auch mit der Möglichkeit gerechnet werden, daß der männliche Entscheidungsträger dabei dem Willen bzw. Wunsch seiner παρθένος Rechnung trägt.[188] Das eine schließt das andere sachlich natürlich nicht aus.

d) Ein sehr gravierendes Problem halten die Vertreter des klassischen Vater-Tochter-Modells – wie auch Achelis – den Vertretern der Modelle 2 und 3 entgegen: Nach den Ausführungen des Grammatikers Apollonius Dyscolus[189] gibt es einen bedeutungsschweren Unterschied zwischen γαμεῖν und γαμίζειν: "τὴν αὐτὴν διαφοράν[190] καὶ τὸ γαμῶ πρὸς τὸ γαμίζω· ἔστι γὰρ τὸ μὲν πρότερον [γαμῶ] γάμου μεταλαμβάνω, τὸ δὲ γαμίζω γάμου τινὶ μεταδίδωμι. τό γε μὴν γαμῶ παθητικῶς κλίνεται ..." Träfe diese Definition auch im Falle von 1 Kor 7,38 zu, dann müßte hier γαμίζω mit "jemandem verheiraten bzw. zur Ehe geben" über-

---

186 Ebd.: so u.a. Diod. Sic. 32,10,2: τὸν μὲν οὖν υἱὸν πρὸ τῆς ἀκμῆς ἐπειδὲ τελευτήσαντα, τὴν δὲ θυγατέρα γάμου ἔχουσαν ὥραν προικίσας συγκατῴκισέ τινι ὄνομα Σαμιάδῃ; Ps.-Clem. Hom. VI 17 (ἀκμαία ἐπιθυμία); Syntipas 10,14 (dein Vater ist schon durch Alter verbraucht und seine ganze Kraft ist verfallen, σὺ δὲ σφριγᾷς τῇ ῥώμῃ καὶ ἀκμάζεις τῇ νεότητι).
187 Als männlicher Part, siehe hierzu oben S. 116 die Bemerkungen zur griechischen Kyrieia.
188 Diese Interpretation vertritt N. Baumert, Ehelosigkeit und Ehe 288, vor allem 295-297.
189 De syntaxi III §153, p. 280b = Grammatici Graeci III,2, S. 399f in der Edition G. Uhlig, 1910, leicht zugänglich bei W.G. Kümmel, a.a.O., 320, A.43 und Bauer-Aland, Wörterbuch 303.
190 Das heißt, der Unterschied zwischen ἀριστῶ (= am Frühstück teilnehmen) und ἀριστίζω (= jemandem ein Frühstück darreichen).

setzt werden, was faktisch auf die Interpretation 1 (mit allen denkbaren Varianten)[191] hinausliefe.

Doch dürfte die sprachliche Realität vielseitiger gewesen sein. Auch ist es denkbar, daß Apollonius Dyscolus eine Klärung für notwendig hält, weil die sprachliche Wirklichkeit zum Leidwesen des Grammatikers diffus und deswegen klärungsbedürftig war.[192]

Außerdem wirkte Apollonius Dyscolus erst im zweiten Jahrhundert n. Chr., so daß dessen Ausführungen nicht ohne Bedenken zur Erhellung von 1 Kor 7,36 herangezogen werden können. W.G. Kümmel macht darauf aufmerksam, "daß im späteren Griechisch die Verben auf -ίζω in völlig gleichem Sinn neben andere Bildungen desselben Stammes treten ... daß Verben auf -έω und -ίζω miteinander wechseln", so "daß Paulus γαμίζω im Sinne von 'heiraten' gebraucht haben könne"[193].

Somit verliert diese Trumpfkarte des Vater-Tochter-Modells an Überzeugungskraft. Damit gewinnen aber auch die Interpretationen 2 und 3 (geistliche oder reale Verlöbnisse) an Boden.

e) Gegen die Vater-Tochter-Interpretation spricht, daß θέλημα bei Paulus nur hinsichtlich des Willens Gottes, im Profangriechischen als Bezeichnung des geschlechtlichen Begehrens des Mannes über seinen Trieb verwendet wird[194]. Also geht es 1 Kor 7,37 um die Verfügung eines Mannes über seinen Trieb. Paulus greift dabei auf die Profangräzität zurück. Ferner spricht gegen Interpretation 1 vor allem der Kontext von 1 Kor 7. Es handelt sich – besonders im Abschnitt 7,25-38 – um die Sexualethik von jungfräulichen Personen. Nirgends ist von Vater oder Tochter die Rede, was bei der oben genannten Interpretation doch der Fall sein müßte. Freilich kann man entgegenhalten, die Adressaten wüßten schon, worum es hier gehe, da sie ja aufgrund konkreter Fälle bei Paulus nachgefragt haben. Aber dieses Argument erscheint mir doch als zu dürftig.

Die Vertreter des Vater-Tochter-Modells sind der Auffassung, τὴν παρθένον αὐτοῦ bezeichne die Tochter und verweisen darauf, daß in der altkirchlichen Exegese diese Wendung wie selbstverständlich mit θυγάτηρ wiedergegeben

---

191 Der Vater die Tochter (so die klassische Interpretation), ein vielleicht begüterter Christ eine bei ihm untergekommene Syneisakte (s. Achelis) oder der patronus die herangereifte Sklavin (Schiwietz); so auch J. Sickenberger, a.a.O., 65.
192 S.a. N. Baumert, Ehelosigkeit und Ehe 304f, A.499.
193 W.G. Kümmel, a.a.O., 321. Als Beispiele (auch für den innerneutestamentlichen, insbesondere paulinischen Sprachgebrauch) sind zu nennen: γινώσκω und γνωρίζω; βάπτω und βαπτίζω; καθαίρειν und καθαρίζειν; ῥιπίζεσθαι und ῥίπτεσθαι (Kümmel, a.a.O., 321, A.48).
194 H. Conzelmann, a.a.O., 160; H. Schlier, Epheser 272; s.a. Bauer-Aland, Wörterbuch 720: "die Macht haben über sein Wollen", wobei "hier ... θ. gewiß den Beigeschmack des geschlechtlichen Begehrens wie Joh 1,13" habe.

worden sei.[195] Doch müßte dies – sollte wirklich an die jungfräuliche Tochter gedacht sein – terminologisch eindeutiger zum Ausdruck gebracht werden, etwa wie dies Jdc 19,24 LXX ἡ θυγάτηρ μου ἡ παρθένος (= בתי הבתולה) der Fall ist. Die außerbiblischen Vergleichstexte, die Bauer-Aland, Wörterbuch 1260f bietet, zeigen zwar die Möglichkeit, daß παρθένος von der jungfräulichen Tochter ausgesagt werden kann[196]; doch lassen sich ebenso Belege für die Bedeutung von παρθένος als 'Geliebte' – zum Teil von dengleichen Autoren wie den oben genannten – beibringen.[197] Es sei verwiesen auf Theodorus Prodromus 3,332 und 6,466. Der Beleg von Th. Prodromus 6,466 ist besonders interessant, weil hier – ähnlich wie in 1 Kor 7,38 – von τὴν ἑαυτοῦ παρθένον die Rede ist und damit die Geliebte gemeint ist. Ferner ist damit zu rechnen, daß παρθένος wie auch das hebräische בתולה bisweilen nichts weiter bezeichnet als den Umstand, daß es sich um eine junge weibliche Person handelt – ohne eine Vater-Tochter-Beziehung oder geschlechtliche Unberührtheit zu suggerieren.[198] Das Problem ist allein vom Sprachgebrauch her nicht sicher zu entscheiden. Der Bezug auf die Geliebte ist sprachlich immerhin möglich; es ist auch denkbar, daß überhaupt nur der Umstand, daß es sich um eine junge Frau gehandelt hat, im Blick ist.

Gegen die Vater-Tochter-Interpretation spricht ferner, daß – sollte τις den Vater bezeichnen – der mögliche zukünftige Ehemann der παρθένος im Text nirgends genannt ist und im Verbum γαμείτωσαν (am Ende von V.36) einfach unvermittelt auftritt.

Fazit der sprachlichen Überlegungen: (1) Da das von Vertretern des Vater-Tochter-Modells angeführte Argument, γαμίζω bedeute nicht heiraten, sondern jemanden in die Ehe geben, also verheiraten, nicht so stark ist, wie angenommen, andererseits aber eine Fülle sprachlicher Probleme gegen die Vater-Tochter-Interpretation spricht, verbleiben in sprachlicher Hinsicht nur die Interpretationen 2 und 3, das heißt, die Interpretation auf geistliche oder volle (reale) Verlöbnisse. Beide Interpretationen sind – rein sprachlich betrachtet – möglich.

---

195 Siehe die Belege bei J. Sickenberger, a.a.O., 49-51 (Chrysostomos; Theodoret v. Cyrus; vgl. Epiphanius).
196 So Apollonius von Rhodus 2,86 παρθένος Αἰήτεω (vgl. dazu das Scholion: παρθένον ἀντὶ τοῦ θυγατέρα); Diodorus Sicilianus 16,55,3; 20,84,3 (dort Plural neben υἱοί); Theodorus Prodromus 1,293 H.: τὴν σὴν παρθένον im Sinne von: "deine jungfräuliche Tochter".
197 Siehe Bauer-Aland, Wörterbuch 1260f.
198 Siehe hierzu die Studien von J.M. Ford, The Meaning of 'Virgin'; G.J. Wenham, BETULAH. 'A girl of marriageable age'; siehe auch G. Delling, Art. παρθένος, ThWNT 5, 831, wonach παρθένος auch einfach den Sinn "das heiratsfähige Mädchen" (hebräisch עלמנה) haben kann (siehe Gen 24,43).

(2) Die Entscheidung kann folglich nur aufgrund des historischen und religionsgeschichtlichen Vergleichsmaterials mit einiger Sicherheit getroffen werden, da der Text selbst beide Möglichkeiten grundsätzlich erlaubt. Das heißt, es stellt sich die Frage, wann es frühestens sichere Belege für das Syneisaktenwesen gibt. Dabei spielen vor allem die Texte der Apostolischen Väter, der frühen Kirchenväter wie auch frühe, insbesondere vorkonstantinische Konzilstexte eine wichtige Rolle. Meines Erachtens kann das Syneisaktenwesen nicht viel früher angesetzt werden, als es durch Texte sicher belegt ist. D.h., handelt es sich 1 Kor 7,36-38 wirklich um Syneisaktenehen, muß ein eindeutiger Beleg aus vergleichbarer Zeit (ca. Mitte des 1. Jhdts. n. Chr.) vorgelegt werden. Dabei ist auch von Bedeutung, wann der einschlägige Begriff συνείσακτος erstmals begegnet.

Eine mögliche Fehlerquelle dieses hier gewählten methodischen Ansatzes muß offen eingestanden werden. Es kann tatsächlich sein, daß eindeutige Belege für eine frühe Existenz des Syneisaktenwesens fehlen, obwohl es der Sache nach etwas Derartiges gegeben hat. Aber mit dieser Fehlerquelle muß sich der Historiker abfinden, wenn er nicht in willkürliche Spekulation verfallen will und Gegebenheiten späterer Jahrhunderte in die paulinische Zeit zurückprojizieren möchte.

(3) Ferner ist natürlich nach den Denkvoraussetzungen und dem Hintergrund des Verfassers, d.h., des hellenistischen Juden Paulus, wie auch seiner Adressatengemeinde zu fragen. Auch von hier ergeben sich Kriterien für die Entscheidung der Streitfrage, ob es sich um geistliche oder reale Verlöbnisse gehandelt habe.

2.2.3. Historische Überlegungen und Urteilsbildung

a) Wann werden Syneisakten in der Christentumsgeschichte für uns greifbar?

H. Achelis hat in seiner forschungsgeschichtlich bedeutungsvollen Arbeit "Virgines subintroductae" (1902), in der er das Syneisaktenwesen für 1 Kor 7,36-38 (sogar in Form eines festen Gelübdes) wahrscheinlich machen will, zugegeben, daß der Name Syneisaktos erst in später Zeit aufgekommen sei: "Zur Zeit Pauls von Samosata[199] prägte das Volk in Antiochien den Namen συνείσακτος, der fortan der Eigenname für die jungfräuliche Genossin des ehelosen Mannes blieb. Es ist ein böser Name, der die Heimlichkeit des Verhältnisses hervorhebt und es damit zur Sünde stempelt."[200] Die Syneisaktenehen waren bald weit verbreitet, so daß sich jahrhundertelang kirchliche Synoden unterschiedlicher Regionen mit dieser Lebensform (kritisch) auseinandersetzten und

---

199 Um 268, siehe K. Beyschlag, Dogmengeschichte I² 247.
200 H. Achelis, a.a.O., 69.

sie schließlich gänzlich untersagten.[201] Es kann vermutet werden, daß nicht erst mit Paulus von Samosata so etwas wie ein geistliches Zusammenleben eines Christen mit einer Christin aufgekommen ist. Es gibt bereits vorher Texte, die in diese Richtung deuten. Doch liegen diese zeitlich immer noch deutlich später als die paulinischen Briefe.

Der früheste Text, bei dem es Anzeichen für geistliche Ehen gibt, ist Hirt des Hermas, Vis II 2,3: *"Aber tue diese Worte allen deinen Kindern kund und deiner Frau, die deine Schwester werden soll"*. Siehe ferner Hirt des Hermas, Sim IX 10f, dort besonders das Wort der Jungfrauen: *"Bei uns wirst du schlafen ... wie ein Bruder, nicht wie ein Mann. Denn du bist unser Bruder und in Zukunft wollen wir bei dir wohnen; denn wir lieben dich sehr."*[202] Diese beiden Texte dürften mit P. Vielhauer[203] aus dem vierten Jahrzehnt des zweiten Jhdts. n. Chr. (aus Rom) stammen. Es findet sich noch nicht der einschlägige Terminus συνείσακτος; auch verlautet nichts über ein Gelübde. Der erstgenannte Beleg macht lediglich deutlich, daß die eheliche Beziehung fortan eine neue Qualität gewinnt. Die Ehefrau soll Schwester werden.[204] Der zweite Beleg im Hirten des Hermas spricht hingegen deutlicher dafür, daß hier so etwas am vorsichtigen Aufkeimen ist, was später als Syneisaktenehe einschlägig wird. Immerhin deutet die Absicht der Jungfrauen, fortan immer bei ihrem "Bruder" wohnen zu wollen, – ohne eine volle eheliche Gemeinschaft mit ihm einzugehen –, in diese Richtung.

Hirt des Hermas, Sim IX kann aber auch anders ausgelegt werden. So betont S. Schiwietz, daß es sich hierbei lediglich um eine Allegorie handele und daß man "aus einer solchen ... nicht auf ein historisches Faktum schließen" könne[205]. Ferner werde in diesem Text deutlich, daß es sich bei dieser Art der Beziehung von Christen und Christinnen zu seiner Zeit um etwas völlig Neues handele: "... so wird doch in dem Gleichnisse das Übernachten bei den Jungfrauen als ein Novum bezeichnet, und Hermas weigerte sich mehrfach, dies zu tun, schämte sich dessen und wollte nach Hause gehen".[206]

---

201 Siehe hierzu das reichhaltige Material bei H. Achelis.
202 Beide Texte zitiert nach der Ausgabe von A. Lindemann/H. Paulsen, Apostolische Väter 339 und 503.
203 Geschichte der urchristlichen Literatur 523.
204 Dies könnte möglicherweise aber bloßer Terminus technicus für das Christ-Werden sein, weil Christ und Christin in Christus wie Bruder und Schwester sind. Dies schließt noch keineswegs eine volle eheliche Beziehung aus. Dann hätte es zumindest heißen müssen: "die nicht mehr deine Frau, sondern deine Schwester sein soll" oder dergleichen.
205 S. Schiwietz, a.a.O., 7.
206 Ebd.

W.G. Kümmel erwägt hinsichtlich dieses Textes "das Vorhandensein der Sitte der *virgines subintroductae*", betont dann aber doch, daß "die Schilderung eines Liebesspiels zwischen Hermas und 12 Jungfrauen ὡς ἀδελφὸς καὶ οὐχ ὡς ἀνήρ ... mit dem Syneisaktentum nur die Tatsache einer ungeschlechtlichen engen Gemeinschaft zwischen Menschen beiderlei Geschlechts gemein" habe[207]. Ferner sei die Schilderung – wie M. Dibelius gezeigt habe – "zweifellos von einer profanen erotischen Vorlage abhängig"[208].

Als weiterer Text kommt 2 Clem 12,5f in den Blick: "*Und 'das Männliche mit dem Weiblichen, weder männlich noch weiblich' meint dies: Ein Bruder soll beim Anblick einer Schwester an sie nicht als an eine Frau denken, und nicht soll sie an ihn als an einen Mann denken. Wenn ihr das tut, sagt er, wird das Reich meines Vaters kommen.*"[209] Dieser Text besagt aber in keiner Weise, daß hier so etwas wie eine Vorstufe zu Syneisaktenehen vorliegt. Es handelt sich lediglich um ein eindeutiges Votum für die sexuell enthaltsame Existenz der Christen. Wenn sie die geschlechtlichen Triebe – aufgrund welcher sie im Mitchristen/in der Mitchristin auch noch das geschlechtlich attraktive Wesen sehen – überwinden, werde das Reich Gottes kommen. Von geistlichen Ehen, d.h., einem alltäglichen Zusammenleben eines Christen und einer Christin als Bruder und Schwester, verlautet rein gar nichts. Freilich konnte ein Text wie dieser asketische Tendenzen in Syrien (bzw. Ägypten) forcieren, wie sie ab dem dritten Jahrhundert dort vehement greifbar werden[210].

In späterer Zeit sind geistliche Ehen dann sicher belegt, so für die 260er Jahre für Paulus von Samosata und seine Anhänger.[211] Nach Irenaeus, Adversus haereses I 6,3 dürfte es bei den Valentinianern infolge ihrer asketischen Ansichten geistliche Ehen gegeben haben: "*... noch andere schließlich, die anfangs ehrbar mit ihnen wie mit Schwestern zu verkehren vorgaben (ὡς μετὰ ἀδελφῶν*

---

207 A.a.O., 312, A.9.
208 Ebd.
209 Nach der oben genannten Ausgabe und Übersetzung von A. Lindemann/H. Paulsen 165 (vgl. ferner 2 Clem 8). Datierung nach P. Vielhauer, a.a.O., 744: Mitte des zweiten Jahrhunderts, vermutlich in Syrien oder Ägypten.
210 Siehe dazu für Syrien die Studien von A. Vööbus. Was Ägypten anbelangt, ist insbesondere auf die asketisch-eremitische Existenz des Antonius (siehe Athanasius, Vita Antonii) sowie auf das Aufkommen des Mönchtums durch Pachomius und dessen Schwester (weibliche Variante) hinzuweisen.
211 S. Schiwietz, a.a.O., 7: "In dem Synodalschreiben der in Antiochia versammelten Bischöfe (im Jahr 269, F.K.) heißt es, daß Paul von Samosata mit Frauenspersonen, welchen man in Antiochia den Spitznamen γυναῖκες συνείσακτοι gab, zusammengelebt und das Gleiche seinem Klerus gestattet (habe)".

προσποιούμενοι συνοικεῖν), *wurden im Laufe der Zeit ertappt, als die Schwester von dem Bruder schwanger geworden war.*"[212]

Gegen die Praxis von geistlichen Ehen beziehen die pseudoclementinische Schrift De virginitate[213] und Aphrahat (um 340) – beide im syrischen Raum[214] – vehement Stellung.

Nach De virginitate sei das getrennte Leben von Mann und Frau in unverbrüchlicher Virginität die einzig legitime Lebensform[215] und dem Zusammenleben in Syneisaktenehen klar vorzuziehen[216].

Eine ablehnende Stellungnahme zu einer Form von Syneisaktenehen, bei der sich die Eheleute – vielleicht beeinflußt durch die Predigt radikal-asketischer Wanderprediger, wie sie uns in den apokryphen Aposteltakten immer wieder begegnen – dazu entschlossen haben, ihre Ehe in eine rein geistige (ungeschlechtliche) Ehe umzuwandeln, d.h., fortan nur noch wie Bruder und Schwester in Christus zu leben, begegnet bei Aphrahat, Hom. VI 4[217]: "*... Auch soll bei einem Manne, der in Heiligkeit bleiben will, seine Gattin nicht wohnen, daß er nicht umkehre zu seiner frühern Art und es ihm als Ehebruch angerechnet werde.*"[218]

Mit Syneisaktenehen beschäftigte sich auch eine Vielzahl von Synoden, die diese Lebensform verwarfen. Exemplarisch sei auf drei frühe Texte verwiesen: Im Kanon 27 des Konzils von Elvira (circa 306 in Spanien) heißt es: "*Episcopus vel quilibet alius clericus ... extraneam nequaquam habere placuit*"[219]. Im Kanon 19 des Konzils von Ankyra (314) heißt es unter anderem: "*... Zugleich haben wir verboten, daß die Jungfrauen mit Männern wie Schwestern zusammen leben* (τὰς μέντοι συνερχομένας παρθένους τισὶν ὡς ἀδελφὰς ἐκωλύσαμεν)."[220]

Kanon 3 des Konzils von Nicäa (325) bestimmt: "*Die große Synode hat es ganz und gar verboten, daß es einem Bischof oder einem Presbyter oder einem Diakon, kurz irgendeinem von den Klerikern möglich ist, eine in sein Haus eingeführte und bei ihm wohnende Frau, eine* συνείσακτος, *zu haben* (ἐξεῖναι

---

212 Nach dem Quellenband von C. Munier, Ehe und Ehelosigkeit in der Alten Kirche 50f (Text 50).
213 Sie ist mit K. Heussi, Ursprung des Mönchtums 51, vermutlich in die erste Hälfte des dritten Jahrhunderts zu datieren.
214 Siehe die umfassenden Studien von A. Vööbus hierzu.
215 De virginitate I 10; s. A. Vööbus, Asceticism 81; Ders., Celibacy 30.
216 De virginitate I 4; s. A. Vööbus, Asceticism 81; K. Heussi, a.a.O., 51.
217 Ausführlich bei H. Koch, Taufe und Askese in der alten ostsyrischen Kirche 51f.
218 Siehe auch Hom. VI 7.
219 Zitiert nach dem Quellenband von C. Munier, a.a.O., 300f, Text 205.
220 Zitiert nach dem Quellenband von C. Munier, a.a.O., 308f, Text 207.

συνείσακτον ἔχειν), *mit Ausnahme der Mutter, Schwester oder Tante oder einzig der Personen, die sich jedem Verdacht entziehen."*[221]

Stattdessen setzte man kirchlicherseits auf eine (jedenfalls im Vergleich zu den geistlichen Ehen) unverdächtigere asketische Lebensform, wie sie seit dem Beginn des vierten Jhdts. im Mönchtum auftrat und durch das Konzil von Chalcedon (451) unter kirchliche Obhut gestellt und damit in den Rahmen der Großkirche integriert wurde.

Fazit: Wie dieser Abriß zeigte, lassen sich jedenfalls für das erste christliche Jahrhundert überhaupt keine Belege für Syneisaktenehen aufbieten. Für das zweite Jahrhundert sind erste Anzeichen – die aber auch für andere Deutungen offen sind – erkennbar. Erst im dritten Jahrhundert begegnen wir historisch den Syneisaktenehen, ab den 260er Jahren – bezogen auf Paul von Samosata – auch mit der einschlägigen Terminologie. Es ist also aus dieser Perspektive nicht ratsam, 1 Kor 7,36-38 auf dem Hintergrund bereits damals bestehender Syneisaktenehen zu interpretieren.

b) Es stellt sich nun die Frage, ob es zeitgenössisches außerchristliches Material gibt, das die Syneisakteninterpretation von 1 Kor 7,36-38 bestärken würde. Gelänge dieser Nachweis, dann wäre zu untersuchen, ob etwas Analoges in Korinth zur Zeit des Paulus denkbar ist.

Achelis und Delling[222] haben diesen Weg zu beschreiten versucht, indem sie auf die Therapeuten verwiesen. Doch zeigt ein genauerer Blick auf die Berichte Philos über diese Gruppe, daß bei ihnen Männer und Frauen weitestgehend getrennt waren.[223] Es handelt sich hierbei nicht um Syneisaktenehen, sondern um eine Alternative zum konventionellen Leben in der traditionellen Familienverbandsstruktur.[224]

Aber auch sonst treffen wir im ersten Jahrhundert n. Chr. oder zuvor weder in Griechenland noch in Palästina noch sonst irgendwo auf Syneisaktenehen. Asketen gab es vielerorts, auch Menschen, die geschlechtlich enthaltsam lebten. Aber nirgends fanden sich ein Mann und eine Frau zu einer dezidiert geschlechtslosen Syneisaktenehe – vielleicht gar mit einem entsprechenden Gelübde, wie es Achelis annimmt – zusammen. Damit erhärtet sich die Vermutung, daß es im ersten Jahrhundert n. Chr. noch gar nicht die Lebensform der Syneisaktenehe gegeben hat. Es gab lediglich die Alternative zwischen wirklich asketi-

---

221 Quellenband von C. Munier, a.a.O., 310f (Text 209).
222 Siehe oben S. 118, A. 166.
223 Philo, de vita contemplativa, v.a. §§32-33 (im Heiligtum); 69 (Sitzordnung).
224 Eine Alternative für die ältere Generation sozusagen, die sich hier einmal die Freiheit nimmt, anders zu leben und ihren geistlichen Bedürfnissen in besonderer Weise nachzukommen. Philos Therapeuten waren eine Art frühen "Senioren-Clubs", gedacht für Leute, die die Phase des Familienlebens bereits hinter sich hatten.

scher Lebensweise[225] und der ehelichen Existenz. Solche Alternative wird im Gesamtduktus von 1 Kor 7 immer wieder deutlich. An eine Mischform, wie sie die Syneisaktenehe darstellen würde, ist (noch) nirgends gedacht, wie ja auch die Lebensform einer klösterlichen Existenz noch nicht entwickelt war und späteren Zeiten vorbehalten blieb.

c) So stellt sich die Frage, ob das Interpretationsmodell 3 (reale Ehen) nicht historisch zutreffender ist. Es wurde ja bereits durch die sprachliche Analyse festgestellt, daß gegen die Interpretation auf geistliche wie auf reale Ehen aus sprachlicher Hinsicht keine ernsthaften Einwendungen gemacht werden können, nachdem das Argument, γαμίζω müsse "jemanden verheiraten" bedeuten, entkräftet worden ist.

Sachlich und historisch stehen dieser Interpretation nicht solche Hemmnisse entgegen, wie dies bei der Syneisakteninterpretation der Fall ist.

Der Brauch der realen Verlobung ist dem Juden Paulus aufgrund seiner jüdischen Herkunft vertraut gewesen. Im Judentum wurde die Verlobung praktiziert.[226] Oftmals trennten längere Zeiträume, gar Jahre, Verlobung und darauffolgende Hochzeit.[227] Dabei galt das verlobte Mädchen aber bereits als vergeben. Eine geschlechtliche Handlung mit einem anderen Mann als dem Verlobten unterlag ähnlichen Strafen wie der Ehebruch im engeren Sinn, ja wurde faktisch als Ehebruch angesehen.[228]

Wie vertraut Paulus und auch seine Adressatengemeinde mit dem Verlobungsgedanken sind, zeigt auch 2 Kor 11,2: "... *denn ich habe euch verlobt mit einem einzigen Mann, damit ich Christus eine reine Jungfrau zuführte*".

Gegen die Deutung von 1 Kor 7,36-38 auf reale Verlöbnisse wird geltend gemacht, daß die Verlobung in Griechenland unüblich gewesen sei. Hierzu ist Folgendes zu sagen:

1. Wird nach dem genuin griechischen Recht gefragt, so ist es forschungsgeschichtlich umstritten, ob mit der ἐγγύησις bzw. ἐγγύη nicht doch so etwas wie eine Verlobung gegeben ist.[229] Erst mit der ἔκδοσις – mit ihr einhergehend der

---

225 Die Kyniker, zum Teil auch die Neupythagoreer wie offenbar auch ein Teil der Jüngerschaft Jesu, vgl. Mt 19,10-12: Eunuchen um des Himmelreiches willen.
226 Siehe L. Archer, Her Price is Beyond Rubies 151-171, mit Hinweis u.a. auf Mischna Ket. 5,2; Ed. 4,7; Gitt. 8,9; Kidd. 19a; ferner B. Cohen, Jewish and Roman Law I 279-333 sowie die im Literaturverzeichnis genannten Lexikaartikel.
227 B. Cohen, a.a.O., I 298 mit Hinweis auf Mischna Kidd. III 5 u.a. Eine Tochter war sogar am Tag der Geburt verlobbar!
228 B. Cohen, a.a.O., I 321 mit Hinweis auf Dtn 22,24; Sifre Dtn 242 (ed. R. Hammer, 248); siehe auch Tosefta Sanh. X 10 D.E. (ed. Neusner, Tosefta IV 231); XII 2 (Neusner IV 235).
229 Siehe hierzu die Literatur bei W. Erdmann, Ehe im alten Griechenland 232, von ihm unter dem Stichwort "Verlöbnistheorie" verbucht, wobei Erdmann dieser Position

Transfer der Braut zum Haus des Bräutigams und vor allem die "copula carnalis"[230] – war die Ehe wirklich vollzogen.

Freilich wird die Analogie von ἐγγύησις und Verlobung von anderen Forschern bestritten, so etwa von W. Erdmann, der in der Relation von ἐγγύησις und ἔκδοσις nichts anderes als das Verhältnis von "Vertragsabschluß" und "Erfüllung" sieht.[231] Dann fallen aber doch die Belege auf, die C.B. Patterson[232] und A.R.W. Harrison[233] aus Demosthenes XXVIIf anführen, wonach der ἐγγύη sowohl von Demosthenes' Mutter wie auch seiner Schwester weder γάμος noch ἔκδοσις folgten. Ferner erscheinen die beiden Frauen (noch) nicht als unter der κυριεία von Aphobos und Demophon[234] stehend. Hinzu kommt, daß die erfolgte anderweitige Verehelichung von Demosthenes' Schwester keine Scheidung oder dergleichen von Demophon voraussetzte, dem sie doch durch ἐγγύη verbunden war. So erscheint die Folgerung zumindest als naheliegend "that the ἐγγύη was simply a nonbinding betrothal, which neither created the marital state nor required a formal dissolution".[235]

Es ist außerdem – gleich wie man zur Interpretation der ἐγγύησις als Verlobung stehen mag – darauf hinzuweisen, daß zwischen ἐγγύησις und ἔκδοσις ein bisweilen mehrjähriger Zeitraum liegen konnte, so in dem Fall, daß das Mädchen noch sehr jung war. Es blieb in einem solchen Fall bis zur ἔκδοσις im Elternhaus. Die ἔκδοσις konnte erst vollzogen werden, wenn das Mädchen herangewachsen war. Dann erst war die Ehe vollgültig.[236]

Hieraus ergeben sich für 1 Kor 7,36-38 mögliche Konsequenzen, sollte es sich bei den betreffenden Personen um solche gehandelt haben, die sich an genuin griechischem Recht orientierten, so kann es sich bei der weiblichen Person um eine einem τις durch ἐγγύησις bereits verbundene Jungfrau gehandelt haben,

---

ablehnend gegenübersteht. Vgl. dagegen aber die Erwägungen von C.B. Patterson, Marriage and the Married Woman in Athenian Law 50f.64,A.19, sowie A.R.W. Harrison, Law of Athens I 3-9, besonders 6.

230 W. Erdmann, a.a.O., 237 u.ö.; A.R.W. Harrison, a.a.O., I 7 – in Verbindung mit dem Terminus γάμος als "tatsächliche Vollziehung der Ehe" (Erdmann, 237; ähnlich Harrison, I 7).
231 W. Erdmann, a.a.O., 239 zu "desponsatio und traditio puellae".
232 A.a.O., 50f.
233 A.a.O., I 6.
234 Das sind die Männer, mit denen sie laut ἐγγύη verbunden waren.
235 C.B. Patterson, a.a.O., 51. Hierzu ist ferner als weiterer Beleg Isaeus c. 6.22.24 beizubringen, s. Patterson, a.a.O., 64,A.19. Siehe ferner auch die Belege bei Harrison I 6,A.2. – Harrison geht in seinem Urteil nicht ganz so weit wie Patterson, indem er am Ende seiner Überlegungen folgert: "However, although we cannot regard ἐγγύη as in itself constituting a marriage, 'betrothal' is to weak a word to translate it, since it formed an essential element in certain types of marriage at least." (I 9).
236 Siehe zu diesem Aspekt W. Erdmann, a.a.O., 238.

die der τις aber aufgrund deren jungen Alters noch nicht durch Vollzug der ἔκδοσις voll heiraten konnte. Nun aber wurde sie ὑπέρακμος, d.h., voll geschlechtsreif, und konnte rechtlich voll geheiratet werden. Der τις könnte sich – vielleicht nach seiner Bekehrung zum Christentum – aufgrund der Parusienaherwartung[237] ernsthaft die Frage gestellt haben, ob er angesichts einer derartigen Perspektive überhaupt noch sein Mädchen heiraten sollte.

Ansonsten, sollte man die ἐγγύησις im Sinne der jüdischen oder der römischen Verlobung verstehen dürfen, gilt hier Analoges wie das unten im Falle jüdisch geprägter Adressaten Ausgeführte.

2. Die Verlobung ist sowohl nach römischem Eherecht gut belegt[238] wie sie auch nach jüdischem Recht üblich gewesen ist.[239] Wie bindend die jüdische Verlobung war und welche Konsequenzen sie hinsichtlich der Sexualethik hatte, wurde ja bereits eingangs in diesem Abschnitt dargestellt[240]. Die jüdische Verlobung wurde nur durch Tod eines der Partner oder durch Scheidung (!) aufgelöst. Dies zeigt, wie bindend sie war und wie sehr sie einer Eheschließung im rechtlichen Sinn nahestand.[241]

Es ist meines Erachtens für 1 Kor 7,36-38 anzunehmen, daß Paulus hier – wie auch in 2 Kor 11,2 – von jüdischen Voraussetzungen her denkt.[242] Eine geistliche Ehe ist – wenn auch rein sprachlich gesehen durchaus möglich – auf diesem Hintergrund undenkbar. Paulus gibt unter seinen jüdischen Denkvoraus-

---

237 Wie sie sich aus der paulinischen Predigt ergab, siehe 1 Kor 7,27ff, vgl. 1 Thess 4,13ff; 1 Kor 15,50ff.
238 Terminus technicus sponsa/sponsalia, siehe als Texte unter anderem Plinius d.J., ep. I 9 (siehe hierzu W.G. Kümmel, a.a.O., 323), Cassius Dio LIV 16,7 (wiedergegeben und ausgeführt bei M. Bang, Das gewöhnliche Alter der Mädchen bei der Verlobung und Verheiratung 133), LVI 7,2; Sueton, Aug. 34,2; Modestin, Dig. XXIII 1,14. Eine Fülle von Beispielen gerade auch aus neutestamentlicher Zeit – zum Beispiel aus dem Kaiserhaus – bringt M. Bang, a.a.O., 133, bei. Die Verlobten waren zum Teil noch nicht einmal ein Jahr alt! Zur Verlobung im römischen Eherecht seit früher Zeit siehe umfassend P.E. Corbett, Roman Law of Marriage 1-23; ferner J.F. Gardner, Women in Roman Law & Society 44-47 und B. Rawson, Roman Family 21.
239 Zum jüdischen Eherecht siehe die im Literaturverzeichnis genannten Arbeiten zum Alten Testament, antiken Judentum und Talmud, siehe insbesondere die Lexikaartikel in den einschlägigen jüdischen Enzyklopädien.
240 Siehe oben S. 128.
241 Ich halte es für angebracht, die griechische ἐγγύησις in Analogie zur jüdischen Verlobung zu stellen. Es ist aufgrund dieser Analogie doch naheliegend, daß Paulus die griechische ἐγγύησις, die es ja auch in Korinth (auch unter Christen) gegeben hat, von der jüdischen Verlobung her verstanden haben wird.
242 Zu Recht W.G. Kümmel, a.a.O., 326; N. Baumert, Ehelosigkeit und Ehe 288-310, vor allem 293-297.

setzungen den 1 Kor 7,36-38 betreffenden konkreten Personen – gleich ob es sich bei diesen nun um jüdisch oder um römisch-hellenistisch geprägte Christen in Korinth gehandelt hat[243] – angesichts der nahen Parusie Christi den Rat, die Verlobung nicht mehr in eine Ehe zu überführen, sofern dies den Verlobten physisch möglich ist (vgl. 1 Kor 7,7). Ansonsten ist die Verehelichung sinnvoll und wird gemäß jüdischer Tradition als gut bezeichnet (7,38).

Ausblick auf die Syneisaktenehe:

Wie steht es aber dann mit den sogenannten Syneisaktenehen? Wie ist es zu ihrer Entstehung gekommen?

Eine Mischform zwischen wirklich eheloser und im vollen Sinne ehelicher Existenz, wie sie die Syneisaktenehe darstellen würde, kam weder Paulus noch seinen Zeitgenossen oder Adressaten in den Gesichtskreis. Die Syneisaktenehen setzen – wie auch die mönchische Existenz – einen längeren Reflexionsprozeß und die Wirkungsgeschichte von Texten wie 1 Kor 7 und Mt 19,10-12[244] voraus.

Dieser Entwicklung kam zugute, daß sich zeigte, daß nicht jeder zum Einsiedler geboren ist. Mancher wollte vielleicht eine Frau (bzw. umgekehrt einen Mann) im Haus(halt) nicht missen[245], mit der/dem man das Leben teilen konnte, auch wenn man auf Sexualität zu verzichten bereit war. Schließlich stammte ja jeder aus einer Familie und kannte auch die Vorzüge eines Familienverbandes. Vielleicht versprach man sich von einer derartigen Beziehung auch so etwas wie eine geistliche Befruchtung, wie ja auch die Ehe von Stoikern[246] in ihrer geistigen Dimension geschätzt wurde. Oft wird es aber auch ökonomische Gründe gehabt haben[247], so vor allem wenn es sich um eine sozial nicht hinreichend abgesicherte Witwe handelte, die[248] mit einem Christen, der ebenfalls enthaltsam zu leben beabsichtigte, eine geistliche Ehe einging. Eine Syneisaktenehe könnte einer Frau, die ihre Virginität zu bewahren suchte, auch einen gewissen Schutz gegenüber Männern geboten haben, die sie voll für sich gewinnen wollten. Freilich bestand auf der anderen Seite das permanente Risiko der Versuchung in ei-

---

243 Denn für sie alle ist ja, wie die vorangegangenen Ausführungen zu griechischem, römischem und jüdischem Eherecht gezeigt haben, die Verlobung (oder etwas ihr Nahestehendes wie die ἐγγύησις) gleichermaßen denkbar.
244 Vgl. auch Lk 20,34-36.
245 Siehe Tertullian, de exhortatione castitatis I 12,2.
246 Zum Beispiel von Musonius, siehe oben im I. Kapitel, S. 33.
247 Vgl. Tertullian, de exhortatione castitatis I 12,2.
248 Sei es aufgrund der Hochschätzung der Einzigehe, sei es aufgrund der Entscheidung für künftige sexuelle Enthaltsamkeit, um der Sache des Herrn gemäß 1 Kor 7,32-35 ganz dienen zu können.

ner geistlichen Ehe, das manchmal zum Scheitern des Vorhabens geführt haben wird.[249]

2.3. Religiös gemischte Ehen

In diesem Abschnitt geht es um die Frage von religiös gemischten Ehen im Neuen Testament und der frühen Christenheit. Es ist an dieser Stelle an die Ausführungen in Kap. I.2.3. zur Problematik der Religionsverschiedenheit als (möglichem) Ehehindernis bereits im antiken Judentum zu erinnern, die den Hintergrund zur folgenden Exegese der neutestamentlichen Texte abgeben.

Zunächst aber ist eine terminologische Klarstellung erforderlich, die sich ebenfalls im Kapitel I.2.3. aus inhaltlichen Gründen ergeben hat: Der bloße Begriff "Mischehe" ist – wie bereits angemerkt[250] – zu belastet, als daß er hier Verwendung finden dürfte. Er ist auch zu undifferenziert, da er nicht benennt, worin die Differenz zwischen beiden Ehepartnern besteht. So begegnen in der Ehegesetzgebung unterschiedlicher Kulturen in diversen Zeitepochen verschiedene Arten von "Mischehen"; sei es daß es sich um ethnische[251], sei es daß es sich um religiöse[252], um konfessionelle[253] oder um soziale[254] Unterschiede handelt. In diesem Abschnitt soll es insbesondere um die neutestamentlichen Texte gehen, die sich mit Ehen eines christlichen mit einem nichtchristlichen Partner befassen. Als Stellungnahmen zu dieser Problematik kommen vor allem 1 Kor 7,12-16.39 und 1 Petr 3,1-7 in Betracht.

Dabei wird aber auch die besondere soziale Situation in den altchristlichen Gemeinden zu bedenken sein – wie vor allem die Schwierigkeit höher gestellter christlicher Frauen[255], angesichts der Lex Iulia de maritandis ordinibus einen sozial angemessenen Ehemann – und entsprechend der christlichen Ehemoral sollte dies auch noch ein Christ sein! – zu finden.

---

249 Weshalb sie dann wohl auch so vehement von der Großkirche abgelehnt wurde. Vgl. die Vorwürfe des Irenaeus gegen die Valentinianer, Adv. haer. I 6,3.
250 S. 91, A. 1.
251 Vgl. Ehen zwischen Bosniern und Serben oder Kroaten.
252 Christ – Nichtchrist o.a.
253 Zum Beispiel ev.-luth./röm.-kath.
254 Verschiedene gesellschaftliche Schichten, siehe die Lex Iulia de maritandis ordinibus, 18 v. Chr.
255 Zum Beispiel aus senatorischen Familien.

2.3.1. Paulus

Paulus befaßt sich 1 Kor 7,12-16 – im Rahmen der Ehescheidungsproblematik (1 Kor 7,10-16) – mit der Frage religiös gemischter Ehen und vertritt den Grundsatz, daß der christliche Partner den Nichtchristen heilige.[256] Dies hat zur Konsequenz, daß der Christ – sei es nun der Mann oder die Frau – den nichtchristlichen Ehepartner nicht verstoßen muß. Begehrt aber der Nichtchrist die Ehe aufzulösen, so soll der Christ ihn nicht daran hindern, denn er wisse nicht, ob er den Ehepartner zu retten vermag.

Die Relation zu dem – auf Jesusüberlieferung fußenden – absoluten Ehescheidungsverbot von 1 Kor 7,10f wird im Kapitel "Ehescheidung" zu bedenken sein[257]; hier geht es lediglich um das Faktum religiös gemischter Ehen und deren besondere Problematik.

Paulus bezieht mit 1 Kor 7,12-16 Position gegen eine – möglicherweise bei den Korinthern aufgekommene – magisch-dingliche Vorstellung der Verunreinigung des christlichen Ehepartners und der Kinder durch den nichtchristlichen Teil.[258] Dem hält Paulus den Gedanken der Heiligung des Nichtchristen durch den christlichen Partner entgegen. Zugrunde liegt möglicherweise die Vorstellung, daß der "nichtchristliche Partner in eine größere Nähe zu Gott" geführt werden könne.[259] Somit käme einer religiös gemischten Ehe eine missionarische Funktion zu[260].

Es ist auch zu erwägen, ob der nicht-christliche Partner nicht vielleicht deshalb "geheiligt" ist, weil er an dem durch den Christen geheiligten Kind (bzw. den Kindern) mitbeteiligt ist.

Es ist davon auszugehen, daß Paulus hier solche "Mischehen" im Blick hat, deren christlicher Teil sich bereits *vor* der Taufe in einer Ehe mit dem heidnisch bleibenden Partner befunden hat[261], wie er sich auch 1 Kor 7,11 an bereits Geschiedene wendet. Gleichwohl ist der gegenteilige Fall von der Textbasis her nicht ausgeschlossen.

Eine Erhellung dieser Frage kann vielleicht von 1 Kor 7,39 her erfolgen, wo Paulus Verwitweten, die wieder heiraten wollen, rät, dies μόνον ἐν κυρίῳ zu

---

256 Siehe F. Lang, Korinther 93f.
257 S. 182-186.
258 R. Schnackenburg, Ehe 432f; F. Lang, Korinther 94.
259 R. Schnackenburg, ebd.; siehe auch F. Lang, ebd.
260 Vgl. auch 1 Petr 3,1ff.
261 Ebenso A.v. Harnack, Mission und Ausbreitung II 607; J. Köhne, Mischehen 333; G. Delling, Paulus' Stellung zu Frau und Ehe 79.

tun. Bedeutet dies, es müsse ein christlicher Partner gewählt werden?[262] Oder meint Paulus: einerlei, ob einen Christen oder einen Heiden, jedenfalls soll die Beziehung zum Kyrios dadurch nicht beeinträchtigt werden?[263] Ich halte ersteres für wahrscheinlicher und vermute, daß Paulus hier – entsprechend seinen jüdischen Wurzeln – den für Juden selbstverständlichen Gedanken, einen Nicht-Juden nicht zu heiraten[264], auf die christliche Gemeinde übertragen hat. Freilich sind nach Gal 3,28 die klassischen Grenzen zwischen Jude und Grieche/Nichtjude transzendiert; aber für einen Christen kommt nach Paulus – in Analogie zur jüdischen Gemeinde – nur ein christlicher Partner in Frage, sei er nun jüdischer oder nichtjüdischer Abkunft.

Fazit meiner Überlegungen ist, daß Paulus nicht zu der Schließung neuer "Mischehen" rät[265]. Hinsichtlich bestehender religiös gemischter Ehen, die ja zu solchen erst aufgrund der Konversion eines der beiden Partner wurden, rät Paulus grundsätzlich zum Festhalten an der Ehe – entsprechend dem absoluten Ehescheidungsverbot Jesu, das 1 Kor 7,10f als Herrenlogion vorangestellt wurde (οὐκ ἐγὼ ἀλλὰ ὁ κύριος). Erleichtert wurde solches Ja zur bestehenden religionsverschiedenen Ehe durch die missionarische Aussicht.[266] Die Beantwortung der Gemeindeanfrage in 7,12-16 hinsichtlich religiös gemischter Ehen erbringt Paulus in eigener Instanz (ἐγὼ οὐχ ὁ κύριος V.12), aber auf der Basis des Herren-

---

262 Siehe H. Baltensweiler, Ehe im Neuen Testament 187; G. Friedrich, a.a.O., 143; R. Schnackenburg, Ehe 430f; C. Munier, Ehe XVf; G. Delling, Paulus' Stellung zu Frau und Ehe 84; P.J. Tomson, Paul and the Jewish Law 120-122; K. Niederwimmer, a.a.O., 101 (A.100).120f; K. Heussi, Ursprung des Mönchtums 22.
263 Siehe auch R. Schnackenburg, Ehe 431; C. Munier, Ehe XVI; A.v. Harnack, a.a.O., II 607, A.607: "Das μόνον ἐν κυρίῳ will, daß die christliche Gesinnung gewahrt bleibt. Sie zu bewahren ist aber auch in der Ehe mit einem Heiden möglich (s. c. 7,16). Die Voraussetzung ist dabei natürlich, daß der christliche Teil den heidnischen gewinnen will und kann."
264 Zum jüdischen Hintergrund siehe die ausführliche Darstellung der Problematik religiös gemischter Ehen Kap. I.2.3. (S. 37-46). – Siehe ferner L. Archer, Her Price is Beyond Rubies 127ff, wobei auf den eigentlich entbehrlichen, weil selbstverständlichen Zusatz in jüdischen Scheidungsbriefen hinzuweisen ist, nach dem die Frau nun jedem Mann frei sei außer NN bzw. einem Nichtjuden, bzw. daß sie nun frei sei für jeden Juden (siehe P.J. Tomson, a.a.O., 121; siehe auch L. Archer, a.a.O., 131 mit Hinweis auf Papyr. Muraba'at 29 (71 n. Chr.): "you are free for your part to go and become the wife of any *Jewish* man that you wish"). – Vergleiche Tosefta Gittin 7,1; Babylonischer Talmud Gittin 85a ("sei jedermann erlaubt, nur (nicht) meinem Vater, meinem Bruder, deinem Bruder ... nur nicht einem Nichtjuden oder sonst einem, dessen Antrauung mit dir ungültig ist", Goldschmidt, Babyl. Talmud VI 480-482).
265 Vgl. 1 Kor 7,39 μόνον ἐν κυρίῳ.
266 Siehe hierzu J. Jeremias, Missionarische Aufgabe in der Mischehe 255-260.

logions, quasi als Ausführungsbestimmung für den konkreten Fall einer religionsverschiedenen Ehe.

2.3.2. 1 Petr

Zunächst fällt – im Unterschied zu den Ständetafeln Kol 3,18f und Eph 5,21-33 – auf, daß 1 Petr 3,1-7 von der Existenz der Frau in einem nichtchristlichen οἶκος ausgegangen wird.[267] 1 Petr 3,1-7 äußert sich der Verfasser – vgl. 1 Kor 7,12-16 – zur religionsverschiedenen Ehe. Doch ist 1 Petr 3,1-7 nur der Fall im Blick, daß die Frau mit einem ungläubigen Partner verheiratet ist (3,1f). Ein analoger Passus an den Ehemann[268] findet sich nicht (siehe 1 Petr 3,7). Daß letzterer Fall überhaupt nicht vorgekommen ist[269], ist meines Erachtens nicht vorstellbar, wie ja bereits der Passus 1 Kor 7,12-16 eindrücklich zeigt. 1 Petr 3,1-7 ist daher nicht ein hinreichender Beleg dafür, daß es solche Ehen überhaupt nicht gegeben habe. Der Text zeigt vielmehr, daß der Verfasser nur solche "Mischehen" im Blick hat, bei denen die Frau der christliche Teil ist. Dies erklärt sich am einfachsten aufgrund des unten näher zu skizzierenden Sachverhalts, daß – besonders in begüterten Kreisen[270] – die Frauen relativ häufiger zum Christentum fanden als Männer[271], wenn nicht beide Ehepartner – bzw. der gesamte οἶκος – sich zum Christentum bekehrten.

Interessant ist nun, wie die von Paulus 1 Kor 7,14.16 ja nur angedeutete missionarische Einwirkung des christlichen Ehepartners auf den Heiden im 1 Petr vorgestellt ist. Die Frau kann dem Mann gegenüber durch ihren schlichten und gehorsamen Lebenswandel[272] Zeugnis von ihrem christlichen Glauben ablegen. Es wird also vorausgesetzt, daß an der Lebensweise der Frau deutlich wird, daß sie als Christin so handelt, wie sie handelt (vgl. Tit 2,5). Das Defizit des Textes besteht aber darin, daß mögliche Konfliktsituationen, wie sie sich gerade in einer solchen Konstellation ergeben könnten, überhaupt nicht in den Blick kom-

---

267 Was manche Exegeten (u.a. G. Strecker) dazu veranlaßt hat, diesen Text nicht mehr den Haustafeln zuzurechnen.
268 Vgl. etwa Paulus in 1 Kor 7,12.14b.16b.
269 Wie dies etwa F.-R. Prostmeier, Handlungsmodelle im ersten Petrusbrief 445f mit Hinweis auf "die patriarchalische Struktur dieses Lebenskontextes" behauptet.
270 1 Petr 3,3, wo von äußerlichem Schmuck, aufwendigen Frisuren, goldenen Ketten und prächtigen Kleidern der Frauen die Rede ist, könnte eben auf solche begüterten Frauen hinweisen, die – im Gegensatz zu ihrem Mann – zum Christentum fanden.
271 Siehe P. Lampe, Stadtrömische Christen 96.119.
272 Von einer – vielleicht predigtartigen oder katechetischen – Verkündigung des Christentums an den Heiden ist gar nichts gesagt, wo doch nach Paulus der Glaube aus dem Hören der Predigt kommt (Röm 10,14.17).

men.[273] Die Unterordnung der Christin unter den Mann muß doch wenigstens dann zum Problem in einer religiös gemischten Ehe werden, wenn der Mann seiner Frau die Praktizierung ihrer Religion untersagt oder behindert.[274] Im paulinischen Passus (1 Kor 7,12-16) bleibt ja immerhin die Möglichkeit, daß sich der heidnisch gebliebene Ehepartner von dem christlichen Teil scheiden läßt, weil ersterer mit der neuen (Lebens-)Situation nicht einverstanden ist.

Doch mag die konkrete Situation der Adressaten[275] möglicherweise keine andere Behandlung des Themas zugelassen haben, um die Christinnen nicht in eine noch schwierigere Lage zu bringen. So wird diese sehr einseitige Mahnung zur Unterordnung – gerade auch gegenüber dem heidnischen Ehemann – apologetischen Motiven entsprungen sein.[276] In heidnischen Kreisen bestand die Befürchtung, daß die gesamte staatliche Ordnung letztlich zu Fall kommen werde, wenn sich einzelne – vor allem Frauen oder Sklaven – aus ihrer inferioren Rolle auch nur in einem einzigen Lebensbereich erheben.[277] Die Angst bestand darin, daß auch die Ordnung in größeren Zusammenhängen wie dem Staat schleichend zu Fall gebracht werde, wenn die Subordnungen, die alle aus einem klar gegliederten Oben und Unten bestehen, ins Wanken geraten[278].

---

273 Vgl. etwa Tertullian, Ad uxorem II 4,2f: "Denn wer möchte seiner Gattin erlauben, straßenweise in den fremden und gerade in den ärmsten Hütten vorzusprechen, um die Brüder zu besuchen? Wer wird es gern sehen, daß sie, wenn es erforderlich ist, sich zu nächtlichen Zusammenkünften von seiner Seite wegbegibt? Wer wird zur Zeit der Osterfeierlichkeiten ohne Besorgnis dulden, daß sie die ganze Nacht wegbleibt? ..." (lateinisch siehe MPL 1,1204).

274 Derartige Reflexionen konnten in den Ständetafeln von Kol und Eph schon deshalb unterbleiben, weil hier gar nicht von einer religiösen "Mischehe" ausgegangen wird.

275 Auf eine Verfolgungssituation oder zumindest auf Restriktionen im Alltag deuten 1 Petr 4,16f; 5,9 hin. Vgl. Ph. Vielhauer, Geschichte der urchristlichen Literatur 582; H. Conzelmann/A. Lindemann, Arbeitsbuch 354f.

276 Siehe dazu D.L. Balch, Let wives be submissive, vor allem 81ff.

277 Vgl. zur sokratischen Ethik Stobaeus IV 23.58; ferner Plutarch, Praec. Coniug. 140D. Im Hintergrund dürfte m.E. die Tradition des hellenistischen Polisgedankens stehen (siehe Platon und Aristoteles). Auf dem klar strukturierten οἶκος – in dem Frau und Kinder gegenüber dem Mann einen inferioren Rang haben – basiert die πόλις, auf dieser letztlich das menschliche γένος. Fundamental für diesen Ableitungsprozeß ist, daß die Ordnung im kleinen stabil ist und auf der nächst höheren Ebene ihre Entsprechung findet. In der Konsequenz dieses Modells liegt, daß Störfaktoren gerade auf der für alles weitere konstitutiven unteren Stufe behoben werden müssen.

278 Wie das zum Beispiel der Fall ist, wenn die Frauen sich eigenständig Götter suchen, statt am Kult der Familie bzw. des Ehemanns zu partizipieren, vgl. entsprechende Vorwürfe bei heidnischen Opponenten des Christentums, wie Celsus und später Porphyrius, siehe P.G. Fangauer, Stilles Frauenheldentum 71f (zu Celsus siehe vor allem Origenes, Contra Celsum; zu Porphyrius siehe Macarius Magnes).

Dagegen mußten christliche Apologeten[279] das Gegenteil aufzeigen. Bereits 1 Petr ist eine apologetische Tendenz aufweisbar. Es gilt, durch den rechtschaffenen Wandel die Heiden davon zu überzeugen, daß das Christentum doch keine anarchische, sondern eine gute Sache ist (vgl. 1 Petr 2,12.15; 3,1). Auch wenn eine Christin nicht mehr den Glauben ihres Mannes an die heidnischen Götter teilt, will sie nach Auffassung von 1 Petr 3,1ff nicht die allgemeine Ordnung, in der sie gegenüber dem Mann natürlich eine inferiore Stellung innehat, aufheben, wie dies etwa Gegner des Christentums behaupten. Daher ist aufgrund des skizzierten apologetischen Hintergrundes dem Verfasser des 1 Petr eine so starke Betonung der Unterordnung der Frau unter ihren Mann notwendig und eine Diskussion von Grenzfällen des weiblichen Gehorsams faktisch nicht möglich. In solchen Fällen wird man aber gemäß 1 Petr 2,21; 3,17f; 4,1.13 daran zu denken haben, daß den Christinnen – wie nach 2,18-25 auch den Sklaven – nichts anderes verbleibt, als in der Leidensnachfolge Christi geduldig ihren Glauben zu bewahren und gegebenenfalls durch das eigene Leiden mit Christus zu leiden (4,13).

Die Begründung für die Aufforderung an die Frau, sich unterzuordnen, erfolgt zweischichtig: a) 1 Petr 3,3f wird zunächst mit dem herkömmlichen – auch im Heidentum weit verbreiteten[280] – Ideal der tugendsamen Ehefrau argumentiert[281]; b) mit alttestamentlichen Vorbildern (1 Petr 3,5f), explizit mit Sara, die ihrem Mann Abraham untertänig war und ihn "Herr" nannte (1 Petr 3,6)[282].

2.3.3. Historische Erwägungen zur religiösen Mischehenproblematik

Aufgrund der augusteischen Ehegesetzgebung, wie sie in der Lex Iulia et Papia Poppaea – und dabei besonders in der Lex Iulia de maritandis ordinibus – fixiert wurde, gab es standesgebundene Ehehindernisse, die sich auch auf die christlichen Gemeinden auswirkten. So war es Mitgliedern aus der Senatsaristokratie sowie deren Angehörigen bis zur dritten Generation untersagt, eine Ehe mit

---

279 Siehe in späterer Zeit vor allem Justin, Athenagoras und Tatian, siehe dazu P.G. Fangauer, a.a.O., 67f.
280 Plutarch, Praec.Coniug. 26 (141e); Epictet, Enchiridion 40; Seneca, Ben. 7,9; Ps.-Lucian, Amores 40ff; Musonius, Or. III 10,2-4.11-14; Philo, Virt. 39f; MigrAbr 97; VitMos 2,243.
281 Vgl. 1 Tim 2,9f; siehe J. Roloff, Erster Timotheus 127, spricht vom Leitbild der "sittenstrengen Matrone der Frühzeit" für die römische Welt bzw. vom Leitbild der "heiligen Frau der Patriarchenzeit" für den jüdischen Bereich.
282 Vgl. Gen 18,12. Zur problematischen Exegese von Gen 18,12 in 1 Petr 3,6 siehe D.L. Balch, a.a.O., 104. Die im Judentum übliche Anrede "Herr" der Frau an den Mann wird eklektisch aufgegriffen und als ein Beispiel für den Gehorsam einer Frau gegenüber ihrem Mann angeführt.

Freigelassenen (libertini) oder Sklaven einzugehen.[283] Dies wog gerade angesichts der sozialen Struktur der ersten christlichen Gemeinden sehr schwer: Die meisten Christen waren kleine Landbesitzer, Handwerker und Krämer oder römische Armeeangehörige mittleren oder niederen Dienstgrades.[284] Männer aus den führenden Schichten fanden selten, Frauen hingegen häufiger zum Christentum.[285] So ergab sich gerade für letztere angesichts der durch diese Ehegesetzgebung aufgestellten Ehehindernisse die Schwierigkeit, einen sowohl sozial angemessenen als auch christlichen Partner zu finden.[286]

Für Männer blieb in einem solchen Fall ja immerhin noch die Möglichkeit des Konkubinats.[287] Aber selbst diese Möglichkeit stand Frauen aus senatorischen Kreisen nicht offen, denn nach klassischer römischer Auffassung war "im Konkubinat der Mann der Höherstehende".[288] Wollte eine solche Frau nicht Gefahr laufen, ihren sozialen Status zu verlieren oder rigiden Strafen ausgesetzt sein[289], verblieb ihr eigentlich nur die Möglichkeit, eine sogenannte "Mischehe"

---

283 Siehe J. Köhne, Mischehen 337f; P. Csillag, The Augustan Laws on Family Relations 100; J.E. Stambaugh, Das soziale Umfeld des Neuen Testaments 110; P. Lampe, Stadtrömische Christen 96-99. – Standesbedingte Ehehindernisse finden sich im römischen Eherecht bereits in früher Zeit: So war ursprünglich die Ehe zwischen Patriziern und Plebejern verboten; aufgehoben wurde dieses Ehehindernis nach Cicero, de re publica II 37,63 und Livius 4,1,1 erst 445 v. Chr. (siehe G. Delling, Art. Ehehindernisse 686).

284 J.E. Stambaugh, a.a.O., 108; vgl. P. Lampe, a.a.O., 112f. Siehe auch H.C. Kee, Das frühe Christentum in soziologischer Sicht 88: "Celsus ... machte sich darüber lustig, daß es sich hierbei um eine Bewegung der unteren Schichten handele". Siehe auch R. Knopf, Soziale Zusammensetzung 325-347, 326; H. Gülzow, Christentum und Sklaverei 94.

285 Siehe vor allem A.v. Harnack, Mission und Ausbreitung II 589-611; R. Knopf, a.a.O., 334f; beide mit zahlreichen Beispielen; s.a. H. Gülzow, a.a.O., 94; P.G. Fangauer, a.a.O., 107-119 zu aristokratischen, senatorischen, ja gar kaiserlichen Frauen; später für Karthago z. Zt. Tertullians: G. Schoellgen, Ecclesia sordida? 213f; zu Rom siehe P. Lampe, a.a.O., 97.119.

286 Siehe auch A.v. Harnack, a.a.O., II 609; J. Köhne, a.a.O., 237; J. Evans-Grubbs, Mixed Marriages 132; P. Lampe, a.a.O., 96-99.

287 J. Köhne, a.a.O., 338: "Mit einer weiblichen Person, mit der ein Mann aus Gründen sozialer und moralischer Natur keine gültige Ehe schließen konnte, durfte er im Konkubinat leben". Siehe auch J. Evans-Grubbs, a.a.O., 128; P. Csillag, a.a.O., 143-146. – Allerdings wurde das Konkubinat zunächst kirchlicherseits völlig abgelehnt (anders erst bei Kallixt, siehe unten).

288 J. Köhne, ebd.: "Mit einer ingenua honestae vitae konnte gemäß der Ehegesetzgebung des Augustus ein Mann nicht im Konkubinat leben."

289 Siehe hierzu unter anderem P. Csillag, a.a.O., 146ff; J. Evans-Grubbs, a.a.O., 133 u.ö. Eine derartige Frau, die einen Sklaven heiratete, wurde nach der Ehegesetzgebung ebenfalls Sklavin des Herrn ihres Mannes, vorausgesetzt, sie wußte um den Stand ihres Gatten.

einzugehen, d.h., einen Nicht-Christen zu heiraten.[290] Auf diesen – meines Erachtens von Paulus bei seinen Ausführungen 1 Kor 7,12-16 nicht intendierten – Fall konnte dann 1 Kor 7,12-16 übertragen werden – vorausgesetzt, man verstand das μόνον ἐν κυρίῳ 1 Kor 7,39 im weiteren Sinne, d.h., nicht als eine "Mischehe" grundsätzlich ausschließend.

Anfang des dritten Jahrhunderts zog der römische Bischof Kallixt die Konsequenzen aus den sozialen Gegebenheiten: Er gestattete nun einer Frau aus den Kreisen der senatorischen Oberschicht, für die die staatlichen Ehehindernisse galten, mit einem christlichen libertus (Freigelassenen) oder einem christlichen Sklaven ein Konkubinat einzugehen.[291] Dies bedeutete kirchlicherseits faktisch die Anerkennung eines Konkubinats, in dem die Frau sozial höher gestellt war als der Mann, was nach römischer Auffassung unzulässig war. Die Anerkennung eines Konkubinats durch Kallixt war jedoch scharfen Attacken ausgesetzt, so von Tertullian (Ad uxorem II 8,4) oder von Hippolyt (Elenchos IX 12).[292]

2.3.4. Leviratsehe[293]

Dieser Paragraph bietet – anders als die vorangegangenen Abschnitte – zwar keine grundlegenden neuen Erkenntnisse, ist aber – schon aus Gründen der Vollständigkeit – unverzichtbar, wenn auf spezielle Eheformen eingegangen werden soll. Immerhin begegnet die Leviratsehe peripher auch im Neuen Testament (Mk 12,19 parr Mt 22,24; Lk 20,28).

Dtn 25,5f wird vom Mann verlangt, seinem kinderlos verstorbenen Bruder legitime Nachkommenschaft – und nach Dtn 25,6 einen männlichen Erben – dadurch zu verschaffen, daß er sich seine Schwägerin durch Leviratsehe nimmt.

---

290 Siehe auch A.v. Harnack, a.a.O., II 609; P. Lampe, a.a.O., 98f.
291 A.v. Harnack, a.a.O., II 609: "Die Kirche schafft hier also ein kirchliches Eherecht gegen das staatliche Eherecht, und sie schafft es aus der Zwangslage heraus, in die sie sich durch die größere Anzahl christlicher Mädchen im Vergleich mit der christlicher Jünglinge versetzt sah". Siehe auch P. Lampe, a.a.O., 96-99.
292 Siehe J. Köhne, a.a.O., 339f; J. Evans-Grubbs, a.a.O., 132f; H. Jedin, Handbuch der Kirchengeschichte I 372.
293 Literatur zum Problemkreis "Leviratsehe": S. Belkin, Levirate and Agnate Marriage 275-329; M. Burrows, Levirate Marriage 23-33; Ders., The Marriage of Boaz and Ruth 445-454; M. Cohn, Art. Leviratsehe 1076-1078; Ders., Art. Levirate Marriage 638; J.M. Ford, Levirate Marriage in St. Paul 361-365; F. Lau, Art. Leviratsehe 338f; J.M. Mittelmann, Levirat, passim; vollständige Titel im Literaturverzeichnis, siehe dort auch die Arbeiten zum jüdischen Eherecht insgesamt, die dieser Frage ein Kapitel widmen (z.B. Epstein). Von Bedeutung ist außerdem die rabbinische Literatur, die sich umfassend mit Fragen des Levirats befaßt, Belege hierfür bei Strack-Billerbeck I 886f.

Dies gilt aufgrund der Zulässigkeit von Polygynie im antiken Judentum auch für den Fall, daß dieser Mann bereits selbst verheiratet ist. Allerdings kann der Schwager nach Dtn 25,7-10 den Vollzug der Leviratsehe auch ablehnen, was aber zu dem entehrenden Ritual des Schuhausziehens durch die abgewiesene Schwägerin vor den Ältesten der Stadt führt. Zwar galt das Levirat primär der Erhaltung des Namens und Erbbesitzes des verstorbenen Mannes; doch lag hierin außerdem die Möglichkeit, die ökonomische Existenz der Witwe zu sichern.[294]

Das Institut der Leviratsehe kommt uns sehr fremd vor; es wird aber verständlich, wenn die kaum zu überschätzende Bedeutung des Mehrungsgebots von Gen 1,28 für das antike Judentum in Rechnung gestellt wird. Der vielleicht allzufrüh und kinderlos verstorbene jüdische Mann konnte noch nicht dem Gebot von Gen 1,28 Folge leisten. Diesem Umstand sollte durch das Institut der Leviratsehe abgeholfen werden, indem der Bruder des Verstorbenen[295] in die Bresche tritt und im Namen des Verstorbenen diesem legitime Nachkommenschaft verschafft. Nach Dtn 25,6 gilt der erste Sohn aus dieser Beziehung als Sohn des Verstorbenen.

Die Leviratsehe begegnet auch Gen 38,8, ferner im Neuen Testament im Zusammenhang der synoptischen Perikope von der Totenauferstehungsdiskussion (Mk 12,19 parr Mt 22,24; Lk 20,28). In abgewandelter Form kommt sie noch Ruth 4,5 vor, wobei es sich aber nicht um den Bruder, sondern um einen männlichen Verwandten des Verstorbenen als "Löser" handelt[296], der die kinderlos gebliebene Ehefrau seinerseits regelrecht heiratet, was bei der Leviratsehe ansonsten nicht geschah.

In der rabbinischen Literatur finden sich breite Ausführungen zur Leviratsehe einschließlich kasuistischer Fallbeispiele.

Es muß jedoch betont werden, daß wir nicht wissen, von welchem Zeitpunkt an welche Bestimmungen bereits gültig waren. Es ist aber m.E. davon auszugehen, daß der Übergang von der alttestamentlichen zur mischnischen Tradition ein fließender und allmählicher war. Es soll – trotz der genannten methodischen Schwierigkeiten – versucht werden, ein ungefähres Bild von der

---

294 Siehe auch J. Mittelmann, Levirat 9: Levirat auch als "Schutzgesetz für die kinderlose Witwe ..., die nicht aus der Mannessippe verstoßen, sondern durch den Levirat ... versorgt werden soll." (siehe ferner a.a.O., 26f).
295 Bzw. auch der nächste männliche Verwandte, siehe das Buch Ruth: als "Löser".
296 Zu diesem Text siehe vor allem M. Burrows, The Marriage of Boaz and Ruth, 445-454, der in der Ehe von Boas und Ruth eine Vorform der Leviratsehe sieht: "Apparently the book of Ruth represents a transitional stage between redemption-marriage as an affair of the clan and levirate-marriage as an affair of the family." (451).

Leviratsehe in rabbinischer – vor allem mischnischer – Tradition zu zeichnen.

So nennt Mischna Jebamoth 1,1 15 Fälle von Frauen, die für den Vollzug der Leviratsehe wie auch für die Halisah nicht in Frage kommen[297]. Diese Fälle ergeben sich aufgrund der Inzestgesetze von Lv 18[298]: es handelt sich (1) um die Tochter eines Mannes, die ja nach rabbinischer Auffassung (anders Qumran CD V 7-11) durchaus ihren Onkel, also den Bruder des Mannes, geheiratet haben konnte; (2) die Tochter der Tochter (= Enkelin); (3) die Tochter des Sohnes (= Enkelin); (4) die Stieftochter; (5) die Tochter des Stiefsohnes; (6) die Tochter der Stieftochter; (7) die Schwiegermutter; (8) die Mutter der Schwiegermutter; (9) die Mutter des Schwiegervaters; (10) die Halbschwester mütterlicherseits; (11) die Tante mütterlicherseits; (12) die Schwester der eigenen Frau (= die Schwägerin); (13) die Frau des Halbbruders mütterlicherseits; (14) die Frau des Bruders, der vor der eigenen Geburt bereits verstorben ist; (15) die ehemalige Schwiegertochter, die dann den Bruder geheiratet hat.[299]

Einer Leviratsehe konnten aber auch Beschränkungen aufgrund der über die Inzestgesetze von Lv 18[300] hinausgehenden rabbinischen Satzungen wie auch Beschränkungen aufgrund der Heiligkeit des Standes des möglichen Levirs[301] entgegenstehen[302]. In diesen Fällen darf die Leviratsehe nicht vollzogen werden; es ist die Halisa zu vollziehen. Hinsichtlich der Beschränkungen aufgrund rabbinischer Satzungen sind nach Mischna Jebamoth 2,4 A und Babylonischem Talmud 20a auch die sogenannten "zweiten Verwandtschaftsgrade nach den Worten der Schriftgelehrten'" (= die "zweitgradig Inzestuösen"[303]) untersagt. Standesbedingte Beschränkungen werden Mischna Jebamoth 2,4 B sowie Babylonischer Talmud Jebamoth 20a erläutert: untersagt sind (1) die Witwe dem Hohenpriester, (2) die Geschiedene und die Halusa dem gewöhnlichen Priester, (3) "der weibliche Bastard"[304] und die Natina (Nicht-Israelitin) dem Israeliten, (4) die Israelitin dem Natin (Nicht-Israeliten) und dem "Bastard".

Um einen Sonderfall handelt es sich, wenn die verwitwete Frau des Bruders zugleich die Schwester der eigenen Frau ist. In diesem Falle ist es nach Mischna

---

297 Siehe auch Babylonischer Talmud Jebamoth 20a.
298 Siehe unten Kapitel V.8.
299 Siehe hierzu Mischna Jebamoth 1,1 A-I, J. Neusner, Mishnah 337; K.H. Rengstorf, Mischna III/1 3).
300 Mischna Jebamoth 1,1 und 2,3 B.
301 Siehe oben S. 50f zur Priesterehe.
302 Mischna Jebamoth 2,3 C; Babylonischer Talmud Jebamoth 20a.
303 So die Wiedergabe bei Goldschmidt, Babyl. Talmud IV 377f.
304 Ausdruck nach Rengstorf, Mischna 19; vgl. Goldschmidt, Babyl. Talmud IV 377f: "Hurenkind". Es soll der Umstand bezeichnet werden, daß die Abkunft dieser Person dunkel ist.

Jebamoth 2,3 D sowie Babylonischem Talmud Jebamoth 20a sowohl möglich, die Leviratsehe einzugehen als auch die Halisah zu vollziehen.

Wenn ein Mann z.b. aus einer früheren Ehe bereits einen Sohn hat, so unterliegt bei einer späteren anderweitigen Verehelichung dessen neue Frau nach dem Tod des Gatten nicht der Leviratsverpflichtung, auch wenn keine Kinder dieser Beziehung entsprungen sind[305]. Vorausgesetzt ist dabei natürlich, daß dieser Sohn nicht von einer Sklavin oder einer Nichtisraelitin stammt[306].

Nach Mischna Jebamoth 2,8 A[307] und Babylonischem Talmud Jebamoth 24a obliegt der älteste Bruder des Verstorbenen dem Leviratsgebot; ist ihm aber ein jüngerer Bruder zuvorgekommen, kann er dagegen nichts unternehmen.

Der ökonomische Aspekt für die Witwe wurde bereits angesprochen. Für den Levir brachte das Eingehen der Leviratsehe den Erwerb des Vermögens des verstorbenen Bruders mit sich[308] sowie die Unterhaltspflicht für die Witwe. Eine Art "Trauerzeit" für die Witwe scheint die Bestimmung von Mischna Jebamoth 4,10 A vorauszusetzen, nach der die Schwagerehe oder der Vollzug der Halisah erst drei Monate nach dem Tod des Mannes vollzogen werden dürfen.

Abschließend sei darauf hingewiesen, daß das Institut oder die Möglichkeit der Leviratsehe weitere Ehebeschränkungen für eine Israelitin mit sich bringen konnte, als die Kap. I.2 genannten: So mußte sich die Witwe eines kinderlosen Israeliten für den Vollzug der Leviratsehe bereithalten, um ihrem verstorbenen Mann zumindest auf diesem Wege zu legitimer Nachkommenschaft zu verhelfen. Das bedeutete folglich, daß sie zunächst keine anderweitige Ehe eigenmächtig eingehen konnte, also nicht völlig frei in ihrer Lebensplanung war. Tat sie es dennoch, so wurde diese Heirat als Ehebruch angesehen; die neue Ehe mußte geschieden werden.[309] Erst nachdem der infragekommende Levir bzw. weitere Brüder des verstorbenen Mannes[310] abgelehnt hatten, war die Witwe wirklich frei, einen Mann ihrer eigenen Wahl zu heiraten. Bestand der Levir auf Vollzug der Leviratsehe, gab es für die Witwe keine Alternative.

Es ist nun noch auf den einzigen neutestamentlichen Beleg der Leviratsehe Mk 12,19 parr Mt 22,24/Lk 20,28 kurz einzugehen.

Es handelt sich um ein Streitgespräch Jesu mit seinen sadduzäischen Gegnern. Diese konstruieren – unter Anknüpfung an das wie selbstverständlich vorausgesetzte Institut der Leviratsehe – einen krassen Fall, um die Absurdität einer realistisch vorgestellten Auferstehung der Toten zu illustrieren. Es waren insge-

---

305 Mischna Jebamoth 2,5 B.
306 Mischna Jebamoth 2,5 B.
307 Siehe auch 4,5.
308 Mischna Jebamoth 4,7 B.
309 M. Cohn, Art. Levirate Marriage 638; Ders., Art. Leviratsehe 1078.
310 Vgl. Mischna Jebamoth 2,8 A; Babylonischer Talmud Jebamoth 24a.

samt sieben Brüder. Einer nach dem anderen verstarb, nachdem sie einer nach dem anderen – dem Institut der Leviratsehe gemäß – dem ersten Bruder legitime Nachkommenschaft verschaffen wollten. Sie stellen polemisch die Frage, wem die Frau bei der zukünftigen Auferstehung der Toten gehören werde, um zu zeigen, wie absurd die Vorstellung von einer zukünftigen Totenauferstehung ist.

Jesus hält nach Mt 22,30 par Mk 12,25 den Sadduzäern entgegen, daß man nach oder bei der Auferstehung der Toten weder heiratet noch geheiratet wird. Lk 20,34-36 radikalisiert gegenüber den Seitenreferenten dahingehend, daß er schon vor der Auferstehung zwei Gruppen von Menschen einander gegenüberstellt: 1. "die Söhne dieses Äons heiraten und lassen sich heiraten" (V.34). Diejenigen aber, die jenes Äons und der Auferstehung der Toten für würdig erachtet werden, heiraten bereits jetzt nicht mehr noch lassen sie sich heiraten (V.35). Selbstgewählte Ehelosigkeit kann also bereits in dieser Weltzeit Ausdruck der Zugehörigkeit zur künftigen Welt sein, also auf die Existenz nach der Parusie Christi vorausweisen, die alle drei Evangelisten als Engelsgleichheit charakterisieren (Mk 12,25b parr Mt 22,30b; Lk 20,36b).

Es fällt dabei auf, daß Jesus – nach der synoptischen Tradition – überhaupt nicht auf die Leviratsehe eingeht. Dies verwundert nicht, da die Leviratsehe nur als Argumentationsmittel der Gegner fungierte. Die Leviratsehe wird demnach im Neuen Testament nirgends eigens in den Blick genommen, sondern begegnet lediglich an dieser Stelle in der synoptischen Tradition peripher.

III. Ehelosigkeit

1. Ehelosigkeit in der neutestamentlichen Umwelt

a) Eine ehelose Existenz war im Judentum in neutestamentlicher Zeit – außer im Fall der Unfruchtbarkeit bzw. Zeugungsunfähigkeit – aufgrund des Mehrunsgebotes von Gen 1,28 als des ersten Schöpfungsgebotes überhaupt, das der gesamten Menschheit galt, völlig undenkbar. Daß sich auch die streng toraorientierten Essener nicht diesem Mehrungsauftrag versagt haben[1], ist m.E. naheliegend, zumal sich eine größere Anzahl der Qumran-Texte auch mit Ehe- und sexualethischen Fragen befaßt[2]. Weiter ist auf den bereits[3] behandelten Abschnitt CD IV 20 – V 11 (vgl. 11QTempel 57,17-19) hinzuweisen, wo auf die Fragen der Einzigehe sowie die der ehehinderlichen Verwandtschaftsgrade (Onkel/Nichte) eingegangen wird. Wichtig sind in diesem Zusammenhang auch Stellen wie 1QS IV 7 und 4QpPs37 II 5; III 1f[4], aus denen die Bedeutung der verheißenen Nachkommenschaft – entsprechend der Tradition der Väterverheißungen der Genesis – klar ersichtlich ist. Es ist m.E. nicht angebracht, diese Passagen im übertragenen Sinn als eschatologische Zusage zu interpretieren, als werde Nachkommenschaft als Heilsgut "auch denen zugesprochen ..., die in voreschatologischer Zeit zwar im rechten Geiste, aber nicht in ehelicher Gemeinschaft gelebt haben"[5]. Nein, man muß die Texte schon beim Wort nehmen. Hier steht Nachkommenschaft als zentrales Heilsgut im Blickpunkt derer, die gerade angesichts der besonders dringlichen Endzeiterwartung radikalen Ernst mit der Befolgung der gesamten Tora machen wollen. Daß man in diesen Kreisen das Mehrungsgebot von

---

1 Zur Ablehnung der Ehelosigkeitshypothese hinsichtlich der Qumran-Essener siehe H. Hübner, Zölibat in Qumran?, NTS 17 (1970/71), 153-167; H. Stegemann, The Qumran Essenes 126-134; Ders., Essener 267-274; J.M. Baumgarten, Qumran-Essene Restraints on Marriage 13-24; L.H. Schiffman, Sectarian Law in the Dead Sea Scrolls 214f.
2 Siehe zum Beispiel 1QSa I 9-11, wonach die Männer – entgegen der zeitgenössischen Praxis der Umwelt – erst mit Vollendung des 20. Lebensjahres heiraten. Siehe ferner die Passagen 1QSa I 4; CD IV 20 – V 2; CD V 6-11; 1QS IV 7, siehe H. Stegemann, The Qumran Essenes 131.
3 S. 104-112.
4 Siehe hierzu H. Stegemann, 4QpPsalm 37 193-227.
5 So H. Siedl, Qumran 257.

Gen 1,28 außer Kraft und für sich selbst nicht mehr als bindend oder gültig angesehen hätte, ist m.E. unvorstellbar.

Von Befürwortern der Hypothese der Ehelosigkeit bzw. des "Zölibats" bei den Essenern in Qumran wird besonderes Gewicht darauf gelegt, daß man in Qumran in ständiger Erwartung des Krieges der Endzeit gelebt habe[6]. Um an diesem in realistischer Weise vorgestellten Krieg teilnehmen zu dürfen, müsse man dauerhaft in völliger ritueller Reinheit sein; die Anwesenheit von Frauen wie auch eine sexuelle Gemeinschaft mit diesen – oder eine sexuelle Handlung überhaupt – verbiete sich von daher für alle Gemeindeglieder.[7] – Diese Argumentation überzeugt indes nicht. Denn es verhält sich mit den Teilnehmern des Krieges der Endzeit grundsätzlich nicht anders als mit den im kultischen Dienst stehenden – selbstverständlich verheirateten! – Priestern im Judentum. Ehelicher Kontakt entfiel nur während der Dienstzeiten.

Kein Jude wäre auf die Idee gekommen, gegen Gen 1,28 – das doch Teil der Schöpfungstora ist, die allen (!) Menschen gilt – vom Priester zu verlangen, daß er nicht heiraten dürfe.[8] Die Forderung kultischer Reinheit ließ sich sehr wohl mit Ehe und Familie verbinden. Die Essener machten hierbei keine Ausnahme.

In Analogie zu den am Kult teilnehmenden Priestern ist auch die Teilnahme am Krieg der Endzeit zu verstehen, zumal dieser erst künftig stattfinden wird,

---

6 Wie 1QM zeigt.
7 Siehe hierzu etwa 1QM VII 3-7, wobei hier die Kriegstheologie des Dtn nachwirkt (Dtn 20,7; 23,10-12(15); 24,5). In diesen Texten ist freilich nur an zeitlich begrenzte Kontinenz gedacht, die allerdings dem "frisch verheirateten" Israeliten nicht abverlangt wird. – Zu der so motivierten Argumentation für Ehelosigkeit in Qumran siehe F.M. Cross, Ancient Library 71-74.180; J. Maier/K. Schubert, Qumran-Essener 80; A. Steiner, Warum lebten die Essener asketisch? 24-27, der für Qumran mit einer "zeitlichen Entschränkung" der zeitlich terminierten sexuellen Kontinenz von Ex 19,10f.14f (Theophanie am Gottesberg) rechnet (10).
J.M. Baumgarten, a.a.O., 19f, hebt hervor, daß nach 11QTempel 45 die Unreinheit nach vollzogenem Geschlechtsverkehr drei Tage beträgt. Damit gehen die Essener über Lv 15,18 hinaus, wonach die Unreinheit lediglich einen Tag beträgt. Baumgarten führt diese Verschärfung auf den Einfluß der Offenbarungsszene am Sinai zurück. Der Offenbarungsprozeß des Gesetzes sei für die Essener als ein fortlaufender gedacht (a.a.O., 20).
8 Siehe auch H. Stegemann, The Qumran Essenes 132: "But all Jewish priests, including the high priest, were married and had children, however they avoided periods of uncleaness of their wives ... Never did local or temporary impediments to marriage or to sexual intercourse, become all-embracing for obedient Jews of Second Temple times. Even the strictest observance of purity rules and a permanent lifestyle related to the temple idea, should leave some little space for marrying and begetting children."

für die Lebensgestaltung in der Gegenwart also gar nichts besagt. Tatsächlich setzt die "Kriegsregel" sogar voraus, daß die israelitischen Krieger verheiratet sind![9]
Außerdem: selbst bei Annahme des rituell bedingten Zölibats in Qumran wäre es niemandem möglich gewesen, den strengen Reinheitskriterien allzeit gerecht zu werden; denn selbst Pollution machte für einen Tag unrein[10], ganz ebenso wie vollzogener Beischlaf.
In der Kriegsrolle ist lediglich davon die Rede, daß keine Kinder oder Frauen (wie auch keine aus irgendeinem Grunde unreinen Personen) im Kriegslager der Söhne des Lichtes sein sollen (1QM VII 3ff), die dann, mit den Engeln verbündet, gegen Belial und die Söhne der Finsternis kämpfen werden. Solche Anordnung muß natürlich ergehen, wenn Frauen und Kinder ansonsten in der Gemeinde anzutreffen waren, wofür auch der archäologische Befund der Qumran-Siedlung spricht[11]. Zwar finden sich die Gräber von Frauen und Kindern[12] eher am Rande. Das verwundert aber nicht, war es doch Frauen und Kindern nicht möglich, Vollmitglieder der Gemeinschaft zu werden.[13]
Daß sich eine so strenge Ordnung wie die der Essener in der Praxis nicht mit einem Familienleben vereinbaren lasse[14], ist m.E. kein zwingendes Argument, sondern pure Vermutung, weil uns modernen Menschen eine derartige Rigidität fremd ist.[15]
Ein Hauptproblem dieses Ansatzes liegt m.E. aber bereits darin, daß man den antiken literarischen Quellen[16] zuviel Gewicht beimißt oder sie nicht angemessen interpretiert.[17] Wohl behaupten Philo Alexandrinus, Flavius Josephus

---

9 Siehe 1QM II 1ff, wo die Familienverbandstruktur vorausgesetzt wird.
10 Siehe Dtn 23,10-12 vgl. 1QM VII 4f.
11 Zum archäologischen Befund siehe detailliert R. de Vaux, Ausgrabungen 89-95: die Gräber 32 und 33 des Hauptfriedhofes sowie das Grab 1 des südlichen Friedhofs sind Frauengräber; die Gräber 2, 3 und 4 des südlichen Friedhofs sind Kindergräber. Zum archäologischen Befund siehe auch J.T. Milik, Essener 117, sowie H. Stegemann, The Qumran Essenes 133f (und A.110, siehe dazu 85, A.7); vgl. allerdings R. Mayer/J. Reuss, Qumranfunde 103f, die diesen Befund mit der Ehelosigkeitstheorie zu verbinden suchen.
12 Neben denen von Männern, die offenbar ebenfalls – aus welchen Gründen auch immer – zum Zeitpunkt ihres Todes nicht Vollmitglieder der Gemeinschaft waren.
13 Siehe auch H. Stegemann, The Qumran Essenes 133f.
14 So z.B. H. Siedl, Qumran 260; R. Mayer/J. Reuss, a.a.O., 150; R.J. Devine, Holy Virginity 56f.
15 Vgl. hierzu etwa die Erwägungen H. Stegemanns, Essener 267-274, wie man sich ein Familienleben unter den Bedingungen der Qumrantexte vorzustellen habe.
16 Plinius, hist. nat. V 15,73; Philo, Hypoth. 11,14-17; Josephus, Ant. XVIII 21; Ders., Bell. Jud. II §§120f (vgl. allerdings §§160f!).
17 Siehe hierzu insgesamt auch H. Stegemann, The Qumran Essenes 126-132.

und Plinius der Ältere, daß die Essener in völliger Ehelosigkeit lebten. Josephus weiß allerdings in Bell. Jud. II zu differenzieren zwischen solchen Essenern, die wirklich ehelos lebten (§§120f), und anderen, die um der Erhaltung des Menschengeschlechtes willen verheiratet waren (§§160f).[18] Doch darf dabei nicht vergessen werden, daß Autoren wie Philo und Josephus ein Interesse daran hatten, den hellenistischen Adressaten ihrer Werke mit den Essenern sozusagen "das Beste der Juden", d.h., eine asketische jüdische Gruppe, die allgemein angesehenen Gruppen des römisch-hellenistischen Kulturkreises (z.b. Vestalinnen, Kyniker, Neupythagoreer) in nichts nachstand, vor Augen zu stellen.[19] Ein heidnischer Autor wie Plinius konnte ohne eigene genauere Kenntnis des Phänomens auf solche Darstellungen zurückgreifen. D.h., wenn man die apologetische Abzweckung dieser Texte berücksichtigt, steht es nicht mehr so gut mit dem bisweilen zu hoch veranschlagten Quellenwert dieser Texte. Daß Josephus – der historischen Verhältnisse wegen, die er ja selbst durchaus kannte – eben auch von verheirateten Essenern spricht, weist in die m.E. auch hinsichtlich der Qumran-Gruppe richtige Richtung: Man hielt auch hier im allgemeinen an dem unabdingbaren Mehrungsgebot der Tora (Gen 1,28) fest und heiratete. Die Essener propagierten aber – wie gezeigt[20] – die Einzigehe und hielten diese für die einzig legitime Lebensform. Wie H. Stegemann[21] deutlich macht, kam es in der Konsequenz der Praxis der Einzigehe dazu, daß vor allem aufgrund der hohen Frauensterblichkeitsrate – infolge der zahlreichen Geburten, dem sehr frühen Heiratsalter der Mädchen wie auch infolge der harten klimatischen und ökonomischen Bedingungen – faktisch die meisten Essener ehelos lebten. Männliche Essener durften nach 1QSa I 11 erst heiraten, wenn sie das 20. Lebensjahr vollendet hatten; verstarb die Ehefrau oder ließ man sich von ihr scheiden[22], durfte der Mann – gemäß CD IV 20f – nicht wieder heiraten

---

18 H. Stegemann, The Qumran Essenes 126-132, erklärt diesen Befund damit, daß Josephus zunächst einer literarischen Vorlage folgt, die – ähnlich Philos und Plinius' Darstellung – daran interessiert ist, den Lesern "das Beste der Juden" – in Analogie zu asketischen Lebensformen der hellenistischen Umwelt wie zum Beispiel die Pythagoreer – vorzuführen. Josephus folgt also zunächst seiner Vorlage, fügt aber dann – aufgrund seiner eigenen genaueren Kunde der Essener – die Ausführungen von §§160f an.
19 Zur Problematik der Darstellung des zeitgenössischen Judentums für die römisch-hellenistischen Leser durch Josephus siehe auch dessen Darstellung der Pharisäer und Saddzuäer als philosophische Schulen (Ant. XVIII 12-17).
20 Siehe oben S. 104-112.
21 Essener 267-274, 271.
22 Scheidung war – gemäß Dtn 24,1ff – auch nach essenischer Auffassung legitim, siehe dazu oben S. 111 (auch A.116), siehe als Belege zum Beispiel 11QTempel

und lebte fortan ehelos. So dürfte – aufgrund dieser rigiden Ehepraxis – der Anteil eheloser Essener außerordentlich hoch gewesen sein. Es ist daher nicht verwunderlich, wenn für Außenstehende der Eindruck entstand, es gebe im wesentlichen nur unverheiratete Essener.[23] Dieser Eindruck wurde außerdem dadurch begünstigt, daß weibliche Essener bei gemeindlichen Versammlungen gar nicht in Erscheinung traten, sondern ein zurückgezogenes Dasein im Haus führten.[24]

J.M. Baumgarten arbeitet ebenfalls die strenge Ehe- und Sexualmoral der Essener heraus[25] und hebt hervor, daß für die Essener die Aussicht auf Fortpflanzung – gemäß Gen 1,28 – die einzige Legitimation der Ehe sei.[26] Er erwägt, daß sich manche Essener nach einer Phase des ehelichen Lebens, aus dem möglichst Kinder hervorgegangen sein sollten, ganz und gar der "perfection of holiness" hingegeben hätten, um nun in ständiger Reinheit und totaler Konzentration auf die Gemeinschaft zu leben.[27] Demnach sei die zölibatäre Lebensweise in Qumran niemals eine "universal norm" gewesen, sondern habe sich auf bestimmte Lebensphasen des Einzelnen beschränkt.[28] Letzteres ist sicher richtig, wenn man sich vor Augen führt, was die Forderung der Einzigehe konkret mit sich brachte.[29] Die meisten Essener waren entweder zu jung um zu heiraten (1QSa I 11), oder waren bereits verwitwet oder geschieden, so daß ihnen eine weitere Verehelichung nicht erlaubt war (CD IV 20 – V 1). Es ist meines Erachtens aber sinnvoll, die Phasen zölibatärer Lebensweise nicht mit dem rituellen Reinheitsgedanken oder der Intention einer "perfection of holiness" zu verbinden, denn auch für die Essener waren – gemäß Gen 1,28 – Ehe und Fortpflanzung Gottes Schöpfungsgebot und

---

54,4 und CD XIII 17f, wo die Scheidungspraxis undiskutiert vorausgesetzt wird und keiner Kritik unterliegt.
23 Insofern werden die Darstellungen der Essener bei Philo, Josephus und Plinius dem Älteren durchaus verständlich und sind Ausdruck einer Grobwahrnehmung, wie sie Außenstehenden wohl nicht anders möglich gewesen ist.
24 H. Stegemann, The Qumran Essenes 132-134.
25 A.a.O., 14-17.
26 A.a.O., 14.
27 A.a.O., 19: "... those who never married or at a late stage in life renounced the continuation of marital relations because they aspired to the 'perfection of holiness'". Siehe auch 17: "One might in fact surmise that at a certain stage in their lives the mature men and women of Qumran, who may or may not have had children, publicly announced their resolve to henceforth live in celibacy, subordinating their personal relationship to the greater unity of the community."
28 A.a.O., 20: "It (the celibacy, F.K.,) was confined to those who emulated a 'perfection of holiness' requiring uninterrupted purity, and even for them perhaps only in the later stages of their lives".
29 Siehe oben S. 104f.

damit heilig. So war die (zeitweise) zölibatäre Existenz vieler Essener kein Prinzip, sondern logische Folge ihrer rigorosen Sexualethik. Den Befürwortern der Ehelosigkeits-Hypothese ist außerdem entgegenzuhalten, daß die Qumran-Schriften zahlreiche sexualethische Passagen enthalten; wiederum ist nirgends etwas von einem Gebot oder auch bloß der Hochschätzung lebenslänglicher sexueller Enthaltsamkeit und Ehelosigkeit zu finden oder davon, daß die Ehe angesichts der Endzeit nicht mehr Gültigkeit für sich beanspruchen könne. Und dieser Befund dürfte am stärksten für die Annahme sprechen, daß man bei den Essenern – wie auch sonst im zeitgenössischen Judentum – als junger Mensch selbstverständlich heiratete.

Wie schwer es im zeitgenössischen Judentum war, sich dem Mehrungsgebot von Gen 1,28 durch ehelose Existenz zu entziehen, zeigt besonders die Diskussion um Simeon ben Assai. Dieser soll – wegen seiner Ehelosigkeit von Rabbi Eleasar zur Rede gestellt – entgegnet haben: "Was soll ich tun, meine Seele hängt liebend an der Thora, mögen andere zur Erhaltung des Menschengeschlechts beitragen."[30] Dem steht jedoch die Auffassung entgegen, um der Heirat willen müsse man sogar bereit sein, eine Torarolle zu verkaufen.[31]

Ein derartiger Eheverzicht, wie ihn Simeon ben Assai und m.E. auch der Jude Paulus[32] praktiziert haben, ergab sich aus der totalen Konzentration auf die eine religiöse Aufgabe, sei es nun das Torastudium (Simeon ben Assai) oder der eschatologische Dienst Paulus' am Wort Gottes im Rahmen der Heidenmission.

Derartige Erscheinungen blieben aber an der Peripherie des zeitgenössischen Judentums und waren Skepsis wie Kritik der Zeitgenossen ausgesetzt. Fundamental blieb hier die praktische Befolgung von Gen 1,28.

b) Aber auch außerhalb des Judentums gab es vor allem staatspolitische Kräfte, die einer Verbreitung der ehelosen Existenz entgegenstanden. Dabei sei hier nochmals auf die augusteische Ehegesetzgebung[33], insbesondere auf die Lex Iulia et Papia Poppaea[34] verwiesen, die eine Ehepflicht für alle Männer von 25 bis 60 und für alle Frauen von 20 bis 50 Jahren vorsah. Ehelose Zeiten wurden dem geschiedenen oder verwitweten Mann überhaupt nicht, der Witwe nach der Lex Iulia von 1 Jahr (nach der Lex Papia Poppaea von 2 Jahren), der Geschiede-

---

30 Tosefta Jebamoth 8,7 (H.-K.), englisch: J. Neusner, Tosefta 233; Tosefta III 29; deutsch: H. Preisker, Christentum und Ehe 84.
31 Siehe S. Bialoblocki, Art. Ehe II 233-253, 233.
32 Siehe oben S. 96-98 die Diskussion über eine mögliche Witwerschaft des Apostels Paulus.
33 Siehe zu dieser im Einzelnen die im Literaturverzeichnis genannten Arbeiten von P. Csillag, A. Mette-Dittmann und M. Kaser.
34 Es handelt sich hierbei um eine Sammelbezeichnung für die Einzelgesetze der augusteischen Ehegesetzgebung.

nen nach der Lex Iulia von 6 Monaten (nach der Lex Papia Poppaea von 1 1/2 Jahren) eingeräumt. Dem korrespondierte eine steuer- und erbrechtliche Benachteiligung Eheloser (sog. caelibes) wie auch kinderloser Paare.[35]

Im hellenistischen Bereich stand der ehelosen Existenz der Polisgedanke wie auch die auf diesem fußende Staatsideologie (in platonisch-aristotelischer Tradition) entgegen. So war dem Griechen daran gelegen, mit der legitimen Gattin in seinem οἶκος legitime Nachkommen (sog. Gnesioi) zu zeugen. Dies ist die unentbehrliche Grundlage für Existenz wie Funktionieren der Polis.

Doch gab es im römisch-hellenistischen Bereich einzelne Gruppen, die sich der Ehe – sei es zeitweise, sei es lebenslänglich – entzogen und trotzdem durchaus hohes Ansehen genossen. Es sei für Rom auf die vestalischen Jungfrauen verwiesen, die – obwohl nur bis etwa zum 40. Jahr zur Jungfräulichkeit verpflichtet – oft lebenslänglich zölibatär lebten und in der Gesellschaft sehr angesehen waren.[36] Ihnen gebührten bei öffentlichen Veranstaltungen besondere Ehrenplätze.

Ehekritische Argumente finden sich in hellenistisch-philosophischen Kreisen, wie sie bei I. Stobaeus, Anthologii II 513-523 gesammelt sind. Einige dieser Voten spiegeln nichts weiter als eine gewisse Ehemüdigkeit der römisch-hellenistischen Welt wider[37]; andere wählten die Ehelosigkeit aus tieferen Beweggründen.

Asketische Elemente finden sich bereits in der pythagoreischen Schule[38].

Zwar liegen keine Texte von Pythagoras selbst vor; doch belegen Fragmente aus der pythagoreischen Schule, daß sich die Pythagoreer in einer eigenen "Gemeinde organisierten, die den Charakter einer festorganisierten Genossenschaft hatte, aber wegen ihrer gemeinsamen religiösen Basis eher einem Orden vergleichbar ist"[39]. So belegen die Fragmente aus der pythagoreischen Schule, daß man hier Abstinenz vor allem von Fleischgenuß (und Bohnen)

---

35 Einzelheiten in den Kap. III, A.33 genannten Arbeiten.
36 Diese waren nach S.B. Pomeroy, Frauenleben im klassischen Altertum 332 "in mancher Hinsicht doch die emanzipiertesten Frauen Roms". Vgl. J.F. Gardner, Women in Roman Family & Society 22-26; B. Rawson, Roman Family 125-130.
37 So z.B. Voten, nach denen sich mit der Ehe Belastung und Sorge für die eigene Person vergrößern; s. die Belege bei Stobaeus: zu Platon a.a.O., 22,60 (Anthol. II 520, Z.10-12) und 22,33 (Anthol. II 515, Z.14-16); zu Solon dort 22,64 (Anthol. II 521, Z.5-7); zu Antiphanos dort 22,56 (Anthol. II 519, Z.16); zu Philemon dort 22,51 (Anthol. II 519, Z.4).
38 Siehe dazu W. Totok und H. Schröer, Handbuch I 115f; W. Burkert, Art. Pythagoreismus 1724; Texte von Pythagoreern abgedruckt bei C.J. de Vogel, Griechische Philosophie I 11ff; J. Rohls, Geschichte der Ethik 39f; W. Wundt, Ethik I 285f.
39 P. Kroh, Art. Pythagoras von Samos 533; ähnlich J. Rohls, a.a.O., 39f; W. Wundt, Ethik I 285f.

übte[40], bestimmte Kleidungsvorschriften beobachtete[41], Körper und Geist einer strengen "Gymnastik" unterzog[42], gemeinsame Lesungen abhielt[43], Schweigen übte und Enthaltsamkeit propagierte.[44] Die asketische Ausrichtung der pythagoreischen Gemeinschaft erklärt sich am plausibelsten auf dem Hintergrund der Reinkarnationslehre: "Der Zyklus der Wiedergeburt soll durch die pythagoreische Lebensweise mit ihrer asketischen Ausrichtung durchbrochen werden, um so zur Wiedervereinigung mit der göttlichen Allseele, dem Lebensprinzip des Universums, zu gelangen. Die Erlösung aus der individuellen Verkörperung und die Vergöttlichung durch Reintegration in die Allseele ist mithin das ethische Ziel des Pythagoreismus."[45]

Der pythagoreische Seelenwanderungsgedanke, der vermutlich asiatische Elemente aufnimmt[46], erklärt auch, warum im Pythagoreismus jeglicher Fleischgenuß untersagt war, gingen die Pythagoreer doch davon aus, daß die Seele sich durchaus in einem Tier reinkarnieren konnte.[47]

Auffällig ist die Absonderung dieser Gemeinschaft von der Umwelt.[48] Der klosterähnliche Charakter der pythagoreischen Gemeinschaft wird durch das dort übliche dreijährige Noviziat unterstrichen.[49]

Dennoch bleiben die Pythagoreer aufgrund der schwierigen Quellenlage ein Rätsel. So konstatiert O. Gigon kritisch: "Was freilich die pythagoreische Doktrin angeht, so kann man fragen, ob sie jemals einen nennenswerten Einfluß auf das konkrete Leben ausgeübt hat. Wo wir sie fassen, wirkt sie als eine tiefsinnige Absonderlichkeit, die streng gefaßt eine völlige Umwälzung

---

40 P. Kroh, a.a.O., 533; W. Totok/H. Schröer, a.a.O., I 115f; O. Gigon, Das hellenische Erbe 595; Textbeleg aus Porphyrius V bei C.J. de Vogel, a.a.O., 11.
41 C.J. de Vogel I 12 mit Textbeleg von Jamblichus, Vita Pyth. (41,12).
42 W. Wundt, Ethik I 286.
43 C.J. de Vogel I 12 mit Textbeleg von Jamblichus, Vita Pyth. c. 21.
44 C.J. de Vogel I 12 mit Textbeleg von Jamblichus, Vita Pyth. (41,4): μετὰ δὲ τοῦτο τοῖς προσιοῦσι προσέτατε σιωπὴν πενταετῆι πεπειρωμένος πῶς ἐγκρατείας ἔχουσιν. Zur Askese siehe auch W. Totok/H. Schröer, a.a.O., I 115f; W. Wundt, Ethik I 286.
45 J. Rohls, a.a.O., 39.
46 W. Wundt, Ethik I 286; J. Rohls, a.a.O., 39: Die dualistische Anthropologie ist möglicherweise dem asiatischen Schamanismus entnommen. Sie tritt in der pythagoreischen Lehre an die Stelle des einheitlichen Menschenbildes, wie es Homer vertrat.
47 Siehe P. Kroh, a.a.O., 533.
48 A. Heuß, Hellas 372; P. Kroh, a.a.O., 533; W. Wundt, Ethik I 286, bezeichnet den pythagoreischen Bund als "religiöse Sekte". Diese Bezeichnung charakterisiere die Gemeinschaft besser als es der Ausdruck "philosophische Schule" vermag.
49 Jamblichus, Vita Pyth. c. 17, in der Ausgabe von C.J. de Vogel I 12.

des Lebens bedeutet hätte. Mehr als eine zuweilen verlachte und oftmals bewunderte Theorie ist sie vielleicht nie gewesen".[50]
Die pythagoreische Schule gliederte sich nach ihren unterschiedlichen Ausrichtungen auf. So folgten die "Akusmatiker" den "sittlich-asketischen ... Tabusetzungen des Schulgründers"[51], während die "Mathematiker" die universale Ordnung mathematisch durch Zahlen zu erforschen und auszudrücken suchten.[52]
Pythagoreische Ideale wirken in neutestamentlicher Zeit im Neupythagoreismus weiter. So belegen Porphyrius und Philostratus die Ablehnung von Ehe und Familie in neupythagoreischen Kreisen[53].

Auch die Kyniker lehnten nach Epiktet Ehe und (physische) Familiengründung ab.[54] Die Kyniker sind nach Epiktets Schilderung trotz des Verzichts auf Ehe und eine leibliche Familie dennoch nicht einsam. Sie haben vielmehr Menschen, die sie umgeben und sich von ihnen belehren lassen, quasi als Söhne und Töchter. Dies sei durchaus ein Äquivalent für Ehe und Familie (vgl. Mk 10,30; Mk 3,31-35). So hat sich in philosophischen Kreisen eine Alternative zur herkömmlichen Familien- und οἶκος-Struktur entwickelt, die sich der Anerkennung der Zeitgenossen erfreute.

2. Die neutestamentlichen Texte

2.1. Paulus

Paulus hebt sich in seiner auffällig positiven Bewertung der Ehelosigkeit, wie sie vor allem 1 Kor 7 deutlich wird, von seiner jüdischen Umwelt kraß ab. Es läßt sich allenfalls vermuten, daß er dabei Kenntnis von entsprechenden Tendenzen der Jesustradition hatte, wie sie im nächsten Abschnitt näher in den Blick zu nehmen sind.[55] Für Paulus persönlich ist – wie der Exkurs zur möglichen Witwerschaft des Apostels gezeigt hat[56] – lebenslängliche Ehelosigkeit am wahr-

---

50 A.a.O., III 595.
51 G. Patzig, Art. Pythagoreer, 726f; J. Rohls, a.a.O., 39.
52 J. Rohls, a.a.O., 39f.
53 Zu den Neupythagoreern siehe Porphyrius, de abstinentia IV 20 (τὰ ἀφροδίσια μιαίνει); Ders., Πρὸς Μαρκέλλαν 28 (ἀγνεύειν οὖν καὶ οἱ θεοὶ δ᾽ ἀποχῆς βρωμάτων καὶ ἀφροδισίων προσέταξαν); Philostrat., Vita Ap. I 13.
54 Epiktet, Diss. III 22,81f.
55 Es gab aber auch im Judentum vereinzelt vor allem in prophetischen Kreisen exemplarisch gelebten Eheverzicht, wobei neben Jeremia (Jer 16) wohl auf Johannes den Täufer, Jesus und Simeon ben Assai hinzuweisen ist.
56 Siehe oben S. 96-98.

scheinlichsten. Sollte diese Annahme berechtigt sein, dann ist das Votum des Paulus in 1 Kor 7 natürlich nicht unter Ausblendung der persönlichen Dimension – d.h., daß Paulus hierbei auf seine eigenen Erfahrungen mit der Ehelosigkeit rekurrieren kann – zu verstehen.

Nimmt man *1 Kor 7* in den Blick, so fallen drei Hauptargumentationslinien zugunsten der Ehelosigkeit auf:

a) Voraussetzung für die Empfehlung der Ehelosigkeit, wie sie im Gesamtduktus von 1 Kor 7 an diverse Personengruppen[57] ergeht, ist, daß die jeweilige Person überhaupt das Charisma der Enthaltsamkeit hat (7,7)[58]. Ansonsten wäre Ehelosigkeit eine Überforderung der Person und brächte nur Kampf und Krampf mit sich[59].

b) Die zweite Argumentationsebene ist eschatologischer Art. Hier ist vor allem auf 1 Kor 7,25-28[60] hinzuweisen. Paulus beantwortet hier eine Anfrage περὶ δὲ τῶν παρθένων (V.25). Dabei wird es sich – wie die folgende Argumentation zeigt – um die Frage gehandelt haben, ob Jungfrauen/Unverheiratete unverheiratet bleiben oder eine Ehe eingehen sollten.[61] Wieder kann sich Paulus nicht auf ein Herrenwort berufen, sondern nur seine eigene Meinung darlegen, freilich unter Berufung auf seine apostolische Beauftragung (vgl. 7,25). Paulus rät zur Ehelosigkeit aufgrund der nahe bevorstehenden Enddrangsal, die er durch die eschatologischen Termini ἀνάγκη (V.26) und θλῖψις (V.28) näher bezeichnet.[62]

Weil die Enddrangsal bevorsteht, will der Apostel den Unverheirateten nicht zumuten, sich zur ohnehin drangvollen Zeit auch noch die Sorge um das Geschick des Partners – bzw. auch noch der gemeinsamen Kinder – aufzuladen.[63]

So ist mit F. Lang zu folgern, daß es Paulus in diesem Abschnitt nicht um "Sexualaskese"[64] gehe, sondern um den "Wunsch des Apostels, die jungen Männer und Frauen angesichts der kommenden eschatologischen Notzeit vor zusätzlicher Sorgenlast zu bewahren".[65]

---

57 Jungfrauen beiderlei Geschlechts, Verlobte, Verwitwete, siehe 1 Kor 7,8f.25-38.39f.
58 Hier ist auf das Ehekapitel (Kap. I), S. 57f. hinzuweisen, wo diesem Gedanken ausführlich nachgegangen wird.
59 Vgl. 1 Kor 7,9: Heiraten ist besser als Brennen.
60 Vgl. auch die eschatologische Ausrichtung von VV.29-31.
61 Dabei wird sich die Frage bei der korinthischen Gemeinde aufgrund der paulinischen Verkündigung der baldigen Parusie Jesu Christi (vgl. 1 Thess 4,13ff; 1 Kor 15,51ff) ergeben haben.
62 Vgl. zu diesen eschatologischen Begriffen Zeph 1,15 LXX; Mk 13,19; Lk 21,23; vgl. 4 Esr 5,1ff; 6,18ff; 9,1ff; Jub 23,11.
63 Hier ist auf entsprechende Erwartungen im Rahmen der jüdischen Apokalyptik hinzuweisen, siehe unten zu den Apokalypsen der Synoptiker III.2.2.d).
64 F. Lang, Korinther 99.
65 F. Lang, ebd.: "Denn wer heiratet, nimmt in dieser 'letzten bösen Zeit' auch noch die

Gleichwohl weist Paulus ausdrücklich darauf hin, daß diejenigen, die sich dennoch für die Ehe entscheiden, keine Sünde begehen (7,28). Ebenso sollen die Verheirateten – auch angesichts der bevorstehenden Enddrangsale – keine Trennung vom Ehepartner erstreben (7,27a: δέδεσαι γυναικί, μὴ ζήτει λύσιν).

c) Die dritte Argumentationslinie ist christologischer Art (1 Kor 7,32-35). Diese doch sehr einseitige und problematische Argumentation, der Unverheiratete könne sich ganz den τὰ τοῦ κυρίου zuwenden, während der Verheiratete bestenfalls zwischen τὰ τοῦ κόσμου und τὰ τοῦ κυρίου aufgespalten sei, wurde bereits oben im Ehekapitel[66] in den Blick genommen und mit der Unterscheidung Epiktets zwischen τὰ ἴδια und τὰ ἀλλότρια verglichen. Vor einer Vereinseitigung dieser Argumentationslinie im Rahmen der paulinischen Gesamtperspektive zu Ehe und Ehelosigkeit bewahrt 1 Kor 7,7 – also die erste und m.E. primäre und übergeordnete Argumentationslinie.

Daß auch Paulus das Recht gehabt hätte, eine Schwester – d.h., eine Christin – als Frau mit sich zu führen, wird *1 Kor 9,5* ersichtlich[67]. Demnach waren "die übrigen Apostel und die Herrenbrüder und Kephas" (also Simon Petrus) verheiratet und haben nichtsdestoweniger – wie man der Argumentation von 1 Kor 7,32-35 entgegenhalten muß – sehr wohl die τὰ τοῦ κυρίου versehen. Paulus entkräftet mit seinem Hinweis in 1 Kor 9,5 im Grunde seine Argumentation von 1 Kor 7,32-35.

2.2. Texte der synoptischen Tradition

Aus der synoptischen Tradition kommt eine Reihe von Texten zum Thema Ehelosigkeit in den Blick.

a) So ist zunächst auf Mk 10,28-31 parr Mt 19,28-30/Lk 18,28-30 hinzuweisen. Es geht hier anläßlich eines Petruswortes, nach dem die Jünger Jesu alles (πάντα) verlassen haben, um den Lohn dieser radikalen Nachfolge. Was alles von den Jüngern verlassen wurde, wird in der Jesus-Antwort (Mk 10,29 parr Mt 19,29/Lk 18,29) deutlich. Neben den Häusern, Geschwistern und Verwandten (auch den eigenen Kindern) radikalisiert Lk gegenüber seinen Seitenreferenten, indem er auch die Frau(en) in die Liste aufnimmt (Lk 18,29). Dem schließt sich

---

Mitverantwortung für einen anderen Menschen und Kinder auf sich. Solch eine zusätzliche Belastung möchte Paulus den jungen Menschen ersparen."

66 S. 61-63.
67 μὴ οὐκ ἔχομεν ἐξουσίαν ἀδελφὴν γυναῖκα περιάγειν ὡς καὶ οἱ λοιποὶ ἀπόστολοι καὶ οἱ ἀδελφοὶ τοῦ κυρίου καὶ Κηφᾶς;

eine Lesart von Mt 19,29[68] an. Durch dieses Logion wird deutlich, daß die Jünger aus ihren familiären[69] wie materiellen Bindungen herausgerufen wurden. Diese Lösung von bisherigen Bindungen erfolgt nach Mk 10,29 um Jesu und seines Evangeliums willen[70], nach Mt 19,29 um Jesu Namens willen, nach Lk 18,29 um der βασιλεία τοῦ θεοῦ willen, womit Lk eines der Schlüsselworte der Verkündigung des historischen Jesus aufgreift. Es fällt nun besonders auf, daß nach Mk 10,30 – darin gegenüber den Seitenreferenten singulär – den Nachfolgenden bereits in dieser Zeit, d.h. in ihrer neuen Existenz als Nachfolgenden, konkret "Häuser und Brüder und Schwestern und Mütter und Kinder und Äcker" als Ausgleich für das Zurückgelassene verheißen werden. Nach Mt wird erst zukünftig hundertfältiger Lohn, nach Lk sowohl gegenwärtig wie zukünftig vielfältiger Lohn verheißen.

Die mk Version ist für uns besonders interessant, da hier deutlich wird, daß Nachfolge nicht nur bisherige Familienbande – zumindest zeitweise – löst[71]. Der Familienbegriff erfährt eine neue Prägung: Der Nachfolgende befindet sich in einer neuen Familie, in der Familie der Nachfolgenden oder – um mit Mk 3,31-35 zu sprechen – in der Familie Jesu. Das heißt, Mk kommt sowohl in 3,31-35 wie auch in 10,28-31 zu einem neuen Verständnis von "Familie". Die natürlichen Bindungen, die durch Abstammung und Blutsverwandtschaft entstanden sind, werden relativiert. Eigentlich wichtig ist in der radikalisierten Perspektive dieser Nachfolge-Ethik etwas anderes: "Wer den Willen Gottes tut, der ist mir Bruder und Schwester und Mutter" (Mk 3,35). Nicht die Blutsbande sind angesichts der Basileia-Verkündigung Jesu und seines eschatologisch begründeten Rufs in die Nachfolge das letztlich Entscheidende, sondern die Gemeinschaft mit Jesus, die im Tun des Willens Gottes besteht.

Es ist denkbar, daß die in den paulinischen Briefen häufig zu findende Bezeichnung ἀδελφοί, die auf die christlichen Adressaten – auf Männer und Frauen (!) – bezogen ist[72], ebenfalls auf diesem Hintergrund zu verstehen ist. In Christus

---

68 Diese Alternativlesart wird von Huck-Greeven, nicht jedoch von Nestle-Aland gewählt: καὶ πᾶς ὅστις ἀφῆκεν οἰκίας ἢ ἀδελφοὺς ἢ ἀδελφὰς ἢ πατέρα ἢ μητέρα ἢ γυναῖκα ἢ τέκνα ἢ ἀγροὺς ἕνεκεν τοῦ ὀνόματός μου ...
69 Dies ist auch dann noch der Fall, wenn man von den Frauen, die nur in Lk 18,29 par Mt 19,29 v.l. genannt sind, absieht, sind doch nach allen drei Synoptikern neben Eltern und Geschwistern auch die eigenen Kinder genannt.
70 Dies ist typisch mk Sprachgebrauch vgl. etwa Mk 1,14; 8,35.
71 Vgl. auch Mk 1,16-20; Lk 9,57-62.
72 Auf die Adressaten bezogen zum Beispiel 1 Thess 1,4; 2,14.17; 4,1.10.13; 5,1.4.12.25-27; 1 Kor 14,6.39, 15,1.31.50. 1 Thess 3,2 wird Timotheus als "unser Bruder und Mitarbeiter Gottes in dem Evangelium des Christus" bezeichnet. 1 Kor 15,6 spricht Paulus von den "mehr als 500 Brüdern" als Auferstehungszeugen. 1 Kor 16,20 bezeichnet Paulus die ihn zur Zeit der Abfassung des 1 Kor umgebenden

konstituiert sich ein neuer Familienverband, der soziale, ethnische und geschlechtsspezifische Unterschiede transzendiert (Gal 3,26-28). Alle Christen sind "Söhne Gottes"[73] (Gal 3,26; vgl. 4,5f) bzw. "Kinder Gottes" (Röm 8,16). Sie haben Gott zum Vater, den sie "Abba" nennen dürfen (Röm 8,16; Gal 6,6). Die Aufnahme der jesuanischen Abba-Anrede[74] durch Paulus signalisiert den engen Zusammenhang mit der jesuanisch-synoptischen Tradition (vgl. Mk 14,36). Auf diesem Hintergrund ist die paulinische Anrede ἀδελφοί zu verstehen. Die "Brüder" (und Schwestern) sind "in Christus" als ihrer neuen Seinswirklichkeit. Sie eint ferner der gemeinsame Einsatz für das Evangelium (z.B. 1 Thess 3,2 und Röm 16,1).

Der Nachfolgeruf Jesu kappt nach der lk Version sogar die Ehebande. Wenn der Nachfolgende seine Frau verläßt, kann dies – auch nach jüdischem Recht[75] – dazu führen, daß die Frau rechtmäßig von ihrem Mann geschieden wird, bereits deshalb, weil seine Abwesenheit einen längeren Zeitraum andauert[76], und möglicherweise gegen den Willen der verlassenen Frau erfolgt. Damit ergibt sich m.E. doch ein gewisser Gegensatz zu Jesu Position zur Ehescheidung, wie sie im Ehescheidungskapitel noch zu untersuchen ist.

Besonders gravierend wirkt dieser Gegensatz in Mt 19, wenn Mt 19,1ff die Ehescheidungsperikope gebracht wird, dann aber nach Mt 19,29 v.l. sogar vom Verlassen der Ehefrau, also vom faktischen Kappen der Ehebeziehung, die Rede ist. Ich meine, daß dies ein sachlicher Grund dafür ist, Mt 19,29 v.l. als sekundär zu betrachten. Dennoch bleibt eine gewisse Spannung in der synoptischen Jesustradition insbesondere bei Lk bestehen; denn dieser bringt 16,18 das Ehescheidungslogion und 18,29 das radikale Nachfolgewort, das auch die Frauen als Zurückgelassene nennt.

Christen als "Brüder", die die Korinther durch Paulus grüßen lassen. Immerhin kann Paulus auch dann und wann Schwestern eigens in den Blick nehmen, so Röm 16,1 "unsere Schwester Phöbe, die eine Dienerin der Gemeinde in Kenchräa ist".

73 Womit auch die Christinnen gemeint sind; heute müßte man angemessener von "Kindern Gottes" oder von "Söhnen und Töchtern Gottes" sprechen. Gal 4,5f stellt Paulus den Adressaten als präsentisches Heilsgut die "Sohnschaft" (Gottes) vor Augen; ähnlich Röm 8,15f, wo von Sohnschaft und Gotteskindschaft die Rede ist.
74 Vgl. J. Jeremias, Abba.
75 Nach hellenistischem und römischem Recht verfügte die Frau in neutestamentlicher Zeit ohnehin über das Scheidungsrecht, siehe unten S. 180f.
76 So kann er zumindest einem elementaren Recht der Frau in der Ehe, wie es nach jüdischer Anschauung der eheliche Geschlechtsverkehr war, infolge langer Abwesenheit nicht nachkommen. Dies ist ein hinreichender Scheidungsgrund. Allerdings erfolgte nach jüdischem Recht die von der Frau in einem derartigen Fall gewünschte Scheidung via Gericht formal im Namen des Mannes.

Bemerkenswert ist m.E., daß die Nachfolge nach Mk 3,31-35 und 10,28-31 ein neues Familienverständnis ermöglicht. Damit befindet sich Mk in einer gewissen Nähe zu der Darstellung der Kyniker bei Epiktet, Diss. III 22,81f. Dort ist davon die Rede, daß die Kyniker zwar von Ehe und Familie – im Sinne von Blutsverwandtschaft und Zeugung – absehen, aber dennoch eine Familie, nämlich die philosophische Gemeinschaft, um sich hätten und somit gesamtgesellschaftliche Verantwortung tragen. Vielleicht hat man partiell bei den Therapeuten (von denen Philo handelt) ähnlich gedacht, denn diese verließen nach der philonischen Darstellung ebenfalls ihre Familien, um sich in Gemeinschaft dem kontemplativen Leben zu widmen, siehe Philo, De Vita Contemplativa 18: *"Wenn sie sich nun ihres Vermögens entäußert haben, lassen sie sich von nichts mehr ködern, sondern fliehen unverwandt. Brüder, Kinder, Frauen, Eltern, ihre zahlreiche Verwandtschaft, Kameradschaften und das Vaterland ... verlassen sie ...".*[77]

Damit dies Bild nicht schief wird, sei angemerkt, daß der radikale Nachfolgeruf Jesu, der zum Verlassen sämtlicher materieller wie familiärer Bindungen aufruft, nur an wenige konkrete Einzelne, nicht jedoch an jeden erging. Die Masse der Anhänger Jesu wird sich – anders als der engere Jüngerkreis – weiterhin in seinen Familienstrukturen befunden haben; freilich blieben diese nach der Begegnung mit Jesus nicht völlig unverändert.

Ferner ist festzustellen, daß Petrus, der ja zu dem engsten Jüngerkreis Jesu gehörte, seine Ehefrau nur temporär verlassen hatte, um sich uneingeschränkt auf die Nachfolge Jesu einzulassen. Später lebte er offensichtlich wieder in ehelicher Gemeinschaft, wie 1 Kor 9,5 signalisiert. Daß dies auch für andere Mitglieder des Jüngerkreises zutrifft, darf aufgrund von 1 Kor 9,5 vermutet werden, sonst hätte Paulus wohl kaum so pointiert darauf hingewiesen, daß auch er eigentlich das Recht habe, eine Frau mit sich zu führen "wie die übrigen Apostel und die Brüder des Herrn und Kephas". Somit werden auch die faktischen Grenzen von Mk 10,28-31 deutlich. Mk 10,28-31 darf also nicht historisiert verstanden werden.

Noch etwas ist anzumerken: Mit der eschatologisch begründeten Relativierung der Blutsverwandtschaft, wie sie Mk 3,31-35 zum Ausdruck kommt, ist eine gewisse Parallele oder Konkretisierung zum paulinischen ὡς μή von 1 Kor 7,29-31 gegeben. Ehe und Familie werden angesichts dieser eschatologischen Perspektive nicht zu letzten, sondern zu vorletzten Werten.[78] Dieses Vorletzte

---

77 Nach der Ausgabe von Cohn u.a., Philo VII 52.
78 Siehe auch zutreffend J.R. Sauer, Rückkehr des Heils 212: "In der Heilssphäre der eschatologischen Gottesherrschaft ist die Gottesbeziehung wieder ... direkt. ... Familie und Volk werden, was die Zugehörigkeit zum Heilsbereich angeht, zu Adiaphora."

hat gleichwohl seine Berechtigung und Dignität, wie das Festhalten der Synoptiker und des Paulus am Ehescheidungsverbot zeigt.

b) Als nächster Text, der sich mit Ehelosigkeit befaßt, ist Mt 19,10-12 zu behandeln. Diesen Abschnitt bringt Mt im Anschluß an die Ehescheidungsperikope Mt 19,1-9 als exklusive Jüngerbelehrung. Diese führt Mt 19,10 mit einer redaktionellen Überleitung ein, um Sondergut unterzubringen.[79] Als Vergleichstext bietet sich Justin, Apol. I 15,4 an, wobei dieser im wesentlichen dasselbe wie Mt 19,12 enthält, jedoch bei ihm das erste und zweite Element der Dreier-Reihe vertauscht sind. Handelt es sich bei der Justin-Stelle um eine Zitation aus Mt 19,12, vielleicht aus dem Gedächtnis?[80] Dies würde zumindest die Vertauschung der beiden ersten Elemente erklärbar machen. Aber: die Parallelität der Formulierung ist doch so stark, daß Justin vielleicht eine Tradition zugrundelag, auf die Mt wie später auch Justin bei passender Gelegenheit zurückgreifen konnten.[81]

Mt 19,11 greift auf die Abschlußformel von Mt 19,12 – also auf ältere Tradition(?) – voraus. Das Logion Mt 19,12 bedeutet im Kontext von Mt 19,10-12 im Kern etwas Analoges zur paulinischen Stellungnahme zum Thema: Nicht jeder ist mit der Fähigkeit zur Ehelosigkeit – von Paulus in 1 Kor 7,7 als Charisma bezeichnet – begabt.[82] Mt 19,12 nennt in den ersten beiden Gliedern der Reihe

---

79 Siehe J. Gnilka, Matthäusevangelium II 151; H. Hübner, Gesetz 75; J. Blinzler, Εἰσὶν εὐνοῦχοι 254; A. Sand, Reich Gottes und Eheverzicht 51f.
80 Siehe dazu auch J. Blinzler, a.a.O., 267f, A.44, der diese Annahme ablehnt.
81 Siehe J. Gnilka, a.a.O., II 151; J. Blinzler, a.a.O., 267f, A.44. Blinzler rekonstruiert als vormt Logion, das neben Mt auch Justin vorgelegen habe, die Eunuchendreierreihe mit einem abschließenden Wort vom Fassungsvermögen, das bei Mt V.11 vorangestellt (und deshalb von ihm in V.12 variiert) worden sei. Auch nach H. Greeven, Ehe nach dem Neuen Testament 371, handelt es sich bei Mt 19,12 um von Mt "übernommene Tradition in einem dreigliedrigen Spruch, dessen Kola jedesmal beginnen mit εἰσὶν εὐνοῦχοι οἵτινες ... und der mit einer Aufforderung zum Verstehen und Erfassen schließt".
82 Vgl. dagegen A. Kretzer, Frage 224(ff), der V.11 völlig anders versteht: "Jesus spricht, nach Matthäus, davon, daß n i c h t a l l e eine solch hohe Auffassung von der Ehe auf Dauer begreifen können, sondern nur die, denen es gegeben ist". Kretzer vermutet, daß es sich hierbei um eine Anspielung "auf die im syrischen Raum (vom Verfasser als Entstehungsort erwogen, F.K.) ... weitverbreitete Selbstentmannung der Kultpriester im Dienste der 'Großen Mutter'" handeln könne (a.a.O., 227). Doch ist bereits die Annahme, Syrien sei der Entstehungsort, mehr als fraglich. Aus der Art der Auflistung – die Steigerung in der Reihung zum dritten Element hin wird von Kretzer nicht recht gewürdigt – geht m.E. klar hervor, daß die "Eunuchen um des Himmelreiches willen" als die Begabten vor Augen gestellt werden. Für die von mir vertretene Exegese von Mt 19,10-12 spricht ferner aus der synoptischen Tradition Lk 20,34-36, wo Ehelosigkeit als Charakteristikum des neuen Äons (οἱ ... τοῦ αἰῶνος ἐκείνου) im Gegensatz zum Heiraten dieses Äons (οἱ υἱοὶ τοῦ αἰῶνος τούτου) erscheint; siehe hierzu den folgenden Abschnitt c).

Fälle von unfreiwilliger Eheuntauglichkeit[83]. Im damaligen jüdischen Umfeld war es undenkbar, daß ein Zeugungsunfähiger überhaupt die Ehe eingeht[84]. Bei Mt liegt aber in der Dreierreihe der Schwerpunkt auf der dritten Aussage[85]: den Eunuchen, die um der βασιλεία τῶν οὐρανῶν[86] willen, also freiwillig, ehelos sind. Daß ein derartiges Handeln sogar noch Lob erfährt oder als etwas Positives vor Augen gestellt wird, wie sich dies m.E. doch aus der Steigerung innerhalb der Reihung von 19,12 ergibt, ist für das zeitgenössische Judentum völlig undenkbar. Ein Mann, der durchaus zeugungsfähig ist, sich aber – aus welchen Gründen auch immer – dem Mehrungsauftrag von Gen 1,28 verschließt, war im zeitgenössischen Judentum – wie die Diskussion um die religiös motivierte Ehelosigkeit Simeon ben Assais zeigt – scharfer Kritik ausgesetzt.

Noch etwas ist an Mt 19,10-12 bemerkenswert: Ehelosigkeit wird nicht gegen die Ehe ausgespielt, etwa in dem Sinn, als schlösse letztere den Einsatz für die Dinge des Herrn aus[87]. Ehe wird – wie die voraufgegangene Perikope von 19,1-9 zeigt – aufgrund des Schöpfungswillens Gottes als etwas Gutes angesehen. Nur weitet sich Mt 19,10-12 die Perspektive dahingehend, daß es auch einen alternativen und gleichwohl guten Lebensweg geben kann: die Ehelosigkeit, nicht aus Selbstsucht oder physischer Notwendigkeit, sondern als freiwillige hochzuachtende Entscheidung Einzelner, um dem Herrn uneingeschränkt dienen zu können.[88]

Abschließend ist in Kürze die Historizität des Logions Mt 19,12 zu prüfen.[89] Die "Dissimilarität" gegenüber der Gedankenwelt der jüdischen Umwelt ist mit

---

83 Ähnlich Mischna Jebamoth VIII 4b(Rabbi Aqiba). c(Rabbi Eliezer); siehe auch H. Baltensweiler, Ehe im Neuen Testament 103-106; J. Blinzler, a.a.O., 255, A.7. Vgl. A. Sand, a.a.O., 65-68, nach dessen Auffassung "Eunuch" bereits in den ersten beiden Gliedern der Dreier-Reihe lediglich das Unverheiratetsein, nicht aber Zeugungsunfähigkeit bezeichne.
84 Siehe auch S. Bialoblocki, Art. Ehe I 228; zu Eunuchen siehe die Diskussion in Mischna Jebamoth VIII 4-6.
85 Siehe auch J. Blinzler, a.a.O., 255.259.
86 Dieser im Mt-Evangelium gebrauchte Ausdruck (vgl. 3,2; 4,17; 10,7) entspricht dem Ausdruck βασιλεία τοῦ θεοῦ im Mk-Evangelium.
87 Vergleiche auch die problematische Tendenz in 1 Kor 7,32-35.
88 In dieser Motivierung der Ehelosigkeit διὰ τὴν βασιλείαν τῶν οὐρανῶν besteht eine gewisse Parallele zu 1 Kor 7, als dieser Eheverzicht sowohl eschatologisch verstanden als auch aus dem Dienstgedanken heraus begründet wird. Sowohl 1 Kor 7,7 als auch Mt 19,12d (ὁ δυνάμενος χωρεῖν χωρείτω) setzen dabei das Charisma der Enthaltsamkeit für diesen Weg voraus.
89 Sinn und Tragweite der Authentizitätskriterien wird unten S. 198-200 ausführlich diskutiert, wo es um die Erhebung des jesuanischen Kernbestandes der Perikope Mk 10,1-12 par Mt 19,1-9 geht.

Sicherheit gegeben, wie die bisherige Erörterung gezeigt hat.[90] Ferner besteht eine "Kohärenz" dieses Logions mit anderen jesuanischen Überlieferungen wie dem historischen Kern von Mk 10,28-31 parr sowie Mk 3,21.34f parr Mt 12,49f/Lk 8,20f, wo leibliche Familienbande – auch die von Jesus! – eine klare Relativierung angesichts der neuen Gemeinschaft bzw. angesichts des Einsatzes für das Evangelium erhalten. Auch die Wendung "Verschnittene ... um des Himmelreiches willen" ließe sich durchaus der Basileia-Verkündigung Jesu zuordnen: die Basileia ist der Wert, angesichts dessen alles andere – auch Ehe und leibliche Familie – relativ wird und an Eigengewicht verliert[91]. Allerdings ist das Logion im Neuen Testament nur bei Mt bezeugt. Justin kennt möglicherweise eine verwandte Tradition. Trotz dieser Überlieferungslage ist eine Rückführung auf den historischen Jesus denkbar. Sein Sitz im Leben ist m.E. die Auseinandersetzung mit Vorwürfen und Diskriminierungen Jesu und seines Jüngerkreises durch Gegner. Es war im damaligen palästinischen Judentum äußerst suspekt, wenn ein – vielleicht gar 30jähriger – Mann unverheiratet blieb und umherzog. Suspekt war auch, daß ihm andere darin folgten und auf eine Familiengründung verzichteten[92], obwohl dies doch nach Gen 1,28 Schöpfungsgebot Gottes ist. So mag Jesus mit diesem Ausspruch den gegnerischen Vorwürfen entgegengetreten sein, vielleicht indem er gerade ein Schlagwort der Gegner aufgriff ("Eunuch"), mit dem sie Jesus zu verunglimpfen suchten.[93]

Den historischen Kern des Logions mag die Selbstcharakterisierung Jesu und seiner Jünger als "Eunuchen um des Himmelreiches willen" gebildet haben. In der Tradierung dieser prägnanten Wendung mag es dann zu der bei Mt und Justin überlieferten Dreier-Reihe gekommen sein, wobei die Tradenten auf zeitgenössische jüdische Traditionen über diverse Eunuchen zurückgegriffen haben. Es ist aber auch nicht auszuschließen, daß diese pointierte Reihung bereits jesuanisch ist.

Abweichend von dieser historischen Verortung von Mt 19,12 führt A. Sand das Logion auf die "konkrete Situation ... freiwillig Eheloser ... in der (jüdisch geprägten) Gemeinde" des Mt zurück[94]: "Freiwillig Ehelose mögen

---

90 Siehe auch J. Gnilka, Matthäusevangelium II 155f; A. Sand, Matthäus 392; Ders., Reich Gottes und Eheverzicht 64f.
91 Ähnlich A. Sand, Reich Gottes und Eheverzicht 56f. – Siehe auch die Gleichnisse vom Schatz im Acker und von der kostbaren Perle (Mt 13,44.45f).
92 Oder – wie Petrus – ihre Ehefrau einfach verließen, um Jesus nachzufolgen.
93 Ähnlich auch J. Gnilka, Matthäusevangelium II 156; J. Blinzler, a.a.O., 269; A. Sand, Reich Gottes und Eheverzicht 74.
94 Matthäus 392 (vgl. Ders., Reich Gottes und Eheverzicht 69-77). Ebenso lehnt J.R. Sauer, Rückkehr des Heils 131-135, eine Rückführung des Logions auf den historischen Jesus ab und sieht Mt 19,12 als "im syrisch-palästinischen Bereich" "frühestens in den fünfziger Jahren entstanden" an (133).

auch in der (jüdisch geprägten) Gemeinde ein Ärgernis gewesen sein; und die Bereitschaft zu Toleranz und Akzeptierung mag sich nur mühsam und nicht ohne Widerstand in der Gemeinde durchgesetzt haben. Doch die Forderung des Gemeindevorstehers gilt: freiwillig Ehelose sind in der Gemeinde zu achten; denn ihre besondere Nähe zum Himmelreich ist ein Zeichen mit eschatologischem Charakter. Die vorgetragene Approbationsformel befreit diese Gruppe von dem Odium, einen Lebensvollzug gewählt zu haben, der nach jüdischer Überlieferung dem Schöpfungsplan Gottes nicht entspricht."[95] Sand begründet diese Verortung mit der "singulären Position" des Logions im Matthäus-Evangelium.[96] Diese Interpretation ist meines Erachtens aber zu kurz gegriffen. Sand unterläßt es, das Logion auf seinen Bezug zum historischen Jesus zu untersuchen. Warum soll die mt Gemeinde – vorausgesetzt, man teilt den von Sand vorausgesetzten jüdischen Hintergrund! – positiv zu einer für die Umwelt absolut anstößigen Lebensweise Stellung genommen haben, wenn sie sich nicht durch den historischen Jesus und die Tradition dazu berechtigt gefühlt hätte?

c) Weitere ehekritische Texte der synoptischen Tradition begegnen bei Lk:

α) Auf die lk Verschärfung von Mk 10,29 in Lk 18,29 wurde bereits unter a) hingewiesen.

β) Lk 14,26 verlangt von den nachfolgenden Jüngern, "seinen Vater und Mutter und Frau und Kinder und Brüder und Schwestern, ja sogar seine eigene Seele (oder Leben) zu hassen" – freilich nicht im emotionalen Sinn von "hassen'", sondern im Sinne radikaler Abwendung um des Wichtigeren willen, das einen nun ganz beansprucht.

γ) Eine Radikalisierung bei Lk gegenüber seinen Seitenreferenten ist auch in der Perikope von der Sadduzäerfrage nach der Auferstehung der Toten festzustellen. Während Mt 22,30 par Mk 12,25 davon die Rede ist, daß man nach oder bei der Auferstehung der Toten weder heiratet noch geheiratet wird, radikalisiert Lk 20,34-36 dahingehend, daß er schon vor der Auferstehung zwei Gruppen von Menschen einander gegenüberstellt: 1. "die Söhne dieses Äons heiraten und lassen sich heiraten" (V.34). Diejenigen aber, die jenes Äons und der Auferstehung der Toten für würdig erachtet werden, heiraten bereits jetzt nicht mehr noch lassen sie sich heiraten (V.35). Selbstgewählte Ehelosigkeit kann also bereits in dieser Weltzeit Ausdruck der Zugehörigkeit zur künftigen Welt sein, also auf die

---

95 Matthäus 392. In "Reich Gottes und Eheverzicht" 69-77 nimmt A. Sand noch einen jesuanischen Kernbestand des Logions an (siehe dort 77, A.21; vgl. 74).
96 Matthäus 392.

Existenz nach der Parusie Christi vorausweisen, die alle drei Evangelisten als Engelsgleichheit charakterisieren[97].

d) Ansonsten ist auf eschatologische Logien der synoptischen Evangelien hinzuweisen, die angesichts der realistisch vorgestellten Enddrangsale, die sich für verheiratete und mit Kindern versehene Personen gar noch potenzieren, eine ehekritische Ausrichtung haben[98]. Zu nennen sind Mt 24,19 parr Mk 13,17/Lk 21,23a: "Weh aber den Schwangeren und Stillenden zu jener Zeit!"; Lk 23,29: "Denn siehe es wird die Zeit kommen, in der man sagen wird: Selig sind die Unfruchtbaren und die Leiber, die nicht geboren haben, und die Brüste, die nicht genährt haben."

Parallelen hierzu finden sich in der zeitgenössischen jüdischen Apokalyptik, z.B. äthHen 99,5. Zitiert sei Elia-Apk 28,7-17, wo es nach der Schilderung der aufgrund der Enddrangsale leidenden Stillenden und Kleinkinder – ganz im Gegensatz zur traditionell jüdischen Sicht der fruchtbaren bzw. unfruchtbaren Frau[99] – heißt: *"Die Hebamme im Lande wird trauern. Die Gebärende wird ihre Augen zum Himmel erheben und sprechen: Weswegen sitze ich auf dem Gebärstuhl, um der Erde Kinder zu gebären? Freuen wird sich die Unfruchtbare mit der Jungfrau und sprechen: 'Unsere Zeit ist es, daß wir uns freuen, daß wir keine Kinder auf der Erde haben, sondern unsere Kinder im Himmel sind'"*[100]. Ähnlich argumentiert syrBar 10,13-16: "*Und ihr, Brautleute, kommt nicht herein (ins Brautgemach)! Ihr Bräute, wollt euch nicht mit Kränzen schmücken! Und ihr, o Weiber, betet nicht, daß ihr Kinder gebärt! Denn die Unfruchtbaren werden viel mehr fröhlich sein, und freuen werden sich, die keine Kinder haben, und die, die Kinder haben, werden traurig sein. Denn warum sollen sie mit Schmerzen noch gebären und unter Seufzern dann begraben? Oder warum sollen die Menschen noch Kinder haben, oder was soll das Geschlecht ihrer Natur noch weiter genannt werden, wo diese Mutter hier nun einsam ist und ihre Kinder in Gefangenschaft geführt?*"[101]

Angesichts dieser eschatologischen Perspektive, in der die genannten neutestamentlichen wie außerneutestamentlichen Texte stehen – angesichts der vor dem Anbruch der Heilszeit erwarteten Drangsale und Nöte –, verändert sich die traditionelle Sichtweise von Schwangeren und Gebärenden einerseits, von Unfruchtbaren andererseits: Schwangere und Gebärende, die eigentlich als besonders gesegnet galten, werden nicht mehr von den Unfruchtbaren, die ihrerseits

---

97 Mt 22,30b par Mk 12,25b: ἀλλ' ὡς ἄγγελοι [θεοῦ] ἐν τῷ οὐρανῷ / ἐν τοῖς οὐρανοῖς; Lk 20,36b: ἰσάγγελοι γάρ εἰσιν.
98 Vgl. 1 Kor 7,26ff.
99 Vgl. Gen 30,23; Lk 1,25; ferner 1 Sam 1.
100 Zitiert nach der Ausgabe von W. Schrage, Elia-Apokalypse 246.
101 Zitiert nach der Ausgabe von A.F.J. Klijn, a.a.O., 129.

oft genug Anlaß zu Spott und Verachtung waren[102], um ihrer Situation willen beneidet. Die Unfruchtbaren, die in einer Gesellschaft wie der jüdisch-palästinischen nichts zu lachen hatten, dürfen nun froh darüber sein, daß ihnen zumindest das Leid um der Kinder willen angesichts der Enddrangsale erspart bleibt.

Hinzuweisen ist auch auf die Ankündigung der Verfolgung um der christlichen Identität willen, die sogar von Seiten der engsten Verwandten – auch Eltern und Kinder – und Freunde her erfolgt, Lk 21,16 (vgl. Mk 13,12). – Hier spiegeln sich wohl die Erfahrungen der ersten christlichen Gemeinden mit ihrem auch familiären Umfeld wider[103]. Dabei konnte man auf entsprechende Traditionen der jüdischen Apokalyptik zurückgreifen[104], etwa auf EsrApk III 12-14: "*Und wenn ihr seht, daß ein Bruder seinen Bruder dem Tode überantwortet, Kinder gegen Eltern sich erheben und eine Frau den eigenen Mann verläßt ...*"[105], oder auf äthHen 100,1f: "*Und in jenen Tagen werden die Väter mit ihren Söhnen an einem Ort erschlagen werden und die Brüder miteinander, und sie werden in den Tod sinken, bis ein Strom von ihrem Blut fließt. Denn ein Mann wird seine Hand nicht von seinen Söhnen und von dem Sohn seiner Söhne zurückhalten, ihn zu töten, ... Vom Morgengrauen bis zum Sonnenuntergang morden sie sich.*"[106] Die zuletzt genannten Belege zeigen, daß angesichts der bevorstehenden Enddrangsale selbst die Familienbande gesprengt werden: Frauen verlassen ihre Männer; Väter, Söhne und Enkel morden einander gegenseitig. Dies ist ein schreckliches Szenario. Angesichts der Enddrangsale brechen selbst die als solide geglaubten Familienstrukturen auseinander. Jeder steht den Enddrangsalen als Vereinzelter gegenüber.

2.3. Weitere neutestamentliche und nachneutestamentliche Literatur[107]

Hier ist im wesentlichen auf das oben im Ehekapitel vor allem unter I.3.4. Ausgeführte hinzuweisen. Weder in den Deuteropaulinen wie Kol und Eph noch in

---

102 Siehe die "Schmach" von Gen 30,23; Lk 1,25.
103 Siehe auch J.R. Sauer, a.a.O., 185.206.
104 Siehe z.B. EsrApk III 12-14; ferner J.R. Sauer, a.a.O., 205f. 682, A.4. mit zahlreichen Vergleichstexten.
105 Zitiert nach der Ausgabe von U.B. Müller, Esra-Apokalypse 94.
106 Nach der Ausgabe von S. Uhlig, a.a.O., 729.
107 Die Heranziehung von Apk 14,4 als Beleg für die Hochschätzung der Ehelosigkeit unterlasse ich, da es sich hier m.E. um bildliche Redeweise handelt, siehe unter anderem E. Lohse, Offenbarung des Johannes 83-85; K.H. Schelkle, Ehe und Ehelosigkeit 196.

den Pastoralbriefen kommt Ehelosigkeit im positiven Sinn eigens in den Blick. Dies ist umso auffälliger, als in den ältesten Schriften des Neuen Testaments, vor allem im 1 Kor, der Ehelosigkeit ein hoher Stellenwert beigemessen wird. Demgegenüber kommt in den Ständetafeln von Kol und Eph mit völliger Selbstverständlichkeit eine ehebejahende Position zum Ausdruck, die teils in Anlehnung an Vorbilder der Umwelt, teils – wie vor allem im Konzept von Eph – weithin in theologischer Eigenarbeit an vorgegebenen Traditionen erfolgt. Noch mehr haben sich die Gewichte in den Pastoralbriefen verschoben. Ehe ist hier das Selbstverständliche und wird – anders als etwa von Paulus in 1 Kor 7 – auch von Witwen erwartet[108]. Ehelosigkeit wird hingegen ungern gesehen, vermutlich weil diese von den gnostisierenden Irrlehrern als Heilsweg propagiert wurde (siehe 1 Tim 4,3).

Eine theologische Hochschätzung der Ehelosigkeit begegnet in den apokryphen Apostelakten[109], wobei erst wieder gnostische Einflüsse eingewirkt haben dürften. Dort wird immer wieder davon berichtet, daß Männer und Frauen gerade noch im letzten Moment vom Eingehen sexueller Handlungen bzw. Schließung einer Ehe abgebracht werden können. Die Hochschätzung von Ehelosigkeit und sexueller Askese führt leicht zu einer gleichzeitigen Abwertung der Ehe. Ehelosigkeit und sexuelle Askese erfreuten sich gerade in häretischen Kreisen hohen Ansehens, so z.B. a) bei den Marcioniten wie auch bei Tatian, die Ehe mit Unzucht gleichsetzten[110]; ebenso b) in gnostischen Kreisen[111], wobei manche dabei aber auch in das Gegenteil verfielen und völligen Libertinismus propagierten, sowie c) in gewisser Weise auch bei den Montanisten, indem sie bald dazu übergingen, nur noch die Einzigehe zu dulden. In der Großkirche hat man sich gegen derartige Radikalismen gewandt und fand ab dem 4. Jahrhundert in der klösterlich-monastischen wie auch in der sich vor allem im Westen allmählich herausbildenden priesterlich-zölibatären Existenz Wege, Ehelosigkeit im Rahmen der Großkirche in hohes Ansehen zu bringen, ohne daß dies zur Verteufe-

---

108 Siehe oben I.3.3. zu 1 Tim 2,15 und 1 Tim 5,14.
109 Hier sind vor allem die Thomasakten zu nennen. Nach ActThom 98 bedeutet jedweder Verkehr κατὰ σάρκα Ehebruch an dem himmlischen Bräutigam Christus. Siehe auch Acta Andreae 5.
110 Nach Irenaeus, Adv.haer. I 28,1 bezeichnete Marcion Ehe als φθορά καὶ πορνεία; ebenso Tatian nach Iren., Adv. haer. I 28,1; Epiphanius, Panarion haer. 46,2,1: τὸν δὲ γάμον πορνείαν καὶ φθορὰν ἡγεῖται. – Zu Marcion siehe C. Munier, Ehe und Ehelosigkeit in der Alten Kirche XXVIII; P. Nagel, Motivierung der Askese 29; K. Heussi, Ursprung des Mönchtums 91; zu Tatian siehe P. Brown, Keuschheit der Engel 105-108; H. Chadwick, Art. Enkrateia 353; H. Jedin, Handbuch der Kirchengeschichte I 340.
111 Nach Tertullian, Adv. Valentinianos XXX sollen diese sogar Kastration geübt haben.

lung der Ehe führte. Freilich blieb eine Zwei-Stufen-Moral nicht aus, die in der ehelosen Existenz doch den besseren Weg sah, wofür Paulus mit seiner Beurteilung in 1 Kor 7 als Wegbereiter angesehen werden kann.

Exkurs zum Priesterzölibat

Ergänzend zu den bereits behandelten Befunden prinzipieller Ehelosigkeit geht es in diesem Exkurs um das Problem des Priesterzölibats. Zwar stellt sich dieses Problem als solches noch nicht im neutestamentlichen Schrifttum; doch setzte sich in der Geschichte der Alten Kirche allmählich die Forderung durch, die Priester müßten unverheiratet, d.h. zölibatär, leben. Bei der Begründung des Priesterzölibats spielten die in diesem Kapitel behandelten Texte – besonders Mt 19,10-12 und 1 Kor 7,32-35 – eine wichtige Rolle. So liegt es nahe, im Anschluß an die Behandlung dieser Texte diese Seite ihrer Wirkungsgeschichte ausblicksweise mitzubedenken.

Zunächst einmal ist der Begriff "Priester" einer kritischen Betrachtung zu unterziehen. In den neutestamentlichen Schriften findet der Priesterbegriff für die Wortverkündiger der Gemeinden bzw. der Gesamtkirche noch keine Verwendung. Wohl ist – in Aufnahme des Priesterbegriffs des Alten Testaments – vom Hohepriesteramt Jesu Christi die Rede[112]; auch findet sich die Vorstellung von einem "allgemeinen Priestertum aller Gläubigen"[113]. Zwar sind für einzelne in den urchristlichen Gemeinden zum einen charismatische Funktionsbezeichnungen wie "Apostel", "Propheten" und "Lehrer"[114] anzutreffen; zum anderen bilden sich feste Gemeindeämter heraus[115], so daß sich etwa in den Pastoralbriefen bereits die drei Gemeindeämter Bischof[116], Presbyter[117] und Diakone[118] und darüberhinaus das Amt der Gemeindewitwe[119] finden. Doch ist keine dieser Funktionen im Sinne eines Priesteramtes konzipiert.

Mit dem Abflauen des Enthusiasmus der ersten Zeit gingen die Funktionen der charismatischen Ämter[120] auf die Träger des Presbyter- und Bischofsamtes

---

112 Hebr 4,14f; 5,5f.10; 7,26f; 8,1; 9,11.
113 1 Petr 2,5.9; vgl. Apk 1,6; 5,10; 20,6.
114 1 Kor 12,29: ἀπόστολοι, προφῆται, διδάσκαλοι; Eph 4,11: Καὶ αὐτὸς ἔδωκεν τοὺς μὲν ἀποστόλους, τοὺς δὲ προφήτας, τοὺς δὲ εὐαγγελιστάς, τοὺς δὲ ποιμένας καὶ διδασκάλους.
115 Zunächst im Ansatz 1 Thess 5,12 die προϊστάμενοι, in Phil 1,1 die ἐπίσκοποι καὶ διάκονοι.
116 ἐπίσκοπος, siehe 1 Tim 3,1-7.
117 1 Tim 5,17ff; Tit 1,5-9.
118 1 Tim 3,8-13.
119 1 Tim 5,3-16.
120 Apostel, Propheten und m.E. auch Lehrer.

über[121], wie sich auch unter den drei festen Gemeindeämtern[122] eine Hierarchie herausbildete, an deren Spitze der Gemeindebischof stand. So spricht man vom monarchischen Episkopat, als dessen früher und wichtiger Verfechter Ignatius v. Antiochien gilt[123]. Mitte des 2. Jahrhunderts n. Chr. hatte sich der monarchische Episkopat, für den sich Ignatius von Antiochien zu Beginn des Jahrhunderts vehement eingesetzt hatte, durchgesetzt und war ein wichtiges Instrument, gnostischen und montanistischen Häresien entgegenzuwirken. Der Episkopos, der aus der Reihe der Presbyter genommen wurde, hatte die gesamte Gemeindeleitung[124] inne. Er galt als legitimer Inhaber der urchristlichen charismatischen Gaben, wie sie in der ersten Zeit von Aposteln, Propheten und Lehrern ausgeübt wurden. Um den Presbyter-Bischof als legitimen Nachfolger bzw. in Kontinuität zu den ersten Aposteln zu zeigen, bediente man sich des Sukzessionsgedankens[125]. Aber erst mit dem Aufkommen und Durchsetzen des Opfergedankens hinsichtlich des Abendmahlssakraments fand auch der Priesterbegriff etwa um 200 n. Chr. Einzug in die christliche Kirche[126].

Mit der Rezeption des Priesterbegriffs setzt sich auch die Vorstellung vom priesterlichen Mittleramt mehr und mehr durch, z.B. in der Vorstellung des Priesters als "iudex vice Christi", als Richter an Christi statt[127].

Priester gab es im Alten Testament und Judentum wie auch in der heidnischen Umwelt des Neuen Testaments, so daß mit der Aufnahme des Priesterbegriffs in der Alten Kirche um 200 n. Chr. auch die Gefahr bestand, be-

---

121 Siehe dazu A.v. Harnack, Mission und Ausbreitung I 355f; K. Heussi, Kompendium § 20 a.b.c.
122 Daß hier einerseits eine palästinische (Presbyteramt in Anlehnung an die Ältesten der jüdischen Gemeinden) und andererseits eine hellenistische Linie (Episkopos und Diakone) zusammenflossen, hat vor allem H.v. Campenhausen (Kirchliches Amt und geistliche Vollmacht 82-134) gezeigt.
123 Siehe Trall. 7,2; Philad. 7; Smyr. 8.
124 Kultus, Gottesdienst, Sakraments- und Vermögensverwaltung, Schlüssel- und Bußgewalt etc.
125 Siehe zum Beispiel die Bischofs-Listen des Hegesipp, die eine solche Sukzession glaubhaft machen wollen.
126 Siehe dazu A.v. Harnack, Mission und Ausbreitung I 454, A.2; K. Heussi, Kompendium §20a.b.c; Zscharnack, Art. Priestertum III 1492f. Zur Bedeutung der Entwicklung der Abendmahlslehre für das Zölibat, insbesondere aufgrund der täglichen Sakramentsfeier siehe H. Böhmer, Entstehung des Zölibates 13; B. Kötting, Zölibat 25f. Böhmer und Kötting suchen die rigide Haltung der westlichen Kirchen hinsichtlich des Zölibats damit zu erklären, daß Priester hier – im Gegensatz zum Osten – bald täglich das Abendmahlssakrament zu "opfern" hatten und folglich permanente Enthaltsamkeit (aufgrund des engen Konnexes von Kultus und physisch vorgestellter Reinheit und Heiligkeit des Priesters als Mittler) von ihnen verlangt wurde.
127 Cyprian, ep. 59,5.

stimmte Elemente und Vorstellungen mitzuübernehmen, die dem Christentum eigentlich fremd oder zunächst überhaupt nicht im Blick waren. Von Bedeutung ist dabei die Forderung nach geschlechtlicher Reinheit als physische Voraussetzung für die Praktizierung des priesterlich-kultischen Dienstes sowohl im Alten Testament[128] und hierauf fußend im Judentum[129] – die Priester waren hier jedoch verheiratet – als auch in der heidnischen Umwelt des Urchristentums[130]. Die Rezeption dieses für die weitere Entwicklung der Zölibatsverpflichtung zentralen Arguments wurde durch die Ausbildung des Opfergedankens (hinsichtlich des Abendmahls) wie – damit verbunden – auch des Priesterbegriffs (als Bezeichnung kirchlicher Amtsträger) begünstigt. Der Priester galt als Mittler zwischen dem heiligen Gott und dem Volk. Weil er als Mittler unmittelbaren Kontakt mit dem Heiligen hat, wurden von ihm in besonderem Maße Heiligung und Heiligkeit erwartet[131]. Wohl ging man im Judentum – aufgrund des allgemeinen Zeugungs- und Mehrungsgebots von Gen 1,28 – nie so weit, daß man Ehe und Sexualität per se verwarf; aber vor kultischen Handlungen hatten die – selbstverständlich verheirateten – Priester, insbesondere auch der Hohepriester, geschlechtliche Abstinenz zu üben.[132] In der heidnischen Umwelt des Juden- wie des Christentums ging man zum Teil so weit, daß man das Kultpersonal kastrierte (z.B. im Kybele- und Attiskult), um sexueller Verunreinigung vorzubeugen und dauerhafte Tauglichkeit für den Kultus zu gewährleisten[133]. Im Judentum hingegen war ein Kastrat überhaupt nicht kultfähig.[134]

---

128 Zur Definition dessen, was in geschlechtlicher Weise den Mann *zeitweilig* unrein macht, siehe etwa Lv 15,16; 22,4; Dtn 23,11f; vgl. ferner Ex 19,15; 1 Sam 21,5.
129 Siehe etwa Josephus, Ant. XVII §165f; Mischna Para 3,1; Joma 1,1; Aboth 5,5; Tamid 1,1.
130 Pointiert gibt dieser in der Antike weit verbreiteten Vorstellung Porphyrius Ausdruck, wenn er sagt: Τὰ ἀφροδίσια μιαίνει (De abstinentia IV 20). Siehe zu diesem Aspekt das reichhaltige Material bei E. Fehrle, Kultische Keuschheit 25-42, zu den einzelnen Kulten 76ff. – Ferner ist z.B. auf die Isismysterien (s. hierzu Fehrle, a.a.O., 110-112) und den Kybelekult, hinsichtlich von Priesterinnen besonders auf die vestalischen Jungfrauen von Rom als Beispiele aus der Fülle römischer, griechischer und orientalischer Religionen zu verweisen, siehe auch H. Böhmer, a.a.O., 15.
131 Vgl. Lv 11,44 כי אני יהוה אלהיכם והתקדשתם והייתם קדשים כי קדוש אני bzw. Lv 11,45 והייתם קדשים כי קדוש אני.
132 Ein Zusammenhang von zeitweiliger sexueller Kontinenz und intensiver Zuwendung zum Gebet findet sich bei Paulus 1 Kor 7,5. Auch hier könnte die Vorstellung eine Rolle spielen, daß sich aktive Sexualität und konzentrierte Zuwendung zu Gott (hier allerdings nicht kultisch, sondern hinsichtlich der intensiven Gebetspraxis) nicht voll miteinander in Einklang bringen lassen, so daß sich zeitweilige Kontinenz von selbst empfiehlt.
133 Euseb, hist. eccl. VI 8 und Epiphanius, haer. 64,3 deuten auf eine Selbstkastration

Es soll im folgenden ein historischer Überblick über das Aufkommen der Zölibatsverpflichtung für Priester bzw. den Klerus gegeben werden, wobei es notwendig ist, zum einen hinsichtlich der unterschiedlichen Regionen – vor allem Osten bzw. Westen – und zum anderen hinsichtlich höherem und niederem Klerus[135] zu unterscheiden. Dabei ist zu betonen, daß die Enthaltsamkeitsforderung als solche noch nicht identisch ist mit der Zölibatsverpflichtung; so gab man sich[136] im Westen zunächst damit zufrieden, von jeglichen Priestern Enthaltsamkeit zu fordern, wobei auch die Möglichkeit der Führung einer geistlichen Ehe[137] nicht verwehrt war.

Für die historische Entwicklung[138] ist zunächst von Bedeutung, daß 1. Conc. Ancyranum (314), c.10 sowie Conc. Neocaesareanum (314), 25, c.1 zum einen konzediert wird, daß sich der Diakon *vor* der Weihe verehelichen dürfe; zum anderen wird aber eingeschärft, daß ein unverehelicht Geweihter ohne Frau bleiben soll.

Auf dem Konzil von Nicäa (325) wurde die allgemeine Einführung des Zölibats Geistlicher auf Initiative von Konzilsteilnehmern verlangt; der Antrag wurde jedoch nach Sokrates, hist. eccl. I 11[139] durch Einspruch des Bischofs Paphnutius aus der Oberthebais abgewehrt. Man blieb bei den Konzilsbeschlüssen von Ancyra und Neocaesarea.

2. Im Osten verlief die Entwicklung anders als im Westen. Wichtig ist – auf der Basis oben geannter Konzilsbeschlüsse – für den Osten das Concilium Trullanum (692). Dort wird zunächst c.12 und c.48 nur den Bischöfen der Zölibat auferlegt. Subdiakone, Diakone und Priester hingegen dürfen weiterhin verheiratet sein, sofern die Eheschließung der Weihe voranging; doch haben sich die Betreffenden vor Ausübung der "heiligen Funktionen" des Umgangs mit ih-

---

des Origenes hin. Dies ist aber historisch fragwürdig, wie R. Williams, Art. Origenes 398 zeigt. Es könnte sich auch um ein Gerücht handeln.
134 Nach Lv 21,20; Dtn 23,2 durften Eunuchen keine Priesterdienste verrichten. Siehe auch Babylonischer Talmud Jeb 70a in Interpretation von Dtn 23,2.
135 Um 250 bildete sich – in Fortsetzung zur Entwicklung der genannten drei fest institutionalisierten Ämter – eine Sieben-Stufen-Reihe der geistlichen Ämter heraus: (Archepiskopos) Episkopos, Presbyter und Diakon als "ordines maiores" sowie Subdiakone, Akoluthen, Lektoren und Ostiarier als "ordines minores".
136 Siehe unten zu Leo I und Gregor d. Gr.
137 Zu den Syneisaktenehen siehe umfassend II.2.2.
138 Siehe hierzu besonders: H. Böhmer, Entstehung des Zölibates; H. Barion, Art. Zölibat II.; K. Mörsdorf, Art. Zölibat I.; E. Schillebeeckx, Amtszölibat; B. Kötting, Zölibat; K. Baus/E. Ewig, Handbuch der Kirchengeschichte II/1 287-291.
139 Siehe C. Munier, a.a.O., 312-315, Text 210. Dort heißt es u.a.: Ἐδόκει τοῖς ἐπισκόποις νόμον νεαρὸν εἰς τὴν Ἐκκλησίαν εἰσφέρειν, ὥστε τοὺς ἱερωμένους, λέγω δὲ ἐπισκόπους καὶ πρεσβυτέρους καὶ διακόνους, μὴ συγκαθεύδειν ταῖς γαμεταῖς, ἃς ἔτι λαϊκοὶ ὄντες ἠγάγοντο.

ren Ehefrauen zu enthalten (c.13). Eine nach der Weihe geschlossene Ehe ist nichtig (c.16).

Es wird also zum einen zwischen Bischöfen und übrigem Klerus unterschieden. In der Praxis trug man den Konzilsbeschlüssen insofern Rechnung, als ein Bischof in der Regel aus den Reihen der Mönche genommen wurde, die ohnehin zur Ehelosigkeit verpflichtet waren. Zum anderen erfolgte bei dem übrigen Klerus die Unterscheidung zwischen "vor" und "nach" der Weihe. Dabei wurde – und wird – den Kandidaten des Diakonats durchaus einige Zeit vor dem Weiheempfang die Möglichkeit gegeben, zu heiraten, indem sie für begrenzte Zeit aus dem Priesterseminar entlassen werden. Die dennoch unverheiratet Zurückkehrenden haben dann die Aussicht auf höhere Ämter.

3. Im Westen wurde demgegenüber sehr schnell von jedem Priester – nicht nur vom Bischof – Ehelosigkeit erwartet. Ein wichtiger Schritt in dieser Entwicklung ist in dem Konzil von Elvira (ca. 306) zu sehen. Dort wurde c.33 verlangt: "*Placuit in totum prohibere episcopis, presbyteris et diaconibus vel omnibus clericis positis in ministeris abstinere se a coniugibus suis et non generare filios: quicumque vero fecerit, ab honore clericatus exterminetur.*"[140]

Bedeutsam für die Zölibatsgeschichte ist der römische Bischof Siricius. Dieser fordert in seinen Briefen[141] die Beachtung der "alten Bestimmungen" – wobei wohl die des Konzils von Elvira gemeint sein dürften – für ganz Spanien. Ferner ist[142] davon die Rede, daß von Siricius und der römischen Synode die gesetzliche Verpflichtung des höheren Klerus zum Zölibat an die afrikanische Synode von Telepte ergangen sei[143]. Die Synoden von Orange (441) und Arles (542) fordern sodann sogar vor der Diakonatsweihe eine Art Gelübde ewiger Jungfräulichkeit.[144] Leo I (440-461) und Gregor d. Gr. (um 600) dehnen die Enthaltsamkeitsforderung auf Subdiakone aus.[145] Bemerkenswert ist allerdings, daß beide – trotz grundsätzlichen Festhaltens an der Forderung von Ehelosigkeit der Geistlichen – aus humanitären Gründen konzedieren, daß ein Geistlicher weiterhin mit seiner Frau wie mit einer Schwester zusammenleben dürfe.[146] Dies ist faktisch so etwas wie die Konzession einer Art von Syneisaktenehe, gegen die sich doch die kirchlichen Synoden sehr früh wandten[147]. Es legt sich der Schluß nahe, daß es in der Praxis nicht leicht war, die Forderung grundsätzlicher Ehelo-

---

140 Nach der Ausgabe von C. Munier, a.a.O., 302, Text 205.
141 Ep. 2 vom 10.02.385, dort 8-10 (MPL XIII 1138f).
142 Ep. 5 (386) (MPL XIII 1155-1162).
143 Siehe auch Conc. Romanum 386, c.9.
144 Siehe E. Schillebeeckx, Amtszölibat 30.
145 K. Mörsdorf, Art. Zölibat I. 1396.
146 E. Schillebeeckx, a.a.O., 30f.
147 Bereits das Konzil von Elvira 306, siehe Kap. II, S. 126.

sigkeit von Geistlichen in die Wirklichkeit umzusetzen, so daß man zu derartigen Kompromissen griff.

Von Bedeutung ist auch, daß auf einer Reihe von merowingischen Synoden[148] die Enthaltsamkeitsvorschrift eingeschärft wurde. Der Erfolg solcher Forderungen blieb jedoch beschränkt, was die realen Verhältnisse anbetraf.[149] Von Bedeutung für die schließliche Durchsetzung der Zölibatsverpflichtung für alle Geistlichen waren Reformbewegungen, die aus dem Mönchtum hervorgingen, die sogenannte Gregorianische Kirchenreform (590-604), Predigten Papst Benedikts VIII (1012-1024) gegen den Klerus, der im Konkubinat lebt oder verheiratet ist, wie auch die Forderung von Papst Nikolaus II (1058-1061) an die Gläubigen, nicht mehr der Heiligen Messe von Priestern beizuwohnen, die eine Frau haben, noch von solchen Sakramente zu empfangen. Aber all diese Voten erheben sich erst auf dem Hintergrund, daß es faktisch nicht gut mit der Beobachtung des Enthaltsamkeitsgelübdes durch die Geistlichkeit bestellt war.

Schließlich kam es nach der Vorbereitung durch das I. Lateranum (1123) 1139 auf dem II. Lateranum unter Papst Alexander II zum endgültigen Durchbruch der Zölibatsverpflichtung (c.7): Ehen von Subdiakonen, Diakonen und Priestern nach der Weihe galten als ungültig, d.h. als Konkubinate; bereits verheiratete Priesterkandidaten durften keine höheren Weihen empfangen, wenn sie nicht alle Beziehungen zu ihrer Frau abbrachen.

Das Tridentinum (1563, sessio 24, can.9) verhängte schließlich den Bann über diejenigen, die hiervon abweichende Positionen vertraten. Das Verbot der Priesterehe ist auch Bestandteil des Codex Iuris Canonici (CIC).[150] Nach can. 291 entbindet die Entlassung aus dem Klerus noch nicht von dem einmal abgelegten Versprechen lebenslänglicher sexueller Enthaltsamkeit. Hierfür ist ein päpstlicher Dispens notwendig. Priesterweihe und Zölibatsgelübde stellen nach can. 1078 §2, Abs. 1 ein Ehehindernis dar. In can. 277 wird in kurzen Worten eine Begründung für den Priesterzölibat gegeben, für die eine Reihe der in diesem Kapitel untersuchten neutestamentlichen Texte zur Ehelosigkeit grundlegend sind: Der Priesterzölibat werde um des Reiches Gottes willen auf sich genommen (vgl. Mt 19,10-12); die zölibatäre Existenz sei eine Begabung Gottes

---

148 Tours 567; Auxerre 573-603; Orléans 541; Macon 583 u.a.
149 Siehe den historischen Teil der Arbeit von E. Schillebeeckx, der die Entwicklung aufzeigt; siehe auch H. Barion, Art. Zölibat II. 1925.
150 Siehe den can. 277 des von der Deutschen Bischofskonferenz 1984 in zweiter, erweiterter Fassung herausgegebenen CIC, dort §1: "Clerici obligatione tenentur, servandi perfectam perpetuamque propter Regnum coelorum continentiam, ideoque ad coelibatum astringuntur, quod est peculiare Dei donum, quo quidem sacri ministri indiviso corde Christo facilius adhaerere possunt atque Dei hominumque servitio liberius sese dedicare valent." (CIC ²1984, S. 118).

(vgl. Mt 19,12; 1 Kor 7,7) und ermögliche es – vgl. Paulus in 1 Kor 7,32-35 – umfassender, d.h. ungeteilten Herzens, seine ganze Aufmerksamkeit als Gemeindehirte den Dingen des Herrn und der christlichen Gemeinde zuzuwenden.[151] Im übrigen wird im Zusammenhang der Zölibatsverpflichtung seit ihrem Aufkommen amtskirchlicherseits immer wieder betont, daß die Entscheidung zu solch einer Verpflichtung aus freien Stücken erfolge(n müsse). Die Kirche bestimme – unter Berufung auf Schrift und Tradition – die Bedingungen, unter denen jemand das geistliche Amt zu führen habe. Jeder Anwärter kenne diese Bedingungen und könne frei wählen, ob er unter diesen Konditionen das geistliche Amt anstrebt bzw. anzustreben vermag.[152]

Eine Kritik an der Verpflichtung zum Priesterzölibat kann m.E. nur an dem – in der römisch-katholischen Kirche offiziellerseits zur Zeit noch für unabdingbar gehaltenen – Konnex von Priesteramt und Zölibat ansetzen. Auf den breiten Strom und die Tendenz der kirchlichen Tradition kann sich die katholische Kirche mit Recht berufen, wenn man die Mehrheit der Kirchenvätervoten und Konzilsentscheidungen betrachtet, wobei es auch hier immer wieder zu abweichenden und nachdenklich stimmenden Voten gekommen ist. Auf das Neue Testament hingegen kann man sich am allerwenigsten berufen. Denn hier gibt es (noch) keine "Priester". Wohl gibt es zeichenhaften Eheverzicht (Mt 19,12; vgl. 1 Kor 7), der als Ausdruck der zukünftigen Basileia und als Mittel des besonders intensiven Einsatzes für Verkündigung und Gemeinde erfolgen kann[153]; doch ist dieser Eheverzicht, wie Mt 19,12 und 1 Kor 7,7 zeigen, charismatisch bedingt. Es gibt nach 1 Kor 9,5 verheiratete Apostel; auch sind die für die Geschichte der Urgemeinde wichtigen "Herrenbrüder" verheiratet. Die Ehelosigkeit Jesu wird im Neuen Testament nirgends explizit ausgesagt, dürfte aber dennoch als wahrscheinlich gelten. Jünger Jesu haben – so sie bereits verheiratet waren wie z.B. Simon Petrus – zumindest zeitweilig von ihren Familien getrennt gelebt, haben dann aber – wie 1 Kor 9,5 zumindest für die Person des Petrus nahelegt – Ehe und Verkündigung durchaus miteinander verbunden, also auch weiterhin an der Ehe festgehalten.

---

151 Zur Zölibatsverpflichtung vgl. ferner den CIC von 1919 (siehe Literaturverzeichnis), dort can. 132 die Zölibatsverpflichtung für Kleriker; der geistliche Stand als Ehehindernis (can. 1072); die Sanktionierung von Zuwiderhandlungen (can. 2388 und 2325).
152 Dabei setzt man voraus, daß der Betreffende (psychisch und physisch) überhaupt in der Lage ist, eine solche Entscheidung hinsichtlich der eigenen Person verantwortlich und vorausschauend zu treffen.
153 Siehe das Beispiel des Missionars Paulus; vergleiche allerdings auch die übrigen Apostel sowie das Ehepaar Priscilla und Aquila.

Wo wir im Neuen Testament bereits auf feste kirchliche Ämter stoßen, wie in den Pastoralbriefen auf Bischöfe, Presbyter und Diakone, ist – wie die Anforderungen an selbige zeigen (siehe vor allem 1 Tim 2) – vorausgesetzt, daß diese selbst verheiratet sind und folglich ihrem eigenen christlichen οἶκος vorstehen. Umstritten ist allenfalls, ob von ihnen gefordert wird, daß sie in Einzigehe oder in einer Ehe unter Ausschluß von Scheidung und simultaner Polygamie leben[154]. M.E. wird hier von den kirchlichen Amtsträgern durchaus mehr gefordert als von den übrigen Christen, was kritisch festzustellen ist, wenn man eine Zwei-Stufen-Ethik ablehnt und vom Priestertum aller Gläubigen ausgeht[155]. Damit begann eine Entwicklung, die historisch – aufgrund der Wirkungsgeschichte vor allem von Texten wie 1 Kor 7 und Mt 19,10-12 – schließlich sogar zur Zölibatsforderung für Geistliche führte. Es hätte dagegen auch die Möglichkeit bestanden, an die Bestimmungen der Pastoralbriefe hinsichtlich der Ehe von geistlichen Amtsträgern anzuknüpfen, indem man 1 Kor 7,7 und 1 Kor 9,5 mitberücksichtigt und Amtsträger wie auch alle übrigen Christen (!) vor die grundsätzliche Alternative zwischen charismatischer Ehelosigkeit und Eingehen einer Ehe gestellt hätte, welche beide sehr wohl mit einem geistlichen Amt wie auch mit anderen Berufen in Einklang gebracht werden können.

---

154 Siehe Kapitel II.2.1.3.
155 Insofern waren der Montanismus und m.E. auch die Essener (siehe CD IV 20ff) in dieser Frage doch konsequenter!

IV. Ehescheidung

Zur Frage nach der Ehescheidung kommen als neutestamentliche Texte in den Blick: 1) 1 Kor 7,10f, wobei Paulus auf ein ihm tradiertes Herrenwort zurückgreift und diesem unumstrittene Autorität einräumt, sowie 1 Kor 7,12-16 dessen Anwendung auf den konkreten Fall der religiös gemischten Ehe[1], 2) die Ehescheidungsperikope Mk 10,1-12 par Mt 19,1-9 und 3) das auf Q-Tradition basierende Ehescheidungslogion Mt 5,32 par Lk 16,18. In den neutestamentlichen Spätschriften wird die Ehescheidung nicht eigens thematisiert. Hier wurde – wie dann auch im weiteren Verlauf der Alten Kirche – die Gültigkeit der oben genannten neutestamentlichen Texte vorausgesetzt und gegebenenfalls auf den Einzelfall angewandt.

Es empfiehlt sich, mit der Analyse von 1 Kor 7,10f einzusetzen, weil es sich hierbei um den ältesten neutestamentlichen Text zu dieser Thematik handelt. Sodann werden die Texte der synoptischen Tradition zu untersuchen sein, wobei sich die Frage stellt, worin der möglicherweise auf den historischen Jesus zurückführbare Ur- oder Grundbestand zu sehen ist. Eine methodische Reflexion über das dabei zugrundegelegte Instrumentarium wird dem entsprechenden Abschnitt vorangehen.

Auf die rechtliche Problematik der Ehescheidung in der neutestamentlichen Umwelt wird jeweils im Rahmen der Exegese – z.T. exkursweise – einzugehen sein. Dem Kapitel vorangestellt sei allerdings bereits ein Abschnitt über das mögliche Scheidungssubjekt – Mann oder/und Frau in der neutestamentlichen Umwelt, um zu verstehen, auf welchem religionsgeschichtlichen Hintergrund die jeweiligen Texte entstanden sind.

1. Zum Initiator der Scheidung in der neutestamentlichen Umwelt

A) **Nach jüdischem Recht** hatte *nur der Mann* die Möglichkeit, die Scheidung zu initiieren.[2] Er stellte den Scheidungsbrief aus und übergab ihn der Frau (auch

---

[1] Siehe hierzu Kap. II.2.3., S. 133-135. Ausführungen hierzu erübrigen sich daher an dieser Stelle.
[2] Josephus, Ant. XV 259: ἀνδρὶ μὲν γὰρ ἔξεστιν παρ' ἡμῖν τοῦτο ποιεῖν, γυναικὶ δὲ οὐδὲ διαχωρισθείσῃ καθ' αὑτὴν γαμηθῆναι μὴ τοῦ πρότερον ἀνδρὸς ἐφιέντος. Siehe auch Mischna Jeb 14,1: "Mitnichten gleicht der Mann, der (seine Frau) von sich

durch Zeugen). Durch den Scheidebrief erhielt die Frau Rechtssicherheit und in der Regel – wenn keine Eheverstöße von seiten der Frau vorlagen – auch die Ketuba (Hochzeitsverschreibung) zurückerstattet. Der Scheidebrief enthielt zunächst eine zweiseitige Scheidungserklärung, nämlich die Scheidungsformel: היא לא אשתי ואנכי לא אישה[3], sowie die Erklärung, daß die Frau sich nun verheiraten dürfe, mit wem sie wolle[4], andererseits die Legitimationsformel, durch die der Scheidebrief als solcher ausgewiesen wurde[5]. Durch die Bestimmungen von Dtn 24,1-4 sollte die Faktizität der einmal ausgesprochenen Scheidung sichergestellt werden, so daß es dem Mann nicht mehr möglich war, sich seine Frau – und mit ihr deren Habe – wieder anzueignen.[6]

Nur in besonderen Fällen konnte die Frau eine aktivere Rolle übernehmen:

a) Wenn z.B. Juden sich an ausländischem Recht orientierten, wie dies offenbar Salome mit ihrem Mann Kostobar nach hellenistischem Scheidungsrecht tat. Sie (!) schrieb ihrem Mann einen Scheidungsbrief und entließ ihn[7]. Doch wurde dieses unkonventionelle Verhalten von Josephus aufgrund des jüdischen Scheidungsrechtes klar abgelehnt[8].

b) Die Juden in Elephantine führten bereits in vorchristlicher Zeit (6./5. Jahrhundert vor Christus) gegenüber dem palästinischen Judentum offenbar ein eigenes Rechtsleben, das die Scheidung auch seitens der Frau als Initiatorin kannte.[9] Doch ist diese Praxis als Anschluß an das ägyptische Ehe(-scheidungsrecht)

---

scheidet, der Frau, die (von ihrem Manne) geschieden wird (hinsichtlich der Stellung zur Scheidung); denn die Frau kann mit ihrer Einwilligung und ohne ihre Einwilligung entlassen werden, während der Mann nur mit seiner Einwilligung (seine Frau) entlassen kann!" (nach der Ausgabe von K.H. Rengstorf, Mischna 179).

3 L. Blau, Die jüdische Ehescheidung und der jüdische Scheidebrief II 14; vgl. Hos 2,4.
4 "... auf daß du dich verheiratest an jeden Mann, den du willst." (L. Blau, a.a.O., II 31). Gerade diese Erklärung gab der Frau die Rechtssicherheit, sich einen neuen Ehepartner zu suchen, ohne des Ehebruchs schuldig zu werden. Die Möglichkeit der Neuverheiratung war für jüdische Frauen in der Regel schon aus finanziellen Gründen unabdingbar.
5 "Und dies ist dein Scheidebrief" (L. Blau, a.a.O., II 30f).
6 Auch hierin kann eine gewisse Stärkung der Situation der Frau gesehen werden (siehe auch K. Berger, Gesetzesauslegung Jesu 510). Dem Mann mußte aufgrund von Dtn 24,1-3 klar sein, daß eine einmal ausgesprochene Scheidung irreversibel ist. So mag manche vorschnelle Scheidung verhindert worden sein.
7 Josephus, Ant XV §§259f; vgl. ferner Ant XVIII §§136ff zu Herodias, die sich hier – offenbar unter römisch-hellenistischem Einfluß – ebenfalls über gängiges jüdisches Eherecht hinwegsetzt.
8 Ant XV §259: οὐ κατὰ τοὺς Ἰουδαίων νόμους.
9 S. Bialoblocki, Art. Ehescheidung 262: "So heißt es in einer ägyptischen Eheurkunde: 'Wenn ich dich verstoße, so daß du nicht mehr mein Mann bist, sollst du ... Silber (die Hälfte der Kaufpreissumme) erhalten". Siehe auch K. Schubert, Eheschei-

zu interpretieren, nach dem auch die Frau als mögliche Initiatorin der Scheidung in Betracht kam.[10]

c) In seltenen Fällen konnte die Frau auch im palästinisch-rabbinischen Judentum eine initiierende Rolle beim Scheidungsverfahren ausüben. Doch blieb hier letztlich der Konsens des Mannes entscheidend, so daß dessen Ausstellung der Scheidungsurkunde erforderlich war.[11] Hierfür kamen nur wenige Fälle in Betracht: z.B. Aussatz oder Polypen in der Nase des Mannes[12]. In diesem Falle konnte der Mann sogar gegen (!) seinen Willen zur Ehescheidung gezwungen werden. Aber auch dann war die Frau noch nicht berechtigt, den Scheidungsbrief auszustellen. Die Rolle des Mannes übernahm das Gericht mit dem Anspruch, "daß der wahre Wille des Mannes dahin gehe, den religionsgesetzlichen Vorschriften des Judentums Rechnung zu tragen und nur der 'böse Trieb' ihn zum Ungehorsam verleite, so daß der äußere, von der Gerichtsbehörde ausgeübte Zwang durch diesen inneren Zwang aufgehoben wird"[13]. Ferner konnte eine Scheidung ausgesprochen werden, wenn die Frau von ihrem Mann unmenschlich behandelt wurde[14], längere Zeit nicht von ihm versorgt wurde[15] oder der Mann ihr längere Zeit verbot, ihr Elternhaus zu betreten.[16]

K. Schubert[17] macht auf einen weiteren Ausnahmefall aufmerksam: Nach Mischna Keth 13,11 kann jedermann gezwungen werden, aus der Diaspora in das Land Israel zurückzuziehen bzw. nicht dazu gezwungen werden, Israel zu verlassen[18].[19]

---

dung im Judentum 24f; E. Bammel, Jüdisches Eherecht 96f; J.A. Fitzmyer, Divorce Texts 205; R. Yaron, Law of the Aramaic Papyri 53-64; bereits L. Blau, a.a.O., I 21.

10 Siehe R. Taubenschlag, The Law of Greco-Roman Egypt 121f. Zum ägyptischem Recht siehe unten Abschnitt D).

11 Siehe I. Abrahams, Pharisaism 67: "these Aramaic documents showed the Jewish woman in possession of the same status as man in regard to initiating divorce. Closer study, however, shows that at most the woman of the papyri could *claim* a divorce, she could not *declare* one". Auch a.a.O., 72: "... the divorce was always, from first to last, in Jewish law the husband's act."

12 Mischna Keth 7,10; Tosefta Keth 7,11.

13 Maimonides, H. Geruschin II,20, zitiert nach S. Bialoblocki, a.a.O., 265.

14 Mischna Keth 7,1-5.

15 Mischna Keth 7,1.2 u.a.

16 Mischna Keth 7,4. Ferner sind unzumutbare Gelübde, die der Mann der Frau abverlangt, ein hinreichender Scheidungsgrund, siehe Mischna Keth 7,5, oder das für die Frau unzumutbare Gelübde des Mannes, keinen Geschlechtsverkehr mehr zu haben, siehe Mischna und Tosefta Keth 5,6; Tosefta Ed 2,4; Mischna Ed 4,10.

17 Ehescheidung im Judentum 25.

18 Siehe ferner Talmud, Gemara, zur Stelle von Babylonischem Talmud Keth 110b (zitiert nach K. Schubert, a.a.O., 25): Nachdem zuvor gleiches vom Mann festgestellt wurde, gilt für die Frau: "Gesetzt den Fall, daß die Ehegattin nach dem Lande

Eine weitere Ursache zur von der Frau gewünschten Scheidung konnte durch einen unehrenhaften Beruf des Mannes wie Gerber (Kontakt mit unreinen Dingen wie z.B. Kot) oder Kupferschmelzer gegeben sein.[20] Es war ferner denkbar, daß der Mann ein Abtrünniger oder flüchtiger Verbrecher wurde.[21] Aber auch dann bedurfte es der notwendigen Beweise, damit ein Gericht (nicht jedoch die Frau!) die Scheidung durchsetzen konnte.

Darüber hinausgehend postulieren manche Exegeten ein volles Scheidungsrecht für die jüdische Frau. Dabei ist vor allem auf die für diesen Ansatz grundlegende Arbeit von E. Bammel[22] hinzuweisen. Nach Bammel gibt die oben genannte "elephantinische Formel", nach der es ein Scheidungsrecht auch der Frau gab, "*eine* Ordnung der jüdischen Scheidung wieder", "eine Ordnung, die in gewissen Randgebieten noch weiterlebte, von den Rabbinen aber eingeschränkt und endlich ganz unterdrückt wurde".[23] Auf Bammel aufbauend hat besonders vehement die feministische Exegetin Bernadette J. Brooten das Scheidungsrecht der jüdischen Frau in neutestamentlicher Zeit vertreten.[24] Brooten präzisiert später ihr Vorhaben dahingehend, daß es zu untersuchen gelte, "ob es neben" der "rabbinischen Praxis", nach der das Gericht in besonderen Fällen die Scheidung in der Instanz des Mannes aussprechen konnte, "auch noch eine andere gab, wonach die Frau – ähnlich dem Mann – eine Scheidung auch ohne Gericht erreichen konnte"[25].

In der Konsequenz einer solchen Auswertung des religionsgeschichtlichen Materials liegt dann, daß Texte wie 1 Kor 7,10f und Mk 10,11f, die Mann und

---

Israel zu wandern gewillt ist und der Ehegatte nicht dazu bereit ist, zwingt man ihn, mit ihr zu ziehen. Wenn er sich unter keinen Umständen bereit erklärt, *muß er sie entlassen und die Ketuba (...) bezahlen"*.

19 M.E. steht die Vorstellung im Hintergrund, daß "das Land Palästina selig mache" (siehe P. Volz, Eschatologie 344, ferner ebd.: "Die Rabbinen haben daher wegen dieser Bedeutung Palästinas auch – schon früher – den Juden die strenge Weisung gegeben, im Lande zu bleiben").

20 Mischna Keth 7,9f; Babylonischer Talmud Keth 77a.

21 I. Abrahams, a.a.O., 77.

22 Markus 10,11f. und das jüdische Eherecht, ZNW 61 (1970), 96-101.

23 A.a.O., 100.

24 Zunächst in sehr vergröbernder und pauschaler Weise: Konnten Frauen im alten Judentum die Scheidung betreiben? Überlegungen zu Mk 10,11-12 und 1 Kor 7,10-11, EvTh 42 (1982), 65-80. Dann aufgrund der vehementen Kritik von H. Weder (Perspektive der Frauen?, EvTh 43 (1983), 175-178) und E. Schweizer (Scheidungsrecht der jüdischen Frau? Weibliche Jünger Jesu?, EvTh 42 (1982), 294-296) erneut, diesmal unter Nennung der für sie wesentlichen Belege, mit dem Bemühen um größere Differenziertheit: Zur Debatte über das Scheidungsrecht der jüdischen Frau, EvTh 43 (1983), 466-478.

25 EvTh 43 (1983), 467.

Frau gleichermaßen als Initiatoren der Scheidung im Blick haben, durchaus jüdischen Verhältnissen entsprungen sein könnten und nicht eine sekundäre Übertragung aus dem heidenchristlichen Kontext darzustellen brauchen.[26]

Nach Brooten sind 1 Kor 7,10f und Mk 10,11f weitere Belege für ihre These, daß Frauen ursprünglich im Judentum doch ein eigenes Scheidungsrecht besaßen, wofür vor allem Jdc 19,2 als Beleg bemüht wird.[27] Erst die Rabbinen hätten sich vehement gegen diese alte Tradition, für die insbesondere die Elephantine-Texte[28] wichtige Belege sind, gewehrt und eine eigene neue Tradition geschaffen, nach der es nur noch dem Mann erlaubt ist, sich von seiner Frau zu scheiden. Insofern seien Mt 5,31f, 19,9 und Lk 16,18 einerseits, Mk 10,11f und 1 Kor 7,10f andererseits ein Spiegel der innerjüdischen Diskussion über die richtige Auffassung in dieser Frage.[29]

Es ist ein Verdienst der genannten Arbeiten vor allem von Brooten und Fander, davor gewarnt zu haben, zu schnell von rabbinischen Texten, wie sie in der Mischna und dem Babylonischen Talmud vorliegen, auf die Realität in Palästina in neutestamentlicher Zeit zu schließen. Die Texte implizierten vielmehr ein Idealprogramm einer zunächst in der Minderheit befindlichen Gruppe, die erst im Zuge der Neukonstituierung des palästinischen Judentums – vor allem ab Jamnia – zur beherrschenden Kraft geworden ist.[30] Weiter liegt ein berechtigtes Anliegen des Ansatzes von Brooten und Fander darin, daß sie sich gegen eine zu undifferenzierte Skizzierung oder Schablonisierung "des Judentums" in der Fachliteratur wenden.[31] Die Exegese muß sich der Gefahr bewußt sein, einer Schablonisierung von "jüdischer" und "christlicher" Sexualethik zu unterliegen, so daß ein Höchstmaß von Differenzierung gefordert ist.

---

26 So B.J. Brooten, EvTh 42 (1982), 100.
27 Vgl. auch M. Fander, Die Stellung der Frau im Markusevangelium, vor allem 209-215, wonach in Jdc 14,19-15,2; 19,2f und Jer 3,1 Belege dafür vorliegen, "daß es Zeiten gegeben hat, in denen die Rechte der Frau in Sachen 'Scheidung' und 'Wiederverheiratung' einmal größer gewesen sind" (213). In dieser Zeit habe man "keine Formalitäten in der Scheidungsprozedur", auch nicht die Hos 2,4 belegte Scheidungsformel gekannt oder verwendet (213); ferner liege in Jdc 19,2 und Jer 3,1 (Und sie ging/geht weg von ihm) älteste Scheidungsterminologie vor.
28 Aber auch Texte aus der Kairoer Geniza (Mittelalter) und aus dem Wadi Muraba'at (1./2. Jahrhundert n. Chr., allerdings z.T. stark beschädigt, kaum rekonstruierbar oder auch noch unveröffentlicht), werden als Belege für diese These angeführt, siehe hierzu M. Fander, a.a.O., 242-247.250-252.
29 B.J. Brooten, EvTh 42 (1982), 73.79f.
30 Siehe hierzu die Überlegungen bei M. Fander, a.a.O., 247-250, wobei sie sich auf J. Neusners Arbeiten stützt.
31 Siehe vor allem M. Fander, a.a.O., 207-209.

Dennoch ist m.E. – zumindest derzeitig noch – die Basis für die Position, die Frau habe im Judentum der neutestamentlichen Zeit über das gleichberechtigte volle Scheidungsrecht verfügt, zu dünn. Die Problematik der Arbeiten Bammels und Brootens zeigt sich auch darin, daß sogar anhand mittelalterlicher Belege[32] aus dem samaritanischen und karäischen Schrifttum argumentiert wird; auch die Texte der Kairoer Geniza sind zeitlich sehr spät anzusetzen.[33] Das Argument, diese späten Texte könnten durchaus sehr alte Rechtstraditionen bewahrt haben, ist nicht hinreichend, den bisherigen Forschungskonsens außer Kraft zu setzen. Es wäre ja auch absurd, mittelalterliche Texte – etwa das kanonische Recht – als Belege für urchristliches Brauchtum heranzuziehen.

Auch mögliche Beziehungen der Elephantine-Texte (5. Jahrhundert v. Chr.) zu jüdisch-palästinischen Traditionen sind viel zu vage, als daß hiermit argumentiert werden könnte. Diese Texte erklären sich einfacher als Anlehnung an das gräko-ägyptische Ehe- und Scheidungsrecht, nach dem die Frau durchaus selbst die Scheidung initiieren konnte.[34]

Allerdings legen die in den genannten Arbeiten von Bammel, Brooten und insbesondere Fander beigebrachten Belegtexte nahe, daß zumindest partiell und auf lokal eingegrenztem Raum die Frau gelegentlich ein Scheidungsrecht für sich beanspruchte, wie dies vielleicht die – freilich stark beschädigten und noch unzureichend edierten – Texte aus dem Wadi Muraba'at – allerdings wohl erst ab der Wende zum 2. Jahrhundert n. Chr. – nahelegen könnten.

B) **Das attische Recht** sieht für den Mann die Möglichkeit des ἀποπέμπειν vor, die an keine behördliche Mitwirkung gebunden ist.[35] Die ἀποπομπή erfolgt nach Lysias 14,28 in Anwesenheit von Zeugen. Dem korrespondiert auf Seiten der Frau die Möglichkeit des ἀπολείπειν.[36] Dabei kann die Frau vor dem Archon mit Hilfe ihres Rechtsbeistandes erklären, daß sie ihren Mann verlasse.[37] Nach

---

32 Siehe B.J. Brooten, EvTh 42 (1982), 71.
33 Siehe M. Fander, a.a.O., 242.
34 Vgl. demgegenüber M. Fanders Erwägungen, es könne sich hierbei um eine alte, aus dem aramäisch-mesopotamischen Bereich stammende Rechtstradition handeln, nach der die Frau das Scheidungsrecht hatte; diese habe man in der Elephantine-Kolonie bewahrt, siehe M. Fander, a.a.O., 215-233.
35 G. Delling, Art. Ehescheidung 707-719; J. Gnilka, Markus II 77; I.v. Müller, Die griechischen Privataltertümer 152; G. Busolt, Griechische Staatskunde 241; W. Erdmann, Ehe im alten Griechenland 389. Der Mann hatte lediglich der Familie der Frau die Mitgift zurückzuerstatten.
36 G. Delling, ebd.; J. Gnilka, ebd.; I.v. Müller, ebd.; G. Busolt, ebd.; W. Erdmann, ebd.
37 Isaeus 3,78; Demosthenes 30,15.17; siehe G. Delling, ebd.; G. Busolt, a.a.O., 241f; I.v. Müller, ebd. Es wird also deutlich, daß die Ehescheidung durchaus *auch der Frau* zustand, für sie aber schwerer durchzusetzen war als für den Mann. Selbst im

attischem Recht stand also grundsätzlich *beiden Ehepartnern* der Weg offen, die Ehe aufzulösen. Die Belege für die Möglichkeit der Auflösung der Ehe durch einen der Ehepartner reichen für Griechenland bis in das fünfte Jahrhundert v. Chr. zurück.[38]

C) **Nach altrömischem Recht** war es zunächst nur dem Mann möglich, sich von seiner Frau scheiden zu lassen.[39] Dies setzte allerdings schwerste Vergehen seitens der Frau voraus wie "Giftmischerei gegen die Kinder des Hauses"[40], "Abtreibung, Wegnahme der Schlüssel zum Weingenuss"[41]. Nach Plutarch[42] mißbilligten die Scheidungsgebote des Romulus die Scheidung, sobald sie von der Frau ausging.

Mindestens in spätrepublikanischer Zeit gab es aber für *beide* Ehepartner in gleicher Weise die Möglichkeit, die Scheidung zu initiieren.[43] Mit dieser Liberalisierung ging eine laxe Scheidungspraxis einher. Seneca[44] schreibt, daß die Frauen (!) ihre Jahre nicht nach den Konsuln, sondern nach der Zahl der Ehemänner zählen. Sie scheiden sich, um zu heiraten, und heiraten, um sich zu scheiden[45]. Allerdings konnte sich nun auch der Mann von seiner Frau aus weniger triftigen Gründen scheiden lassen[46].

Falle ehelicher Untreue des Mannes oder schlechter Behandlung gegenüber seiner Frau mußte die Ehefrau "bei dem Archon eine schriftlich wohl begründete Klage einreichen" (I.v. Müller, a.a.O., 152), das sogenannte τὸ τῆς ἀπολείψεως γράμμα, Plutarch, Alcibiades 8. – H.J. Wolff, Grundlagen des griechischen Eherechts 11, betont, daß die Einschaltung eines Archonten für die Frau aber nur in dem Fall erforderlich gewesen sei, daß der Mann gegen die Ehescheidung war. Ansonsten konnte die Ehescheidung von der Frau problemlos und eigenständig initiiert werden wie in solchen Fällen, wo der Mann die Initiative ergriff.

38 Siehe J. Gnilka, Markus II 77; G. Delling, Art. Ehescheidung 709f, mit Hinweis auf Diod. Sic. 12,18,1. – Nach W. Erdmann, a.a.O., 386f, gab es ursprünglich nach vorklassischem Recht *kein* Scheidungsrecht der Frau.
39 Siehe R. Leonhard, Art. Divortium 1242.
40 R. Leonhard, a.a.O., 1243; M. Kaser, Römisches Privatrecht I 279.
41 M. Kaser, Ehe und 'conventio in manum' 71, A.26.
42 ΡΩΜΥΛΟΣ 22.
43 Siehe G. Delling, Art. Ehescheidung 712; M. Kaser, Römisches Privatrecht I 279. Nach W. Kunkel, Art. Matrimonium 2276, bestand dies Recht der Frau zunächst nur in den manusfreien Ehen, ist dann aber auch auf die Manusehe übertragen worden.
44 De Beneficiis III 16,2.
45 Siehe auch Juvenal, Satiren VI 229f.
46 Siehe Valerius, Max II 9,2. Im Falle des Sp. Carvilius Ruga, der viel Aufsehen erregt hatte und als erster Fall dieser Art galt. Siehe R. Leonhard, a.a.O., 1244; A. Watson, The Divorce of Carvilius Ruga 38-50. Offenbar handelte es sich hierbei um den Fall von Unfruchtbarkeit der Frau, der vorher nach römischem Recht nicht als Scheidungsgrund anerkannt war (anders nach jüdischer und griechischer Auffassung).

D.1) **Nach genuin ägyptischem Ehescheidungsrecht** ist die Frau wie der Mann dazu berechtigt, selbst die Scheidung zu initiieren, wie die Papyri des fünften vorchristlichen Jahrhunderts zweifelsfrei belegen.[47] Daß die Frau vorher nicht über das Scheidungsrecht verfügte, wie dies im gräko-ägyptischen Bereich der Fall war, ist nirgends belegt. Dies gleichberechtigte Scheidungsrecht ist Ausdruck der starken Stellung der Ägypterin, die sie von ihren Geschlechtsgenossinnen etwa in Rom oder Griechenland – von Palästina ganz zu schweigen – abhob.

D.2) **Nach gräko-ägyptischem Scheidungsrecht** verfügte der Mann über das Recht der ἀποπομπή[48], während die Frau die Möglichkeit der ἀπαλλαγή[49] hatte. Beachtenswert ist auch, daß sich – anders als etwa im attischen Recht – in den griechischen Papyri seit der frühptolemäischen Zeit "die beiderseitige Verpflichtung zur ehelichen Treue" findet.[50]

2. Die neutestamentlichen Texte zur Ehescheidung

2.1. Paulus

1 Kor 7,10f untersagt Paulus Verheirateten die Ehescheidung mit Bezugnahme auf den Herrn (V.10) und hebt hervor, daß das Subjekt dieser Weisung οὐκ ἐγὼ ἀλλὰ ὁ κύριος ist (7,10). Er kann dabei – anders als 7,12 (ἐγὼ οὐχ ὁ κύριος) – auf ein Herrenwort zurückgreifen. Dieses Herrenwort liegt m.E. 1 Kor 7,10c.11b zugrunde[51], wobei 10c bereits hellenistische Verhältnisse im Blick hat.[52] Am Anfang der Entwicklung könnte m.E. ein Logion wie Mk 10,9 par Mt 19,6b (ὃ οὖν ὁ θεὸς συνέζευξεν ἄνθρωπος μὴ χωριζέτω) gestanden haben. Dieses Logion ermöglichte die Applikation auf Mann und Frau als Initiatoren der Scheidung, wie sie Mk 10,11f und 1 Kor 7,10f vorliegt. 1 Kor 7,10a verdeutlicht Paulus den Adressatenbezug – es handelt sich ja in 1 Kor 7 um Gemeindeanfragen; 10b wird die Autorität des Kyrios beansprucht; 11a hat den Fall im Blick, daß eine

---

47 P.W. Pestman, Marriage and matrimonial property in ancient Egypt 65 und 60, A.6 (Belege mit Datierung, der älteste von 492 v. Chr.).
48 Siehe oben S. 180 zum griechischen Scheidungsrecht.
49 Vergleiche oben S. 180 die ἀπόλειψις des griechischen Scheidungsrechts.
50 L. Bringmann, Die Frau im ptolemäisch-kaiserlichen Aegypten 18.
51 γυναῖκα ἀπὸ ἀνδρὸς μὴ χωρισθῆναι ... καὶ ἄνδρα γυναῖκα μὴ ἀφιέναι. Es handelt sich um ein absolutes Scheidungsverbot, wie es sich auch anhand der synoptischen Überlieferung belegen läßt, siehe dazu unten S. 186-197.
52 Vergleiche dagegen die Verortung durch Brooten, siehe oben S. 178-180.

Frau bereits vom Mann geschieden ist (vermutlich auch im Bezug auf eine Gemeindeanfrage).

Für eine bereits Geschiedene (analog wird man – entsprechend dem Gesamtduktus von 1 Kor 7 – auch für einen bereits Geschiedenen zu denken haben) bleibt für den Fall, daß sie nicht enthaltsam zu leben vermag, nur die Möglichkeit, zu ihrem Mann zurückzukehren. Er soll sie nicht verstoßen. Eine anderweitige Neuverheiratung ist also nach Paulus ausgeschlossen[53].

Hinsichtlich der Frage, ob 1 Kor 7,10c.11b oder Mk 10,11f* traditionsgeschichtliche Priorität zukommt, ist eine Antwort rein hypothetisch. Beide Texte nehmen den Mann wie auch die Frau als mögliche Initiatoren der Scheidung in den Blick, spiegeln also beide hellenistische Verhältnisse wider[54], was für den historischen Jesus nicht anzunehmen ist.[55] Meines Erachtens kommt gegenüber diesen beiden Texten Mk 10,9 par Mt 19,6 Priorität zu, wo vom "Menschen" allgemein die Rede ist und dieser mit dem Schöpfungswillen Gottes konfrontiert wird. Dieses Logion ist mit hoher Wahrscheinlichkeit im Kern auf den historischen Jesus zurückzuführen.[56]

Mk 10,11f ist – anders als 1 Kor 7,10f – mit der Frage der Ehescheidung die erneute Wiederverheiratung der Geschiedenen im Blick[57], spiegelt also insofern ein fortgeschritteneres traditionsgeschichtliches Stadium wider, als hier eine Tendenz zur Kasuistik feststellbar ist.[58]

---

53 Vergleiche unten die synoptischen Ehescheidungslogien, die eine auf Scheidung folgende Neuheirat als Ehebruch bezeichnen.
54 Siehe W. Schrage, Einzelgebote in der paulinischen Paränese 241; S. Schulz, Neutestamentliche Ethik 430; E.S. Gerstenberger/W. Schrage, Frau und Mann 168.
55 Das ist ein weiteres Indiz dafür, daß Mk 10,9 par Mt 19,6 am ehesten auf den historischen Jesus zurückgeführt werden kann.
56 Siehe dazu umfassend unten S. 197-211. Ebenso J.R. Sauer, a.a.O., 108f. Paulus differenziere ἄνθρωπος geschlechtsspezifisch aus und argumentiert nicht mehr schöpfungstheologisch, wie das noch Mk 10,9 der Fall ist.
57 Siehe E.S. Gerstenberger/W. Schrage, Frau und Mann 171: "Die Frage ist aber, ob der Akzent überhaupt noch auf dem Verbot der Ehescheidung liegt ... Nicht die Scheidung von der ersten, sondern die Heirat mit einer zweiten Frau würde dann dem Ehebruch gleichgestellt, und zwar darum, weil das Verbot der Ehescheidung auf Dauer nicht uneingeschränkt aufrechtzuerhalten war und zum Verbot der zweiten Ehe ermäßigt wurde."
58 Siehe auch G. Strecker, Bergpredigt 78. Am Anfang der traditionsgeschichtlichen Entwicklung stand demnach der ethische Radikalismus Jesu, wie er im "absoluten Scheidungsverbot Jesu ... (1 Kor 7,10f*; Mk 10,2-9*)" seinen Ausgangspunkt nehme. "Dieses Verbot gehört in den Bereich der ethischen Radikalismen Jesu, ... und ist wie diese zu beurteilen: eine Weisung, die aus dem Nahen der Gottesherrschaft begründet ist; sie konfrontiert den Menschen dem Anspruch des Eschatons und ruft ihn zur Umkehr." Demgegenüber markieren Mk 10,11f par Lk 16,18 nach G. Strecker, ebd., "eine weitere Stufe": "Hier ist nicht allein die Ehescheidung, vielmehr

Aber auch 1 Kor 7,10f ist in der vorliegenden Form sicher nicht auf den historischen Jesus zurückzuführen, da es von der konkreten Situation bereits geschiedener Menschen ausgeht und das Herrenwort auf diese Situation hin aktualisiert, wie die paulinischen Einschübe in 1 Kor 7,10a.b.11a zeigen.[59] Terminologisch steht 1 Kor 7,10c.11b dem ursprünglicheren Logion von Mk 10,9 par Mt 19,6 näher als Mk 10,11f. In Mk 10,9 par Mt 19,6 sowie in 1 Kor 7,10f begegnet der Terminus χωρίζειν, während Mk 10,11f von ἀπολύειν die Rede ist.[60] Auch begegnet die Verurteilung von Scheidung und Wiederverheiratung als "Ehebruch" nur in Mk 10,11f par Mt 19,9 (sowie in Mt 5,32 par Lk 16,18)[61], nicht jedoch in Mk 10,9 par Mt 19,6 und 1 Kor 7,10f.

Exkurs zur paulinischen Differenzierung hinsichtlich der Autorität von Herrenworten und eigenen Weisungen

Angesichts des paulinischen Umgangs mit dem ihm vorgegebenen Herrenwort stellt sich die Frage nach der Autorität von Herrenworten einerseits und paulinischen Weisungen und Empfehlungen andererseits. Daß Paulus zwischen beidem klar unterscheidet, wird im Duktus von 1 Kor 7 immer wieder deutlich:

Vers 10a: Τοῖς δὲ γεγαμηκόσιν παραγγέλλω, οὐκ ἐγὼ ἀλλὰ ὁ κύριος ...

Vers 12a: Τοῖς δὲ λοιποῖς λέγω ἐγὼ οὐχ ὁ κύριος ...

Vers 25: Περὶ δὲ τῶν παρθένων ἐπιταγὴν κυρίου οὐκ ἔχω, γνώμην δὲ δίδωμι ὡς ἠλεημένος ὑπὸ κυρίου πιστὸς εἶναι.

Vers 40b: κατὰ τὴν ἐμὴν γνώμην· δοκῶ δὲ κἀγὼ πνεῦμα θεοῦ ἔχειν.

Wo Paulus – wie im Falle des Ehescheidungsverbots – auf ein ihm vorgebenes Herrenwort zurückgreifen kann, hat dies für ihn unumstrittene Autorität[62]. Paulus kann es – wie die paulinischen Einschübe in 1 Kor 7,10ab.11a

---

sind Scheidung und Wiederheirat verboten. Beides zusammen genommen ist mit 'Ehebruch' identisch".
59 Siehe auch W. Schrage, Einzelgebote in der paulinischen Paränese 245: "Paulus will auch die, die das Gebot des Herrn bereits übertreten haben, nicht ohne Weisung lassen. ... Wer V.11a als eine Erweichung der Autorität des Herrenwortes verstehen würde, das der Apostel gewiß nicht umsonst unverkürzt und uneingeschränkt stehenläßt, hätte Paulus auf jeden Fall mißverstanden".
60 Vgl. J.R. Sauer, Rückkehr des Heils 101f.107.
61 Siehe auch G. Strecker, Bergpredigt 78.
62 Siehe W. Schrage, Erste Korinther II 97: "daß er (Paulus, F.K.) dem Herrenwort eine seinem eigenen παραγγέλειν überlegene Autorität und Verbindlichkeit zumißt. Das wird durch V 25 bestätigt, wo Paulus ausdrücklich bedauert, kein Herrenwort als letzte Instanz anführen zu können. Das besagt: Bei aller eigenen Vollmacht ... stellt Paulus seine eigene Weisung nicht einfach mit den Herrenworten auf eine Stufe, sondern respektiert sie als vorgegebene Norm."
Siehe auch Ders., Einzelgebote in der paulinischen Paränese 248f: "Berufung auf Herrenworte hatte ja nur dann Sinn und Wirkung, wenn diese Worte Autorität ge-

zeigen – durchaus frei zitieren. Er bezieht das ihm vorgegebene Herrenwort, das eindeutig gegen Ehescheidung Stellung nimmt, auf die konkrete Situation von Christinnen und Christen in der korinthischen Gemeinde[63]: so in 7,11 auf – offenbar bereits vor dem Christ-Werden Geschiedene –, in 7,12-16 auf in religiöser Mischehe lebende Korinther. In ersterem Falle hält Paulus an der Gültigkeit des Herrenwortes uneingeschränkt fest. Die bereits erfolgte Trennung sollte entweder überwunden werden; oder die Betroffenen sollten fortan unverheiratet leben[64].

Im Falle der religiösen Mischehe spricht Paulus dann in eigener Autorität, aber nur deshalb, weil es kein Herrenwort gibt, das diese spezifische Situation im Blick hat. Der paulinische Rat[65] orientiert sich grundsätzlich an dem Ehescheidungsverbot Jesu[66]; allerdings macht Paulus eine Konzession der Ehescheidung für den Fall, daß der heidnische Partner die Scheidung verlangt[67]. Faktisch wird – unter den damaligen Verhältnissen – den betroffenen Christinnen und Christen auch gar kein anderer Weg als dieser offengestanden haben. Eine erneute Verehelichung wird aber – gemäß 1 Kor 7,11 – für den christlichen Partner unmöglich gewesen sein.

Wo Paulus also zu einer eigenen Stellungnahme aufgefordert ist und auf kein Herrenwort zurückgreifen kann[68], gibt er seine eigene γνώμη (1 Kor 7,25.40). Diese ist aber nicht beliebig, sondern hat ihre Autorität aufgrund der Erwählung durch "den Herrn" bzw. durch die Beanspruchung des Pneuma-Besitzes[69].

Auf 1 Kor 7,12-16 ist oben Kap. II.2.3. im Zusammenhang der religiös gemischten Ehe bereits eingegangen worden. Es sei nur daran erinnert, daß Paulus grundsätzlich an seinem Urteil von 1 Kor 7,10f festhält, weil dies durch die Autorität des Herrn als unhinterfragbar gilt. Dennoch verbleibt in dem konkreten Fall, daß der heidnische Partner die Scheidung wünscht, der Rat an den christli-

---

nug besaßen, um eine Diskussion endgültig zu entscheiden und abzuschließen ... Gerade 1 Kor 7,25 setzt ... voraus, daß in dem Fall, wenn ein Herrenwort für die Ausgestaltung des christlichen Lebens bekannt ist, dieses als verbindlich und normativ zu gelten hat."

63 Siehe W. Schrage, Erster Korinther II 99. Die Aktualisierung des vorgegebenen Herrenwortes durch Paulus wird in 7,10a deutlich: ... παραγγέλλω.
64 Doch wohl deshalb, weil ihre geschlossene Ehe von Paulus als fortbestehend gedacht ist, auch wenn die beiden Partner getrennt leben.
65 ἐγὼ οὐχ ὁ κύριος.
66 Siehe 1 Kor 7,12f.
67 1 Kor 7,15a.
68 So auch in 1 Kor 7,25.40.
69 1 Kor 7,25b: ὡς ἠλεημένος ὑπὸ κυρίου πιστὸς εἶναι. 1 Kor 7,40c: δοκῶ δὲ κἀγὼ πνεῦμα θεοῦ ἔχειν.

chen Part, sich dem nicht zu widersetzen, denn Gott habe ihn, den Christen, in Frieden berufen (1 Kor 7,15c). D.h., unter besonderen Umständen kann Paulus eine Scheidung hinnehmen. Doch steht es m.E. außer Frage, daß der christliche Part nicht eine neue Verehelichung suchen darf. Für ihn gilt doch wohl, was Paulus 1 Kor 7,11a ausgeführt hat: entweder die fortan zölibatäre Existenz oder eine Versöhnung mit dem (heidnischen) Ehepartner.

2.2. Mk 10,1-12 par Mt 19,1-9 (unter Einbeziehung von Mt 5,32 par Lk 16,18)

Bei Mk und Mt steht die Perikope zur Ehescheidung im Kontext der Gemeindeparänese (Mt 17-20 und Mk 9f), was Rückschlüsse auf ihren Sitz im Leben der mk bzw. mt Gemeinde nahelegt. Es geht um eine für die Gemeinde verbindliche Klärung zur Frage von Ehe und Ehescheidung.

Dabei läßt die Textanordnung in Mk 10 parr[70] mit H.-W. Kuhn[71] an eine vormk Sammlung denken, die zentrale Probleme einer frühchristlichen Gemeinde zu beantworten suchte. Die Sammlung umfaßte nach Kuhn allerdings nicht die Kinder-Perikope. Die Kuhn'sche Rekonstruktion der vormk Sammlung reißt somit die Elemente "Ehe" und "Kinder" auseinander, obwohl die Verknüpfung beider Elemente auch sonst im hellenistischen Judentum[72] sowie in der jüdischen Apokalyptik[73] belegt ist[74]. Darauf kann im Rahmen dieser Arbeit jedoch nicht näher eingegangen werden.

Die Überleitungsformel καὶ ἐγένετο ὅτε ἐτέλεσεν ὁ Ἰησοῦς τοὺς λόγους τούτους (Mt 19,1a[75]) schließt die vorangegangene Jesusrede, die unter anderem Basileia-Gleichnisse (z.B. 18,23-35) enthielt, ab und eröffnet einen neuen Abschnitt, der konkrete ethische Fragen in den Blick nimmt. Die geographische Notiz Mt 19,1b par Mk 10,1 stimmt im wesentlichen überein. Mt hat aber das καὶ gestrichen, das im mk Text etwas schwierig wirkt. Das ἀπὸ τῆς Γαλιλαίας ist von Mt in 19,1 ergänzt, entspricht aber dem Mk-Aufriß. Es schließt sich an die redaktionelle Einleitung eine ebenfalls redaktionelle summarische Notiz an: bei

---

70 Mk 10,1-12 par Mt 19,1-9 Ehe und Ehescheidung <daran anknüpfend Mt 19,10-12 Ehelosigkeit>; Mk 10,13-16 par Mt 19,13-15 Stellung zu den Kindern; Mk 10,17-31 parr Mt 19,16-30/Lk 18,18-30 Reichtum und Petrusfrage nach dem Lohn der Nachfolge.
71 Ältere Sammlungen im Markusevangelium.
72 Josephus, Contra Apionem II 203f; Pseudo-Menander 207.209.
73 Esra-Apokalypse.
74 Siehe K. Berger, Gesetzesauslegung Jesu 508.
75 Es handelt sich um eine typisch mt redaktionelle Überleitung, vgl. Mt 7,28; 11,1; 13,53; 26,1; jeweils nach Abschluß eines Redekomplexes.

Mt ist in 19,2 von vielen Menschenmassen die Rede und daß Jesus "sie dort" heilte; Mk bietet in 10,1b eine summarische Notiz von der Lehrtätigkeit Jesu, woran die Perikope 10,2ff anknüpfen soll.

Dann wird das Herbeikommen der Pharisäer erwähnt (Mt 19,3a par Mk 10,2a). Ihre Absicht ist es, Jesus zu versuchen. Die Versuchung erfolgt durch eine vorangestellte Frage, deren ursprünglichere Form in Mk 10,2 vorliegt. Hier wird generell nach der Möglichkeit gefragt, ob sich ein Mann von seiner Frau scheiden lassen kann. Die Frau ist – entsprechend dem jüdisch-palästinischen Hintergrund[76] – bei dieser Fragestellung gar nicht als Handlungssubjekt im Blick. Eine derartige Frage ist also unter den palästinisch-jüdischen Verhältnissen, unter denen Jesus gelebt hat, gut vorstellbar.

Die sich anschließende Diskussion hat ihren Sitz im Leben der Gemeindedebatte zur Ehescheidung.[77] Damit wird vorausgesetzt, daß den pharisäischen Kreisen bekannt gewesen war, daß Jesus hier eine radikalere Meinung vertrat, gegen die man mit der Tora (Dtn 24,1-4) argumentieren konnte, so daß Jesus in Konflikt mit dem Gesetz geraten würde.

Mt bietet demgegenüber ein späteres Stadium. Das wird deutlich an seinem Zusatz κατὰ πᾶσαν αἰτίαν. Damit dürfte die Mt überkommene Perikope von ihm im Hinblick auf seine Gemeinde zur Stellungnahme im Streit zwischen den Schulen Hillels und Schammais umgeprägt sein.[78]

Unstrittig war, daß nur der Mann den ספר כריתת ausstellen dürfe. Die Erlaubnis zur Ehescheidung entnahm man Dtn 24,1-4, obwohl es hier eigentlich nur um das Verbot der Wiederverheiratung mit demselben Partner geht.[79]

---

76 Siehe auch Mk 10,11; vergleiche dagegen Mk 10,12.
77 Siehe auch R. Bultmann, Tradition 25f; Ders., Jesus 87f; B. Schaller, Sprüche 238, A.45; H. Braun, Radikalismus II 110, A.1 und II 111, 1.2; J. Gnilka, Markus II 76. Siehe auch J.R. Sauer, Rückkehr des Heils, vor allem 100-103: für die später vorgeschaltete Schriftargumentation (10,3-8) bot Mk 10,9 traditionsgeschichtlich den Ausgangspunkt. Dabei sei "die Frage V.2 ... von der Antwort in V.9 her künstlich konstruiert worden" (101). Sauer weist darauf hin, daß Mk 10,9 (und 1 Kor 7,10f) von χωρίζειν, Mk 10,2-8 hingegen von ἀπολύειν die Rede ist (101f). Dies ist ein Indiz für die Priorität von Vers 9 gegenüber den Versen 2-8; siehe unten S. 197, A.137.
78 Siehe auch J.R. Sauer, a.a.O., 104: "Sein Jesus ist nicht mehr radikaler Verfechter eines totalen Scheidungsverbotes, sondern er ist ein den Juden präsentierbarer Diskussionspartner, welcher zu einer innerjüdisch umstrittenen Frage Stellung bezieht." Siehe auch G. Strecker, Handlungsorientierter Glaube 37; J.A. Fitzmyer, Divorce Texts 206.208; G. Bornkamm, Ehescheidung 57; P. Hoffmann, Jesu Wort von der Ehescheidung 329.
79 C. Dietzfelbinger, Antithesen 27; D.R. Catchpole, Synoptic Divorce 93; A. Philips, Deuteronomy 159f.

Anlaß zum Streit beider Schulen bot der Ausdruck ערות דבר in Dtn 24,1aß. Was war damit gemeint? Die Schule Schammais verstand die Wendung im Sinne von "eine Sache von Schandbarem"[80], womit eine Unzuchtssünde gemeint war, die freilich der Beglaubigung durch zwei oder drei Zeugen bedurfte[81]. Hiermit war eine Scheidung nur für den Fall konzediert, daß sich die Frau eine sittlich-moralische (sexuelle) Verfehlung zuschulden kommen ließ.

Die Schule Hillels dagegen verstand den Ausdruck weitergehend, und zwar asyndetisch, d.h., im Sinne von "Schandbares und sonst irgend etwas"[82]. Somit konnten alle möglichen Verfehlungen oder Versagen einer Frau – auch solche nicht sexualethischer Art – bis hin zum Anbrennenlassen des Essens[83] darunter gefaßt werden.

R. Neudecker[84] spricht von Gründen für eine "fakultative Scheidung" ("Recht des Mannes") im Unterschied zu den von der Schule Schammais angegebenen Gründen für eine "obligatorische Scheidung" ("Pflicht des Mannes"). In der Exegese Hillels seien die Gründe für eine obligatorische Scheidung bereits durch ערות abgedeckt. Demgegenüber drücke דבר die darüber hinausgehende Möglichkeit von Gründen für eine fakultative Ehescheidung aus. Die Schammaiten ziehen demgegenüber beide Worte eng zusammen, so daß דבר an sich keine weiteren Gründe angeben kann.

Rabbi Aqiba (gest. um 135 n. Chr.) ging später noch weiter[85] und bezog in seine Stellungnahme die Wendung

אם־לא תמצא־חן בעיניו כי von Dtn 24,1 zur Erhellung der umstrittenen Stelle ein, wobei dann das כי von Dtn 24,1b konditional verstanden wurde. Nach dieser Interpretation war für eine Scheidung ausreichend, daß der Mann keinen Gefallen mehr an seiner Frau hatte, z.B. weil er eine attraktivere Frau kennengelernt hatte[86].

Zur Erhellung der synoptischen Ehescheidungsperikopen sind aus Datierungsgründen nur die Voten Hillels und Schammais heranzuziehen, da diese in der zeitgenössischen Diskussion der hier zu behandelnden Texte bestimmend waren. Das Votum Rabbi Aqibas illustriert dennoch, wie viele Zeitgenossen

---

80 Mischna Git 9,10; Palästinischer Talmud Git 9,50d,27 Bar.
81 Siehe Babylonischer Talmud Git 90a Bar; ferner Sif Deb §269 zu Dtn 24,1.
82 Siehe auch Strack-Billerbeck I 315; R. Neudecker, Frührabbinisches Ehescheidungsrecht 3, auch dort A.6. Textbasis: Mischna Git 9,10; Babylonischer Talmud Git 90a Bar; ferner Sif Deb §269 zu Dtn 24,1.
83 Mischna Git 9,10.
84 A.a.O., 4, A.6.
85 Siehe Mischna Git 9,10.
86 Mischna Git 9,10; Babylonischer Talmud Git 90a Bar.

wohl bereits im 1. Jhdt. gedacht haben und wie problemlos die Ehescheidung von Seiten des Mannes anvisiert werden konnte.
Auf dem Hintergrund der hier skizzierten Diskussion ist auch der mt Zusatz in Mt 19,9 μὴ ἐπὶ πορνείᾳ[87] zu verstehen. Hier wird πορνεία als einziger Scheidungsgrund konzediert und somit de facto die Position der Schammaiten, also die konservativere Position, vertreten.[88]

Exkurs zur mt Unzuchtsklausel
Neben der exklusiven Interpretation der mt Unzuchtsklausel gibt es auch andere Vorschläge:
a) Das inklusive Verständnis der Unzuchtsklausel im Sinne von "nicht einmal bei unzüchtigem Verhalten"[89].
Diesen Interpretationstyp trifft man bisweilen bei römisch-katholischen Exegeten an.[90] Er ermöglicht es, am radikalen Verbot der Ehescheidung auch auf mt Textbasis festzuhalten.
Dagegen ist einzuwenden, daß dann eine Einleitung der πορνεία-Klausel durch μηδέ zu erwarten wäre[91]. Es ist H. Baltensweiler zuzustimmen, daß dieser Interpretation "der Geschmack des Konstruierten anhaftet"[92].
b) Die ausklammernde Deutung im Sinne von "der Fall von Unzucht sei hier nicht erörtert"[93]. Gegen diese sind dieselben Bedenken geltend zu machen wie gegen den Interpretationstyp a). Auch dies ist eine unzulässige Abschwächung der anstößigen πορνεία-Klausel.

---

87 Vgl. Mt 5,32: παρεκτὸς λόγου πορνείας.
88 G. Strecker, Antithesen 36-72, 54; R. Bultmann, Tradition 26; J.A. Fitzmyer, a.a.O., 206; H. Greeven, Ehe nach dem Neuen Testament 380; differenzierter H. Hübner, Gesetz 52-55, der darauf hinweist, daß die Schammaiten jedoch ערות דבר nicht nur auf Ehebruch bezogen, sondern im umfassenderen Sinn des sittlich Unschicklichen (z.B. Kleider mit Schlitzen, zu kurze Bekleidung oder offenes Haar in der Öffentlichkeit) verstanden.
89 So z.B. K. Staab, Unauflöslichkeit 445.451.
90 So z.B. K. Staab, Unauflöslichkeit 445.451; A. Allgeier, crux interpretum 128-142; U. Holzmeister, Streitfrage 133-146; F. Vogt, Ehegesetz 95-110.
91 Siehe auch H. Baltensweiler, Ehe im Neuen Testament 90. Ferner G. Delling, Logion Mar. X,11 269: "Aber 'nicht' und 'auch nicht', 'nicht einmal' (Mt XIX 9) ist im Griechischen ebenso unterscheidbar wie im Deutschen".
92 H. Baltensweiler, a.a.O., 90. Siehe auch R. Schnackenburg, Sittliche Botschaft 151f; G. Friedrich, Sexualität und Ehe 138.
93 Referiert von R. Schnackenburg, a.a.O., 151; G. Bornkamm, a.a.O., 56, A.2 (Vertreter dieser Interpretation: E. Drewermann, Markusevangelium II 89, A.3; J. Zmijewski, Weisungen für Ehe und Familie 63-69, 64: "'unerwähnt' (= außerhalb der Diskussion) bleibt die 'schändliche Sache'").

c) Mt habe das ursprüngliche Jesuswort überliefert; es sei dann bei den anderen Synoptikern und Paulus in rigoristischer Weise verschärft worden, um der kirchlichen Praxis der späteren Zeit Rechnung zu tragen[94].
Diese Interpretation scheidet aufgrund der Zwei-Quellen-Theorie in der Synoptiker-Exegese aus. Die mt Texte sind von vorgegebenem Material abhängig[95]. Mit Hilfe der Zusätze will Mt die Texte für seine Gemeinde praktikabel machen. Dabei stellte sich die Frage, wie mit Unzuchtsfällen zu verfahren sei.
d) A. Isaksson[96] interpretiert die πορνεία-Klausel, indem er zunächst auf die Bedeutungsdifferenz von πορνεία und μοιχεία hinweist[97]. μοιχεία bezeichne Ehebruch im eigentlichen Sinn, πορνεία gehe darüber hinaus und bezeichne bei Mt – ausgehend von der Interpretation von Mt 1,19[98] – den Umstand des vorehelichen Geschlechtsverkehrs mit einer anderen Person als dem zukünftigen Mann, was einen Vertragsverstoß bedeutete, vorausgesetzt der Mann ging davon aus, eine Jungfrau zu heiraten. Daß eine solche Vertragswidrigkeit zur sofortigen Annullierung der Ehe führe, stehe nach jüdischem Verständnis außer Frage. Daher trage die πορνεία-Klausel diesem Umstand Rechnung. Im Grunde handele es sich demnach gar nicht um eine Aufweichung des ursprünglich uneingeschränkten Ehescheidungsverbots Jesu, sondern um eine Präzision hinsichtlich dieses Spezialfalles.
Auch diese Interpretation, deren Intention offensichtlich darin besteht, aufzuzeigen, daß auch Mt an dem uneingeschränkten Ehescheidungsverbot Jesu festhält, kann m.E. nicht aufrecht erhalten werden. Nirgends findet sich im Kontext auch nur ein Hinweis darauf, daß das voreheliche Leben der Ehepartner zur Debatte steht. Diese Interpretation der πορνεία-Klausel faßt den πορνεία-Begriff zu eng und setzt voraus, Mt habe bei den πορνεία-Klauseln von 5,32 und 19,9 den besonderen Fall von 1,19 mit im Blick. Hier wird dem Redaktor zu viel zugemutet!
e) H. Baltensweiler[99] versteht die Unzuchtsklausel inhaltlich völlig abweichend: es gehe Mt im Falle der πορνεία gar nicht um Ehebruch, sexuelle Vergehen oder um die Interpretation von ערות דבר (Dtn 24,1). Vielmehr sei

---

94 F. Hauck/S. Schulz, Art. πόρνη, ThWNT VI 591. Vgl. dazu H. Baltensweiler, a.a.O., 90; J.A. Fitzmyer, a.a.O., 208 (auch A.40).
95 Mt 5,32 von Q, das Lk 16,18 ursprünglicher wiedergegeben ist, Mt 19,9 von der mk Version.
96 Marriage 127-142, besonders 135-142.
97 A.a.O., 139: "The word πορνεία does not, as a rule, mean μοιχεία but is used to denote the wife's premarital unchastity (Dt. 22.21)".
98 Ἰωσὴφ δὲ ὁ ἀνὴρ αὐτῆς, ... ἐβουλήθη λάθρᾳ ἀπολῦσαι αὐτήν.
99 A.a.O., 92-102.

πορνεία bei Mt auf dem Hintergrund der Verwendung von πορνεία im sogenannten Apostedekret (Act 15,28f) zu verstehen. πορνεία meine "Heiraten in den verbotenen Verwandtschaftsgraden" und sei damit "ein Terminus technicus für blutschänderische Ehen, d.h., solche Ehen, die den Heiden aufgrund ihrer eigenen Gesetze erlaubt waren, die aber von den Juden als איסור ערוה bezeichnet wurden"[100]. Darin wollte man sich abheben gegenüber einer heidnischen Umwelt, für die derartige Verwandtenehen nichts Ungewöhnliches waren[101]. Demnach hätte Mt solche Heiden im Blick, die zur mt Gemeinde stoßen und sich dabei bereits in einer Verwandtenehe befanden, die nach jüdischem[102] und judenchristlichem Verständnis[103] nicht als Ehen anzusehen waren[104]. Insofern legte diesen die mt πορνεία-Klausel die Trennung auf. Dann handelte es sich hierbei im Grunde – gegenüber Jesu radikaler Ablehnung der Ehescheidung – gar nicht um eine Abschwächung[105].
Baltensweiler muß jedoch gefragt werden, ob dies wirklich aus der Unzuchtsklausel herauszulesen ist. Man könnte πορνεία ja z.B. auch von 1 Kor 6,12ff[106] her verstehen, so daß auch hier von sexuell verwerflichen Handlungen die Rede ist. Dafür spricht jedenfalls der alttestamentliche und rabbinische Sprachgebrauch[107]. Mt sucht also mit der Einfügung der πορνεία-Klauseln nach einem für derartige Fälle praktikablen Weg.[108]
Mk 10,3 fragt Jesus[109] sogleich nach dem Gebot des Mose. Sehen manche Exegeten[110] hierin eine ungeschickte Komposition, wonach Jesus hiermit den Gegnern im Grunde eine Angriffsfläche bietet[111], kommt durch diese Interpretation die Pointe der Stelle nicht richtig zum Ausdruck. Nach der mk Perikope fragt Jesus nach dem Gebot des Mose und erwartet von seinen Gesprächspartnern so etwas, wie er es dann in Mk 10,6-9[112] bringt. Vorausgesetzt ist dabei,

---

100 H. Baltensweiler, a.a.O., 93.
101 H. Baltensweiler, a.a.O., 95.
102 Lv 18,6-18.
103 Act 15,28f.
104 So auch J.A. Fitzmyer, a.a.O., 211.
105 Siehe auch J.A. Fitzmyer, der sich da auf CD IV 20; V 8-11 beruft.
106 Siehe auch 1 Thess 4,3ff.
107 Siehe B. Schaller, Sprüche 235f.
108 Siehe auch G. Strecker, Antithesen 54f.
109 Mt 19,7 dagegen erst im zweiten Gesprächsgang.
110 So z.B. R. Bultmann, Tradition 26. Nach Bultmann sei die Formulierung von Mk 10,4 "unmöglich; denn in einer wirklichen Debatte müßte hier die Bedingung der Scheidung genannt werden". Demgegenüber habe Mt "wieder formal ausgezeichnet korrigiert" (ebd.).
111 Sie können mit Dtn 24,1ff kontern!
112 Also eine Kombination von Gen 1,27 und Gen 2,24.

daß auch hinter diesen Texten der Urgeschichte die Autorität des Mose steht.[113] D.h., Jesus fragt hier nach dem ursprünglichen Willen Gottes, wie er seit Anbeginn der Schöpfung gegeben ist (siehe Mk 10,6). Er erwartet ein Bekenntnis zur Unauflöslichkeit der Ehe ohne Wenn und Aber, wie es der schöpfungsgemäßen Zuordnung von Mann und Frau durch Gott entspricht. Das ist das Entscheidende, was das Gesetz in der Interpretation Jesu über die Ehe zu sagen hat.

Gerade dadurch aber diskreditieren sich die Gegner Jesu, daß sie nicht auf das Wesentliche und Nächstliegende kommen, sondern gleich mit der Konzession der Ehescheidung durch Mose gemäß Dtn 24,1 in die Diskussion einsteigen. Die Pointe dieser Kontrastierung durch Mk besteht demnach darin, daß die Gegner Jesu nicht nach dem Willen Gottes hinsichtlich der Ehe im tieferen Sinne fragen, sondern sogleich mit Ausnahmeklauseln antworten. Dann nimmt es auch nicht Wunder, wenn dieses Verhalten in Mk 10,5 par Mt 19,8 auf der Basis der alttestamentlichen Gesetzeskritik[114] interpretiert wird.[115] Die Konzession von Dtn 24,1 entspricht nicht dem eigentlichen Willen Gottes, wie er in der Schöpfungsordnung von Anbeginn der Welt seinen Ausdruck gefunden hat. Sie ist vielmehr um der σκληροκαρδία willen gegeben. Wohl ist sie auch ἐντολή (Gebot). Es ist aber kategorial zwischen Gen 1,27 und Gen 2,24 einerseits und Dtn 24,1 andererseits zu unterscheiden. Wie aus den alttestamentlichen Geschichtsrückblicken[116] deutlich wird, vermochte das Volk nicht, das gute Gesetz Gottes anzunehmen und zu leben. Dabei wird in Ez 20,25 die Abwärtsbewegung deutlich: "Und auch ich gab ihnen Ordnungen, die nicht gut waren, und Rechtsbestimmungen, durch die sie nicht leben konnten".[117] In diesem Kontext ist die Unterscheidung Jesu in Mk 10,6-9 par zwischen eigentlichem Schöpfungswillen Gottes und nachträglicher gesetzlicher Konzession (von Dtn 24), die um der Herzenshärtigkeit der Adressaten willen gegeben ist, zu verstehen.[118]

Jesus greift in dem auf die Gemeindediskussion zurückzuführenden Schriftbeweis[119] Mk 10,6-8a par Mt 19,4f auf eine Zitatenkombination aus Gen 1,27

---

113 Siehe H. Greeven, a.a.O., 378.
114 Siehe Ez 20,25.
115 Siehe auch K. Berger, Hartherzigkeit 43-47, vor allem 44f.
116 Siehe Ez 20 und Ps 106.
117 Ez 20,26 wird dann das Opfer der Erstgeburt genannt.
118 Siehe auch K. Berger, a.a.O., 43-47, 44: "... daß auf Grund der Ablehnung gegen Gott ... Gott Gesetze gibt, deren Befolgung Strafe nach sich zieht. Beim Erleiden dieser Strafe kommt Israel dann zur Erkenntnis Gottes. Das Gebot selber ist so, um in der Sprache von Mc 10,5 zu reden, 'auf die Herzenshärte hin' gegeben worden". – Vergleiche aber H. Greeven, a.a.O., 378.
119 Siehe auch G. Friedrich, Sexualität und Ehe 126; B. Schaller, Sprüche 238, A.45. Schaller vermutet hier zu Recht, daß der Kern allein in Mk 10,9 (und nicht in Mk 10,6-9) zu sehen ist. Die Gemeinde war genötigt, Jesu radikale Ablehnung der Ehe-

und 2,24 LXX[120] zurück, die erweitert ist durch den Passus, der die Verknüpfung zur Ehescheidungsfrage sichtbar herstellt: "Daher sind sie nun nicht mehr zwei, sondern ein Fleisch: Was nun Gott zusammengefügt hat, soll der Mensch nicht scheiden" (Mk 10,8b.9 par Mt 19,6). Hinter Mk 10,9 par Mt 19,6b steht die radikale Ablehnung der Ehescheidung durch den historischen Jesus, wie sie dann nochmals Mk 10,11f par Mk 19,9 einerseits und Mt 5,32 par Lk 16,18 andererseits sowie bei Paulus 1 Kor 7,10f zum Ausdruck kommt.[121]

Daraufhin schließt sich bei Mt der Passus an, der nach Mk bereits vorangegangen war (Mt 19,7 par Mk 10,3-5). Es folgt bei Mk und Mt das mit Mt 5,32 und Lk 16,18 zu vergleichende Logion in Mt 19,9 par Mk 10,11f.

Exkurs: Textkritische Überlegungen zu Mt 19,9
Es seien hier nur die wichtigsten Ergebnisse meiner textkritischen Untersuchung von Mt 19,9 zusammengetragen:
(1) Ich entscheide mich für die von Nestle-Aland gewählte Textform der Unzuchtsklausel: μὴ ἐπὶ πορνείᾳ καὶ γαμήσῃ ἄλλην μοιχᾶται. Dafür sprechen neben der besseren äußeren Bezeugung formale, aber vor allem inhaltliche Gründe: Textform 2 (παρεκτὸς λόγου πορνείας ποιεῖ αὐτὴν μοιχευθῆναι) ist als Angleichung an den vorausgesetzten Text von Mt 5,32 zu verstehen. Die Textformen 3 (παρεκτὸς λόγου πορνείας καὶ γαμήσῃ ἄλλην μοιχᾶται) und 4 (μὴ ἐπὶ πορνείᾳ καὶ γαμήσῃ ἄλλην ποιεῖ αὐτὴν μοιχευθῆναι) sind Mischformen der Textformen 1 und 2 und weisen daher m.E. auf ein (noch) späteres Stadium des Textes als Version 2. Mit Hilfe der Korrekturen der ursprünglich an Mk 10,11 orientierten Textform 1 durch die drei Alternativlesarten, die

---

scheidung als schriftgemäß zu erweisen, und griff daher auf die Genesisstellen zurück, die sie Dtn 24,1ff entgegenstellen konnte. Sie fühlte sich durch Jesu – für das antike Judentum ungewöhnlich – freien Umgang mit der Tora, von dem sie aus der Überlieferung wußte, dazu legitimiert. – Vergleiche allerdings H. Hübner, Gesetz 56f, der in der für Mk 10,2-9 "charakteristischen Ausspielung einer Bibelstelle gegen die andere" m.E. zu Recht einen Zug der Verkündigung des historischen Jesus erblickt (56). Nur ist der Schluß, daß "das in formgeschichtlicher Hinsicht Schillernde unserer Perikope ... einen sicheren 'Sitz im Leben' in den Gemeindedebatten nicht zu(lasse)" (57), nicht zwingend. Die Gemeinden könnten hierbei durchaus an den hermeneutisch singulären, differenzierenden Umgang des historischen Jesus mit der Mosetora angeknüpft haben.

120 Mit οἱ δύο! Auch das Septuagintazitat ist ein Hinweis darauf, daß es sich bei der Gestaltung als Streitgespräch um ein Produkt der mk (mt) Gemeinde handelt, siehe auch P. Hoffmann, a.a.O., 327. Die Berufung auf die Schöpfungsordnung Gottes, die ein zentrales Argument in dieser Diskussion darstellt, erfolgte dennoch in Anknüpfung an die Verkündigung des historischen Jesus, wie sie im ältesten Teil der Szene (Mk 10,9 par Mt 19,6b) vorliegt, siehe dazu unten IV.3.2.

121 Siehe hierzu oben S. 182-186 sowie den weiteren Verlauf dieser Analyse.

durch Mt 5,32 motiviert sind, soll stärker jüdischer Begrifflichkeit[122] und Vorstellungswelt[123] Rechnung getragen werden. Die ursprüngliche Lesart hat hingegen von der mk Vorlage lediglich das schwierige ἐπ' αὐτήν gestrichen. (2) Nach Nestle-Aland[26/27] handelte es sich ursprünglich um einen einfachen Spruch. Huck-Greeven[13] hingegen bevorzugt für Mt 19,9 den Doppelspruch als ursprüngliche Lesart, vgl. Mt 5,32 par Lk 16,18.
Textversion 1 (Nestle-Aland): kein Doppelspruch in Mt 19,9, d.h. keine Fortsetzung hinter μοιχᾶται. Bezeugung: Codex Sinaiticus (Kat. 1/4. Jhdt.), Codex Ephraemi Syri rescriptus (in 3. Fassung/Kat. 2), Codex Bezae-Cantabrigiensis (Kat. 1/5. Jhdt.), L (Kat. 2/8. Jhdt.), Minuskel 1241, wenige weitere Handschriften und Übersetzungen.
Textversion 2 (Huck-Greeven) fährt fort: καὶ ὁ ἀπολελυμένην γαμῶν/(γαμήσας) μοιχᾶται. Bezeugung: Codices Vaticanus graec. 1209 (Kat. 1/4. Jhdt.; mit γαμήσας), Ephraemi Syri rescriptus in Urform (Kat. 2/5. Jhdt.), W (Kat. 3/5. Jhdt.), Θ (Kat. 2/9. Jhdt.), Majuskel 078 (Kat. 3/6. Jhdt.), Minuskelfamilien Lake und Ferrar, alter Mehrheitstext (auch γαμήσας) sowie einige Übersetzungen.
Textversion 3 fährt fort: ὡσαυτῶς καὶ ὁ γαμήσας ἀπολελυμένην μοιχᾶται. Bezeugung: Papyrus 25 (Kat. 5/4. Jhdt.) und die mittelägyptische Übersetzung.
Von der äußeren Bezeugung her gesehen ist die 1. Textversion sehr gut bezeugt (drei der Hauptcodices); aber auch Textform 2 kann als relativ gut bezeugt angesehen werden. Die 3. Variante ist sowohl aufgrund ihrer äußeren Bezeugung[124] als auch inhaltlich (Interpretationsversuch durch die Textvariante) als sekundär anzusehen. Die 2. Textversion ist m.E. im Grunde auf Mt 5,32 par Lk 16,18 zurückzuführen. Offenbar fanden die Handschriften Mt 19,9 in der Textversion 1 vor, wußten aber von Mk 10,11f, daß der vorangehende Passus bereits im Zusammenhang mit einem Doppelspruch stand. Freilich konnte der mk Passus in Mk 10,12 nicht im Einklang mit der mt Vorstellungswelt stehen, kam also als Ergänzung nicht in Frage. Daher griff man auf einen Zusatz zurück, den man aus der Spruchüberlieferung Mt 5,32 par Lk 16,18 bereits kannte, und trug diesen in Mt 19,9 ein. Damit ging es nicht mehr nur um das Fortschicken der Frau durch den Mann (als Anlaß für

---

122 So sieht G. Friedrich, a.a.O., 136, hinter παρεκτὸς λόγου πορνείας die ältere, semitische Wendung gegenüber der griechischen Form μὴ ἐπὶ πορνείᾳ.
123 Mit der Wendung ποιεῖ αὐτὴν μοιχευθῆναι wird palästinisch-jüdischen Anschauungen stärker Rechnung getragen, nach denen der Mann nicht die eigene Ehe brechen kann. So wird davon gesprochen, daß der Mann bewirkt, daß die Frau die Ehe breche, nicht aber daß er selbst die Ehe breche (μοιχᾶται). Siehe auch C. Dietzfelbinger, a.a.O., 25.
124 P 25 ist nach Aland für sich faktisch ohne Aussagewert.

ihren Ehebruch), sondern auch um den Fall, daß ein Mann eine fortgeschickte Frau heiratet. Der kürzeren Lesart ist der Vorrang zu geben, auch wenn es in der Konsequenz dann nicht mehr ein Doppelspruch bleibt.[125] Die Abhängigkeit der Variante 2 von Mt 5,32 par Lk 16,18, also von der Logienquelle Q, liegt am nächsten, wobei das Partizip Präsens auch Lk 16,18 vorliegt. Am Anfang stand also – wie auch in Mk 10,11(f) – ein Einzelspruch, der erst später zur Perikope Mk 10,1ff par Mt 19,1ff hinzugesetzt und sekundär zum Doppelspruch ausgeweitet wurde (so in Mk 10,12 inhaltlich und in Mt 19,9 v.l. textlich).

Somit sind die textkritischen Probleme von Mt 19,9 geklärt, und der Weg ist frei für den synoptischen Vergleich.

Zunächst ist darauf hinzuweisen, daß mit Mt 19,9 die Auseinandersetzung (Streitgespräch) mit den Pharisäern eine Fortsetzung findet, während das Logion in Mk 10,11 Teil der exklusiven Jüngerbelehrung ist. Mk 10,10 ist mk redaktionelle Überleitung[126]. Das Mk 10,11 zugrundeliegende Logion, das auch in der Logienquelle[127] seinen Niederschlag gefunden hat, war ursprünglich unabhängig von der Perikope Mk 10,1ff par Mt 19,1ff. Die Doppelüberlieferung bei Mt bezeugt dies noch. Mt übernahm das mk Logion – ebenfalls im Anschluß an die Perikope –, obwohl er es – von der Logienquelle her – bereits in der dritten Antithese der Bergpredigt Mt 5,31f gebracht hatte, baute es dann aber aufgrund der Diskussion in der mt Gemeinde um die Konzession von πορνεία aus und ließ das schwierige ἐπ' αὐτήν von Mk 10,11 weg.

Somit ist Mt 19,9 von Mk 10,11 abhängig, während eine von Mk literarisch unabhängige Version des Logions (Q-Stoff) als Doppelspruch existierte. Nun muß Mk 10,11f näher betrachtet werden. Es lag ursprünglich in Mk 10,11 ein Einzelspruch vor, der dann 10,12 auf die Situation der mk Gemeinde übertragen wurde. Hier werden Rechtsverhältnisse vorausgesetzt, wie sie nach der religionsgeschichtlichen Analyse nur im römisch-hellenistischen, nicht aber im jüdisch-palästinischen Bereich vorlagen: Demnach kommt nun auch die Frau als

---

125 Daß es durchaus nicht sicher ist, ob am Anfang der Tradition ein Einzel- oder ein Doppelspruch stand, betont auch B. Schaller, a.a.O., 236f: "Dazu kommt vor allem aber, daß in der außersynoptischen Überlieferung bei Hermas (mand IV 1,6) die Fassung von Mk 10,11/Lk 16,18a als Einzelspruch auftaucht und zwar in einer Form, die weder genau mit der markinischen noch mit der lukanischen Fassung übereinstimmt. Gerade letzteres läßt fragen, ob hier nicht ein Stück außersynoptischer Überlieferung vorliegt, das Mk 10,11/Lk 16,18a als ursprünglich allein überlieferten Spruch belegt.". Siehe auch J. Zmijewski, a.a.O., 54.
126 Vergleiche 4,10.13; 7,17; 10,23. Siehe auch G. Friedrich, a.a.O., 129; W.R. Farmer, The Minor Agreements 194f.
127 Siehe auch R. Bultmann, Tradition 25; G. Strecker, Antithesen 42. – Von Q ist Lk 16,18 par Mt 5,32 abhängig.

Subjekt des Scheidungsverfahrens in den Blick.[128] Einen derartigen Passus konnte Mt angesichts der judenchristlichen Prägung seiner Gemeinde nicht von Mk übernehmen. Wird die Möglichkeit der Scheidung nach Mk 10,9 par Mt 19,6 ohne jede Näherbestimmung eindeutig negiert (μὴ χωριζέτω), so nimmt das Logion Mk 10,11 par Mt 19,9, auch Lk 16,18, die auf die Scheidung folgende Wiederverheiratung in den Blick und sieht erst in dieser den Ehebruch gegeben.[129] Dies bringt keine beträchtliche Veränderung mit sich, da die Ehescheidung in der Regel im Hinblick auf Neuverheiratung erfolgte[130], ist aber dennoch bereits ein erster Schritt zur Kasuistik.

Es ist aber immer noch zu klären, wie sich Mt 5,32 par Lk 16,18 – bzw. das hinter ihnen stehende Q-Logion – und Mk 10,11 (ohne Vers 12!) zueinander verhalten. Daß sie unabhängig voneinander tradiert wurden, ist deutlich und wird vor allem dadurch belegt, daß Mt das Logion zweimal bringt.

B. Schaller hat m.E. hier zwei wichtige Beobachtungen zu den Logien gemacht:

1) Lk 16,18 dürfte gegenüber Mt 5,32 die ursprünglichere Form des Logions beinhalten. a) Es ist unproblematischer gebaut. b) Mt ändert das ihm vorgegebene (und in seiner ursprünglicheren Gestalt bei Lk zu findende) Logion, um es für die judenchristliche Gemeinde nachvollziehbar zu machen. Wie kann ein Mann – nach jüdischem Denken – die eigene (!) Ehe brechen, wenn er seine Frau entläßt? Daher heißt es Mt 5,32a im ersten Teil des Doppelspruches, daß der Mann bewirkt, daß seine Frau die Ehe bricht.[131] Greeven spricht von "Palästinisierung"[132] und Schaller von Rejudaisierung[133].

---

128 H. Baltensweiler, a.a.O., 66f, weist darauf hin, daß die abweichenden Lesarten zu Mk 10,12 (Und wenn sie sich von ihrem Mann trennt und von einem anderen Mann geheiratet wird/Und wenn sie fortgeht von ihrem Mann (= ihren Mann verläßt) und einen anderen heiratet) als "Rückanpassung an jüdische Sitte erklärt werden" können (67) bzw. eine "Wiederangleichung an den jüdischen Lebenskreis" darstellen (ebd.). Erstere Alternativlesart läßt die Frau bei der Wiederverheiratung (gegenüber der NA[26] gewählten Textform) nicht als aktiv erscheinen; letztere v.l. trage jüdischen Verhältnissen insofern Rechnung, als hier von einer aktiven Beteiligung der Frau am Scheidungsvorgang nicht die Rede ist. Siehe auch J. Gnilka, Markus II 75.
129 G. Strecker, Weg der Gerechtigkeit 131 (auch 131f, A.2); W. Schrage, Ethik 97f: "In jedem Fall aber sind die mehr am Verbot der zweiten Heirat ... interessierten Texte schon als nachösterliche Erweiterungen oder Erweichungen anzusprechen".
130 G. Delling, a.a.O., 271; J. Gnilka, Markus II 74.
131 Allerdings sehen H. Hübner, Gesetz 46f und H. Merklein, Handlungsprinzip 275-285, bes. 278.281f, hierin älteste Tradition. Jesus müßte sich – entsprechend den palästinisch-jüdischen Bedingungen – in dieser Art geäußert haben.
132 Ehe nach dem Neuen Testament 383.
133 Sprüche 236.

2) Das schwierige ἐπ' αὐτήν in Mk 10,11 könnte auf eine aramäische Grundlage verweisen[134], so daß Mk 10,11 dem ursprünglichen Wortlaut näher wäre als Lk 16,18.[135] Es bedeutet: Ehebruch mit der zweiten Frau (nicht: gegen die erste) treiben[136]. Aber auch wenn man diese Überlegungen nicht teilen sollte, bleibt es am Ende dieser Betrachtungen zumindest bei einem Nebeneinander von einem Logion Mk 10,11 und einem (Q-)Logion, das sich ursprünglicher bei Lk 16,18 findet.

3. Die Rückfrage nach der Beurteilung der Ehescheidung durch den historischen Jesus

Die Exegese der synoptischen Texte hat wahrscheinlich gemacht, daß der älteste Kern, aus dem heraus die Ehescheidungsperikope Mk 10,1ff par Mt 19,1ff gestaltet worden ist, in Mk 10,9 par Mt 19,6b gesehen werden kann (ὃ οὖν ὁ θεὸς συνέζευξεν, ἄνθρωπος μὴ χωριζέτω).[137]

Unabhängig davon ist die radikale Ablehnung der Ehescheidung durch Jesus sowohl in der Q-Tradition[138] als auch bei Paulus[139] belegt. Es ergibt sich aus der Analyse aller dieser Texte, daß Jesus nach dem ältesten Grundbestand jeweils die Unauflöslichkeit der Ehe betont. Nur Mk 10,9 par Mt 19,6b wird eine theologische Begründung (Schöpfungswille Gottes) gegeben, die die beiden Evangelisten dazu veranlaßt hat, diese Position in einem Streitgespräch mit den Pharisäern deutlich werden zu lassen.

Im folgenden Abschnitt soll es nun darum gehen, wie die theologische Begründung der radikalen Ablehnung der Ehescheidung durch den historischen Jesus zu verstehen ist. Dazu vorab einige methodische Überlegungen zur Frage,

---

134 B. Schaller, Sprüche 232: "Es stellt sich dabei heraus, daß die im Griechischen so ungewöhnliche Wortverbindung μοιχᾶσθαι ἐπί m. Akk. sich ohne weiteres als Aramaismus erklären läßt". Siehe auch Ders., Mk 10,11f 107f.
135 So B. Schaller, Sprüche 232.
136 D.R. Catchpole, a.a.O., 112; B. Schaller, Sprüche 243; Ders., Mk 10,11f, 107f.
137 Ebenfalls zu diesem Ergebnis kommt J.R. Sauer, a.a.O., 101f.107.109. Sauer zeigt die Priorität von Mk 10,9 gegenüber Mk 10,2-8 sprachlich auf: Nur in Vers 9 begegnen die "zentralen Verben ... συνζεύγνυμι und χωρίζειν" (101), während "in den Versen 2-8 ... für den Scheidungsakt nie χωρίζειν, wohl aber ἀπολύειν" gebraucht werde (101f). Da bei der Ausgestaltung des vorgegebenen Logions zum Streitgespräch Dtn 24,1-4 mit dessen eigener Scheidungsterminologie (ἐξαποστέλλειν, Dtn 24,1.3) herangezogen wurde, kam es nun zur Verwendung einer andersgearteten Scheidungsterminologie als in V.9.
138 Auf ihr fußend Mt 5,32 par Lk 16,18.
139 1 Kor 7,10f.

wie und ob man überhaupt trotz der vielschichtigen Überlieferung auf Gut des historischen Jesus stoßen kann:

3.1. Methodische Reflexion

Um vor willkürlicher Argumentation gefeit zu sein, ist es notwendig, sich eines methodisch akzeptablen und nachprüfbaren Instrumentariums zu bedienen. Dabei ist zunächst auf J. Jeremias[140] zu verweisen, der zu dieser Frage grundlegende Arbeit geleistet hat. In seinem Gleichnisbuch[141] versucht Jeremias, am Gleichnisstoff die Stadien der Überlieferung (Jesus – Urkirche – Evangelist) herauszuarbeiten und ihren jeweiligen Sitz im Leben aufzuzeigen. Es ist die Intention von Jeremias, den "ursprünglichen Sinn der Gleichnisse wiederzugewinnen"[142] und die Verschiebung der Kommunikationssituation aufzuzeigen.

Doch muß gegenüber Jeremias' Ansatz ein größeres Maß an Skepsis, auf historisches Jesusgut stoßen zu können, eingefordert werden, wie dies insbesondere in den Arbeiten von N. Perrin[143] und J.R. Sauer[144] der Fall ist. Demnach liegt die Beweislast bei dem, der die Echtheit eines Logions postuliert[145], so daß "methodisch nur eine Haltung prinzipiellen Zweifels an der Echtheit gerecht" ist[146].

Von Bedeutung für die vorliegende Arbeit ist ferner das Instrumentarium, dessen sich J.R. Sauer in seiner oben genannten Dissertation konsequent bedient.[147] Mögliche Jesuslogien müssen sich gewissen Kriterien stellen, um mit hinreichend großer Wahrscheinlichkeit als Logien des historischen Jesus – oder diesen doch zumindest sehr nahestehend – bewertet werden zu können, so daß auf diesem Weg ein methodisches gesichertes Bild von der Verkündigung des historischen Jesus gewonnen werden kann. Es handelt sich dabei um folgende Kriterien, von denen aber nicht nur eines erfüllt sein sollte, wenn ein möglichst sicheres Urteil gefällt werden soll:

---

140 Kennzeichen der ipsissima vox Jesu, siehe Literaturverzeichnis; ferner Ders., Neutestamentliche Theologie 13-46.
141 Die Gleichnisse Jesu.
142 Gleichnisse Jesu 13.
143 Was lehrte Jesus wirklich?, 1967.
144 Rückkehr des Heils, 1989.
145 J.R. Sauer, a.a.O., 83f; sowie pointiert N. Perrin, a.a.O., 32: "und es steht um die synoptische Tradition so, daß die Beweislast tragen muß, wer die Echtheit behauptet". – Anders dagegen J. Gnilka, Jesus von Nazaret 33.
146 J.R. Sauer, a.a.O., 83.
147 Siehe dazu im methodischen einleitenden Kapitel a.a.O., 79-94; vgl. N. Perrin, a.a.O., 32ff; J. Gnilka, a.a.O., 28-34 (letzterer unter Nennung weiterer Kriterien).

a) Das Kriterium der Dissimilarität[148]: Dies setzt voraus, daß ein Wort dann auf den historischen Jesus zurückgeführt werden kann, wenn es in einem gewissen Gegensatz sowohl zum zeitgenössischen Judentum als auch zum Denken der christlichen Gemeinde gestanden hat. Das Kriterium ist notwendig, aber nicht hinreichend.[149] Denn es kann durchaus auch damit gerechnet werden, daß Jesus in vielem an Vorstellungen seiner Umwelt angeknüpft hat und auch die Gemeinde in vielem die Kontinuität zum historischen Jesus gewahrt hat. So wird auch Gut für den historischen Jesus zu beanspruchen sein, das diesem Kriterium so nicht gerecht wird, weshalb kritischer Umgang mit dem Dissimilaritätskriterium und die Ergänzung durch das Kohärenzkriterium vonnöten ist.[150]

b) Das Kriterium der Kohärenz[151]: Es setzt voraus, daß sich das fragliche Logion mit den sonstigen Grundlinien der Verkündigung des historischen Jesus – soweit sie bekannt sind und durch die Kontrolle mit Hilfe des Dissimilaritätskriteriums bestätigt werden konnten – in Einklang bringen läßt. Freilich ist dieses Kriterium letztlich – wie auch das Dissimilaritätskriterium – lediglich ein notwendiges, nicht aber ein hinreichendes Kriterium, da nicht alles widerspruchslos ist, was eine historische Person von sich gibt bzw. was von ihr überliefert ist. Auch ist es denkbar, daß in der Verkündigung des historischen Jesus tatsächlich vorhandene Widersprüche durch die Gemeinde beseitigt wurden. Es ist also auch bei der Anwendung dieses Kriteriums Vorsicht geboten. Ihm kommt zuverlässiger Aussagewert erst in Verbindung mit anderen Kriterien zu. Es ist eine notwendige Ergänzung zu dem Dissimilaritätskriterium, weil durch jenes nicht solche "Stoffe, die man nicht als jüdischem oder urchristlichem Stoff unähnlich erweisen kann", erfaßt werden können.[152]

c) Das Kriterium der Quantität[153]: Danach ist es wahrscheinlicher, ein Wort, das bereits den oben genannten Kriterien entspricht, auf den historischen Jesus zurückzuführen, wenn es außerdem möglichst reichhaltig bezeugt ist, so im Falle des Ehescheidungsverbots durch die Doppelüberlieferung von Mk 10,1ff (ihm folgend Mt 19,1ff) einerseits und Q (darauf basierend Lk 16,18/Mt 5,32) ande-

---

148 Siehe dazu J.R. Sauer, a.a.O., 85-89; N. Perrin, a.a.O., 32-37; J. Gnilka, a.a.O., 29f.
149 J.R. Sauer, a.a.O., 88.
150 Siehe N. Perrin, a.a.O., 40.
151 Siehe dazu J.R. Sauer, a.a.O., 89-91; N. Perrin, a.a.O., 37-40; J. Gnilka, a.a.O., 30, wobei dieser die Frage nach der "Übereinstimmung von Wort und Tat Jesu" betont.
152 N. Perrin, a.a.O., 40, auch 37: "... muß als nächster Schritt ein Kriterium (gemeint ist das Kohärenzkriterium, F.K.) gefunden werden, mit dessen Hilfe wir vorsichtig in Überlieferungsbereiche eindringen können, in denen sich das erstgenannte Kriterium (das Dissimilaritätskriterium, F.K.) nicht anwenden läßt."
153 Siehe dazu J.R. Sauer, a.a.O., 92f; N. Perrin, a.a.O., 40-42; J. Gnilka, a.a.O., 30.

rseits, ferner 1 Kor 7,10f.[154] Dieses Kriterium hat allerdings – im Unterschied zu den beiden zuvor genannten Kriterien – lediglich Hinweischarakter.[155]

d) Das Kriterium "sprachlicher Indizien"[156], wobei besonders auf die Arbeiten von J. Jeremias zu dieser Frage hinzuweisen ist.[157] Freilich hat dieses Kriterium keineswegs eigenständige Beweiskraft, sondern – wie auch das Quantitätskriterium – lediglich Hinweischarakter, wie Sauer einräumt.[158] Es kann nur zu den oben genannten Kriterien verstärkend hinzutreten und so die Wahrscheinlichkeit einer richtigen Beurteilung erhöhen.

Abschließend sei ausdrücklich betont, daß trotz konsequenter Anwendung der genannten Echtheitskriterien Irrtümer und Fehleinschätzungen möglich sind. Es besteht ferner die Gefahr, daß ein vielleicht etwas schematisches Bild von dem zeitgenössischen Judentum, von den urchristlichen Gemeinden und insbesondere vom historischen Jesus[159], wie man ihn erfaßt zu haben glaubt, gewisse Vorentscheidungen mit sich bringt, die eine tatsächlich neutrale Verwendung vor allem des Dissimilaritäts- und Kohärenzkriteriums beeinträchtigen können. Diese Fehlerquelle muß prinzipiell in Kauf genommen werden, auch wenn man sich bemüht, stets kritisch zu prüfen, ob das postulierte Bild von der Verkündigung des historischen Jesus wie auch der anderen relevanten Faktoren zureichend und differenziert genug ist.

---

154 Siehe J.R. Sauer, a.a.O., 127. Siehe dort generell 93: "Verstärkte Bedeutung erhält das Quantitätskriterium allerdings, wenn eine synoptische Tradition sich zusätzlich zu mehrfacher synoptischer Bezeugung im ältesten Teil des Neuen Testament, im corpus Paulinum, findet und wenn Paulus selbst es auf Jesus zurückführt." All dies ist ja im Fall der Ablehnung der Ehescheidung durch Jesus gegeben.
155 Siehe J.R. Sauer, a.a.O., 94; N. Perrin, a.a.O., 42.
156 Siehe dazu J.R. Sauer, a.a.O., 93f; N. Perrin, a.a.O., 29-31; J. Gnilka, a.a.O., 32f.
157 Siehe dazu die oben S. 198, A.140f genannten Arbeiten; ferner: Abba, 1966; Die Abendmahlsworte Jesu, 1935; ⁴1967.
158 A.a.O., 94.
159 Siehe zu Recht auch die Bemerkungen N. Perrins, a.a.O., 47: "... kann dazu führen, daß er (der Historiker, F.K.) zwar den historischen Jesus streng von dem Christus des Glaubens der Kirche des ersten Jahrhunderts scheidet, ihn aber dabei mit dem Christus seines eigenen Glaubens identifiziert ...".

3.2. Zum theologischen Hintergrund der Stellungnahme des historischen Jesus zur Ehescheidung

Wie die reichhaltige Überlieferung zeigt, erteilt Jesus der Ehescheidung durch den Menschen – allgemein (!), von Mann und Frau ist gar nicht die Rede[160] – eine Absage ohne Wenn und Aber. Das ist in dieser Form gerade auch im palästinischen Judentum völlig singulär. Eine Parallele sehen manche in CD IV 20f; doch ist in diesem Text nicht explizit von Scheidung die Rede; der Text wendet sich vielmehr gegen sukzessive Polygamie.

Exkurs zum Vergleich mit CD IV 20ff
Dieser Text ist bereits[161] ausführlich behandelt worden und als Ablehnung der in der jüdischen Umwelt der Essener üblichen sukzessiven Polygamie interpretiert worden. Von Scheidung ist dort nicht die Rede; diese war möglicherweise nach CD XIII 17f sogar zulässig, sofern ihr nicht eine Wiederverheiratung folgte.
Wenn auch in CD IV 20f nicht – wie in den synoptischen Texten – von Ehescheidung explizit die Rede ist, so mag man zumindest in den beiderseitigen Zitatkombinationen, in denen Gen 1,27 jeweils eine Rolle spielt, eine Parallele sehen. In beiden Fällen führt die Argumentation zu einer Verschärfung der Ehe- und Sexualethik gegenüber den Konventionen (auch) der (religiösen) Umwelt.
Durch Zitatkombination den Sinn einer biblischen Textstelle aus einer anderen zu gewinnen, entsprach der allgemeinen Praxis im Judentum, wie sie z.B. in den Middot des Hillel und in den 32 Middot für die rabbinisch-jüdische Hermeneutik belegt ist.[162]
H. Braun sieht die "Jesustradition" von Mk 10,6-8 par Mt 19,4-6 in Abhängigkeit "von der Sektenüberlieferung"[163]:
a) In beiden Texten werde mit Hilfe eines Schriftbeweises aus der Urgeschichte für die Verschärfung der jüdischen Ehehalacha plädiert. Beide, CD und die synoptische Tradition, berufen sich bei der lebenslänglichen Zuordnung eines Mannes und einer Frau auf Gen 1,27.

---

160 Zu Recht J.R. Sauer, a.a.O., 108: "Verwendung des in geschlechtlicher Hinsicht unspezifischen Terminus ἄνθρωπος". – Hier ist – wie Gen 1,27 האדם gegenüber זכר ונקבה – vom Menschen allgemein die Rede. Auch hieran wird die enge Anlehnung von Mk 10,9 par Mt 19,6 an Gen 1 deutlich.
161 Siehe oben S. 104-112.
162 G. Stemberger, Talmud und Midrasch 25-40, 37 (17. Middot): "Ein an der Hauptstelle nicht deutlich ausgesprochener Umstand wird an einer anderen Stelle erwähnt." Siehe auch B. Schaller, Gen 1.2 70f.
163 H. Braun, Radikalismus II 111.

b) Ferner sei der Passus ἀπὸ δὲ ἀρχῆς κτίσεως (Mk 10,6) bzw. ἀπ' ἀρχῆς (Mt 19,4) auf dem Hintergrund von CD IV 21f יסוד הבריאה zu verstehen. Diese Wendung diene in beiden Fällen der Einleitung des Zitats von Gen 1,27. Doch ist diese These Brauns zurückzuweisen:
(1) Zweifellos besteht eine Parallele zwischen der synoptischen Tradition und CD darin, daß beide die im zeitgenössischen Judentum übliche Ehepraxis einer Verschärfung unterziehen und sich dabei auf Gen 1,27 berufen. Doch darf nicht außer acht gelassen werden, daß beide den von ihnen intendierten Sinn erst durch Kombination von Gen 1,27 mit mindestens einer weiteren Pentateuchstelle erzielen. Hier aber differieren sie im Vorgehen: In der synoptischen Tradition wird Gen 2,24 hinzugezogen (Mt 19,5 par Mk 10,7-8a), während CD ergänzend die Sintfluterzählung heranzieht (paarweise Zuordnung von Mann und Frau CD V 1) und das Königsgesetz Dtn 17,17 (keine Mehrzahl von Frauen sogar im Falle des Königs CD V 2).
(2) Ferner wenden sich die Texte der synoptischen Tradition explizit gegen die Scheidung, während CD IV 20 – V 11 die Sexualethik in anderem Sinn verschärft, so zum einen in dem Votum gegen die sukzessive Polygamie, also für die Einzigehe, zum anderen in der Verschärfung der ehewidrigen Verwandtschaftsgrade[164].
(3) Auch eine Abhängigkeit des Passus ἀπὸ δὲ ἀρχῆς κτίσεως (Mk 10,6) / ἀπ' ἀρχῆς (Mt 19,4) von יסוד הבריאה (CD IV 21) ist nicht überzeugend.[165] Folglich ist anzunehmen, daß den Synoptikern und CD ein gemeinsames Verständnis von Gen 1,27 zugrundeliegt, so daß beide diese Stelle von anderen Torastellen her im Sinne der lebenslänglichen Monogamie beider Ehepartner interpretieren konnten. Ein wichtiger Differenzpunkt besteht darin, daß in den synoptischen Gesprächsszenen explizit Tora (Gen 1,27; 2,24) gegen Tora (Dtn 24,1ff) gestellt wird, was nach essenischem Gesetzesverständnis völlig undenkbar wäre.
Prophetische Kritik an Scheidung – und Treulosigkeit gegenüber der Frau der Jugendzeit – kommt allerdings Mal 2,14-16 explizit zum Ausdruck.[166] Je-

---

164 Siehe CD V 7-11: Onkel und Nichte.
165 Siehe dazu sogar H. Braun selbst, a.a.O., 111: ἀρχή hat eine zeitliche, יסוד primär eine lokale Bedeutung.
166 Vergleiche dagegen S. Schreiner, Mischehen – Ehebruch – Ehescheidung 207-228, nach dessen Interpretation auch Mal 2,14-16 "fest auf dem Boden der deuteronomischen Gesetzgebung" stehe (228). Siehe G. Fohrer, Propheten 5, 102, nach dessen Interpretation sich der Passus "nicht einfach gegen eine leichtfertige Scheidungspraxis" wende, sondern die Mischehenproblematik im Blick habe. Mal wende sich gegen die "in strenggläubigen Kreisen" laut werdende "Forderung" nach der Entlassung von nichtjüdischen Frauen durch Scheidung. – Demgegenüber sieht K. Elliger, Zwölf kleine Propheten II 189-193, Mal 2,11b-13a.(15a.16b) zur Mischehe

doch verstand man diesen Text – zumindest in späterer Zeit – in einem anderen Sinn, indem man hierin eine Privilegierung des Judentums ausgedrückt sah. Jahwe habe die Juden gegenüber den Heiden privilegiert, indem er ihnen als Jahwe Zebaoth die Ehescheidung konzediert habe.[167] So ließ sich dieser Text sehr wohl mit der Dtn 24,1-4 vorausgesetzten Zulässigkeit der Ehescheidung vereinbaren; dem Prophetentext war somit die scheidungskritische Spitze abgebrochen, so daß er nicht mehr mit der Scheidungspraxis kollidierte.

Von Jesus – und ihm folgend von den urchristlichen Gemeinden – hingegen wird sogar dem Mann sein im Judentum unbestrittenes Recht, sich von seiner Frau scheiden zu lassen, streitig gemacht. "Was Gott zusammengefügt hat, soll der Mensch nicht scheiden." Dieser Satz hat eine grundsätzliche, ganz allgemeine Perspektive. Demgegenüber wird in der späteren Überlieferung erkennbar, daß der Satz auf die konkreten Verhältnisse der einzelnen Gemeinden[168] appliziert wird. Fragen die Evangelisten wie auch Paulus danach, was unter den konkret in ihren Gemeinden gegebenen Bedingungen[169] praktikabel ist, so lenkt der historische Jesus mit seinem Logion "Was nun Gott zusammengefügt hat, das soll der Mensch nicht scheiden" den Blick auf die ursprüngliche Schöpfungsordnung Gottes zurück.

Demnach hat Gott von vornherein den Menschen paarweise erschaffen, "je einen Mann und eine Frau". So versteht – wie gezeigt – auch CD IV 20f – V 1 die Genesisstellen (Gen 1,27; 7,9). Dieses von Gott zusammengefügte Paar gehört, wenn sie einmal zueinandergefunden haben, das heißt, geheiratet haben, auf ewig unzertrennlich zusammen.

Jesu Ethik ist – wie gerade seine Gleichnisverkündigung zeigt – durch die βασιλεία τοῦ θεοῦ motiviert. Das Reich Gottes ist mit dem Auftreten und der

---

als sekundär an. Ursprünglich habe Mal 2,10-16* grundsätzlich gegen Ehescheidung Stellung bezogen. Manche aus dem Exil zurückkehrende Judäer suchten durch Verstoßung der im Exil geheirateten Frau und durch Einheiratung in die lokale Oberschicht ihren Status und Besitz zu verbessern. Dagegen wende sich Mal in besonderer Weise. – Der historische Konnex zur Mischehenfrage motivierte einen Redaktor zu den sekundären Ausführungen in Mal 2,11b-13a. Der Redaktor verfolge ein anderes Anliegen als Mal, nämlich den Kampf "um die Reinhaltung der jüdischen Gemeinde" (a.a.O., 193).

167 Mit Hinweis vor allem auf Mal 2,16 (auch auf Dtn 24,1ff): R. Chijja d. Ä. (um 200); Jochanan von Sepphoria (um 300), R. Chananja (um 370); Belege bei Strack-Billerbeck I 312.

168 1 Kor 7,10f.12-16 und Mk 10,1-12 für hellenistische Verhältnisse; Mt für palästinische Verhältnisse.

169 D.h., unter den Bedingungen der Realität der Sünde auch in der Gemeinde, siehe die mt Unzuchtsklausel.

Verkündigung Jesu im Anbruch[170]. Damit bricht die Heilszeit an. Angesichts des zugesagten Heils ist die Schöpfung wieder das, was sie ursprünglich sein sollte – und nach Gen 1f auch gewesen ist.[171] Die Sünde als nachträglicher Störfaktor (Gen 3) verliert mitsamt ihren Folgen – wie sie sich sowohl in Fällen von Ehescheidung als auch in Krankheiten und Dämonen zeigen – ihre Macht über den Menschen wie über die Schöpfung.[172] Angesichts des Heils zerstört der Mensch nicht mehr Gottes gute Ordnung, wie sie in der Zuordnung von Mann und Frau ihren deutlichen Ausdruck gefunden hat. Dies gilt ohne Einschränkungen. Auch Unfruchtbarkeit, die nach jüdischer wie auch griechischer Auffassung ein hinreichender Scheidungsgrund war, stellt dann kein echtes Problem mehr dar. Unzucht, insbesondere Ehebruch – ein in der Umwelt des Neuen Testaments zumindest hinsichtlich des ehelichen Verhaltens der Frau zwingender Scheidungsgrund – kommt beim ursprünglichen Jesuslogion[173] gar nicht erst in den Blick, weil diese ohnehin der Heilszeit nicht angemessen ist, also auch gar nicht mehr mit ihrer Existenz gerechnet zu werden braucht.[174]

Auch ein Text wie Joh 7,53-8,11[175] kann – sofern er Reminiszenzen an den historischen Jesus enthält[176] – Wichtiges zum Gesamtbild beitragen: Wer – wie

---

170 Siehe Lk 10,18; Mt 12,28 par Lk 11,20.
171 Siehe hierzu ferner J.R. Sauer, a.a.O., 146-148: Schöpfungstheologische (protologische) und eschatologische Dimension haben in dem Konzept der "restitutio principii" ihre Klammer (146). Siehe auch 147: "Jesus sah offensichtlich mit dem endzeitlichen In-Erscheinung-Treten der βασιλεία τοῦ θεοῦ den idealen Heilszustand der Urzeit wiederkehren". Zutreffend auch H. Stegemann, Essener, vor allem 345-351.
172 Siehe auch J.R. Sauer, a.a.O., 147, zur Ehescheidung: "nicht mehr 'zeitgemäß'" angesichts der einbrechenden Heilszeit.
173 Anders in dessen mt Tradierung.
174 Siehe auch H. Stegemann, Der lehrende Jesus 16f; 16, A.65.
175 Ein Text, der dem Johannesevangelium ohnehin erst spät zugewachsen ist (siehe den textkritischen Apparat zur Stelle und vor allem die Arbeit U. Beckers, Jesus und die Ehebrecherin). Dennoch weist der relativ späte Text durchaus Züge auf, die gut zu dem passen, was wir über den historischen Jesus aus der synoptischen Tradition wissen. Es besteht eine Nähe des Textes zur synoptischen Tradition, wie U. Becker, a.a.O., 83 (dort A.1 mit weiterer Literatur) und K. Niederwimmer, Askese und Mysterium 37 aufgezeigt haben.
176 U. Becker, a.a.O., 165-174 sieht den historischen Ort der Perikope "im Leben Jesu selbst" (174), wofür er drei Gründe anführt: 1) die zur Zeit Jesu im Judentum lebhaft diskutierte Frage nach der Gültigkeit der Gesetzesbestimmungen von Lv 20,19 und Dtn 22,22; 2) Jesu eindeutige Entscheidung gegen die Tora, für die Ehebrecherin; 3) Jesu Vergebung in bedingungsloser Vollmacht. – K. Niederwimmer, a.a.O., 37, A.24 hält das Motiv hinter der Erzählung für historisch, alle Einzelheiten hingegen für Veranschaulichung. Das historische Motiv besteht nach Niederwimmer in dem "anstößigen Verhalten des historischen Jesus" (37), im "radikalen ... Bruch des

in dieser Perikope die Ehebrecherin – mit Jesus konfrontiert ist, der in den Heilsbereich Gottes hineinruft, erhält die Anteilhabe am Reich Gottes (vgl. Joh 8,11a)[177], wird aber zugleich dazu aufgerufen, fortan nicht mehr zu sündigen (Joh 8,11b). Letzteres ist unabdingbar, weil dies das dem Herrschaftsbereich Gottes einzig angemessene Verhalten ist. Das Reich Gottes bringt Heil mit sich, indem die Wirklichkeit der Sünde immer mehr zurückgedrängt wird[178].

Diese Perspektive Jesu, in der die Heilszeit wieder in die eigentlich gewollte gute Schöpfung Gottes einmündet, wird auch in seiner Position zum Sabbat deutlich: "Der Mensch ist nicht um des Sabbats willen, sondern der Sabbat um des Menschen willen da"[179], d.h., der Sabbat dient letztlich den Menschen.[180] Hier kommt die Schöpfung zu ihrer Vollendung und führt beide, Gott und Mensch, zur gewollten Ruhe.[181]

Ferner überwindet die Reich-Gottes-Verkündigung Jesu auch die in Jesu Umwelt beobachteten rituellen Reinheitsvorschriften, bei denen man sich auf die Tora und die Gesetzesauslegung berief[182], weil diese so nicht (mehr) erforderlich sind und auch nicht dem protologisch-eschatologischen Gotteswillen entsprechen.

Die protologisch-eschatologische Perspektive Jesu steht durchaus im Einklang mit dem, was in der zeitgenössischen jüdischen Eschatologie überliefert ist. In der Heilszeit wird die Verheißung der Fruchtbarkeit über alle Maße erfüllt. Nach äthHen 10,17 sieht der Gerechte an seinem Lebensabend tausend Kinder um sich. Philo spricht davon, daß keiner der Heilsbürger ohne Kinder sein werde; sie zeugen Kinder, und jedes Haus ist voll von Bewohnern.[183] Eine bis ins Phantastische gesteigerte Perspektive zeichnet dann – zeitlich deutlich später – der Babylonische Talmud: Die Frauen werden täglich gebären, wie auch die

---

historischen Jesus mit dem heiligen Recht Israels und Jesu ... enthusiastischer Bedingungslosigkeit der Vergebung" (38).
177 Siehe auch sonst in den synoptischen Evangelien zur Gemeinschaft Jesu mit Zöllnern, Sündern und auch Dirnen, die ihn seinem religiösen Umfeld suspekt machen mußte (siehe Mk 2,15-17; Mt 11,19; Lk 7,36ff; 15,2; 19,1ff).
178 Siehe Lk 10,18; vgl. Mk 3,27.
179 Mk 2,27.
180 Siehe auch H. Stegemann, Essener 346: "Das Sabbatgebot konnte bei der Betrachtungsweise (Jesu, F.K.) keine bestimmende Macht mehr über den Menschen haben. Sondern wie das Licht die ihm dienenden Himmelskörper beherrschte, so folglich auch der Mensch den ihm dienenden Sabbat."
181 Siehe hierzu das Material bei P. Volz, Eschatologie 384 (Jub 50,6-13; VitAd 51; auch Babylonischer Talmud Rosch haschanah 31a).
182 Vgl. Mk 7,1-23 par Mt 15,1-20; siehe auch H. Stegemann, Essener 348.
183 De praem. 108f.

Bäume täglich Frucht bringen werden.[184] Im Hintergrund steht möglicherweise die Erwartung von Jes 49,20 für die Heilszeit, in der selbst von Kindern der Kinderlosen die Rede ist, die ihren Platz einfordern.

Die Heilszeit bringt – wie für die Verkündigung des historischen Jesus gezeigt wurde – auch nach Sicht der jüdischen Eschatologie eine Aufhebung der Schöpfungsminderungen mit sich, die durch den Sündenfall Gen 3 eingetreten waren: Die Mühen, die seit dem Sündenfall mit der Arbeit verbunden gewesen sind (Gen 3,17-19), werden nach syrBar 74,1f in der Heilszeit überwunden sein; die Arbeiten laufen wie von selbst. Die schmerzvolle Geburt, nach Gen 3,16 ebenfalls eine Folge des Falls, wird es nach syrBar 73,7 in der Heilszeit ebenfalls nicht mehr geben[185]. Die Feindschaft zwischen der Schlange und den Menschen, die nach Gen 3,15 ebenso eine Folge des Sündenfalls ist, wird in der Endzeit angesichts des Tierfriedens[186] ihr Ende finden.

Auf diesem Hintergrund wird Jesu schöpfungstheologische Position verständlich, die in der Heilszeit eine Wiederherstellung der ursprünglich guten Schöpfung sieht. Diese Gesamtperspektive befreit Jesus zu einer neuen Hermeneutik des Gesetzes: Für Jesus wurde in der Tora-Erfüllung "die Schöpfungs-Tora (Gen 1-2) zum allein noch maßgeblichen Kriterium der gesamten Sinai-Tora (Gen 3 - Dtn 34), deren Charakter sich dadurch völlig veränderte"[187]: "So war für Jesus im Herrschaftsbereich Gottes sogar der Dekalog erfüllt und damit überflüssig geworden ... Sein Toraverständnis ließ alles hinter sich, was, vom Ereignis des Reich-Gottes-Geschehens her betrachtet, überholt war, erfüllte die Tora aber zugleich mit neuer Wirkkraft ..."[188].

Jesus zieht im Rahmen der protologisch-eschatologischen Perspektive auch Konsequenzen für die Beurteilung der Ehescheidung. Wer in den Heilsbereich gerufen ist, der scheidet sich eben nicht mehr, weil er in der Ehe ein gutes Werk des Schöpfers sieht. Das "Und Gott sah alles, was er gemacht hatte, und siehe, es war sehr gut" (Gen 1,31) konnte eben auf die konkrete Ehe bezogen werden. Was Gott zusammengefügt hat, das ist gut; und weil es gut ist, wäre es völlig verfehlt, wollte der Mensch diese von Gott geschaffene Gemeinschaft aufheben. Dem Schöpfungswillen Gottes wird gerade im Eschaton wieder zum vollen Durchbruch verholfen; die Verdunkelungen durch die Sünde verschwinden zusehends.

---

184 Sabb. 30b.
185 Vgl. auch LevR. 14,9.
186 Verheißen schon in Jes 11,6-9; siehe dann syrBar 73,6 <Ottern und Drachen>.
187 H. Stegemann, Essener 349.
188 H. Stegemann, a.a.O., 351.

3.3. Andere religionsgeschichtliche und theologische Verortungen der Ablehnung der Ehescheidung durch den historischen Jesus

Neben dem Vorschlag in Abschnitt 3.2. zur theologischen Verortung der Position des historischen Jesus, der vor allem auf Überlegungen von H. Stegemann und J.R. Sauer basiert, gibt es mehrere andere Erklärungen, die sich ebenfalls nicht mit dem Pauschalverweis auf die βασιλεία-Verkündigung begnügen.

(1) Vor allem ist auf die Interpretation auf dem Hintergrund des sogenannten androgynen Mythos hinzuweisen[189], weil diese Interpretation ebenfalls eine religionsgeschichtliche Erfassung der Position Jesu versucht und sich dabei der Klammer von Protologie und Eschatologie – freilich unter den besonderen Denkvoraussetzungen des androgynen Mythos, wonach der Mensch als solcher ursprünglich mannweiblich existierte – durchaus bewußt ist.

Nach dieser Interpretation stünde Jesu radikale Ablehnung der Ehescheidung im Zusammenhang mit einer im Rabbinat vertretenen "Lehre von der ursprünglichen Beschaffenheit Adams als männlich und weiblich zugleich"[190]. Nach diesem Mythos hätten "in der idealen Schöpfung ... Mann und Frau ein Wesen gebildet"[191]. In der Ehe finden Mann und Frau zu dieser ursprünglichen Einheit zurück.[192] So wird verständlich, warum nach rabbinischer Auffassung der Mensch erst in der Ehe wirklich zu seinem vollen Menschsein kommt.[193] Aus dieser Perspektive ist Scheidung mit folgender Wiederheirat negativ zu bewerten.[194] Somit besteht in der Ehe und der ehelichen Gemeinschaft anthropologisch die Wiederherstellung der ursprünglichen Einheit, wie sie in der Schöpfung anfänglich gegeben war.

---

189 Die wichtigsten neueren Untersuchungen hierzu sind: D. Daube, Evangelisten und Rabbinen 125f; P. Winter, Sadoqite Fragments IV 20,21 78ff; Ders., Genesis 1,27 and Jesus' Sayings on Divorce 260f; R. Batey, The MIA ΣAPX Union 270-281; mit umfangreichem religionsgeschichtlichen Material: E.L. Dietrich, Urmensch als Androgyn 297-345; W.A. Meeks, Image of the Androgyne 165-208. – Vgl. K. Niederwimmer, a.a.O., 45-50, der in der Heranziehung des androgynen Mythos erst die **nach**jesuanische Auslegung des Scheidungsverbotes durch das "palästinische Judentum" sieht.

190 D. Daube, a.a.O., 126; siehe als Grundlage Gen Rabba zu 1,26f, wobei der Zustand Adams gemeint ist, bevor Eva aus ihm herausgenommen wurde. Adam war demnach ursprünglich androgyn.

191 Ebd.

192 Siehe auch P. Winter, Sadoqite Fragments IV 20,21 82f mit rabbinischen Belegen.

193 Siehe Rabbi Eleazar ben Pedah (Babylonischer Talmud Jeb 63a: "Wer kein Weib hat, ist kein Mensch; denn es heißt: Als Mann und Weib schuf er sie und nannte ihren Namen Mensch."); ferner Rabbi Hiyya ben Gondi (Midrasch Rabbah Gen 17,2), der meint, daß ein Mann, der keine Frau hat, unvollständig sei.

194 Siehe auch D. Daube, a.a.O., 126.

Werden die oben genannten synoptischen Texte zu Ehe und Ehescheidung auf diesen Hintergrund hin befragt, so fehlt doch der explizite Hinweis auf einen derartigen Mythos. Man könnte vielleicht auf Passagen wie vor allem Mk 10,7b-9 verweisen, wonach Mann und Frau eine von Gott zusammengefügte Einheit bilden, so daß sie nun nicht mehr zwei, sondern ein Fleisch sind. Aber dies ist im Grunde nur Zitieren des Gen-Textes (LXX). Müßte es nicht heißen: "... so daß sie nun nicht zwei, sondern *wieder* ein Fleisch sind", wenn der androgyne Mythos hier wirklich im Hintergrund steht?

Ferner halte ich es nicht für berechtigt, Mk 10,6 ("Aber von Anbeginn der Schöpfung hat Gott sie geschaffen als Mann und Frau") zwingend auf dem Hintergrund der Schöpfung *eines* (!) doppeltgeschlechtlichen Menschen zu verstehen, der dann erst in zwei verschiedengeschlechtliche Wesen zerteilt wurde. Hier wird einfach Gen 1,27 zitiert; dabei wird die Existenz von verschiedengeschlechtlichen Wesen vorausgesetzt, wie an den Pluralformen von Gen 1,26ff – אדם in Gen 1,27 ist Kollektivbegriff! – ersichtlich ist.

Der androgyne Mythos läßt sich jedenfalls so nicht aus den neutestamentlichen Texten herauslesen. Dennoch mag er vielleicht unterbewußt eine gewisse Rolle gespielt haben, weil diese mythische Vorstellung in dem "kollektiven Unterbewußtsein" der Menschheit liegen könnte.[195] So findet sich der androgyne Mythos bereits bei Platon im Symposium 189ff. Demnach war die menschliche Natur *"ehemals nicht so wie jetzt, sondern ganz anders. Am Anfang gab es dreierlei Geschlechter von Menschen, nicht nur zwei wie heute, ein männliches und ein weibliches, sondern dazu noch ein drittes, das gemeinsam zu diesen beiden gehörte"*[196]: ἀνδρόγυνον γὰρ ἓν τότε μὲν ἦν καὶ εἶδος καὶ ὄνομα ἐξ ἀμφοτέρων κοινὸν τοῦ τε ἄρρενος καὶ θήλεος[197]. Zeus und die anderen Götter entschieden sich, die mannweiblichen (androgynen) Menschen in zwei Hälften zu zerteilen[198], um dadurch ihren Übermut und Frevel zu dämpfen. Dann wird der chirurgische Eingriff ausführlich geschildert[199]. Platon fährt anschließend fort: *"Nachdem nun also seine* (des androgynen Menschen, F.K.) *Gestalt in zwei Stücke geschnitten war, sehnte sich ein jeder nach seiner Hälfte und kam mit ihr zusammen. Und sie umarmten einander und umschlangen sich vor Begierde,*

---

195 Dies würde das Phänomen erklären, daß ein derartiger Mythos (wohl unabhängig voneinander) in unterschiedlichen Kulturen aufzufinden ist, siehe auch P. Winter, Sadoqite Fragments IV 20,21 79f (Mesopotamien, Babylonien, Phrygien und Griechenland).
196 Symp. 189, in der Übersetzung von R. Rufener, Platon, Die großen Dialoge 1991, 464.
197 Symp. 189e.
198 Symp. 190d.
199 Symp. 190d-191a.

wieder zusammenzuwachsen; und sie erlagen dem Hunger und der allgemeinen Untätigkeit, weil der eine nichts ohne den anderen tun wollte ... Es ist nun also seit so langer Zeit die Liebe zueinander den Menschen eingepflanzt; sie führt die ursprüngliche Natur wieder zusammen und versucht, aus zweien eins zu machen und die menschliche Natur zu heilen"[200].

Die Interpretation der neutestamentlichen Texte auf dem Hintergrund des androgynen Mythos hat neben den exegetischen Problemen noch weitere Schwachstellen: Das rabbinische Material[201] ist erst für nachjesuanische Zeit belegt. Es ist fraglich, ob zur Zeit Jesu mit derartigen Vorstellungen im zeitgenössischen Judentum gerechnet werden kann. Freilich war man in Palästina zur Zeit Jesu – und bereits zuvor durch die Seleukiden – hellenistischen Einflüssen ausgesetzt, so daß die Kenntnis des androgynen Mythos vermutet werden mag, auch wenn der Mythos im konservativ-religiösen Judentum noch nicht rezipiert wurde.[202] Doch erscheint die im oben genannten Interpretationsmodell herangezogene jüdisch-eschatologische Textbasis zur Erhellung der Position Jesu angemessener, zumal sich eine mythische Argumentation Jesu in dieser Weise sonst nirgends nachweisen läßt, wohingegen der Bezug auf die Schöpfung(sordnung) z.B. auch in der Frage des Sabbats wie auch hinsichtlich der Fürsorge Gottes für seine Geschöpfe in der Bergpredigt klar aufweisbar ist. Die in 3.2. durchgeführte protologisch-eschatologische Interpretation der Position Jesu hat gegenüber der Interpretation auf dem Hintergrund des androgynen Mythos vor allem den Vorteil, daß sie Ethik und Theologie Jesu im umfassenderen Sinne – und nicht bloß auf die Ehe eingeschränkt – verstehen hilft.

(2) A. Isaksson[203] sieht die Ablehnung der Ehescheidung durch den historischen Jesus auf dem Hintergrund, daß Jesus das eschatologische Gottesvolk sammle und im Bewußtsein dieser Tat die Regeln von Ez 44,22 hinsichtlich der Priester des neuen Tempels auf seine Jünger beziehe.[204] Dabei ist – wie auch in 3.2. – vorausgesetzt, daß die ethische Forderung des historischen Jesus, soweit rekonstruierbar, mit der Sicht der messianischen bzw. eschatologischen Heilszeit eng zusammenhängt. Für die eschatologische Heilszeit werde – wie auch die

---

200 Symp. 191 nach der Übersetzung von R. Rufener, a.a.O., 466.
201 P. Winter, Sadoqite Fragments IV 20,21 80f: Rabbi Yirmeyah ben ('E)Leazar (Midrasch Rabbah Gen 8,1; vgl. Jerusalemer Talmud Berakhoth IX 7; Babylonischer Talmud Berakhoth 61a und dort 'Erubin 18a); Rabbi Shemuel ben Nahman (Midrasch Rabbah Lev 14,1); Rabbi Abbahu (Jerusalemer Talmud Berakhoth IX 7; Babylonischer Talmud Berakhoth 61a und dort 'Erubin 18a).
202 So vermutet P. Winter, Sadoqite Fragments IV 20,21 81 einen Einfluß des hellenistischen Mythos auf die genannten rabbinischen Voten.
203 Marriage 142-148.
204 A.a.O., 147, vgl. Lv 21,7 hinsichtlich der Priester des alten Tempels.

zeitgenössische jüdisch-apokalyptische Literatur zeige – die Wiederherstellung des Tempels erwartet. Diese Vorstellung müßte sich nach Isakssons Rekonstruktionsversuch auch der historische Jesus zueigen gemacht haben, wenn er seinen Jüngern gegenüber das Scheidungsverbot ausspricht, weil diese – in Analogie zu den Priestern von Lv 21,7 (alter Tempel) und Ez 44,22 (verheißener neuer Tempel) – zum Dienst an Gottes neuem Tempel ausersehen sind: "And if his disciples are already to live, as regards marriage, in accordance with the rules governing the priests of the new Temple, this must mean that the new Temple has already been established. Jesus himself is Messiah and the fulfilment of the promise of a new Temple and a new communion with God."[205] Diejenigen, die Jesus zum Dienst an dem eschatologischen Tempel Gottes beruft, also die Jünger, unterliegen den Ez 44,22 entnommenen Regeln, "to be 'holy to their God' and to be in a particularly close relation to God"[206], was eben nur dann der Fall sei, wenn diese dem Ehescheidungsverbot Rechnung tragen.

Demgegenüber würde dann die schöpfungstheologische Argumentation lediglich den Zweck erfüllen, "only to have been made in order to justify to his (Jesus', F.K.) opponents a standpoint which he had reached from other considerations", wobei Isaksson eben an den neuen Tempel mit seinen neuen Priestern denkt.[207]

Diese Position überzeugt freilich überhaupt nicht:

a) Nichts läßt im Zusammenhang der Überlieferung der Ehescheidungstexte den Rückschluß zu, die Position Jesu stehe im Zusammenhang mit der Erwartung eines neuen Tempels, geschweige denn mit der Rekrutierung des entsprechenden Tempelpersonals. Auch ließe sich ein mit einem derartigen Konzept notwendigerweise verbundenes Heiligkeits- und Reinheitsdenken (siehe etwa Ez 44,23) nicht mit dem unbefangenen Umgang des historischen Jesus mit Zöllnern, Sündern und Prostituierten vereinbaren, die doch nach dem zeitgenössischen Reinheitsdenken absolut unrein waren.

b) Die Ablehnung der Ehescheidung ist keine Spezialforderung an die "disciples".[208] Sie entspricht vielmehr dem protologisch-eschatologischen Gotteswillen, wie er jedem Menschen in gleicher Weise gilt.

c) Handelte es sich bei der Ablehnung der Ehescheidung durch den historischen Jesus wirklich um "Jesus' teaching about his disciples' marriages"[209], dann

---

205 A.a.O., 147.
206 A.a.O., 146.
207 A.a.O., 145.
208 So aber A. Isaksson, a.a.O., 147. Daß die Ablehnung der Ehescheidung durch Jesus im Zusammenhang der exklusiven Jüngerbelehrung erfolgt (so vor allem Mk 10,10-12), entspricht der Redaktionsarbeit des Evangelisten Markus.
209 A.a.O., 147.

muß gefragt werden, warum Jesus von denen, die ihm nachfolgen, verlangt, sogar die eigene Frau und die Kinder zu verlassen[210]. Es ist Isaksson daher entgegenzuhalten, daß der protologisch-eschatologische Gotteswille, nach dem Ehescheidung abzulehnen ist, allen Menschen gilt, während an einzelne Jünger der Ruf Jesu ergehen kann, um der eschatologischen Verkündigung des Gotteswillens willen sogar die von Gott in der Schöpfung geheiligte – und nach Gottes Willen untrennbare – Beziehung zur eigenen Frau und Familie aufzugeben.

d) Der gravierendste Kritikpunkt besteht aber darin, daß Isaksson die schöpfungstheologische Argumentation und deren Zusammenhang mit der Erwartung der eschatologischen Heilszeit völlig verkennt.[211]

e) Ferner muß Isaksson kritisch gefragt werden: Was hat, religionsgeschichtlich betrachtet, der (königliche) Messias mit dem Tempel zu tun? Jesus trat als Jude im Judentum auf. Dort konnte man aber nur als Levi-Nachkomme Priester sein. Das Priestertum ist erblich und nicht beliebig konstituierbar!

(3) Kurz soll noch auf H. Baltensweilers Verortung der Position Jesu eingegangen werden: "Man könnte sich überlegen, ob uns nicht in diesem Wort (gemeint ist Lk 16,18, F.K.) eine Stellungnahme Jesu zur Affäre zwischen Herodes und seiner zweiten Frau Herodias erhalten ist"[212]. Demnach hätte Jesus eine ablehnende Stellung gegen die Scheidung des Herodes Antipas, der 4 v. – 39 n. Chr. Tetrarch über Galiläa und Peräa war, von dessen erster Frau, der Tochter des Araberkönigs Aretas IV, sowie gegen die darauffolgende Heirat der geschiedenen Herodias durch den Tetrarchen Stellung bezogen. Dies tat nach Mk 6,18 auch Johannes, der sich dabei auf Lv 18,16 und 20,21, das Verbot, mit der Frau des Bruders ehelichen Umgang zu haben, berief.

Wiewohl eine solche Stellungnahme Jesu – mit derart konkretem Bezug – nicht völlig ausgeschlossen werden kann, ist das Votum Jesu doch grundsätzlicher. Es geht um die Stellung zu Ehe und Ehescheidung in protologisch-eschatologischer Perspektive, ohne daß ein Einzelner vor den Augen aller explizit gerichtet wird.

---

210 So Lk 18,29 par Mt 19,29 v.l.; vgl. Lk 14,26.
211 Siehe das oben S. 210 zitierte Votum, wonach der Bezug auf die Genesis lediglich aus apologetischen Gründen erfolgt sei.
212 A.a.O., 71.

4. Inwieweit hält die synoptische Tradition an der Ablehnung der Ehescheidung durch den historischen Jesus uneingeschränkt fest?

4.1. Markus und Lukas

Markus und Lukas halten an der Position des historischen Jesus uneingeschränkt fest, wobei Lk 16,18 – jüdischen Verhältnissen entsprechend – allein der Mann als möglicher Initiator der Ehescheidung im Blick ist, während nach Mk 10,12 – hellenistisch-römischen Verhältnissen Rechnung tragend – auch die Frau als Initiatorin in Frage kommt. Daher erweist sich Mk 10,12 als adressatenbezogene Erweiterung des diesem vorgegebenen V.11.

Lukas greift auf das Q-Logion zur Ehescheidung zurück, um mit Lk 16,18 ein "Anwendungswort" zum "Grundsatzwort" von Lk 16,17 zu geben[213], wobei allerdings "von Lukas und seiner Gemeinde an eine jesuanisch interpretierte Thora gedacht" sei[214].

4.2. Verbindung von Ehescheidung und Wiederheirat – ein Schritt auf dem Weg zur Kasuistik

In der Verbindung von Ehescheidung und Wiederheirat liegt bereits der Beginn der kasuistischen Ausgestaltung des Jesuslogions vor[215]. Doch entsprach es der Realität, daß eine Scheidung oft um der Neuverheiratung willen angestrebt wurde. Für eine Frau war die Wiederverheiratung oft schon aus ökonomischen Gründen unerläßlich, wollte sie nicht wieder von der elterlichen Familie abhängig sein. So wird mit dem Passus "und er eine andere heiratet" bzw. "und sie einen anderen heiratet" faktisch Selbstverständliches gesagt. Doch ergibt sich hier die Gefahr der kasuistischen Interpretation, so etwa indem man hieraus die Folgerung zieht, daß gegen eine bloße Trennung an sich nichts einzuwenden sei[216]; nur die anschließende Neuverheiratung stelle eben eine Sünde dar. Dies wollen die Synoptiker m.E. so nicht sagen. Doch besteht die Gefahr, sie aus einem kasuistischen Denken heraus dahingehend mißzuverstehen.

---

213 H. Wiefel, Lukas 296.
214 H. Wiefel, ebd.; siehe auch R. Schnackenburg, Sittliche Botschaft 70f; C.G. Montefiore, Synoptic Gospels 1000.
215 Siehe Lk 16,18; Mk 10,11 par Mt 19,9.
216 Vergleiche 1 Kor 7,10f(-16).

4.3. Matthäus und die Unzuchtsklausel (vgl. Hirt des Hermas, Mand IV 1.1-11)

Matthäus hat – wie auch Paulus in 1 Kor 7,12-16 hinsichtlich der religiös gemischten Ehen – die konkrete Gemeindesituation im Blick, wenn er die Unzuchtsklausel in die ihm vorgegebene Tradition einfügt und – palästinisch-jüdischen Verhältnissen entsprechend – nur den Mann als möglichen Initiator des Scheidungsbriefes ansieht. Er wußte um das unbedingte Scheidungsverbot, das ihm in der Tradition vorlag. Doch war es für ihn undenkbar, daß dies im Falle der πορνεία noch Gültigkeit haben könnte. Damit entsprach Mt der im römisch-hellenistischen wie im jüdischen Bereich selbstverständlichen Auffassung, daß sich ein Mann von seiner unzüchtigen Frau zu trennen habe[217]. Mt ging bei der Hinzufügung der πορνεία-Klausel sogar über die Position der Schammaiten hinaus, indem er es als Ehebruch bezeichnete, wenn ein Mann, der seine Frau weggeschickt hat, eine andere heiratet.[218]

In der mt Position haben sich die Gewichte gegenüber der Tradition zur Kasuistik hin verschoben. Mt fühlt sich dafür verantwortlich, die Grundsatzposition Jesu mit der Realität in seiner Gemeinde in Einklang zu bringen[219], so daß Kompromisse und Konzessionen unumgänglich sind. Daß eine derartige Einschränkung gerade nicht dem protologisch-eschatologischen Gotteswillen, wie ihn der historische Jesus verkündigte, entspricht, sondern wieder ein Tribut an die σκληροκαρδία der Menschen ist, kam Mt nicht in den Sinn. Es hätte doch die Möglichkeit bestanden, auch im Falle der πορνεία die Umkehr des schuldigen Teils und die Vergebung anzuempfehlen, womit man sich wenigstens in der Nähe des historischen Jesus befunden hätte[220].

Daß man auch in (etwas) späterer Zeit einen anderen Weg als Matthäus gehen konnte, der auch im Fall von Ehebruch die Möglichkeit der Vergebung gegenüber dem schuldigen Teil vorsieht, zeigt Hirt des Hermas, Mand. IV 1,1-11. Demnach steht es auch im Falle des Ehebruchs dem unschuldigen Teil nicht zu, sich nach der Entlassung oder dem Fortgang des Partners einen neuen Partner zu suchen. Er muß nach der Trennung bzw. Entlassung des schuldig gewordenen Teils für sich bleiben[221], weil er dem schuldig gewordenen Teil die Möglichkeit

---

217 Bei Verfehlungen des Mannes war man in der Umwelt des Neuen Testaments großzügiger. Zu Ausnahmen, wie sie sowohl in der stoischen Popularphilosophie des Musonius oder in jüdischen Texten wie TestXII Patr, aber auch Mt 5,27-30 (Bergpredigt), vorliegen, siehe unten S. 219-221 im Kapitel V. zum Ehebruch.
218 Mt 19,9.
219 Siehe auch G. Strecker, Antithesen 80; Ders., Weg der Gerechtigkeit 132.
220 Joh 7,53-8,11 wie auch Jesu Gemeinschaft mit Zöllnern und Sündern zeugen dafür.
221 Mand. I 10.

einzuräumen hat, Buße zu tun und zurückzukehren[222]. Der Mann (!)[223] sündigt vielmehr und lädt große Schuld auf sich, wenn er eine ehebrecherische Frau, die ihre Verfehlung bereut, nicht wieder aufnimmt.

Dieser Text macht deutlich, daß man im frühen Christentum auch zu anderen Lösungen im Fall von Ehebruch kommen konnte, als dies mit der mt Unzuchtsklausel der Fall ist. Dabei dürfte die Reminiszenz an die Vergebungsbereitschaft des historischen Jesus eine Rolle gespielt haben, die – auf andere Weise – in der Perikope von der Ehebrecherin (Joh 7,53-8,11) deutlich zum Ausdruck kommt. Freilich gehen beide Texte[224] davon aus, daß der schuldig gewordene Teil, dem Vergebung zuteilwird, fortan nicht mehr sündigt[225].

Es ist an Hirt des Hermas, Mand. IV 1 beachtlich, daß auch und gerade dem Mann auferlegt wird, seiner ehebrecherischen Frau die Chance der Umkehr und eines weiteren ehelichen Zusammenlebens einzuräumen, was nach den Maßstäben der jüdischen wie römisch-hellenistischen Umwelt – jedenfalls hinsichtlich der ehebrecherischen Frau! – eigentlich undenkbar gewesen ist. Das zeigen die folgenden Befunde.

---

222 Siehe vor allem Mand. IV 1,7f.
223 Es ist erstaunlich, daß das Problem gerade anhand des Beispiels einer ehebrecherischen Frau und ihres betrogenen Ehemannes behandelt wird. Daß eine betrogene Frau dem ehebrecherischen Mann letztlich doch zu verzeihen hatte, war in der Umwelt des Neuen Testaments weit verbreitet. Doch dieser hier diskutierte Fall sprengt die – hinsichtlich der Geschlechter mit zweierlei Maß messenden – Normen der neutestamentlichen Umwelt.
224 Joh 8 wie Hirt des Hermas, Mand. IV 1.
225 Siehe Joh 8,11 Versende sowie Hirt des Hermas, Mand. IV 1,11 sowie IV 1,8, wonach es nur eine Möglichkeit der Buße gebe.

V. Ehebruch und Unzucht

Da es im Rahmen dieser Arbeit um die neutestamentlichen Texte zu Ehe, Ehelosigkeit, Ehescheidung, Verheiratung Verwitweter und Geschiedener geht, ist es m.E. unerläßlich, auch auf Phänomene wie Unzucht oder Ehebruch in neutestamentlicher Perspektive zu sprechen zu kommen. Dies ist bereits aufgrund der mt Unzuchtsklausel, wie sie Mt 5,32 und 19,9 im Zusammenhang der Ehescheidung begegnet ist, naheliegend. Die Frage nach einem der Ehe angemessenen Sexualverhalten stellt sich naturgemäß im Zusammenhang einer Untersuchung der neutestamentlichen Ehetexte und artikuliert sich ja auch innerhalb des Neuen Testaments z.B. in den Lasterkatalogen, aber auch in Texten wie 1 Kor 5f, wo konkrete Fälle sexuellen Verhaltens, wie sie in der korinthischen Gemeinde vorgekommen sind, von Paulus kritisch in den Blick genommen werden. Es stellt sich auch die Frage, wie das Phänomen gleichgeschlechtlicher Liebe, das es zu allen Zeiten gegeben hat, im Neuen Testament beurteilt wird, zumal hierin neben Ehe – traditionsgemäß im heterosexuellen Sinn verstanden – und eheloser Existenz eine weitere Alternative gesehen werden könnte. Es sei ausdrücklich betont, daß es sich bei der folgenden Darstellung der einzelnen Phänomene nicht um eine aktuelle theologisch-ethische Beurteilung, sondern um eine historisch-kritische Erfassung des neutestamentlichen Textbefundes geht.

Im folgenden werde ich zunächst die divergierenden Verständnisse, was denn überhaupt Ehebruch der Frau bzw. des Mannes sei, in den Blick nehmen (Punkte 1 und 2), wobei unter 1c) und 2) Voten eines radikalisierten Verständnisses von Ehebruch angesprochen werden, wie sie u.a. bei stoischen Moralphilosophen, aber auch im jüdischen Kontext[1], nicht zuletzt bei Jesus nach der mt Bergpredigt[2] begegnen. Unter 3. erfolgen Erläuterungen zur Terminologie; mit Punkt 4 soll – ähnlich wie dies im I. Kapitel hinsichtlich des Eheverständnisses von Eph 5,21ff erforderlich war – auch die übertragene Ebene anvisiert werden: was ist Ehebruch, wenn dieser Begriff auf das Gottesverhältnis übertragen wird?
5. nimmt Homosexualität in den Blick. Unter 6. geht es um die Frage nach der Bestrafung von ertappten Ehebrechern, wie sie sich aufgrund von Joh 7,53-8,11 ergibt. Mit 7. und 8. kommen als spezielle Phänomene der Sexualethik Prostitution und Inzest in den Blick, weil diese Fragen aufgrund von 1 Kor 6 und

---

1 Vor allem TestXII Patr; Philo; wie auch in der Qumranliteratur.
2 Mt 5,27-30.

1 Kor 5 aufgeworfen werden. Bei der Darstellung dieser Punkte sollen die neutestamentlichen Voten vor allem auf dem Hintergrund dessen in den Blick genommen werden, was in der Umwelt des Neuen Testaments anzutreffen ist.

1. Das Verständnis von Ehebruch ist nicht überall gleich:

a) Was die Umwelt des Neuen Testaments anbetrifft, so besteht – von einzelnen rigoroseren Kreisen einmal abgesehen – eine weitgehende Übereinkunft darin, daß Ehebruch der Frau in jeglichem außerehelichen Verhältnis besteht[3], während man hinsichtlich des Sexualverhaltens des Mannes großzügiger urteilte. Ehebruch des Mannes wurde zumeist – darin besteht keine grundsätzliche Abweichung zwischen jüdischem und römisch-hellenistischem Kulturkreis – lediglich darin gesehen, daß ein Mann in eine anderweitige Ehe eindringt, indem er mit der Frau *eines anderen Mannes* Verkehr hat.[4] Demgegenüber konnte der jüdische Mann aufgrund der grundsätzlichen Erlaubtheit der Polygynie durchaus weitere Haupt- und Nebenfrauen haben, wie auch der griechische oder römische Ehemann – trotz der dort grundsätzlichen Verpflichtung zur Monogamie – mit Konkubinen, Sklavinnen und Lustknaben verkehren konnte[5], ohne daß dies gesellschaftlich besonders Anstoß erregt hätte. Problematisch und für die Ehefrau als unerträglich angesehen wurde das Sexualverhalten des Mannes in dieser Perspektive erst dann, wenn dieser so weit ging, daß er seine Gespielinnen oder Lustknaben gar mit in die eheliche Wohnung nahm, so daß die Ehefrau und ihre Kinder Zeugen der sexuellen Handlungen werden konnten.

Exkurs zur Stellung der Frau im palästinischen Judentum in neutestamentlicher Zeit

Es soll im folgenden der Hintergrund skizziert werden für die ungleiche Sichtweise von Ehebruch im antiken Judentum. Warum wird hier – hinsichtlich von Mann und Frau – weithin mit zweierlei Maß gemessen? Daß hinsichtlich von Mann und Frau im antiken palästinischen Judentum mit zweier-

---

3 W. Plautz, Frau in Ehe und Familie 110; H.D. Preuß, Theologie des Alten Testaments II 115; P. Hoffmann, Jesu Wort von der Ehescheidung 326; G. Delling, Art. Ehebruch 666; Strack-Billerbeck I 297; Hauck-Schulz, Art. πόρνη 582.
4 Siehe hierzu ebenfalls die Literaturangaben der vorigen Anmerkung.
5 Siehe P. Csillag, The Augustan Laws on Family Relations 44.196; G. Delling, a.a.O., 670f.

lei Maß gemessen wurde, ist angesichts des Scheidungsrechts bereits deutlich geworden.[6]

Die Ehefrau "gehörte" nach damaligem jüdischen Eherecht ihrem Ehemann, der als ihr בעל galt. בעל kann mit "Eheherr" wiedergegeben werden.[7] Er wurde der Eheherr, indem er[8] dem Vater seiner zukünftigen Frau den Brautpreis, den מהר entrichtete.[9] Damit erwarb er sich den Besitzanspruch[10] auf seine Frau, den kein anderer Mann antasten durfte.[11] Eine verheiratete (oder verlobte) Frau[12] kann – abgeleitet vom Ausdruck בעל – als בועלה bezeichnet werden[13] oder einfach als אישה. Eine verheiratete Frau[14] war nicht rechtsfähig[15]; eine allein lebende oder verwitwete Frau war nur bedingt rechtsfähig.[16] "Der rechtlichen und ökonomischen Stellung der Frau korrespondierten wachsende kultische Beschränkungen, die mit der Vorstellung tendenziell größerer Unreinheit der Frau zusammenhängen. In späterer Zeit wird den Frauen ausweislich der Tempeltopographie nur mehr ein vermittelter, distanzierter Kontakt mit Jahwe zuerkannt."[17]

Die Hauptfunktion der Frau bestand – aus der Sicht des Mannes gesehen – darin, ihm legitime Nachkommenschaft zu verschaffen, um dem Mehrungs-

---

6 Siehe oben S. 175-180.
7 Siehe J. Kühlewein, Art. בעל 328f. Belege: Gen 20,3; Ex 21,3.22; Lv 21,4 (vgl. Textkritik); Dtn 22,22; 24,4; 2 Sam 11,26; Hos 2,18 (bildlich); Jo 1,8; Prv 12,4; 31,11.23.28; Est 1,17.20.
8 Oder sein Vater für ihn.
9 Siehe Gen 34,12; Ex 22,15f; 1 Sam 18,25; vgl. Dtn 22,29. Der Brautpreis konnte in einer Geldzahlung oder in einer Arbeitsleistung bestehen. Siehe ferner A. Niebergall, Ehe und Eheschließung 4-10.
10 Das Wort mag ein bißchen befremdlich wirken. Aber im Grunde verhält es sich doch so. Daß die Frau wie ein Besitz des Mannes erscheint, wird ferner auch im Dekaloggebot Ex 20,17 deutlich: "Du sollst nicht begehren deines Nächsten Haus ... deines Nächsten Weib, Knecht, Magd, Rind, Esel noch alles, was dein Nächster hat." Eine gewisse Korrektur bringt erst Dtn 5,20 durch Umstellung der Glieder.
11 Ein Mann durfte nicht in die Ehe eines anderen Mannes eindringen, siehe oben S. 216. Das allein ist – wie gezeigt – Ehebruch des **Mannes.** Ein außereheliches Verhältnis des verheirateten Mannes mit einer unverheirateten (und unverlobten) Frau ist nach antikem jüdischen Eherecht hingegen kein Ehebruch, weil hier der Besitzanspruch keines anderen Eheherrn beeinträchtigt wird.
12 Siehe Gesenius, Art. בעל I, 106, Spalte II.
13 Gen 20,3; Dtn 22,22; Jes 54,1; 62,4.
14 Gar nicht erst zu reden von einer Nebenfrau, siehe J. Ebach, Art. Frau VI 422.
15 Siehe auch J. Leipoldt, Frau in der antiken Welt 87.
16 Siehe J. Ebach, ebd.
17 J. Ebach, a.a.O., 422. Das Material ist reichhaltig dargestellt bei J. Neusner, Mishnaic Law of Women V, passim; Encyclopedia Talmudica III 85-119; J. Leipoldt, Frau in der antiken Welt, besonders 77-79.

gebot von Gen 1,28 Folge leisten zu können.[18] Pointiert bringt dies J. Pedersen zum Ausdruck: "The position of the wife in the household is that of the husband's helpmeet, and first and foremost her duty is to give him children; thus she is assisting him in creating a 'house' and in upholding him within his family. She is first and foremost a sexual being, and as such she entirely belongs to her husband."[19] Dabei konnte man sich auf Gen 2,18 berufen, wonach die Frau eine "Gehilfin" des Mannes ist, die ihm entsprechend (oder: ihm ein Gegenüber) sei".[20]

Die Inferiorität der Frau gegenüber dem Mann konnte man zum einen daraus ableiten, daß die Frau nach Gen 2,21-23 aus der Rippe des Mannes, also zeitlich nach ihm und außerdem aus seinem Material, erschaffen wurde.[21] Ferner wird hervorgehoben, daß die Sünde – gemäß Gen 3,4-6 – ihren Anfang bei der Frau genommen hat.[22] Die Konsequenz dieser Verfehlung besteht in der von Gott verordneten Herrschaft des Mannes über die Frau (Gen 3,16).

Somit ist die Frau in der patriarchalischen jüdisch-antiken Gesellschaft auf ihre inferiore Rolle festgelegt. Kein Wunder, daß Männer nach einer überlieferten Benediktion Gott dafür dankten, daß sie nicht als Frau erschaffen wurden[23]: *"Drei Lobpreisungen muß man jeden Tag sprechen: Gepriesen sei, der mich nicht zum Heiden machte! Gepriesen, der mich nicht zur Frau machte! Gepriesen, der mich nicht zum Ungebildeten machte! ... Gepriesen, der mich nicht zur Frau machte: denn die Frau ist nicht zu (manchen) Geboten verpflichtet ..."*[24].

---

18 Siehe auch A. Niebergall, Ehe und Eheschließung 48; J. Pedersen, Israel I 70; siehe auch meine Ausführungen oben S. 31-33.
19 J. Pedersen, Israel 70.
20 עזר כנגדו.
21 Zum Grundsatz des Vorrangs aufgrund zeitlicher Priorität siehe Strack-Billerbeck III 645f.
22 Siehe zum Beispiel Sir 25,24: "Von einer Frau stammt der Anfang der Sünde her und um ihretwillen sterben wir alle." Weitere Belege aus rabbinischer Zeit bei Strack-Billerbeck III 646 (vor allem GenRabba 19 (12d)).
23 Tosefta Berachoth VII 18 – auf Jehuda ben Ilai (2. Jhdt.) zurückgeführt: "Gepriesen sei Gott, der mich nicht als Heiden noch als Weib noch als Unwissenden erschaffen hat" (siehe W. Bousset, Religion des Judentums 426f), auch Menachoth 43b: "Ich danke dir, Gott, daß du mich nicht als Ungläubigen ... als Knecht ... als Frau geschaffen hast". Siehe zu dieser Benediktion auch J. Leipoldt, a.a.O., 83 (und A.35).
24 Tosefta Berachoth 7,18, zitiert nach J. Leipoldt, a.a.O., 83; siehe auch Jerusalemer Talmud Berachoth 13b (Reihenfolge Heide – Ungebildeter – Frau); kürzer ohne Begründung im Babylonischen Talmud Menachoth 43b.

b) Von dieser Sexualethik, die geschlechtsspezifisch mit zweierlei Maß gemessen hat, hebt sich allerdings das ägyptische Eherecht ab, wie Belege in griechischen Papyri seit der frühptolemäischen Zeit zeigen. Hier findet sich "die beiderseitige Verpflichtung zur ehelichen Treue"[25]. Der Mann war ebenfalls zur ehelichen Treue und Monogamie verpflichtet, er darf[26] weder γυναῖκα ἄλλην ἐπεισάγεσθαι noch darf er τεκνοποιεῖσθαι ἐξ ἄλλης γυναικός.[27] Bei Verstößen wurde er[28] mit empfindlichen Geldstrafen belegt, beispielsweise mit der Rückgabe der doppelten Mitgift.[29] Diese wirkliche Gleichstellung in der Sexualethik beruht auf der traditionell stärkeren Stellung der ägyptischen Frau gegenüber ihrer Geschlechtsgenossin in der Umwelt Ägyptens.

c) Trotz der unter a) dargelegten, im römisch-hellenistischen – wie im jüdischen – Bereich weithin anzutreffenden Anschauung, die dem Mann größere Freiheiten hinsichtlich seines Sexualverhaltens einräumte als der Frau, gab es auch vereinzelt strengere Stellungnahmen, die Ehebruch des Mannes enger faßten:

α) Es ist auf die hellenistischen Moralphilosophen, unter diesen besonders auf Musonius, zu verweisen. So wenden sich Zeno[30], Epiktet[31] und Musonius[32] gegen jeglichen außerehelichen Geschlechtsverkehr *auch* des Mannes; Musonius lehnt sogar den Verkehr eines Mannes mit einer Hetäre[33] oder mit seinen Sklavinnen ab.[34]

β) Ebenso sind im Judentum Voten anzutreffen, die die Sexualethik auch für den Mann entschieden strenger faßten: so standen die Essener – wie in Kap. II gezeigt – im Unterschied zu den meisten Mitjuden ihrer Zeit fest auf dem Boden der Einzigehe und verwarfen alle anderen Eheformen als Hurerei.[35] Auch PsSal 8,10 wird die Kritik am ehebrecherischen Verhalten der Zeitgenossen laut:

---

25 L. Bringmann, Die Frau im ptolemäisch-kaiserlichen Aegypten 18.
26 Nach Papyr. Eleph. 1,8f.
27 Beleg bei R. Taubenschlag, The Law of Greco-Roman Egypt 104, A.6.
28 Wie Papyr. Eleph. 1,10 zeigt.
29 L. Bringmann, a.a.O., 19.
30 Fr. 244.
31 Diss. II 4: ein ganzes Kapitel mit der Überschrift Πρὸς τὸν ἐπὶ μοιχείᾳ ποτὲ κατειλημμένον; II 8,13 (wo von unreinen Gedanken und Handlungen die Rede ist, mit denen man sich an der Gottheit vergeht).
32 ed. O. Hense: 64,1.5.9.
33 65,4ff.
34 66,2ff. Zur strengeren Sexualethik der hellenistischen Philosophie siehe auch Musonius 67,6ff; Jamblichus, Vita Pyth. 132 zu Pythagoras. – An Sekundärliteratur ist zu dieser Frage hinzuweisen auf G. Delling, a.a.O., 671; E. Plümacher, Art. μοιχεύω 1075; Hauck-Schulz, a.a.O., 583.
35 CD IV 20 – V 1, dazu siehe oben S. 104-112.

ἐμοιχῶντο ἕκαστος τὴν γυναῖκα τοῦ πλησίον αὐτοῦ, συνέθεντο αὐτοῖς συνθήκας μετὰ ὅρκων περὶ τούτων[36]. Nach Josephus[37] durfte der jüdische Mann nicht mit einer anderen Frau als seiner eigenen zusammensein.

γ) Eine weitere Verschärfung des Ehebruchsverständnisses ist in jüdischen Schriften in neutestamentlicher Zeit anzutreffen. Demnach besteht Ehebruch nicht erst in der sexuellen Handlung mit einer anderen Person als dem Ehepartner, sondern bereits in der Begierde nach einer derartigen Handlung bzw. bereits in der Begierde nach dieser anderen Person. Verdeutlichen mögen dies die folgenden – zeitlich späteren – Voten, die dem Votum Jesu nach Mt 5,27-30 nahekommen: "*Du sollst nicht sagen, daß nur der, welcher mit dem Leibe die Ehe bricht, ein Ehebrecher genannt wird; auch der, welcher mit seinen Augen die Ehe bricht, wird ein Ehebrecher genannt*"[38]; "*Wer eine Frau mit (begehrlicher) Absicht anblickt, gilt wie einer, der ihr beiwohnt*"[39].

Ein ähnlich radikalisiertes Ehebruchsverständnis – auch hinsichtlich des Mannes – findet sich allerdings bereits in früherer Zeit, so bei Jesus Sirach[40]; PsSal 4,4f und im Jubiläenbuch[41] sowie bei Philo[42]. Von Bedeutung sind in diesem Zusammenhang vor allem die TestXIIPatr, siehe zum Beispiel TestRub 2,4 vom "Geist des Blickes", mit dem das Wünschen auftritt. Woran dabei gedacht ist, verdeutlicht TestRub 3,10: "*Achtet nicht auf den weiblichen Anblick, seid nicht allein mit einer (anderen) Ehefrau, ...*". Vergleiche dazu ferner TestRub 6,1: "*Hütet euch nun vor der Hurerei! Wollt ihr rein sein im Herzen, dann hütet eure Sinne vor jeder Frau*"[43] und TestBenj. 4,2: "*Wer einen reinen Verstand hat,*

---

36 "Sie trieben Ehebruch, ein jeder mit der Frau seines Nächsten. Sie trafen unter sich eidliche Absprachen darüber."
37 Contra Apionem II 201: ταύτῃ συνεῖναι δεῖ τὸν γήμαντα μόνῃ. Siehe auch TestIss 7,2: πλὴν τῆς γυναικὸς ἐμοῦ οὐκ ἔγνω ἄλλην und Sir 23,18: ἄνθρωπος παραβαίνων ἀπὸ τῆς κλίνης αὐτοῦ.
38 Lev.Rabba 23 (122b).
39 Tr. Kalla 1.
40 26,9: "Die Unzucht einer Frau – an den Blicken der Augen und an ihren Augenwimpern kann sie erkannt werden". Auch 26,11: "Vor schändlichem Auge hüte dich und wundere dich nicht, wenn es dir Übles antut."
41 Jub 20,4: " ... Und sie sollen nicht Unzucht treiben mit ihr hinter ihren Augen und Herzen her ..." und 39,5 über Potiphars Weib hinsichtlich von Joseph.
42 Spec. Leg. III 9: die "Buhlerin ... erfüllt die Seelen der Männer und Frauen mit Unzucht".
43 Siehe aus den TestXIIPatr ferner dazu TestRub 4,1: "Gebt nun keine Acht auf der Frauen Schönheit ..."; 4,8: "Denn da sich Joseph vor jeder Frau hütete und seine Gedanken von jeder Hurerei reinigte, fand er Gnade vor Gott und Menschen"; Test Juda 13,3: "Denn weil ich mich auch rühmte, daß in den Kriegen mich das Angesicht einer schönen Frau nicht irreleitete, schmähte ich auch Ruben, meinen Bruder, wegen Balla, der Frau meines Vaters ..."; 13,6: "Und der Wein verdrehte meine Au-

sieht keiner Frau zum Ehebruch nach, denn er hat keine Befleckung im Herzen, weil der Geist Gottes auf ihm ruht".

Daß Hurerei und Unzucht nicht erst mit der sexuellen Handlung, sondern bereits mit der Begierde beginnen, weiß auch die Qumranliteratur warnend vor Augen zu stellen[44]. Als außerjüdische Parallele ist zum Beispiel auf Epiktet hinzuweisen[45].

2. Mt 5,27-30

Auf der Linie des zuletzt skizzierten radikalisierten Ehebruchsverständnisses liegt auch das Votum Jesu, wie es nach Mt 5,27-30 im Zusammenhang der Bergpredigt überliefert ist.[46] Ausgehend vom Verbot des Ehebruchs οὐ μοιχεύσεις[47] wird dem offenbar als männlich vorgestellten Adressaten (V.28) vor Augen gestellt, daß die sonst im Judentum weithin übliche Definition dessen, was Ehebruch von seiten des Mannes darstellt[48], nicht tief genug greift. Nicht bloß das Eingreifen in die bestehende Ehe eines anderen Mannes stellt den Tatbestand der μοιχεία dar; nein, bereits die Begierde nach einer anderen Frau als der ehelich angetrauten ist nach Jesu Urteil Ehebruch. πρὸς τὸ ἐπιθυμῆσαι bringt eine sexualethische Verschärfung mit sich: nicht erst die sexuelle Handlung,

---

gen, und Begierde ließ mein Herz erblinden"; 17,1: "Ich befehle euch, meine Kinder, nicht Geld zu lieben noch auf die Schönheit der Frauen zu schauen, denn auch ich wurde irregeführt durch Gold und Schönheit zu Batschua, der Kanaanäerin."

44 1QS I 6: "Augen der Unzucht"; IV 10: "Greueltaten im Geist der Hurerei"; CD II 16: "unzüchtige Augen"; 1QpHab V 7: "daß sie nicht gehurt haben hinter ihren Augen her ...". Diese Belege beziehen sich auf die gottlosen Zeigenossen im allgemeinen, die 1QpHab V 5 als "Frevler des Volkes" bezeichnet werden. Von ihnen distanzieren sich die Essener.

45 Diss. II 18,15f: "Today when I saw a handsome lad or a handsome woman I did not say to myself, "Would that a man might sleep with her" and "Her husband is a happy man" ... I do not even picture to myself the next scene – the woman herself in my presence, disrobing and lying down by my side" (nach der Übersetzung von C.H. Oldfather I 353).

46 Diese zweite Antithese der Bergpredigt geht in ihrem Grundbestand – jedenfalls was Mt 5,27f anbetrifft – mit hoher Wahrscheinlichkeit auf den historischen Jesus zurück, siehe auch G. Strecker, Antithesen 70 ("sehr alte Tradition (Q^{Pal} / historischer Jesus)"). Siehe zur zweiten Antithese und zu ihrem Zusammenhang mit der dritten Antithese H. Hübner, Gesetz 68-81, besonders 72f. – Die vormt Antithesen (1,2 und 4) zitieren jeweils ein alttestamentliches Dekalogverbot, an das die Verkündigung Jesu dann anknüpft (siehe G. Strecker, a.a.O., 44; dort 44-47 zu den Gründen, warum die Antithesen 1,2 und 4 vormt, 3,5 und 6 hingegen erst mt-redaktionell sind).

47 לא תנאף Ex 20,14; Dtn 5,18.

48 Siehe oben V.1.a.

sondern bereits die Begierde nach (oder die Vorstellung von) einer solchen wird verurteilt.⁴⁹.

D.h., nach Jesu radikalisierter Ethik, wie sie in der Bergpredigt Ausdruck gefunden hat, kann der Mann nicht nur eine fremde, sondern auch seine eigene (!) Ehe brechen, wie das hinsichtlich der Frau in der jüdischen und römisch-hellenistischen Umwelt Jesu ohnehin unstrittig war. Hier wird der Doppelmoral, die in der Sexualethik dem Mann einen größeren Spielraum einräumt, eine Absage erteilt. Gleichzeitig greift das sich hierin artikulierende Verständnis der Sünde des Ehebruchs tiefer, d.h., es erfaßt auch die Willensausrichtung des Menschen.

3. Begrifflichkeit hinsichtlich ehebrecherischen oder unzüchtigen Verhaltens (Texte u.a. die Lasterkataloge sowie 1 These 4,3ff)

Wird nach der Begrifflichkeit hinsichtlich ehebrecherischen oder unzüchtigen Verhaltens gefragt, so stößt man in den neutestamentlichen Lasterkatalogen vor allem auf zwei Begriffe, die oft nebeneinander stehen: μοιχεία und πορνεία bzw. deren Derivate⁵⁰.⁵¹ Weitere sexualethische Verfehlungen bezeichnen die ebenfalls besonders im Zusammenhang mit dem Begriff πορνεία in den Lasterkatalogen genannten Begriffe ἀκαθαρσία und dessen Derivate⁵² sowie ἀσέλγεια⁵³. Un-

---

49 Zeitgenössische Parallelen hierzu oben S. 220f unter V.1.c.γ).
50 Wie zum Beispiel πόρνοι und μοιχοί in 1 Kor 6,9.
51 In den neutestamentlichen Lasterkatalogen erscheinen beide Begriffe in derselben Reihung in 1 Kor 6,9; Mk 7,21f par Mt 15,19; siehe auch TestXIIAsser 4,8: ἄλλος μοιχεύει καὶ πορνεύει; Jes 57,3 LXX: σπέρμα μοιχῶν καὶ πόρνης (MT: זרע נאף מנאפת ותזנה). Darüberhinaus begegnen in den Katalogen πορνεία bzw. dessen Derivate in Gal 5,19; 1 Kor 5,11; 2 Kor 12,21; Kol 3,5; Eph 5,3.5; 1 Tim 1,10, vgl. ferner 1 Thess 4,3; Apk 9,21; 21,8; 22,15. μοιχεία begegnet noch Joh 8,3; es gibt aber auch weitere Derivate wie z.B. μοιχαλίς, das z.B. in der synoptischen Tradition hinsichtlich der Zeitgenossen zur Charakterisierung als "ehebrecherisches Geschlecht" verwendet wird (Mk 8,38; Mt 12,39; 16,4) – sinngemäß eine gewisse Parallele zu CD IV 20!
52 Gal 5,19; 2 Kor 12,21; Kol 3,5; Eph 4,19; 5,3.5; vgl. 1 Thess <2,3> 4,7; Röm 1,24; 6,19. – Nach F. Hauck, Art. ἀκαθαρσία 430-432, bezeichnet ἀκαθαρσία ursprünglich den ungesühnten Zustand, der unter anderem durch eine sexuell bedingte Verunreinigung (z.B. 2 Sam 11,4 LXX), aber auch durch Kontakt mit Unreinem wie unreinen oder toten Tieren, mit Wöchnerinnen oder Aussätzigen verursacht sein kann. Im hellenistischen Judentum wie im Neuen Testament habe man demgegenüber besonders an geschlechtliche Ausschweifungen gedacht, siehe TestXIIJos 4,6; TestJud 14,5. Nach 1 Thess 4,7 bezeichnet ἀκαθαρσία den unsittlichen Zustand des vorchristlichen Lebens überhaupt (432); die zu Beginn der Anmerkung genannten

schärfer sind demgegenüber die Begriffe πάθος[54] und ἐπιθυμία [κακή][55]. Von spezielleren Begriffen, die vor allem auf homosexuelles Verhalten zu beziehen sind[56], sei hier zunächst abgesehen.

μοιχεία ist – wie auch die Verwendung in der Umwelt des Neuen Testaments zeigt – gegenüber den anderen oben genannten Termini der am engsten gefaßte Begriff, indem er auf eine ehewidrige, außereheliche geschlechtliche Beziehung eines der Ehepartner abzielt.[57] Zur Beleuchtung der sexualethischen Termini, vor allem von μοιχεία und πορνεία könnte man die entsprechenden hebräischen Termini נאף und זנה heranziehen.[58] Grundlegend für das neutestamentliche Ehebruchsverbot ist das alttestamentliche Gebot von Ex 20,14 und Dtn 5,18: לא תנאף(1). Dieses wird Mt 5,27-30 eingangs 5,27 zitiert: οὐ μοιχεύσεις[59]. Dies ist bereits ein wichtiges Indiz dafür, daß ein außereheliches Verhältnis Verheira-

---

neutestamentlichen Texte verwenden den Begriff besonders zur Charakterisierung geschlechtlicher Unsittlichkeit.
53 Gal 5,19; 2 Kor 12,21; Röm 13,13; Eph 4,19; Mk 7,22; s.a. 1 Petr 4,3; 2 Petr 2.2.7.18; <Jud 4>. – Vgl. S. 228f.
54 Kol 3,5; vgl. 1 Thess 4,5; Röm 1,26 (Plural!). Gerade die beiden letztgenannten Belege weisen auch aufgrund des Kontextes in die sexuelle Sphäre.
55 Kol 3,5; 1 Tim 6,9; Tit 3,3; 1 Petr 4,3; vgl. 1 Thess 4,5; Gal 5,16; Röm 1,24; 6,12; 13,14; 2 Tim 3,6; Eph 2,3; 4,22; Joh 8,44; 1 Joh 2,16f; 1 Petr 2,11; 2 Petr 2.2.10.18; 3,3; Tit 3,3; Jud 16.18. – ἐπιθυμία (siehe hierzu vor allem H. Hübner, Art. ἐπιθυμία 67-71) ist gegenüber den zuvor genannten Begriffen der weiteste und übersteigt die sexuelle Dimension bei weitem, so vor allem nach dem paulinischen Gebrauch, nach dem ἐπιθυμία (durch das falsch verstandene Gesetz geweckt) als böse Begierde charakteristisch ist für die außerchristliche Existenz als dem Unterworfensein unter eine kosmische Macht (vgl. Röm 7,7ff und 5,1ff). Nach Paulus zieht ἐπιθυμία mit Notwendigkeit ἁμαρτία nach sich, diese wiederum den θάνατος (vgl. VitAd 19: ἐπιθυμία als Anfang jeglicher Sünde).
56 ἀρσενοκοίτης 1 Tim 1,10; 1 Kor 6,9; μαλακοί 1 Kor 6,9 vgl. Pol 5,9. Siehe dazu unten 234, A.122.
57 Zur umfassenderen Bedeutung von πορνεία siehe die Artikel aus ThWNT, EWNT und Bauer-Aland sowie K. Berger, Gesetzesauslegung Jesu 517f. N. Baumert, Antifeminismus bei Paulus? 211-217 sieht die Kernbedeutung von μοιχεύειν demgegenüber in dem Vollziehen illegitimen Geschlechtsverkehrs (auch von Unverheirateten), bringt dafür aber keinen neutestamentlichen Belegtext bei; er verweist lediglich auf außerneutestamentliche Texte wie Achill, Tatius IV 8,4.
58 Siehe zur Bedeutung der beiden Verben und ihrer Derivate W. Gesenius, Handwörterbuch 477f bzw. 201f und G. Lisowsky, Konkordanz 888 bzw. 449; N. Baumert, Antifeminismus bei Paulus? 225: "Die LXX wählt die Gleichung זנה = πορνεύειν; נאף = μοιχεύειν."; siehe auch K. Berger, a.a.O., 312. – Dabei ist für πορνεία festzustellen, daß sich dessen ursprüngliche Grundbedeutung (bezahlter Geschlechtsverkehr) auf Unzucht im weitesten Sinne ausgedehnt hat, siehe unter anderem N. Baumert, a.a.O., 225.227; Hauck-Schulz, a.a.O., 587.
59 Ebenso Röm 13,9; vgl. Jak 2,11.

teter mit μοιχεύειν bzw. נאף bezeichnet wird, während der Begriff der πορνεία – ihm korrespondiert wiederum זנות bzw. das Verb זנה – sexuell anstößiges Verhalten im weiteren Sinne[60] mit umfaßt. D.h., πορνεία [61] kann zwar auch Verhaltensweisen bezeichnen, die μοιχεία charakterisiert; πορνεία erschöpft sich aber noch nicht darin.

An welche darüber hinausgehende Verhaltensweisen könnte man denken, wenn von πορνεία bzw. זנות die Rede ist?

Wenn man von der oben unter V.1.a) charakterisierten doppelbödigen Sexualmoral ausgeht, würde נאף – dementsprechend μοιχεύειν im nichtradikalisierten Verständnis – jegliches außereheliche Verhältnis der Frau einerseits, das Eindringen eines verheirateten Mannes in eine fremde Ehe andererseits bezeichnen. זנות bzw. πορνεία würde darüber hinaus z.b. den Umstand der Prostitution[62] bezeichnen; es könnte aber auch ansonsten unzüchtiges Verhalten z.b. der noch unverheirateten jungen Frau[63] oder des unverheirateten Mannes gemeint sein.[64] Ferner könnte man auch noch an – unter dem Blickwinkel der jeweiligen Sexualmoral – unzüchtige bzw. anstößige Sexualpraktiken denken[65]. Dann könnte Unzucht sogar zwischen Eheleuten stattfinden, z.B. wenn man – wie in griechisch-philosophischen Kreisen und im antiken Judentum[66] – der Auffassung ist, Geschlechtsverkehr sei nur dann legitim, wenn er um der Zeugung von Nach-

---

60 Zum Beispiel auch des unverheirateten Menschen oder – unter den Denkvoraussetzungen einer sexuellen Doppelmoral – des verheirateten Mannes, der nicht in eine fremde Ehe eindringt, sondern mit einer unverheirateten Frau verkehrt. – Zur Diskussion um πορνεία in den mt Unzuchtsklauseln siehe oben S. 189-191 sowie insbesondere zur Interpretation der mt Unzuchtsklauseln als Ablehnung inzestuöser Ehen nach Lv 17f (vgl. Act 15,20.29; 21,25), wie sie vor allem von Baltensweiler vertreten wird, siehe oben S. 190f, dort unter e) sowie H. Hübner, Gesetz 48f, A.31, der diese Interpretation ebenfalls ablehnt. Hübner macht darauf aufmerksam, daß Lv 18,6ff "niemals πορνεία, sondern immer ἀσχημοσύνη" stehe (a.a.O., 48).
61 Ähnlich verhält es sich m.E. mit Begriffen wie ἀσέλγεια, ἀκαθαρσία, aber auch πάθος und ἐπιθυμία, wobei diese Begriffe – vor allem die beiden letzteren – nicht auf den sexuellen Bereich beschränkt zu sein brauchen (s.o.).
62 Sei es im wörtlichen, sei es im übertragenen Sinn gegenüber Gott bzw. den Göttern. Als griechische Wiedergabe des hebr. ...(אחרי) זנה findet sich in der LXX ἐκ- bzw. ἐξπορνεύειν, siehe Ex 34,15f; Lv 17,7; 19,29; 20,5.6; 21,9; Num 15,39; 25,1; Dtn 22,21; 31,16; Jdc 2,17; 8,27.33; Jer 3,1; Ez 16,28; 20,30; 23,5; Hos 2,7; 4,12f; siehe auch Ex 34,16; 2 Chr 21,11.13.
63 Oder auch der Witwe oder von Geschiedenen.
64 Siehe auch K. Berger, a.a.O., 317.
65 Vgl. Hauck-Schulz, a.a.O., 589 ("widernatürlicher Geschlechtsumgang mit der eigenen Frau").
66 Später auch in der Alten Kirche adaptiert und von manchen christlichen Kreisen bis heute noch vertreten.

kommenschaft willen erfolge.⁶⁷ Geschlechtsverkehr, der nur der Lust oder Triebbefriedigung dient, wird in einer derartigen Perspektive als unzüchtig und tierisch angesehen.

Vermutlich vertritt auch Paulus 1 Thess 4,3ff eine derartig radikalisierte Sicht der Sexualität. Nach 1 Thess 4,3.5 sollen sich die Christen gerade auch durch ihre Sexualethik von den Lastern der Heiden abheben, die ἐν πάθει ἐπιθυμίας (V.5) wandeln. D.h., die Christen haben sich der πορνεία zu enthalten⁶⁸. Hierbei sind – anders als Röm 1,26-28, wo die gleichgeschlechtliche Liebe der Heiden angeprangert wird – offenbar die nach Meinung des Apostels Paulus bei den Heiden weit verbreitete Promiskuität und aus traditionell jüdischer Sicht⁶⁹ unzüchtige Sexualpraktiken der Heiden im Blick⁷⁰.

Die Deutung dieses Abschnitts des 1 Thess ist jedoch umstritten, insbesondere was die Interpretation von πλεονεκτεῖν ἐν τῷ πράγματι (1 Thess 4,6) anbetrifft⁷¹. Zum Teil wird der Passus nicht nur auf sexualethische Verfehlungen, sondern auch auf Betrugsdelikte bezogen.⁷² So läßt sich oft ein Konnex bei-

---

67 So bereits Platon, Nom. 838e-839a; auch Philo, Spec. Leg. III 34: οὐ μὴν δι' ἐλπίδα τέκνων, ἣν ἴσασιν ἐξ ἀνάγκης, ἀτελῆ γενησομένην, ἀλλὰ δι' ὑπερβάλλοντα οἶστρον καὶ ἀκρασίαν ἀνίατον; hinsichtlich des Verkehrs mit einer Frau, von der man weiß, daß sie unfruchtbar ist: "Wer aber eine Frau heiratet, deren Unfruchtbarkeit sich im Verkehr mit einem anderen Manne bereits erwiesen hat, wer also nach Art der Eber oder der Böcke nur auf Begattung bedacht ist, der soll zu den Frevlern gezählt und als Feind Gottes betrachtet werden; ... jene also, die bei der Begattung zugleich die Vernichtung des Samens herbeiführen, sind unzweifelhafte Feinde der Natur (Gottes)." (Spec. Leg. III 36, zitiert nach der deutschen Philo-Ausgabe von L. Cohn II 194). Siehe ferner auch das unten V.5. (Homosexualität) zitierte Votum aus Spec. Leg. III 39, das auf eben dieser Linie liegt. Vergleiche ferner Musonius 64,3f (ed. Hense): τὰ δέ γε ἡδονὴν θηρώμενα ψιλὴν ἄδικα καὶ παράνομα, κἂν ἐν γάμῳ ᾖ. Zu den Kreisen der Neupythagoreer im 1. Jahrhundert v. Chr. siehe D. Sly, Philo's Perception of Women 24; siehe auch der römisch-stoisch geprägte Cato der Jüngere, der im Geschlechtsverkehr ebenfalls ausschließlich ein Mittel zur Zeugung von Kindern sah und deshalb in seiner zweiten Ehe mit Marcia auf jegliche sexuelle Annäherung verzichtete, siehe dazu S.B. Pomeroy, Frauenleben im klassischen Altertum 244.
68 V.3: ἀπέχεσθαι ὑμᾶς ἀπὸ τῆς πορνείας.
69 Siehe K. Niederwimmer, Askese und Mysterium 72.
70 Siehe vor allem Vers 5.
71 Nach H. Baltensweiler, Ehe im Neuen Testament 135-149, geht es hier um den Erbtochterstreit (griechisches Epiklerat). Nach N. Baumert, Antifeminismus bei Paulus? 158-160 sei hier hingegen unlautere Brautwerbung angesprochen, wonach ein Dritter durch Praktizierung von Geschlechtsverkehr mit einer Frau, die bereits durch ἐγγύησις an einen anderen Mann gebunden ist, in diese Beziehung unstatthafterweise eingreift. – Beide Interpretationen erscheinen mir als zu eng.
72 Siehe R. Schnackenburg, Sittliche Botschaft II 62f; ferner T. Holtz, 1 Thess 161-163. – Vergleiche dagegen zu Recht K. Niederwimmer, a.a.O., 72 sowie R.F.

der Vergehen, manchmal ergänzt um das Vergehen des Götzendienstes, nachweisen[73]. Belege wie Jub 25,1 und in den TestXIIPatr[74] weisen auf jüdische Traditionshintergründe dieser Deliktsreihung hin.

Ferner legen gerade die Verse 1 Thess 4,4-5 nahe, daß es sich hierbei neben der Forderung nach strenger Monogamie auch um die Forderung nach innerehelicher Zucht handelt, so daß Geschlechtsverkehr nicht primär der Befriedigung der Leidenschaften und Begierden dienen soll, sondern in einer partnerschaftlichen Weise vollzogen werden soll, so daß die – von Gott gestiftete – Beziehung durch die Art des ehelichen Umgangs geheiligt wird und sich nicht in der bloß sexuellen Dimension erschöpft. Wäre dies nämlich der Fall, dann würde letztlich nicht bloß das menschliche Gegenüber des Partners, sondern Gott selbst erniedrigt und entehrt[75], der die beiden Ehepartner zu Trägern seines Geistes gemacht hat.

Es ist zu überlegen, ob Paulus in diesem Abschnitt – wie auch sonst im 1 Thess[76] – konkrete Anfragen oder Probleme in der Adressatengemeinde im Blick hat. Auffällig ist jedenfalls, daß Paulus auf diese ethischen Fragen eingeht, bevor er die eschatologischen Fragestellungen erörtert (1 Thess 4,13ff; 5,1ff). Offenbar mißt Paulus diesen ethischen – insbesondere sexualethischen – Problemen eine große Bedeutung zu. Hier soll sich die Berufung der Gemeinde bewähren, so daß sich die Christen bereits durch ihre Lebensführung von der heidnischen Umwelt unterscheiden[77].

Collins, Unity 420-429.
73 Zum Beispiel Kol 3,5; Eph 4,19; 5,3.5.
74 TestRub 4,6; TestSim 5,3; TestLevi 14,6: "So werdet ihr in Gewinnsucht die Gesetze des Herrn lehren. Verheiratete Töchter werdet ihr schänden, mit Huren und Ehebrecherinnen werdet ihr euch verbinden, (ja sogar) Töchter aus den Völkern werdet ihr zu Frauen nehmen." Dieser Beleg macht deutlich, daß auch die (sogar eheliche) Verbindung mit heidnischen bzw. fremdländischen Partnern im Judentum als eine Form von Unzucht verstanden werden konnte, weshalb man auch gegen solche Formen von "Mischehe" vorging, siehe besonders Esr 9f und Neh 13. Siehe dazu ferner K. Berger, a.a.O., 309.311, wonach auch der Terminus נשא für das Heiraten einer nicht-israelischen Frau gebraucht wurde. Dies erklärt sich aufgrund der Befürchtung, die fremde Frau würde zum Götzendienst verführen. Siehe hierzu oben Seite 41-50.
75 Vergleiche Vers 8.
76 1 Thess 4,13ff; 5,1ff.
77 Vergleiche 1 Thess 4,5: μὴ ἐν πάθει ἐπιθυμίας καθάπερ καὶ τὰ ἔθνη τὰ μὴ εἰδότα τὸν θεόν.

4. Übertragene Bedeutung von Unzucht (und Ehebruch) (alttestamentlicher Ehebundgedanke; Kultprostitution, im Neuen Testament Apokalypse, ferner die Charakterisierung der Irrlehrer in Jud und 2 Petr)

Ergänzend sei noch kurz auf die übertragene Bedeutung von Unzucht (und Ehebruch) hingewiesen. Bereits im Alten Testament gibt es eine vor allem prophetische Tradition, die vom Ehebund Jahwes mit seinem Volk Israel handelt[78]. In dtn-dtr Kreisen findet sich darüberhinaus das Verständnis vom "Weghuren" (זנה) von Jahwe weg hinter anderen Göttern[79] her[80]. So kann die Jahwe untreu gewordene Ehefrau Jerusalem nach Ez 16,38ff "gemäß den Rechtsbestimmungen für Ehebrecherinnen" abgeurteilt und gesteinigt werden[81]. Das Delikt besteht in erster Linie in einem Treuebruch im übertragenen Sinn, d.h., in einer Verletzung des Gottesverhältnisses, sei es durch Unglauben oder durch eine Ausrichtung nach anderen Völkern und deren Göttern[82], z.B. durch falsche Bündnispolitik, die die Propheten immer wieder anprangern[83].

Auch im Neuen Testament findet sich eine übertragene Bedeutung von Ehebruch und Unzucht hinsichtlich des Gottesverhältnisses; allerdings charakterisieren diese Begriffe dort heidnische christentumsfeindliche oder häretische Personen und Mächte, so vor allem in den Spätschriften wie Apk 17f.

Vor allem Apk 17f ist von der "Hure Babylon" die Rede, wobei es sich um übertragenen Sprachgebrauch handelt; gemeint ist offenbar die Bedrohung des christlichen Glaubens und der christlichen Existenz durch das heidnische Rom. In diesem Zusammenhang begegnen dort auch mehrfach die Termini πορνή und πορνεία [84]. – Nach Auffassung von M. Rissi ist der Terminus "Hure Babylon" hier allerdings umfassender zu verstehen. Im Blick sei nicht Rom, wie es sich von jüdischen Parallelen her nahelegen würde; gemeint sei

---

78 Zentrale Texte sind besonders Ez 16; Jer 2f; Hos 2. Siehe dazu oben Kap. I, S. 82-85 zum Hintergrund von Eph 5,21ff. Auch die Aufnahme des Hohenliedes in die hebräische Bibel ist möglicherweise aufgrund eines allegorischen Ehebundverständnisses erfolgt.
79 Oder Völkern, mit denen freilich wiederum Fremdgötter verbunden sind. – Siehe auch K. Berger, a.a.O., 309, wonach das Heiraten nicht-israelitischer Frauen als נאף bzw. als Unzucht bezeichnet wurde, weil "mit der Heirat solcher Frauen ... naturgemäß die Gefahr des Abfalls zum Götzendienst gegeben" sei. Die Folge ist, daß man "mit anderen Göttern Ehebruch" treibt.
80 Siehe zum Beispiel Jdc 2,17; 8,27.33; ebenso in oben genannten Ehebundtexten vor allem Jer 2,20; 3,1.6.8; ferner Ez 16,15-17.26.28 und öfter.
81 Ez 16,40.
82 Vergleiche unter anderem Ez 16,25ff.
83 Vor allem Jesaja und Ezechiel.
84 Siehe Apk 17,1.2.5.15.16; 18,3; vgl. 14,8.

vielmehr der "Inbegriff aller Gottlosigkeit des synkretistischen Religionswesens der Welt", d.h., die religiöse Situation des Synkretismus in den Gemeinden Kleinasiens insgesamt.[85]

In anderen neutestamentlichen Spätschriften wie Jud und 2 Petr ist nicht immer ganz deutlich, ob es sich um wörtliche – also konkrete sexuelle Delikte betreffende – oder um übertragene, gegebenenfalls auch nur topische Verwendung der Begrifflichkeit handelt. Diese Frage stellt sich besonders hinsichtlich der Charakterisierung der Irrlehrer in Jud und 2 Petr 2. Es ist hierbei schwer auszumachen, inwiefern es sich um bloße Irrlehrerpolemik handelt, die einfach bestimmte Topoi zur Charakterisierung der Gegner als auch in moralischer und sexueller Hinsicht besonders verabscheungswürdigen Personen verwendet, oder ob auch konkrete sexuelle Verfehlungen mitgemeint sind. Auffallend ist jedenfalls der Rückgriff des Jud in V.7 auf alttestamentliche bzw. zeitgenössisch jüdische Tradition[86], indem als Beispiele solcher Sittenlosigkeit auf den sexuell verstandenen Engelfall von Gen 6,1-4[87] sowie auf den homosexuellen Hintergrund von Gen 19 rekurriert wird. Dabei bezeichnet die Wendung τὸν ὅμοιον τρόπον τούτοις ἐξπορνεύσασαι καὶ ἀπελθοῦσαι ὀπίσω σαρκὸς ἑτέρας das Begehren der Bewohner von Sodom, mit den bei Lot eingekehrten männlichen Gästen homosexuell zu verkehren[88]. Der Anschluß von V.8a ὁμοίως μέντοι καὶ οὗτοι ἐνυπνιαζόμενοι σάρκα μὲν μιαίνουσιν legt es nahe, daß auch bei den vom Verfasser angegriffenen Irrlehrern homosexuelle Praktiken, zumindest aber aus der Sicht des Verfassers sexuell anstößige Handlungen vorgekommen sind. Denn warum sonst greift der Verfasser von Jud gerade auf Beispiele der alttestamentlich-jüdischen Tradition zurück, in denen die Verfehlung auf sexuellem Gebiet liegt? Auf – zumindest auch – sexuelle Verfehlungen der Irrlehrer deuten ferner VV.16.18: κατὰ τὰς ἐπιθυμίας ἑαυτῶν πορευόμενοι bzw. ... κατὰ τὰς ἑαυτῶν ἐπιθυμίας πορευόμενοι τῶν ἀσεβειῶν, weiter V.4 εἰς ἀσέλγειαν.

A. Vögtle äußert sich zu Jud wie folgt: "Trotz der typisierenden Porträtierung werden die Gegner sicher nicht ohne jeden Grund libertinistischer Lebensführung bezichtigt, die indes – auch was den nicht wegexegesierbaren Vorwurf sexueller Freizügigkeit betrifft (s. zu V.8a) – nirgends konkretisiert wird".[89] Vögtle sieht in den vom Verfasser des Jud attackierten Gegnern Leute, die "nicht nur in abstrakt-genereller Ausdrucksweise den Glauben an 'das Gericht', 'die Parusie' Christi verwarfen, sondern auch die konkreten Pa-

---

85 Hure Babylon 55f.
86 O. Knoch, Der Erste und Zweite Petrusbrief. Der Judasbrief 152.178-180.
87 Siehe zur jüdischen Rezeptionsgeschichte des Engelfalls insbesondere äthHen 6f; 10,13f; Jub 5,1-10; 7,21; 10,5; syrBar 56,12f und 4QEnGiants.
88 Vergleiche Gen 19,5.9.
89 A. Vögtle, Judasbrief, Zweiter Petrusbrief 5.

rusieankündigungen der Überlieferung attackierten".[90] Die unter anderem auch den Libertinismus der Gegner anprangernden Passagen des Jud stehen demnach im Zusammenhang der Charakterisierung der Gegner als Irrlehrer, wobei der Verfasser von Jud auf den "apokalyptischen Topos der endzeitlichen Steigerung aller religiösen und moralischen Übel"[91] zurückgreife, wie er in der apokalyptischen Tradition vorgegeben war.

Doch bleibt hier vieles hypothetisch; denn eine Parusieleugnung der Gegner ist im Jud – anders als im 2 Petr – nicht wirklich greifbar. Genaueres über die vom Verfasser des Jud attackierten Gegner auszusagen, ist daher meines Erachtens nicht möglich.

In Abhängigkeit von der Jud-Vorlage erscheinen die entsprechenden Ausführungen im 2 Petr[92]. 2 Petr 2 weist die Irrlehrerpolemik aber noch stärker als im Jud in den sexuellen Bereich. Dies wird vor allem 2,14 deutlich, wo der Verfasser den Vorwurf erhebt, "... daß die Häretiker eine μοιχαλίς im Blick haben"[93]. Damit ist 1. "das Verlangen nach der μοιχαλίς" gemeint[94]. Wenn man 2. etwa an die Radikalisierung des Ehebruch-Verständnisses durch Jesus (Mt 5,27-30) denkt, geht es darüber hinaus um den "Blick, der die Frau erst zur Hure macht"[95], d.h., die Schuld liegt bereits bei dem begehrlichen Blick des Mannes, ohne welchen es erst gar nicht zum Ehebruch kommen würde. Ferner könnte die gegenüber der Jud-Vorlage verstärkte Verwendung des Wortes ἀσέλγεια [96] auf sexuelle Delikte hinweisen, insofern ἀσέλγεια noch stärker als ἐπιθυμία in die sexuelle Sphäre weist[97].

Es mögen dabei Einzelfälle in den Reihen der Gegner im Blick sein, die "noch stärker als die von Paulus bekämpften Enthusiasten ein auf Gnosis hin tendierendes Überlegenheitsbewußtsein über die materielle Welt und Leiblichkeit propagierten, das sich im Unterschied zu den die gnostischen Originalschrif-

---

90 A.a.O., 96.
91 A.a.O., 95. Siehe Jud 18.
92 Vergleiche zum Beispiel 2 Petr 3,3 und 2,10 mit Jud 16.18.
93 So kurz und prägnant H. Paulsen, Der zweite Petrusbrief und der Judasbrief 141.
94 H. Paulsen, ebd; A. Vögtle, a.a.O., 204.
95 H. Paulsen, ebd.
96 2 Petr 2,2.7.18.
97 So Bauer-Aland 230; siehe auch H. Paulsen, a.a.O., 129: "ἀσέλγεια ist aus Jud übernommen, hat hier allerdings stärker eine sexuelle Bedeutung, wie sich aus dem Fortgang des Kapitels ergibt". – Siehe auch O. Bauernfeind, Art. ἀσέλγεια 488, wonach ἀσέλγεια in Gal 5,19; Röm 13,13; 2 Kor 12,21, aber auch in 2 Petr 2,2.18 (siehe auch Herm. mand. 12,4,6; sim. 9,15,3; vis. 2,2,2; 3,7,2) den "besonderen Sinn der *geschlechtlichen Ausschweifung*" habe, während es Jud 4, ferner gleichzeitig neben obiger engerer Bedeutung auch 2 Petr 2,2.18, im weiteren Sinne "für Irrlehre und Abfall", nach Eph 4,19 "für das Heidentum überhaupt" stehe.

ten beherrschenden enkratitischen Forderungen auch in freizügiger Lebenspraxis manifestieren konnte."[98] Die sexuellen Vorwürfe sind nach A. Vögtle – insbesondere in 2,14 – "denkbar massiv" und "peinlich verallgemeinernd"[99] und sind vom Verfasser des 2 Petr "aus apologetischen Gründen im Stil schon traditioneller Ketzerpolemik freilich überspitzt geschildert."[100]
Diese – die Sexualität betreffenden – Vorwürfe schienen dem Verfasser des 2 Petr gut geeignet zur Charakterisierung der Irrlehrer insgesamt, denn sexuelles Fehlverhalten paßt ausgezeichnet zum Irrglauben und ist ein eindeutiger Beleg für denselbigen.

5. Das Phänomen gleichgeschlechtlicher Liebe (Texte Röm 1,26-28, Lasterkataloge sowie religionsgeschichtliches Material)

Eine spezielle Ausprägung unzüchtigen Verhaltens wird im Alten wie im Neuen Testament in dem Phänomen gleichgeschlechtlicher Liebe zwischen Männern gesehen. Bereits in den Schriften des Pentateuch galt Homosexualität als schwere Sünde, die aus dem Gottesvolk auszurotten sei[101]. Homosexualität zieht nach Erzählungen wie Gen 19 und Jdc 19 das strafende Handeln Gottes nach sich. Gleichgeschlechtliche Liebe[102] galt den Juden als einer der Greuel der Fremdvölker, mit denen Israel auf gar keinen Fall etwas zu tun haben dürfe.

Daß Homoerotik in der Umwelt des Judentums wie auch der Urchristenheit gesellschaftlich durchaus weit verbreitet war und toleriert wurde[103], wird unter anderem in den Äußerungen von Dichtern deutlich, die die Liebe eines Mannes zu einem anderen Mann oder Knaben z.T. massiv verherrlicht und als Audruck wahrster Liebe vor Augen gestellt haben[104].

Am weitesten verbreitet war im römisch-hellenistischen Raum eine spezielle Form von Homoerotik, die sogenannte Päderastie (Knabenliebe), eine bei den Dorern und Spartanern offenbar gesellschaftlich anerkannte Institution

---

98 A. Vögtle, a.a.O., 272.
99 A. Vögtle, a.a.O., 204.
100 A. Vögtle, a.a.O., 272.
101 Unter anderem Lv 18,22; 20,13.
102 Wie auch Sodomie (zu ihr Lv 18,23; 20,15f; Ex 22,18) wie auch Prostitution, oft auch in kultischen Zusammenhängen (siehe unten S. 238f).
103 Siehe zum Beispiel S.B. Pomeroy, a.a.O., 58f zu Gortyn und Sparta, wo in diversen Männergruppen homosexuelle Beziehungen gepflegt und auch vom Gesetzeskodex durchaus toleriert wurden.
104 Platon, Symposion 178c ff, besonders 181a-185e; 217a ff; Ders., Charm. 153d ff; Plutarch, Mor. 751a; vergleiche dagegen allerdings der spätere Platon in Nomoi 636; 836a ff.

der oberen Schichten der Bevölkerung.[105] Es handelte sich hierbei vermutlich um eine Art von "Initiationsritus", durch den ein älterer Liebhaber sich einen geliebten Knaben erwählte[106]. Der Geschlechtsverkehr mit dem Knaben hatte die Funktion, die eigene ἀρετή auf diesen zu übertragen und diesen dadurch zu einem anerkannten Mitglied der waffen- und kampffähigen Männergemeinschaft zu machen. Nur Männern oblag nämlich die Leitung und politische Mitwirkung in der Polis. Man versprach sich von einem derartigen Verhältnis eine weitreichende positive Beeinflussung des Heranwachsenden durch ein älteres anerkanntes Mitglied der Gesellschaft, das den Jungen insgesamt zur ἀρετή anleiten sollte und damit eine moralische und gesellschaftliche Verantwortung übernahm.[107] Die bloße Triebbefriedigung stand nach diesem Verständnis zunächst nicht im Vordergrund.

In späteren Zeiten wurde die Knabenliebe aus diesem institutionellen und gesellschaftlichen Kontext herausgelöst, so daß der Aspekt der Triebbefriedigung dominierte, so z.B. wenn sich ein wohlhabender Römer Lustknaben zur Triebbefriedigung oder auch nur aufgrund ihrer ästhetischen Reize hielt[108].

Im Gegensatz zu der weit verbreiteten Bejahung der Homosexualität im griechischen und römisch-hellenistischen Kulturkreis standen vor allem philosophische Kreise wie Stoiker, Epikureer und Kyniker, die ihre Ablehnung der gleichgeschlechtlichen Liebe zwischen Männern damit begründeten, diese entspräche nicht einem Leben im Einklang mit der Natur[109]. Auch im Bereich der Gesetzgebung finden sich gelegentlich Maßnahmen gegen homosexuelle Handlungen: Solon ging bereits um 590 v. Chr. gegen die gewerbsmäßige Päderastie vor[110]; die Lex Scantinia[111] drohte im Falle bestimmter

---

105 Zum folgenden siehe E. Bethe, Dorische Knabenliebe; vgl. auch P. Cartledge, Spartan Pederasty.
106 Zum Teil durch von den Angehörigen – in Analogie zum Brautraub – akzeptierten Raub wegführte.
107 P. Cartledge, a.a.O., 410f sieht daher in der in Sparta und auf Kreta weit verbreiteten Päderastie eine Institution zur Rekrutierung der politischen Elite.
108 Bekannt sind hierfür zum Beispiel das Gastmahl des Trimalchio von Petronius und das Beispiel des Kaisers Tiberius.
109 Siehe zum Beispiel Musonius (ed. O. Hense) 64,6; Lucianus, Cyn 10; Plato, Nomoi I 636c; Plutarch, Mor. (=Amat.) 751 C.
110 G. Strecker, Homosexualität in biblischer Sicht 131.
111 Ihre Datierung ist unsicher; ein Gesetz gegen Päderastie ist für 50 v. Chr. belegt; die Lex Sca(n)tinia könnte bereits 149 v. Chr., möglicherweise gar 226 v. Chr. in Kraft getreten sein, siehe Münzer, Art. Scantinius 352; H.G. Gundel, Art. Scantinius 1579; K. Hoheisel, Art. Homosexualität 313f.

homosexueller Handlungen Strafen an, möglicherweise um Minderjährige zu schützen.[112]

Im Judentum hingegen vertrat man eine eindeutig ablehnende Position, wie neben den oben genannten alttestamentlichen Belegen auch zahlreiche weitere Texte aus dem antiken Judentum zeigen[113]. Die Verwerfung der gleichgeschlechtlichen Liebe ist auf dem Hintergrund der traditionellen Hochschätzung der Ehe und der Einschärfung des Fortpflanzungsgebotes im Judentum zu verstehen. Wie ist es in einer gleichgeschlechtlichen Beziehung möglich, im physischen Sinne fruchtbar zu sein, d.h., reichlich Nachkommenschaft hervorzubringen? Auf der Basis dieser Prämisse der Sexualethik kann man zu keiner anderen Konsequenz als zu der Ablehnung der Homoerotik kommen, weil diese Praxis nicht der von Gott gewollten Bestimmung des Menschen entspricht.

Für die antik-jüdische Auffassung der Homoerotik ist charakteristisch das Verdikt gegen den Päderasten bei Philo: "*... weil er widernatürlicher Lust nachgeht und an seinem Teile auf Verödung und Entvölkerung der Städte hinarbeitet, wenn er seinen Samen zu Grunde richtet ... weil er, einem schlechten Ackersmann gleich, das tiefschollige und ergiebige Land brach liegen läßt, so daß es ohne Ertrag bleibt, und sich mit solchem, von dem sich überhaupt keine Frucht erwarten läßt, bei Tag und bei Nacht abmüht.*"[114]

Hier wird zugleich deutlich, daß die Polemik sich nicht gegen gelegentliche homoerotische Abenteuer richtet, sondern gegen einen Lebensstil, bei dem generell die Homoerotik an die Stelle heterosexuellen Verhaltens getreten ist. Positiv geht es um die Erhaltung des Menschengeschlechts als allein maßgeblichem Zweck jeglicher sexueller Praxis.[115]

In Kontinuität zu dieser jüdischen Sicht der Homosexualität stehen auch die frühen christlichen Gemeinden; bereits Paulus ist ein Zeuge dafür: Röm 1,26-28 kommt der widernatürliche, nämlich gleichgeschlechtliche Sexualverkehr von Frauen bzw. Männern in den Blick.

Daß es in Röm 1,26 um Homosexualität von Frauen geht, wird neuerdings bestritten von J.E. Miller[116], nach dessen Auffassung es sich hier um Sexualverkehr zwischen Mann und Frau (nicht zwischen zwei Frauen!) handelt, der

---

112 G. Strecker, ebd.
113 Siehe Weish 14,26; slavHen 10,4; Sib II 73; III 185f.596.764; IV 34; V 387; Test Levi 17,11; Philo, Spec. Leg. III 37-39; Philo, Abr. 135-136; Philo, Hypothetica VII 1; Josephus, Contra Apionem II 199; Pseudo-Phokylides 3.190f; Mischna Sanh. VII 4; Ker. I 1. Das Fragment 6Q15 Frg.5 (Ausgabe J. Maier, Texte I 315) deutet auch in diese Richtung.
114 Spec. Leg. III 37-39.
115 Siehe oben S. 31-33.
116 Romans 1:26: Homosexual or Heterosexual? 1-11.

sich nach Art männlich-homosexuellen Geschlechtsverkehrs gestaltete, wobei man insbesondere an Analverkehr zu denken hat. D.h., die Frau übernimmt hierbei die Rolle oder Position, die der passive Homosexuelle im homosexuellen Geschlechtsverkehr hat. Dabei kann sich Miller darauf berufen, daß Röm 1,26 – anders als Röm 1,27 – nur von der Vertauschung des natürlichen (Sexual-)Gebrauchs in den unnatürlichen (μετήλλαξαν τὴν φυσικὴν χρῆσιν εἰς τὴν παρὰ φύσιν) die Rede ist, nicht aber – wie in Röm 1,27 – daß man dabei auch den naturgemäß andersgeschlechtlichen Partner gegen einen gleichgeschlechtlichen austauschte. Ferner sei sonst nirgends in der Literatur weibliche Homosexualität besonders behandelt, geschweige denn gar vor (!) dem männlichen Pendant.

Das zuerst genannte Argument kann als zumindest denkbar angesehen werden; ich selbst denke hinsichtlich von 1 Thess 4,3ff – wie gezeigt[117] – in ähnlicher Weise! Doch kann die Möglichkeit, daß es sich in Röm 1,26 um weibliche Homosexualität handelt, nicht völlig ausgeschlossen werden, zumal Paulus z.B. auch 1 Kor 7 Mann und Frau gleichermaßen in den Blick nimmt und bisweilen sogar die Frau zuerst anspricht[118]. Ihm wäre es also durchaus zuzutrauen, weibliche Homosexualität auch *vor* dem entsprechenden männlichen Phänomen anzusprechen. Merkwürdig bleibt, daß in V. 26 ein verantwortliches männliches Subjekt überhaupt nicht genannt wird, wenn es sich um "unnatürlichen" heterosexuellen Verkehr handelte; denn dem Manne müßte dies ja ebenfalls als Verfehlung angekreidet werden!

Paulus greift Röm 1 einen Topos zur Charakterisierung der Laster der Heiden auf, wie er in der jüdischen Popularphilosophie[119] verbreitet ist.[120] Dieses Argument ist eingebettet in den Zusammenhang von Röm 1,18-2,16, wo es Paulus darum geht, die Schuld der Heiden aufzuzeigen, so daß diese, obwohl ihnen doch eigentlich das Gesetz ins Herz geschrieben wurde (Röm 2,15), nicht aus sich selbst Gerechtigkeit vor Gott erlangen können. Aufgrund der Hinwendung der Heiden zum Götzendienst (Röm 1,25) hat Gott sie nach paulinischer Sicht der Strafe perverser Sexualität ausgeliefert.[121] Homosexualität ist demnach bereits eine Folge der Grundsünde, der Grunddisposition der Heiden, die von Gott abgekehrt sind.

---

117 Siehe oben S. 225f.
118 Siehe vor allem 1 Kor 7,10-11a die Frau vor dem Mann, der erst 11b in den Blick kommt.
119 Siehe oben zu Philo.
120 Siehe auch J. Becker, Zum Problem der Homosexualität in der Bibel 52f; E. Käsemann, Römer 44f.
121 Siehe hierzu K. Niedermwimmer, a.a.O., 68; A. Vögtle, Tugend- und Lasterkataloge 227f: in alttestamentlicher und ("spät-")jüdischer Tradition.

Deshalb läßt sich Homosexualität nach den neutestamentlichen Lasterkatalogen nicht mit der christlichen Existenz vereinbaren, wie insbesondere 1 Kor 6,9 zeigt.[122] Solche Laster sind Charakteristikum der vorchristlichen Existenz (1 Kor 6,11a). In der Alten Kirche wich man von dieser Sichtweise ebensowenig ab wie im zeitgenössischen Judentum[123].

6. Die Frage nach der Sanktionierung von Ehebruch.

a) Eine Übereinstimmung im römischen, hellenistischen und jüdischen Eherecht besteht darin, daß Ehebruch von seiten der Frau die Aufrechterhaltung der Ehe unmöglich machte.

Der Grieche wie der Römer waren bereits in früher Zeit gezwungen, sich von ihrer ehebrecherischen Frau zu trennen. Taten sie dies nicht, verfielen sie der Atimie[124] oder wurden als Kuppler belangt[125]. Nach alttestamentlicher und daran festhaltender jüdischer Auffassung waren Ehebrecher und Ehebrecherin zu töten[126]. Erschwert wurde die Sanktionierung allerdings durch die Forderungen, die betreffenden Personen müßten zuvor verwarnt und Zeugen für die Tat müßten beigebracht werden[127]. Über die Art der Todesstrafe wurde später in rabbinisch-mischnischer Zeit diskutiert[128]. Allerdings ist der Vollzug der Todesstrafe an einer Ehebrecherin, der in Joh 7,53-8,11 als selbstverständlich vorausgesetzt wird, durch Quellenmaterial so nicht belegt, was die Annahme begünstigt, daß die Todesstrafe wohl gemäß der alttestamentlichen Tradition angedroht, faktisch – zumindest in neutestamentlicher Zeit – aber nicht vollzogen wurde.[129] Dafür spräche zum einen, daß eine Scheidung

---

122 Siehe die Nennung des ἀρσενοκοίτης in 1 Kor 6,9 und 1 Tim 1,10 wie die der μαλακοί in 1 Kor 6,9 vgl. Pol 5,3.
123 Siehe bereits Pol 5,3; Did 2,2; Barn 19,4a u.a. – Zur Alten Kirche siehe vor allem K. Hoheisel, a.a.O., 341-361.
124 Pseudo-Demosthenes LIX 87, siehe W. Erdmann, Ehe im alten Griechenland 294; G. Busolt, Griechische Staatskunde 242.
125 Siehe die Lex Iulia de adulteriis 18 v. Chr., siehe P. Csillag, The Augustan Laws on Family Relations 182f.188.
126 Siehe Lv 20,10; Dtn 22,22. Siehe auch Philo, Spec. Leg. III 58: θάνατος γὰρ ἡ κατὰ μοιχῶν δίκη; Philo, De Iosepho 44: ἄξιον θανάτων μυρίων; Josephus, Ant. VII 7,1 §131: ἀποθανεῖν γὰρ αὐτὴν κατὰ τοὺς πατρίους καθήκειν νόμους μεμοιχημένην; siehe ferner Josephus, Contra Apionem II 201; II 215.
127 J. Blinzler, Ehebruch 41; Strack-Billerbeck I 297.
128 Steinigung oder Erdrosselung, siehe Strack-Billerbeck I 295f mit SifreLv 20,10 (368a) und Mischna Sanh. 11,1.6 als Belegen; siehe auch J. Blinzler, a.a.O., 35.38-41; U. Becker, Jesus und die Ehebrecherin 165, A.2.
129 Siehe unter anderem G. Fitzer, Art. πορνεία, πορνεύω 330.

von der Ehebrecherin problemlos zu erreichen war; ferner, daß die Möglichkeit, eine Exekution – auch aus religiösen Gründen – zu vollziehen, in neutestamentlicher Zeit möglicherweise nur in den Händen der Römer lag. Dennoch mag es zu Fällen von Lynchjustiz gekommen sein.

b) Demgegenüber hatte die Frau – vor allem in der frühen griechischen und römischen, aber ohnehin in der jüdischen Ehegesetzgebung – keine Handhabe gegen ihren Mann, wenn dieser außereheliche Beziehungen unterhielt[130], sofern dies außerhalb der eigenen Wohnung geschah[131]. Sie konnte lediglich die Scheidung betreiben. Eine Möglichkeit, den Ehebrecher zu belangen, gab es zumindest für den Fall, daß dieser in eine bestehende Ehe eingriff, wenn ihn der betrogene Ehemann oder der Vater der Ehebrecherin anklagte. In Griechenland verfügte der betrogene Ehemann über das Tötungsrecht gegenüber beiden Schuldigen[132]. Allerdings konnte dies nur ausgeübt werden, wenn mehrere hausfremde Zeugen des Ehebruchs zur Verfügung standen[133]. Machte der Ehemann von diesem Recht nicht Gebrauch, so konnte er unter Berufung auf die γραφὴ μοιχείας den Prozeßweg beschreiten.

In Rom fällten nach Dionysius Halicarnassus nach altem Recht die Verwandten der Frau zusammen mit dem Ehemann den Spruch über die Ehebrecherin: θανάτῳ ζημιοῦν συνεχώρησεν ὁ Ῥωμύλος.[134] Die Lex Iulia de adulteriis (18 v. Chr.) war aber ein entscheidender Schritt, die Ahndung von Ehebruch in staatliche Hände zu legen, womit eine Einschränkung der privaten Aktionsmöglichkeiten[135] einherging.[136] Nach Sueton, Tiberius 35,1 bestätigte allerdings Tiberius wieder die Zuständigkeit der Familie für alle Fälle von Ehebruch, in denen keine gerichtliche Anklage erfolgte.[137]

---

130 Siehe Plutarch, Praec. Coniug. 16.
131 Siehe oben unter 1.
132 Aristoteles, frg. 551, 1569 a 24/6, zitiert nach G. Delling, Art. Ehebruch 669. Siehe besonders Lys 1,26: οὐκ ἐγώ σε ἀποκτενῶ, ἀλλ' ὁ τῆς πόλεως νόμος. Der Sühneakt geschieht im Sinne der Polis, deren Ordnung durch die Tat gefährdet wurde. Dies ist in seiner gesellschaftlichen Dimension vergleichbar mit dem Gedanken des Alten Testaments, Israel müsse das Böse aus seiner Mitte ausrotten (Lv 28,29; Dtn 22,21.22.24 u.ö.). Letztlich ist hier ein Kollektivum – die Polis bzw. Israel, d.h., die lokale Gemeinde – dafür verantwortlich, daß die göttlich verordnete Lebensordnung wieder in Kraft gesetzt und der Übeltäter bestraft wird.
133 Lys. 1,23/5.
134 Dionysius Halicarnassus 2,25,6. Siehe G. Delling, a.a.O., 673.
135 Vor allem des Ehemannes, weniger des Vaters.
136 Näheres hierzu P. Csillag, a.a.O., 187f; A. Mette-Dittmann, Ehegesetze des Augustus 62.67f.80 u.ö.
137 G. Delling, a.a.O., 673.

Als neutestamentlicher Text, der sich mit Ehebruch befaßt, kommt – neben der Nennung des Delikts in den Lasterkatalogen[138] – Joh 7,53-8,11 in Betracht. Dieser Text ist erst sekundär in das Johannesevangelium hineingeraten und steht in manchem den synoptischen Evangelien nahe.[139] Wie bereits dargelegt, finden sich in diesem Text durchaus Züge, wie sie sich mit dem aus den synoptischen Texten gewonnenen Bild vom historischen Jesus vereinbaren lassen.[140] Bezeichnend ist – gerade wenn man das bislang in diesem Kapitel Dargestellte berücksichtigt –, daß Jesus zu einer offenbar des Ehebruchs überführten Frau[141] sagt, daß auch er sie nicht verurteile (Joh 8,11), nachdem er die anklagenden und Strafe fordernden Schriftgelehrten und Pharisäer zum Schweigen gebracht hat. Die Ehebrecherin ist mit Jesus konfrontiert, in dessen Wort und Tat die βασιλεία τοῦ θεοῦ wie ein neuer Herrschaftsbereich auch an sie herantritt. Sie hat gesündigt; dies wird nicht beschönigt. Doch wird auch sie in den Herrschaftsbereich Gottes hineingerufen: Sie darf leben und soll fortan nicht mehr sündigen[142]. Diesem Gebot als Wegweisung zu einem gelingenden, dem Reich Gottes gemäßen Lebenswandel, geht der Freispruch Jesu als des Bevollmächtigten Gottes voraus[143].

Jesus setzt sich nach dieser Darstellung über die Strafbestimmungen des Alten Testaments[144] hinweg. Dies entspricht seinem souveränen Umgang mit der Mosetora, wie er auch schon hinsichtlich der Ehescheidung begegnete[145].

Das Verhalten Jesu ist bemerkenswert, gerade weil er ja das Gesetz[146] in denkbar scharfer Weise radikalisiert. Es entspricht aber dem radikalisierten Ehebruchsverständnis Jesu, daß keiner derjenigen, die zuvor die Bestrafung der ertappten Ehebrecherin gefordert hatten, befugt ist, die Frau zu steinigen; denn auch diejenigen, die nicht in konkreten Taten Ehebruch begangen haben, sind nicht ohne Sünde. Jesu Sündenverständnis greift tiefer bis in das Innere des Menschen hinein, das den Augen der Menschen zwar entzogen bleibt, dennoch aber voller Abgründe und Sünde steckt[147]. Dabei überwindet Jesus die enge gesetzliche Kasuistik, die jeder Tat eine konkrete Strafe zumißt. Er beschönigt nichts an dem, was die Frau getan hat. Sie hat gesündigt; doch wird sie von Jesus

---

138 Siehe oben S. 222-224, ferner Hebr 13,4.
139 Einzelheiten in den Kommentaren, vor allem aber in der Arbeit von U. Becker, Jesus und die Ehebrecherin. Vgl. zu Joh 7,53-8,11 oben die Ausführungen in Kap. IV.3.2., S. 204f, A.175f.
140 Siehe Kap. IV.3.2., dort S. 204f, A.175 und 176.
141 Auch hier findet sich der Terminus ἐπὶ μοιχείᾳ (Joh 8,3) bzw. μοιχευομένη (Joh 8,4).
142 Joh 8,11, Versende: πορεύου, [καὶ] ἀπὸ τοῦ νῦν μηκέτι ἁμάρτανε.
143 οὐδὲ ἐγώ σε κατακρίνω.
144 Vergleiche Lv 20,10; Dtn 22,22.
145 Siehe oben Kap. IV, S. 201-206.
146 Siehe Mt 5,27-32 hinsichtlich des Ehebruchs.
147 Vgl. Mk 7,21-23.

wie auch andere Sünder in den Herrschaftsbereich Gottes hineingerufen[148]. Es wird gerade auch denen, die gefehlt haben, ein neuer Weg eröffnet, ohne daß sie bei ihren Verfehlungen behaftet werden. Nur so ist ein befreiter und aussichtsreicher Neuanfang für die Betreffenden möglich, der – gemäß Joh 8,11 – unter Zuspruch und Anspruch Jesu steht.

7. Prostitution.

Prostitution war in der Umwelt des Alten und Neuen Testaments kein seltenes Phänomen; man denke nur an die oft auch im kultischen Sinn verstandene Prostitution der kanaanäischen Umwelt Israels[149]; aber auch an die Bedeutung von weiblichen und männlichen Prostituierten – wie insbesondere auch der gesellschaftlich zum Teil einflußreichen Hetären – der römisch-hellenistischen Stadtkultur.

Eine umfassende Erörterung dieses Phänomens kann hier nicht erfolgen. Es sei nur auf einige wichtige Aspekte hingewiesen.

Prostitution war oft für ansonsten ökonomisch nicht abgesicherte Frauen[150] in der römisch-hellenistischen wie in der jüdischen Gesellschaft der einzige aussichtsreiche Weg, sich – und möglicherweise vorhandenen Kindern – das Überleben zu sichern. Es gab damals staatlicherseits noch keine geregelte soziale Absicherung für mittellose Personen. Bisweilen wandten sich einzelne Wohlhabende fürsorglich den Armen zu[151]; doch wirkte dies gesamtgesellschaftlich eher wie ein Tropfen auf den heißen Stein.

So nahm manche Frau, die auf die Unterstützung von Angehörigen aus verschiedensten Gründen nicht rechnen konnte, das Schicksal in die eigene Hand und verdiente sich ihren Lebensunterhalt durch Prostitution. Dabei bedurfte sie oft – wie heute auch – des Schutzes durch einen Zuhälter, der von ihrem Gewerbe profitierte. Manche Prostituierte brachten es zu einem beachtlichen Einkommen, wie z.B. die aus dem Jahre 90 n. Chr. stammenden Inschriften über die

---

148 Vergleiche die zahlreichen Erzählungen des Neuen Testament von Jesu Gemeinschaft mit Zöllnern, Sündern und Dirnen und deren Nachfolge sowie die Gleichnisse vom Verlorenen Lk 15.
149 Siehe die Nennung der Kedeschen und Hierodulen im Alten Testament, insbesondere im DtrG, z.B. Dtn 23,18f; 2 Kön 23,7; vgl. Am 2,8; Ez 16,23-25; Jes 57,7f. Zur kultischen Prostitution siehe vor allem S. Erlandsson, Art. זנה 613f insbesondere zum kanaanäischen Fruchtbarkeitskult; Hauck-Schulz, a.a.O., 581.586.
150 Z.B. Witwen ohne Angehörige oder verstoßene Frauen, die nicht von ihrer Herkunftsfamilie aufgenommen wurden bzw. eine solche gar nicht mehr besaßen.
151 S.B. Pomeroy, a.a.O., 314-318 zu privaten Wohlfahrtsprogrammen.

Zollgebühren im römisch-ägyptischen Koptos zeigen: demnach hatten Prostituierte für einen Paß eine Gebühr von 108 Drachmen, andere Frauen dagegen nur 20 Drachmen zu entrichten, was nicht eine sittliche Beurteilung, sondern lediglich die finanziellen Möglichkeiten von Prostituierten widerspiegelt.[152]

Ein weiterer Weg in die Prostitution bestand darin, daß man in die Sklaverei geraten war. Eine versklavte Person mußte dem Besitzer auch sexuell stets verfügbar sein[153]; dabei konnte der Besitzer die Sklavin auch anderen Personen[154] zur Verfügung stellen. Wurden die Sklavinnen irgendwann freigelassen, verdingten sie sich nicht selten als freie Prostituierte.[155]

Ein besonders tragischer Weg in die Prostitution widerfuhr vielen Mädchen in der römisch-hellenistischen Gesellschaft. Man entschied sich – vor allem in den ärmeren Schichten, in denen eine hinreichende ökonomische Grundlage für den Unterhalt mehrerer Kinder kaum gegeben war – im Zweifelsfalle eher dazu, einen Jungen großzuziehen, wobei die letzte Entscheidung beim pater familias lag. Mädchen wurden relativ häufig ausgesetzt, was in der damaligen römischen Gesellschaft nicht strafbar war. Diese kleinen Mädchen wurden nicht selten von Sklavenhändlern aufgegriffen. Diese gaben sie zunächst Ammen, damit sie die Kinder großzogen. Dann wurden die sexuell Herangereiften Prostituierte, so daß sich die Investition der nicht so selbstlosen Finder am Ende doch gelohnt hat.[156]

Prostituierte wiederum zogen eher Mädchen als Jungen auf, weil diese in ihre eigenen Fußstapfen treten konnten und somit eine gewisse Altersabsicherung für sie darstellten.[157]

Im römisch-hellenistischen Bereich waren auch männliche Prostituierte – vor allem Sklaven – angesichts der homo- oder bisexuellen Orientierung vieler vor allem wohlhabender Römer und Griechen[158] keine Seltenheit.

Im Judentum hingegen wurde der Verkehr mit Prostituierten hingegen im allgemeinen strikt abgelehnt. Das erklärt sich insbesondere auf dem Hintergrund der oft mit Götzendienst verbundenen Prostitution der Umwelt[159]. So stand

---

152 Siehe S.B. Pomeroy, a.a.O., 213f; auch a.a.O., 312.
153 S.B. Pomeroy, a.a.O., 135.
154 Mitunter auch anderen Sklaven, zum Beispiel gegen ein entsprechendes Entgelt für die jeweilige Dienstleistung (siehe S.B. Pomeroy, a.a.O., 297 zu Cato).
155 S.B. Pomeroy, a.a.O., 133.
156 Siehe hierzu S.B. Pomeroy, a.a.O., 212f.
157 S.B. Pomeroy, a.a.O., 136.
158 Gesellschaftlich wurde dies weitgehend toleriert, siehe oben V.5. zur Homosexualität.
159 Sogenannte Kultprostitution, bei der geschlechtliche Handlungen männlichen und weiblichen Kultpersonals den Teilnehmern religiöse Erlebnisse, gegebenenfalls ideell unmittelbaren Verkehr mit der jeweiligen (Fruchtbarkeits-) Gottheit vermitteln sollten.

Prostitution für Israel als Synonym für Götzendienst.[160] Dennoch ist auch im Alten Testament von Huren die Rede[161], ohne daß dies immer gleich kultische Bezüge hat. Doch galt eine Hure für einen gläubigen Juden als eine Person, mit der man nichts zu tun haben darf, weil sie im höchsten Grade unrein und Gott mißfällig ist.

Im Neuen Testament fällt zunächst der unbefangene Umgang Jesu gerade auch mit Prostituierten[162] und anrüchigen weiblichen Personen[163] auf. Jesus hat – trotz der offenkundigen Schuld dieser Personen, die sie in ihrer Gesellschaft zu Ausgestoßenen oder Anrüchigen machte – keine Berührungsängste, sondern gibt sich mit diesen Personen ab.

Ehebruch und Prostitution galten in der Urchristenheit – wie dann auch in der Alten Kirche – dennoch als unvereinbar mit dem Christentum. Wer vor seiner Bekehrung derartige Verfehlungen begangen hatte, konnte davon umkehren und mit seinem Christ-Sein einen neuen Weg einschlagen. Doch als Christ durfte man Derartiges nicht mehr tun. Das zeigen je auf ihre Weise zum einen die neutestamentlichen Lasterkataloge, die πορνεία und μοιχεία nennen, wie auch z.B. Joh 8,11: Geh, und sündige fortan nicht mehr! Nach 1 Kor 6,9-11 werden sexuelle Verfehlungen expressis verbis der heidnischen Vergangenheit zugerechnet, mit denen der Christ nun nichts mehr zu tun hat.

Ausdrücklich wendet sich Paulus gleich anschließend 1 Kor 6,12-20 gegen Prostitution, die offenbar von einigen Korinthern aufgrund der neu errungenen christlichen Freiheit und des damit erworbenen pneumatischen Besitzes als durchaus mit dem Christentum vereinbar angesehen wurde. Dem hält Paulus entgegen, daß Christen als Glieder des Leibes Christi[164] sich nicht gleichzeitig zu Gliedern einer Dirne machen dürften; dies würde aber geschehen, wenn sie mit einer Prostituierten sexuell verkehrten. Zugrunde liegt diesem Gedanken die Vorstellung, daß auch eine Prostituierte und ihr Kunde durch den Sexualakt – wie ein normales Paar – zu "einem Fleisch" werden[165]. Ferner betont Paulus, daß sich der Gang zur Dirne nicht mit dem durch Christus erworbenen Heil vereinba-

---

160 Siehe hierzu Freedman/Willoughby, Art. נאף 126.127f; Erlandsson, Art. זנה 616ff; Hauck-Schulz, a.a.O., 581. Nach Freedman-Willoughby 128 stand auch das im Alten Testament kritisierte Kinderopfer in Verbindung zur kultischen Prostitution: "Die letztendliche Erfüllung des Fruchtbarkeitsrituals war wohl die Geburt der Kinder, die dann dem Gott geopfert wurden, der diese Fruchtbarkeit gewährt hatte ...".
161 Siehe die Hure Rahab Jos 2; die hurerische Frau Jdc 11,1; die zwei Huren von 1 Kön 3,16ff und öfter.
162 Siehe Lk 7,36-50; vgl. allgemein zu "Sündern" Mk 2,15-17; Mt 11,19; Lk 15,2; 19,1ff.
163 Siehe Joh 7,53-8,11; aber auch Joh 4,1ff.
164 Röm 12; 1 Kor 12-14.
165 Vgl. Gen 2,24 LXX; Mt 19,5 par Mk 10,8; Eph 5,31.

ren läßt. Christen sind von Christus mitsamt ihrem Leib teuer erkauft[166]; ihr Leib ist für die Auferstehung bestimmt (6,14b). Daraus folgt daher mit Notwendigkeit der Imperativ: δοξάσατε δὴ τὸν θεὸν ἐν τῷ σώματι ὑμῶν (6,20b), was sich konkret in dem Aufruf Φεύγετε τὴν πορνείαν (6,18a) artikuliert.

Daß dies keine Sexualfeindlichkeit an sich bedeutet, zeigt D.J. Doughty[167] mit seiner Gegenüberstellung von 1 Kor 6,12ff und 1 Kor 7,3f: "In 6,12-20 stellt Paulus fest, daß der Geschlechtsverkehr eine totale Gemeinschaft zwischen Mann und Dirne schafft", als deren Folge der Mann "von der Unzucht beherrscht" werde.[168] 1 Kor 7,3-4 hingegen "wird ... vorausgesetzt, daß in der christlichen Ehe eine totale Gemeinschaft zwischen Mann und Frau *schon besteht* (Hervorhebung, F.K.), und damit wird die Forderung zum ehelichen Geschlechtsverkehr begründet. Das Beherrschtsein von dem anderen ist nicht der Erfolg der Geschlechtsgemeinschaft, sondern ihre Begründung und Berechtigung."[169] D.h., "die eheliche Gemeinschaft zwischen Mann und Frau wird nicht durch die Geschlechtsverbindung geschaffen, sondern erfüllt."[170]

8. Inzest und ehewidrige Verwandtschaftsgrade.

Abschließend soll noch ein spezielles Phänomen behandelt werden, das den biblischen wie außerbiblischen Texten zufolge ebenfalls als Unzucht bezeichnet wird, auch wenn die direkt Beteiligten das anders gesehen haben mögen. Es geht um Ehen oder eheähnliche Beziehungen (insbesondere um Sexualverkehr) in den als ehehinderlich angesehenen Verwandtschaftsgraden[171], die freilich in den diversen Kulturkreisen des Vorderen Orients und des mediterranen Bereiches recht differierend definiert wurden.

a) Im Alten Testament sind die dem Israeliten zur Ehe verbotenen Verwandten in Lv 18,6ff[172] genannt: Vater bzw. Tochter, Mutter, Stiefmutter אשת אביך im Unterschied zur zuvor genannten אמך), Schwester (auch Halbschwester, egal ob väter- oder mütterlicherseits!), Enkelin, Tante (väter- wie mütterlicherseits, auch die Schwägerin des Vaters), Schwiegertochter, Schwägerin (Frau des

---

166 6,20a: ἠγοράσθητε γὰρ τιμῆς.
167 Heiligkeit und Freiheit.
168 A.a.O., 174.
169 Ebd.
170 Ebd.
171 Siehe dazu bereits Kap. I.2.1.
172 Siehe auch Lv 20,11-21; vgl. ferner Dtn 23,1; 27,20.22f; Gen 19,30-38; Ez 22,10f.

Bruders), Stieftochter/Stiefenkelin bzw. Schwiegermutter[173], Mutter der Schwiegereltern (= Großmutter der eigenen Frau), Tochter der eigenen Frau – zum Beispiel aus einer vorigen Ehe oder auch unehelich – sowie Enkelin der Frau und Schwester der Frau[174]. Darüber hinaus untersagen 11QTempel 66,17 und CD V 7-11 auch noch die Onkel-Nichte-Ehe, was durch Lv 18 jedenfalls nicht ausgeschlossen ist. CD sieht diesen Fall offenkundig in formaler Analogie zu Lv 18,13f, wonach die Tante mütter- wie väterlicherseits als Partnerin ausgeschlossen ist.

Allerdings stellt das Gebot der Leviratsehe[175] eine Ausnahmeregelung gegenüber diesen Inzestbestimmungen dar, insofern hier der Bruder bzw. auch ein anderer männlicher Verwandter[176] die Frau seines verstorbenen Bruders nimmt und mit ihr geschlechtlich verkehrt, wenn der Verstorbene keine eigenen Kinder gezeugt hatte. Der Grund für diese Ausnahme besteht darin, daß hier das Zeugungsgebot Priorität hat vor den Inzestbestimmungen.

Mehrfach ist im Alten Testament vom blutschänderischen Umgang eines Sohnes mit der Frau oder den Frauen – auch den Haremsweibern – des Vaters die Rede, was auf das Schärfste verurteilt wird: So Gen 35,22 und 49,4 der Umgang Rubens mit Bilha, einer Nebenfrau seines Vaters[177] Jakob, oder 2 Sam 16,21f der Umgang Absaloms mit Haremsfrauen[178] seines Vaters David, gegen den er revoltiert. So verbietet das Dtn derartige Fälle, nämlich daß jemand seines Vaters Frau nimmt bzw. "seines Vaters Decke aufdeckt"[179] (Dtn 23,1), während es ansonsten nur wenige Inzestbestimmungen enthält.

Ein klarer Fall von Inzest wird ferner Gen 19,30-38 berichtet, wo sich Lots Töchter von ihrem Vater durch inzestuösen Verkehr Kinder "erschleichen", indem sie ihren Vater zunächst betrunken machen. Auf die zwei Kinder, die dieser problematischen Verbindung entsprungen sind, werden die Moabiter und Ammoniter zurückgeführt[180], womit auf diese Völker ein Schatten fällt.

b) 1 Kor 5,1ff nimmt Paulus einen besonderen Fall von πορνεία in den Blick. Es handelt sich hierbei um einen in der korinthischen Gemeinde vorgekommenen Fall, bei dem ein Mitglied der Gemeinde sich die Frau seines Vaters

---

173 Siehe Lv 18,17: nicht Mutter und Tochter gleichzeitig.
174 Lv 18,18.
175 Dtn 25,5(-9); siehe auch Gen 38,8; im Neuen Testament: Mk 12,19 parr Mt 22,24; Lk 20,28. Siehe zur Leviratsehe oben S. 139-143.
176 Vgl. Ruth 4,5 u.ö.
177 פילגש אביו (Gen 35,22).
178 Auch hier ist von Nebenfrauen die Rede: פלנשי אביך.
179 Dtn 23,1.
180 Gen 19,37f.

"nahm"[181] und in geschlechtliche Beziehung zu ihr trat. Dabei handelte es sich vermutlich um eine Stiefmutter des Betreffenden; sonst wäre nicht von der Frau des Vaters, sondern konkret von der eigenen Mutter die Rede. Dies entspräche jedenfalls der alttestamentlich-jüdischen Ausdrucksweise, wonach die Stiefmutter als Frau des Vaters bezeichnet wird[182].

Nach den alttestamentlichen Gesetzestexten war eine derartige Beziehung unzulässig. Daran hielt man im Judentum auch in späterer Zeit fest[183].

Aber auch nach römischem Recht konnte eine derartige Beziehung nicht eingegangen werden[184].

Anders sah es dagegen nach griechischem Recht aus, das die Ehe unter nahen Verwandten begünstigte.[185] Dies zeigt bereits das Epiklerat an, nach dem oft der Onkel die Erbtochter heiratete und durch das Epiklerat rechtlich der Sohn seines eigenen Bruders wurde. Sind in *Ägypten* sogar Ehen unter leiblichen Geschwistern nichts Anstößiges und gut bezeugt[186], so konnten nach athenischem Recht zumindest auch Halbgeschwister heiraten, sofern sie verschiedene Mütter hatten.[187] Dies alles sind Indizien dafür, daß das System ehewidriger Verwandtschaftsgrade, wie es etwa in Rom oder im Judentum vertreten wurde, "dem grie-

---

181 Die Terminologie (Präsens von ἔχειν) deutet auf (möglicherweise wilde) Ehe oder Konkubinat hin, siehe auch H. Conzelmann, Korinther 116; W. Schrage, Erster Korinther I 369.
182 Siehe Lv 18,8; 20,11; Dtn 23,1; 27,10.
183 Siehe Jub 33,10; Philo, Spec. Leg. III 21; Arist. 152; Sib V 390; Pseudo-Phocylides 179; Mischna Sanh. VII 4.
184 Vergleiche Aelian, Hist.Anim. III 47; Gaius, Institutiones I 63; Ulpian, reg. V 6 usw. – siehe auch die Belege bei H. Conzelmann, a.a.O., 116; W. Schrage, a.a.O., 370; G. Delling, Art. Ehehindernisse 685. Eheverbote bestanden nicht nur für direkte Deszendenten, sondern auch für Stiefeltern und Stiefkinder. Ferner war die Ehe zwischen Eltern und Adoptivkindern selbst dann untersagt, wenn die Adoption nicht mehr bestand (Tacitus, Annales XII 4,2). Auch die im antiken Judentum – abgesehen von Qumran (siehe CD V 7-11) – zulässige Onkel-Nichte-Ehe war nach römischem Eherecht wie die Tante-Neffe-Ehe nicht zulässig (G. Delling, ebd.). Die augusteische Ehegesetzgebung brachte insofern eine Verschärfung mit sich, als die Ehehindernisse auch auf Schwiegereltern und Schwiegerkinder ausgedehnt wurden (G. Delling, ebd.).
185 Siehe im Einzelnen W. Erdmann, Ehe im alten Griechenland 180ff.
186 Siehe umfassend mit Belegen: S. Allam, Geschwisterehe 568-570: z.B. pChicago 17481 (365 v.Chr.); pBibl.Nat. 224 (68 v. Chr.); unzählige Texte vor allem seit der 18. Dynastie; ferner der Roman Seton-Chaemwese sowie Götterpaare in den Mythen (Osiris und Seth hatten ihre Schwestern Isis und Nephthys zur Frau).
187 W. Erdmann, a.a.O., 182f. Auch Ehen unter Vollgeschwistern waren "rechtlich anscheinend nicht verboten" (186), vor allem in hellenistischer Zeit (186f). Siehe auch S. Allam, a.a.O., 568-570.

chischen Rechte vollkommen fremd" gewesen ist.[188] Diese von der jüdischen wie der römischen Umwelt in vielem stark abweichende Ehegesetzgebung Griechenlands beruht wahrscheinlich auf dem Interesse, den Besitz möglichst in der Familie zu halten, wie das Erbtocherrecht zeigt.[189]

Unter diesen Umständen stellte auch eine eheliche oder eheähnliche Beziehung eines Mannes zu seiner Stiefmutter nichts Gesetzwidriges dar, vorausgesetzt, der Vater war gestorben oder von dieser Frau geschieden[190]. Immerhin bot sich für die betreffende Frau auf diesem Weg die Möglichkeit sozialer Absicherung, was ihre Entscheidung hinsichtlich dieser Beziehung begünstigt haben mag, vor allem wenn ihre ökonomische Grundlage – sei es durch den Tod des Partners, sei es durch eine für sie ungünstig verlaufene Scheidung – nicht hinreichend gewesen ist. Insofern konnte der Stiefsohn durchaus in dem Glauben handeln, etwas Gutes zu tun, zumal keine blutsverwandtschaftlichen Beziehungen zwischen ihm und dieser Frau bestanden.

Auf diesem Hintergrund, den man m.E. auch für Korinth zu veranschlagen hat, wird verständlich, daß die 1 Kor 5,1ff in den Blick genommene Person durchaus in dem Bewußtsein handeln konnte, nichts Falsches zu tun. Paulus hingegen akzeptiert diese Rechtsposition nicht, m.E. weil er von dem alttestamentlich-jüdischen Denken hinsichtlich einer derartigen Beziehung geprägt ist.

Daß Paulus – gerade in sexualethischen Fragen – auch sonst von alttestamentlichen Traditionen und Gesetzen her urteilt, zeigte sich ja bereits Röm 7,2f; vgl. 1 Kor 7,39f hinsichtlich der erneuten Verehelichung einer Witwe. Meines Erachtens ist auch 1 Kor 11,1-16, wo Paulus auf die Rolle der Frau im Gottesdienst eingeht, nicht ohne den jüdischen Hintergrund des Apostels verständlich.[191] Dabei sind – im Verlauf der Argumentation des Paulus – die mehrfachen Bezugnahmen auf Gen 1-3 auffällig: "Der Mann ist nicht von der Frau, sondern die Frau von dem Mann"[192]; ferner: "Und der Mann ist nicht geschaffen um der Frau willen, sondern die Frau um des Mannes wil-

---

188 So das abschließende Urteil Erdmanns, a.a.O., 188f.
189 Siehe auch W. Erdmann, a.a.O., 185 hinsichtlich der Zulassung der Ehe mit ἀδελφαὶ ὁμοπάτριοι.
190 Sonst hätte es sich um Ehebruch gehandelt, der besonders verwerflich war, wenn er vom eigenen Sohn verübt wurde.
191 Siehe dazu oben S. 216-218 den Exkurs zur Stellung der Frau im antiken Judentum, auch was den Kultus anbetrifft.
192 1 Kor 11,8; siehe Gen 2,21-23, worauf hier offensichtlich Bezug genommen wird. Zur Bedeutung dieser Genesisstelle für die geschlechtsspezifische Rollenverteilung im antiken Judentum siehe oben S. 218 und U. Winter, Frau 4-13.

len"[193]. Daß der Mann als "Haupt der Frau" bezeichnet wird (1 Kor 11,3), erinnert an Gen 3,16, wonach die Herrschaft des Mannes über die Frau eine Folge des Sündenfalls ist.

Paulus betont kategorisch, daß etwas Derartiges auf keinen Fall in der Gemeinde geduldet werden dürfe, zumal so etwas schon bei den Heiden nicht vorkomme (1 Kor 5,1), welch letzteres m.E. unzutreffend ist.[194] In Anknüpfung an die alttestamentliche Forderung, Israel möge das Böse aus seiner Mitte schaffen[195], fordert auch Paulus die korinthische Gemeinde dazu auf, "den Bösen aus" ihrer "Mitte auszutilgen"[196], wobei hier nicht näher auf die Frage nach der Art der Sanktionen eingegangen werden soll.

Strack-Billerbeck III 353-358 macht darauf aufmerksam, daß man im rabbinischen Judentum hinsichtlich von Proselyten die Auffassung vertrat, diese seien erst nach ihrem Übertritt zum Judentum in der Lage, auch legitime Blutsverwandtschaft zu begründen. Man habe den Standpunkt vertreten, "bei einem Proselyten" könne "Blutsverwandtschaft überhaupt nur insoweit in Frage kommen, als diese auf Verwandtschaft mütterlicherseits, nicht väterlicherseits, beruhte".[197] Demnach hätte man keine Bedenken dagegen gehabt, "wenn ein Proselyt das Weib seines Vaters, d.h. seine Stiefmutter, heiratete".[198] – Es ist m.E. jedoch die Frage, ob man diese erst aus deutlich späteren Zeugnissen gewonnene Position auch schon für neutestamentliche Zeit voraussetzen darf. Sollte dies tatsächlich berechtigt sein, hätte jemand wie der 1 Kor 5,1ff in den Blick genommene Mann ein weiteres Argument auf seiner Seite. Er konnte seine Situation als Neu-Christ ja in Analogie zu derjenigen von Proselyten im Judentum verstehen. Dies bleibt aber fraglich, weshalb ich auf dieses Argument verzichte.

Sollte es sich demgegenüber um den Fall gehandelt haben, daß ein Mann ein ehebrecherisches Verhältnis zu seiner derzeitigen Stiefmutter unterhielt – d.h., daß der Vater noch lebte und mit dieser Frau rechtlich verheiratet war –, entsprach die kategorische Verwerfung dem Rechtsempfinden auch der hellenisti-

---

193 1 Kor 11,9; siehe auch Gen 2,18, worauf sich Pauus hier bezieht. Zur Bedeutung dieser Genesisstelle für die geschlechtsspezifische Rollenverteilung im antiken Judentum siehe oben S. 218. – Siehe insgesamt auch U. Winter, Frau 4-13.
194 Freilich mag ein solcher Fall, in dem ein Mann seine inzwischen alleinstehende Stiefmutter heiratete, selten vorgekommen sein, so daß Paulus pauschal behaupten konnte, so etwas komme (bei den Heiden) nicht vor.
195 Vgl. Lv 28,29; Dtn 22,21.22.24 ebenfalls im Zusammenhang sexualethischer Delikte.
196 1 Kor 5,13: ἐξάρατε τὸν πονηρὸν ἐξ ὑμῶν αὐτῶν; vgl. 1 Kor 5,7a.
197 Strack-Billerbeck III 353.
198 A.a.O., 354.

schen Umwelt des Paulus. Doch hätte es sich dann nicht bloß um πορνεία, sondern eindeutig um Ehebruch (μοιχεία) gehandelt.

Exkurs zu den Inzestbestimmungen der frühen Alten Kirche.

Anfangs fehlen eigene Inzestgesetze ganz[199] – vermutlich deshalb, weil man grundsätzlich an den Bestimmungen von Altem und Neuem Testament festhielt und noch kein weiterer Klärungsbedarf bestand.
So bestimmt can. 66 des Konzils von Elvira (in Spanien 306): *"Wenn jemand seine Stieftochter heiratet, so wurde beschlossen, ihm dürfe auch auf dem Totenbett die Kommunion nicht gegeben werden, weil er einen Inzest begangen habe."*[200]
Can. 2 des Konzils von Neocäsarea (314-325) bestimmt: *"Wenn eine Frau zwei Brüder heirathet, soll sie bis zum Tod ausgeschlossen werden ..."*[201]
Die römische Synode unter Innozenz I bestimmt 402 im can. 9: *"Es darf kein Christ die Schwester seiner verstorbenen Frau heirathen, noch neben seiner Frau eine Concubine haben."*[202]
Zwei irische Synoden unter Patricius (450-456) verfügen in can. 29: *"Ehen in den vier (ersten) Graden der Verwandtschaft sind verboten."*[203]
Die Synode von Agde (506) bestimmt can. 61: *"Incestuöse Verbindungen sind durchaus unerlaubt".*[204]
Die 1. Synode von Orleans (511) verfügt can. 18: *"Es darf Niemand die Wittwe seines Bruders und Niemand die Schwester seiner verstorbenen Frau heirathen".*[205]
Konkrete Bestimmungen finden sich can. 30 der Synode von Epaon (517). Dort werden *"außer denjenigen (Verbindungen, F.K.), die man gar nicht eingehen darf*[206], *auch noch folgende Verbindungen"*[207] untersagt: die Verbindung mit der Witwe seines Bruders, mit der Schwester seiner eigenen ver-

---

199 Siehe besonders die Arbeit von P. Mikat, Kirchliche Inzestbestimmungen, 1994. Demnach sind eigene (kirchliche) Inzestgesetze erst ab dem 4. Jahrhundert n. Chr. anzutreffen, siehe auch H. Crouzel, a.a.O., 327. Dies wird bestätigt durch die eigene Durchsicht der Konzilstexte.
200 Abgedruckt bei C. Munier, a.a.O., 304f.
201 Zitiert nach C.J. v. Hefele, Conciliengeschichte I 244.
202 Zitiert nach C.J. v. Hefele, Conciliengeschichte II 88.
203 Zitiert nach C.J. v. Hefele, a.a.O., II 587.
204 Zitiert nach C.J. v. Hefele, a.a.O., II 659.
205 Zitiert nach C.J. v. Hefele, a.a.O., II 664.
206 Dabei ist an Verbindungen mit direkten Blutsverwandten gedacht, so wie sie can. 5 der 2. Synode von Toledo ausdrücklich untersagt werden.
207 Zitiert nach C.J. v. Hefele, a.a.O., II 685.

storbenen Frau[208], mit der Stiefmutter, mit (Nichten und) Neffen, (Großnichten und) Großneffen, mit der Witwe seines Onkels[209] sowie mit der Stieftochter. Bereits geschlossene Ehen dieser Art werden nicht aufgelöst. Aber neue dürfen nicht geschlossen werden.[210]
Die 2. Synode von Toledo (527 oder 531) bestimmt can. 5: *"Kein Christ darf eine Blutsverwandte heirathen".*[211]
Die 2. Synode von Orleans (533) verfügt can. 10: *"Niemand darf seine Stiefmutter heirathen".*[212]
Allgemein werden "incestuöse Ehen" von can. 11 der Synode von Clermont in Auvergne (535)[213] sowie can. 10 der 3. Synode von Orleans (538)[214] untersagt.
Die 4. Synode von Orleans (541) bekräftigt can. 27: *"Wer die Verordnungen des vorigen Concils von Orleans (c.10) in Betreff der incestuösen Ehen nicht beobachtet, soll in Gemäßheit der Canonen von Epaon bestraft werden."*[215]
Vergleicht man die konkreten Gesetzesbestimmungen der Konzilien, inbesondere die Bestimmungen von Epaon[216], die am konkretesten gehalten sind, mit denen von Lv 18,6ff, so fällt auf, daß beide weitestgehend übereinstimmen: Beide stellen die Bestimmungen aus der Perspektive des Mannes auf, d.h., sie bestimmen, welche Frauen für den männlichen Adressaten nicht in Frage kommen. Direkte Blutsverwandte[217] (Tochter, Schwester, Enkelin) sind in jedem Falle verboten. Lv 18,6ff wie can. 30 von Epaon untersagen darüber hinausgehend auch Ehen mit bestimmten Personen, mit denen man nicht blutsverwandt ist, die aber aufgrund einer vorangegangenen Ehe mit einem nahen Verwandten dennoch untersagt sind: die Verbindung mit der Schwägerin, mit der Stiefmutter und mit der Stieftochter.

---

208 Also mit Schwägerinnen.
209 Egal, ob väterlicher- oder mütterlicherseits.
210 Siehe den Konzilstext bei C.J. v. Hefele, a.a.O., II 685.
211 Zitiert nach C.J. v. Hefele, a.a.O., II 722.
212 Zitiert nach C.J. v. Hefele, a.a.O., II 757.
213 Siehe C.J. v. Hefele, a.a.O, II 762.
214 Siehe C.J. v. Hefele, a.a.O., 770. Dort findet sich die Näherbestimmung: "Haben Neophyten gleich nach ihrer Taufe und des Verbots unkundig, eine solche Ehe eingegangen, so soll dieselbe nicht getrennt werden" (ebd.).
215 Zitiert nach C.J. v. Hefele, a.a.O., II 782.
216 Das für die weitere Konzilsgesetzgebung grundlegend war, siehe z.B. can. 27 der 4. Synode von Orleans (541), wo einfach auf die Bestimmungen von Epaon zurückgegriffen wird.
217 Nach can. 29 der 2 irischen Synoden unter Patricius (450-456) "Ehen in den vier (ersten) Graden der Verwandtschaft", worunter neben weiteren Deszendenten in direkter Linie (z.B. Urenkelin) u.a. auch Cousinen fallen.

Dabei fällt auf, daß ein besonderes Gewicht der Inzestbestimmungen der Konzilien darin besteht, die Ehe mit der Schwägerin zu untersagen.[218] Dies ist vermutlich deshalb der Fall, weil dergleichen in der Praxis häufiger vorkam und eine Einschärfung des kirchlichen Inzestgesetzes deshalb gerade hier notwendig erschien. Die Ehe mit der Stiefmutter wird auch besonders hervorgehoben.[219]

Unterschiede in den Gesetzesbestimmungen der Konzilien und denen von Lv 18,6ff bestehen darin, daß can. 30 von Epaon ausdrücklich die Ehe mit der Großnichte untersagt wird, obwohl diese nach Lv 18,6ff nicht untersagt ist. Lv 18,6ff untersagt nur die Tante-Neffe-Ehe, nicht aber eine Onkel-Nichte-Ehe (anders CD V 7-11).

Lv 18,6ff wird – im Unterschied zu den genannten Konzilsbestimmungen – ferner auch noch ausdrücklich die Ehe mit der Schwiegertochter, der Stiefenkelin, der Schwiegermutter sowie mit der Mutter der Schwiegereltern untersagt.

---

[218] Bereits can. 2 des Konzils von Neocäsarea (314-325), can. 9 der römischen Synode von 402, detaillierter can. 18 der 1. Synode von Orleans (511), ebenso detailliert can. 30 der Synode von Epaon (517).
[219] can. 30 der Synode von Epaon (517) sowie can. 10 der 2. Synode von Orleans (533).

Fazit:

Die Bearbeitung der einzelnen Themenkomplexe hat gezeigt, daß eine erneute Auseinandersetzung mit der Eheproblematik – trotz der Arbeiten Preiskers, Baltensweilers, Niedswimmers u.a. – durchaus sinnvoll ist. Zum Abschluß sollen nun die wichtigsten Untersuchungsergebnisse festgehalten werden.

1. Im I. Kapitel wurden neutestamentliche Texte analysiert, die sich mit der Ehe im allgemeinen befassen.

1.1. Dabei wurde deutlich, daß Paulus keine eigene umfassende Ehelehre entwickelt, sondern im wesentlichen auf konkrete Anfragen der korinthischen Gemeinde eingeht (so bereits 1 Kor 7,1!). Einerseits wird die paulinische Ehesicht verkannt, wenn man 1 Kor 7,1b als paulinische Position – d.h., nicht als korinthische Position(!) – ansieht; zum anderen wäre es zu einfach, Paulus als Ehefeind zu charakterisieren, wie dies in der Forschung allzuoft geschehen ist, so auch z.B. bei Delling, Preisker oder Niedswimmer. Vor einer derartigen Fehleinschätzung wird man bewahrt, wenn man stärker den traditionelljüdischen Hintergrund mitberücksichtigt, wie er an einigen Stellen in 1 Kor 7 deutlich durchklingt[1]. Paulus steht grundsätzlich auf dem Boden der jüdischen Sexual- und Ehemoral[2], so daß er die Ehe durchaus als gut (1 Kor 7,38a) und für die allermeisten Menschen als notwendig (1 Kor 7,3ff) ansehen kann.

Bemerkenswert ist, daß Paulus – trotz dieser Grundposition – zu einer für das Judentum ungewöhnlichen Hochschätzung der Ehelosigkeit kommt. Doch ist auch dies nicht völlig singulär, wenn man im Judentum etwa an Simeon ben Assai denkt. Auch Jesus dürfte ehelos gelebt haben; denn wie sollte Mt 19,10-12 anders zu verstehen sein?

1.2. In der nachpaulinischen Tradition gilt die Ehe offenbar als das Selbstverständliche; von Ehelosigkeit ist bisweilen überhaupt keine Rede mehr (Kol; Eph), oder sie ist durch Irrlehrer in Mißkredit geraten (vgl. 1 Tim 4,3). So greifen die Deuteropaulinen ganz selbstverständlich auf die Ständetafel-Ethik der Umwelt[3] zurück und beschreiben die erstrebenswerten Relationen innerhalb des christlichen Hauses, wobei dem Mann insbesondere die Verpflichtung eingeschärft wird, seine Ehefrau zu lieben – zumal sie nach 1 Petr 3,7 Miterbin des

---

1 Vor allem 1 Kor 7,3ff.36-38.39f.
2 Vgl. auch 1 Thess 4,3ff.
3 Ökonomie, Stoa, hellenistisches Judentum.

Heils ist; den Frauen wird die Unterordnung anempfohlen – auch diese Forderung haben die Verfasser der Deuteropaulinen aus der Umwelt adaptiert.

Beachtenswert ist, daß es dem Verfasser des Eph gelungen ist, zu einer besonderen Würdigung der Ehe zu gelangen, die über die verchristlichte Ständetafel-Ethik hinausgeht und eine fundierte theologische Begründung für die christliche Ehe liefert. Die Ehe findet in Eph 5,21ff eine christologische und insbesondere ekklesiologische Vertiefung: Gen 2,24 wird im übertragenen Sinn ausgelegt auf das Verhältnis Christi zu seiner Ekklesia, wobei an die Gesamtheit der Kirche – nicht wie in 2 Kor 11,2 nur an eine einzelne christliche Haus- oder Ortsgemeinde! – gedacht ist. Diesem Verhältnis soll die christliche Ehe entsprechen.

Das hier entwickelte Konzept ist der einzig wirklich systematische Versuch eines neutestamentlichen Schriftstellers, die Ehe aus christlicher Sicht zu würdigen. Dabei konnte er sich vor allem auf die alttestamentliche Ehebundtradition stützen, nach der das Verhältnis Jahwes zu seinem Gottesvolk in der Ehesymbolik charakterisiert wird: der Ehebund ist zugleich Geschenk und Verpflichtung; auch die negative Kehrseite dieses Ehebundes ist in den alttestamentlichen Ehebundtexten deutlich im Blick: der Ehebruch als Zerbrechen des Geschenkes Gottes.

Bereits Paulus hatte 2 Kor 11,2 den alttestamentlichen Ehebundgedanken aufgegriffen, wenn er davon sprach, daß er – wie ein Brautführer – Christus die korinthische Ekklesia als reine Jungfrau zuführe. Diese Vorstellungen und Traditionen stehen Eph 5,21ff im Hintergrund und klingen – bis in die Terminologie hinein – an. Es ist daher nicht notwendig – wie auch aus historischen Gründen gar nicht möglich –, Eph 5,21ff weiterhin auf dem Hintergrund gnostischer Syzygievorstellungen zu interpretieren. Dieser Versuch, der in der Forschung allzu kühn unternommen wurde[4], muß als verfehlt angesehen werden. Die gnostischen Syzygievorstellungen sind ihrerseits eigenständige und zeitlich spätere Weiterentwicklungen der spiritualisierten Hieros-Gamos-Vorstellung, wofür es gewisse Vorläufer bei Philo, in der SapSal und in anderen hellenistisch-jüdischen Texten gibt.

1.3. Die theologische Höhe des Eph haben die Pastoralbriefe in ihrer Ehe- und Sexualethik nicht wieder erreicht. Hier wird die Ehe auch den jüngeren Witwen deutlich anempfohlen[5]. Ehelosigkeit wurde offenbar von den Häretikern als Heilsweg postuliert[6], so daß der Verfasser keine andere Möglichkeit sieht, als dem Konzept und der Ethik der Gegner Kindeserzeugung und Haushaltsführung

---

4 Man vergleiche nur die Arbeiten von Schlier und Niedwimmer.
5 1 Tim 5,14; man vergleiche dagegen 1 Kor 7,39f!
6 1 Tim 4,3.

als den wahren "Heilsweg" polemisch entgegenzusetzen[7]. Aufgrund der polemischen Fronstellung war es dem Verfasser der Pastoralbriefe offenbar nicht möglich, zu einer fundierteren Ehewürdigung zu kommen, wie sie etwa Eph 5,21ff vorliegt.

So sehr sich die Pastoralbriefe auch gegen die asketische Lebensweise richten, so besteht doch immerhin im Witwenamt[8] zumindest für die ältere, unversorgte Witwe die Möglichkeit, in Form einer gemeindlichen Institution asketisch zu leben, Verantwortung für die Gemeinde zu tragen (Fürbitte) und sich dabei hohen moralischen Ansehens in der Gemeinde zu erfreuen.

1.4. Bei dem Durchgang durch die neutestamentlichen Ehetexte fällt auf, daß – abgesehen von 1 Tim 2,15 und 5,14 – nirgends davon die Rede ist, daß der eigentliche Zweck der Ehe in der Kinderzeugung besteht, obwohl nach jüdischer Sicht die Zeugung von Nachkommenschaft aufgrund von Gen 1,28 fundamental für die Ehe ist und ebenso für die griechische Polis die Zeugung legitimer (!) Nachkommenschaft elementar bleibt. Auch die im Rahmen einer restaurativen Familien- und Gesellschaftspolitik stehende augusteische Ehegesetzgebung (Lex Iulia et Papia Poppaea) beinhaltet – jedenfalls für die staatstragenden führenden Kreise – die Verpflichtung, eine hinreichende Nachkommenschaft zu hinterlassen. Der neutestamentliche Befund hebt sich aber von diesem Bild der Umwelt deutlich ab. Die Pastoralbriefe könnten der Konvention der Umwelt mit ihrer Forderung nach geordneter Ehe, Kindeserzeugung und Haushaltsführung einen Tribut zollen – sicher nachzuweisen ist dies allerdings nicht, weil die antihäretische Fronstellung ebenfalls – oder noch stärker! – in Rechnung zu stellen ist.

Es ist durchaus möglich, daß das Zeugungsgebot mit im Hintergrund des Ehebildes der neutestamentlichen Verfasser steht. Dafür spricht insbesondere die selbstverständliche Nennung der Relation Eltern (Vater) – Kind in den neutestamentlichen Ständetafeln und die Reihung γαμεῖν, τεκνογονεῖν, οἰκοδεσποτεῖν 1 Tim 5,14. Dennoch ist festzuhalten, daß weder Paulus noch der Verfasser des Eph in ihren Ausführungen zur Ehe[9] die Verpflichtung von Gen 1,28 einschärfen oder auch nur erwähnen.

Dies mag bei Paulus mit der Naherwartung der Parusie zusammenhängen.[10] Im Falle von Eph 5,21ff reichen solche Erklärungen aber keinesfalls aus. Der Verfasser sucht eine tiefgehende Begründung der Ehe auf ekklesiologisch-

---

7 1 Tim 2,15; vgl. 1 Tim 5,14.
8 1 Tim 5,1ff.
9 1 Kor 7; vgl. 1 Thess 4,3ff; Eph 5,21ff.
10 Man beachte die apokalyptische Perspektive in 1 Kor 7,26ff, wo Paulus davon abrät, sich angesichts der nahe bevorstehenden Drangsale noch mit einem Ehepartner abzuplagen und diesen der endzeitlichen Notsituation auszusetzen.

christologischem Wege, ohne sich des Gedankens der Zeugung von Nachkommenschaft als Motiv zur Ehebejahung zu bedienen.

In der synoptischen Tradition findet sich ebensowenig der Gedanke, daß die Ehe aufgrund der Zeugung von Nachkommenschaft zu schließen sei. Gleichwohl wird in vielen Perikopen das häusliche Familienleben von Eltern und Kindern ganz selbstverständlich vorausgesetzt. Auch die Ablehnung der Ehescheidung durch den historischen Jesus zeugt von einer Hochschätzung der Ehe, weil diese dem Schöpfungswillen Gottes entspricht. Wenn vom Schöpfungswillen Gottes die Rede ist, mag die Zeugung (aufgrund von Gen 1,28) mitgedacht sein, auch wenn sie nicht explizit in den Texten genannt wird.

2.1. Im II. Kapitel zeigte sich die Notwendigkeit terminologischer Präzision: so ist zwischen simultaner und sukzessiver Monogamie bzw. Polygamie (besser: Polygynie) zu unterscheiden und nicht undifferenziert[11] von der "Verpflichtung zur Monogamie" oder dem "Verbot der Polygamie" zu sprechen, wie dies in der exegetischen Literatur verbreitet der Fall ist. D.h., simultane Monogamie bezeichnet den Umstand, daß man zu einem gewissen Zeitpunkt nur einen einzigen Ehepartner hat, der aber prinzipiell gegen einen anderen – z.B. durch Tod oder Scheidung – "ausgetauscht" werden kann. Wer in absoluter Monogamie lebt, hat zeitlebens denselben Ehepartner und heiratet auch nach dessen Tod oder nach der Scheidung von selbigem nicht wieder. Diese Präzisierung scheint mir auch hinsichtlich des in der Forschung undifferenziert verwendeten Terminus "Einehe" vonnöten zu sein. Für die Existenz in absoluter Monogamie ziehe ich daher den Ausdruck "Einzigehe" vor.[12]

2.2. Im II. Kapitel wurden Spezialformen von Ehe untersucht und überlegt, ob bei exegetisch strittigen Texten des Neuen Testaments einzelne dieser Formen gemeint sein könnten.

2.2.1. Es legt sich aufgrund der religionsgeschichtlichen Untersuchung nahe, in den strittigen Bestimmungen der Pastoralbriefe, nach denen ein Amtsinhaber "der Mann (nur) einer Frau" bzw. eine Gemeindewitwe "die Frau (nur) eines Mannes" sein soll, die Verpflichtung zur "Einzigehe" zu sehen. Dafür konnten zahlreiche Parallelen aus Kultus und Volksleben der Umwelt angeführt werden.

Dabei konnte weitgehend auf die Ergebnisse der religionsgeschichtlichen Forschung zu Anfang dieses Jahrhunderts[13], aber auch auf die für diese Frage wichtige Dissertation von B. Kötting (von 1943) zurückgegriffen, etwaige Irrtümer oder Unklarheiten einer weiteren Klärung zugeführt werden. Das Belegmaterial aus dem römisch-hellenistischen Volksleben machte deutlich, welch hohes

---

11 Etwa angesichts von CD IV 21.
12 Diesen Ausdruck verdanke ich meinem Doktorvater H. Stegemann, Essener 269f.
13 H. Strathmann, E. Fehrle und H. Preisker.

Ansehen Personen genossen hatten, die zeitlebens nur ein einziges Mal verheiratet waren. Das Material hat sich aber durch die Qumrantexte noch erweitert: Aufgrund der Analyse von CD IV 20ff konnte wahrscheinlich gemacht werden, daß auch die Essener in Einzigehe lebten, wie bereits H. Stegemann angenommen hatte. So war der Nährboden günstig, gerade auch an kirchliche Amtsträger und Gemeindewitwen die Forderung der Einzigehe zu richten, weil dies ein weiterer Beweis für den sittlichen Ernst der Christen in den Augen der Zeitgenossen war. Gerade Bischöfe, Presbyter, Diakone und Gemeindewitwen standen durch ihre karitativen wie repräsentativen Aufgaben im besonderen Rampenlicht der Öffentlichkeit. So hat die altkirchliche Tradition meines Erachtens zu Recht die in der heutigen Forschung strittigen Passagen der Pastoralbriefe im Sinne der lebenslänglich einmaligen Ehe interpretiert. Erst später verstand man diese Passagen anders, wobei möglicherweise das Interesse eine Rolle gespielt hat, sie mit 1 Kor 7,39f zu harmonisieren, zumal man auch die Pastoralbriefe als paulinisch angesehen hat; oder man fand das Postulat einer Einzigehe zu rigoros, zumal es bald auf die Fahnen von häretischen Gruppen geschrieben wurde und sich zu einer Frage des ethischen status confessionis entwickelte.[14]

2.2.2. Die Untersuchung von 1 Kor 7,36-38 hat gezeigt, daß es sich hier noch nicht um die – sich vor allem ab der 2. Hälfte des 2. Jahrhunderts entwickelnde und im 3. Jahrhundert sicher belegte, auch als "geistliche Ehe" bekannte – "Syneisaktenehe" handelt.

Rein exegetisch betrachtet bestünde die Möglichkeit, hier entweder geistliche Ehen oder Verlöbnisse angesprochen zu sehen. Daher muß die exegetisch-sprachliche Untersuchung durch eine historische Untersuchung ergänzt werden.[15] Erst diese ermöglicht ein gesichertes Ergebnis: es handelt sich um Verlöbnisse. Dafür können mehrere Gründe angeführt werden: 1. Es gibt keinerlei zureichenden Beleg für die Existenz von geistlichen Ehen bzw. Syneisaktenehen im 1. Jahrhundert nach Christus. 2. Trotz des in der Forschung unternommenen Versuchs, die Therapeuten anzuführen, gibt es keine wirklichen Analogien aus der neutestamentlichen Umwelt zur Zeit des Paulus. 3. 1 Kor 7,36-38 wird historisch wie exegetisch voll verständlich, wenn man annimmt, daß Paulus hier von jüdischen Voraussetzungen (Verlobung) her dachte, die auch gewisse Analogien im römisch-hellenistischen Bereich hatten. Diese Interpretation geht auch

---

14 Vgl. die Prüfung des Bischofsanwärters, wie er in dieser Frage denke: Belege bei B. Kötting, a.a.O., 189, A.1 (Statuta ecclesiae antiqua 1, MPL LVI 879f).
15 Das ist eine methodische Parallele zu 2.2.1. Auch dort zeigte sich – und Kötting hat dies in seiner Dissertation auf den Punkt gebracht! –, daß die strittigen Passagen der Pastoralbriefe aufgrund exegetisch-sprachlicher Kriterien nicht sicher interpretiert werden können und erst die historische Fragestellung zu einer wirklichen Klärung verhilft.

konform mit der Exegese anderer Paulustexte zu sexualethischen Fragen, in denen Paulus von jüdischen Verhältnissen und Beurteilungen her denkt und diese auf die Situation von Christen im hellenistischen Bereich überträgt[16].

Trotz dieses Befundes erwies es sich als fruchtbar, dem Phänomen der Syneisaktenehe, das in der kirchlichen Gesetzgebung schnell verteufelt wurde, näher nachzugehen und seine Beziehungen zu den asketischen Traditionen des Neuen Testaments in den Blick zu nehmen.

2.2.3. Religiös gemischte Ehen bereiteten bereits im 1. Jahrhundert nach Christus besondere Probleme. In der alttestamentlichen Tradition – vor allem in exilisch-nachexilischer Zeit – kam es im Judentum zur eindeutigen und kompromißlosen Verwerfung von religiösen Mischehen. Diese erfolgte nicht aus rassisch-ethnischen, sondern aus religiösen Gründen. Paulus war – wie auch der Verfasser von 1 Petr – vor das Faktum bestehender religiös gemischter Ehen gestellt, die in der Regel durch die Konversion nur eines Ehepartners[17] zum Christentum entstanden. Die Verfasser versuchen, seelsorgerlich der Situation des christlichen Teils gerecht zu werden.[18]

Von dieser Fragestellung ist das Problem zu unterscheiden, daß ein Christ bzw. eine Christin bewußt einen Heiden heiratet. Die textliche Basis zu diesem Problem ist im Neuen Testament allerdings mehr als dürftig. Doch weist 1 Kor 7,39f in die Richtung, daß Paulus von solchen Verbindungen abgeraten hat. Das μόνον ἐν κυρίῳ wird meines Erachtens nur so voll verständlich. Auch hierin zeigt sich Paulus als Erbe der jüdischen Tradition, die der Schließung religiös gemischter Ehen eindeutig entgegenstand und Ausnahmen nur für den Fall der Konversion des heidnischen Ehepartners vorsah[19].

2.2.4. Der Vollständigkeit halber kam im II. Kapitel abschließend die Leviratsehe in den Blick, die im Neuen Testament nur am Rande begegnet, aber aufgrund der alttestamentlich-jüdischen Tradition mitberücksichtigt werden sollte, wenn Spezialformen von Ehe diskutiert werden. Hier scheinen – neben dem ideellen Gedanken, aufgrund von Gen 1,28 nicht kinderlos verstorben zu sein – erb- und versorgungsrechtliche Gesichtspunkte eine wichtige Rolle gespielt zu haben. Das Institut der Leviratsehe sollte dazu dienen, zum einen die Frage des Erbbesitzes zu regeln, zum anderen die Versorgung der Witwe zu gewährleisten.

In diesem Zusammenhang wurde der Blick ausgeweitet auf das Erbtochterrecht, wie es neben Num 27,1ff und 36,1ff auch im griechischen Epiklerat be-

---

16 Siehe etwa 1 Kor 5,1ff; aber auch 1 Kor 7,39f, vgl. Röm 7,2f; 1 Kor 7,3ff.
17 Nach 1 Petr 3,1-7 die Frau; nach 1 Kor 7,12-16 die Frau bzw. der Mann.
18 Wobei 1 Petr – bedingt durch die gewandelte gesellschaftliche Situation der Christen – apologetischen Charakter hat (siehe auch D.L. Balch, Let Wives be Submissive, 1981).
19 Anschaulich wird dies geschildert im Roman "Joseph und Aseneth".

gegnet und zur Schließung "endogamer Ehen"[20], also zu Verwandtenehen, führt.[21]

3. Im III. Kapitel kamen die asketischen Traditionen in den Blick. Zu einer besonderen Würdigung der Ehelosigkeit gelangt Paulus in 1 Kor 7, wobei er aber voraussetzt, daß die entsprechenden Personen mit dem Charisma der Enthaltsamkeit begabt sind (1 Kor 7,7). Dieser Vorbehalt wurde bei der Darstellung der paulinischen Ehesicht in der Forschung allzuoft unterschlagen. Er bewahrt vor der Einseitigkeit, Paulus allzuschnell in die Ecke der Ehefeinde zu rücken.

Die theologische Begründung der ehelosen Existenz erfolgt 1 Kor 7 mehrschichtig, nämlich sowohl eschatologisch (1 Kor 7,26ff) als auch christologisch (1 Kor 7,32-35) und charismatisch (1 Kor 7,7). Eine ähnlich grundsätzliche theologische Fundierung der Ehe sucht man bei Paulus vergeblich; erst Eph 5,21ff füllt dieses Defizit aus. Das paulinische Votum darf in seiner gewissen Einseitigkeit[22] aber nicht unabhängig von dem persönlichen Lebensweg des Apostels Paulus gesehen werden, der – wie die Überlegungen zur möglichen Witwerschaft des Paulus gezeigt haben – mit einiger Wahrscheinlichkeit zeitlebens ehelos war.

In der synoptischen Tradition begegnen asketische Radikalismen Mt 19,10-12[23] und Mk 10,28ff parr, wobei Lk 18,29 par Mt 19,29 v.l. eine weitere Verschärfung bringen, die eine Spannung zum Scheidungsverbot Jesu in sich trägt. Diese asketischen Traditionen haben mit dazu beigetragen, daß sich in späterer Zeit in der Großkirche Formen asketischen Lebens etablieren konnten[24], andere Formen der Askese hingegen zunächst erprobt, bald aber wieder abgestoßen wurden, weil es zu Auswüchsen kam und gerade häretische Kreise diese Lebensweise praktizierten (Syneisaktenehe).

4. Zu den neutestamentlichen Ehescheidungstexten gibt es bereits eine Fülle von qualitativ guten Abhandlungen, wie z.B. den Beitrag von B. Schaller. Dennoch war es unerläßlich, zunächst das komplizierte Verhältnis der einzelnen synoptischen Texte und Traditionsstränge zueinander – einschließlich der Variationslesarten zu einzelnen Stellen – selbst zu untersuchen. Hierbei zeigte sich die

---

20 Im Unterschied zu den "exogamen Ehen".
21 Eine solche Verwandtenehe ist z.B. die Onkel-Nichte-Ehe, die nach biblisch-jüdischer Auffassung nicht verboten ist, im griechischen Bereich oft vorkommt, in der augusteischen Ehegesetzgebung wie auch in CD V 7-11 aber untersagt ist.
22 Vor allem 1 Kor 7,32-35.
23 Wobei es sich möglicherweise um eine apologetische Auseinandersetzung mit der Polemik der jüdischen Umwelt handeln könnte, für die die ehelose Existenz eines erwachsenen Mannes im Grunde undenkbar war und Eunuchen Negativpersonen par excellence darstellten.
24 Vor allem die mönchische Existenz, dann aber auch die sich schließlich durchsetzende Forderung des Zölibats für Priester.

Notwendigkeit, bestehende Differenzen (auch Variationslesarten bei Mk und Mt) auf dem Hintergrund des jeweiligen religionsgeschichtlichen Kontextes mit den entsprechenden rechtlichen Gegebenheiten zu erklären. Eine strittige Frage ist die von E. Bammel angeregte und von der feministischen Exegese (B.J. Brooten und M. Fander) weiter untersuchte Fragestellung, ob im Judentum der Frau ein volles und eigenständiges Scheidungsrecht zukam, wie dies für ihre Geschlechtsgenossinnen im ägyptischen wie im hellenistisch-römischen Bereich der Fall war. Die Frage grundsätzlich zu bejahen, ist aufgrund des derzeitig verfügbaren Materials – vor allem Scheidungsurkunden – (noch?) nicht möglich. Die Elephantine-Texte sind auf dem Hintergrund des ägyptischen Rechts zu verstehen. Allerdings besteht aufgrund der – zeitlich jedoch späteren und z.T. nicht hinreichend edierten – Texte aus dem Wadi Muraba'at immerhin die Möglichkeit, damit zu rechnen, daß auch jüdische Frauen lokal begrenzt – vielleicht unter besonderen Bedingungen – tatsächlich eigenständig die Scheidung betreiben konnten.

Der vorliegenden Untersuchung stellte sich – ausgehend von dem im Forschungsüberblick festgestellten Defizit – ferner die Frage, wie die Ablehnung der Ehescheidung durch den historischen Jesus theologisch verankert ist. Baltensweilers Erwägungen waren einseitig auf einen konkreten geschichtlichen Fall zur Zeit Johannes des Täufers und Jesu fixiert und vermochten nicht, die Grundsätzlichkeit des Votums Jesu zu erfassen. Andere gingen dieser Fragestellung erst gar nicht nach (z.B. Preisker), obwohl sie grundsätzlich für die Frage nach dem historischen Jesus offen waren. Neutestamentliche Ethiken der letzten zwanzig Jahre verweisen allgemein auf das Basileia-Verständnis Jesu und haben immerhin die Verbindung zu anderen Problemkreisen des Jesus-Guts im Blick.

Ausgehend von Überlegungen von H. Stegemann und J.R. Sauer zeigte sich im Verlauf der eigenen Untersuchung die Möglichkeit, das Votum Jesu von Mk 10,9 par Mt 19,6 – hierin sehe ich den ältesten Kern der Perikope, der m.E. auf den historischen Jesus zurückzuführen ist – im Zusammenhang der Basileia-Erwartung Jesu als "restitutio principii"[25] zu interpretieren. Dabei kann des weiteren auf Mk 2,27 hingewiesen werden, wobei auch dieses Logion dem historischen Jesus zuzuweisen ist und die Wiederherstellung des mit der Schöpfung gegebenen ursprünglichen Willens Gottes intendiert. Zahlreiche Analogien für das Urzeit-Endzeit-Verhältnis im Sinne Jesu lassen sich aus der zeitgenössischen jüdischen Literatur beibringen. Dabei ist es charakteristisch, daß die Minderungen der Schöpfung – wie sie nach Gen 3 aufgrund des "Sündenfalls" eingetreten sind – in der heilvollen Endzeit ihr Ende finden und die ursprünglich uneingeschränkt gute Schöpfung wiederhergestellt wird.

---

25 Nach dem Entsprechungsverhältnis von Urzeit und Endzeit.

Die Möglichkeit, das Votum Jesu auf diesem Hintergrund zu verstehen und somit die Ehe angesichts des Reiches Gottes in ihrer schöpfungsgemäßen Bestimmung wiederhergestellt zu sehen, sollte ernsthaft in Betracht gezogen werden. Jedenfalls erscheint mir dieses Modell angemessener als die in der exegetischen Literatur[26] anzutreffende Interpretation auf dem Hintergrund des androgynen Mythos oder als A. Isakssons Interpretation aus dem Verständnis des reinen und heiligen Gottesvolkes heraus. Dennoch haben diese beiden Modelle auf ihre Weise zu Recht bei der Interpretation der Position Jesu auf die Relation Urzeit – Endzeit zurückgegriffen und stehen so in einer gewissen Analogie zu meinem eigenen Entwurf. Die Notwendigkeit, Verknüpfungen und Strukturanalogien zu anderen ethischen Fragen innerhalb des Jesus-Guts herzustellen, spricht m.E. jedenfalls für das Modell der "restitutio principii".

5. Abschließend wurden im V. Kapitel – eher anhangsweise – weitere sexualethische Fragen untersucht, die im Neuen Testament behandelt oder zumindest angesprochen werden. Die Fragestellungen sind zu vielseitig, als daß ich sie hier im Einzelnen nochmals aufführen könnte (Prostitution, Inzest, gleichgeschlechtliche Liebe, Ehebruch, Ehebruch im auf das Gottesverhältnis übertragenen Sinne). Manche dieser Phänomene kamen auch schon andernorts zum Tragen[27], wurden hier aber noch ergänzend thematisiert.

Grundsätzlich ist festzuhalten, daß die einzelnen Aussagen des Neuen Testaments zu Ehefragen unter ihren geschichtlichen Bedingungen zu sehen und keinesfalls einfach in die heutige Zeit zu übertragen sind. Dabei bleibt es aber von Bedeutung, von welchen Anschauungen geprägt ein einzelner neutestamentlicher Autor einst die Probleme erörtert hat. So hätte z.B. auch damals jemand den 1 Kor 5,1ff behandelten Fall auf der Basis griechischen oder ägyptischen Rechtsempfindens anders beurteilt, als Paulus dies von seinen jüdischen Voraussetzungen her getan hat. Dies bedeutet eine notwendige Relativierung der von den einzelnen neutestamentlichen Autoren zu konkreten Fragen gefällten Urteile und hat seine Relevanz mehr für heutige ethische Diskussionen, wie sie momentan etwa im Falle der gleichgeschlechtlichen Partnerschaften geführt werden. Ein Diskurs mit anderen Disziplinen wie Psychologie, Verhaltensforschung, Medizin, aber auch Soziologie ist hier unerläßlich.

Am stärksten geprägt ist der Befund im Neuen Testament jedenfalls von dem – auch die gesamte damalige Umwelt bestimmenden – Bild zweigeschlechtlich-monogamer Existenz der Menschen bzw. der Christen, demgegenüber alle anderen Erscheinungen als Neben- oder Randphänomene zu werten sind. Wenn sowohl Jesus als auch die Pastoralbriefe für die lebenslange Einzigehe eintraten,

---

26 Z.B. bei Niederwimmer.
27 So die Frage von Inzest als möglichem Ehehindernis in Kap. I.

dann ist auch dies kein eigentlicher Schwerpunkt, weil es beiderseits von unterschiedlichen Voraussetzungen her und mit verschiedenen Zielinteressen zu einer nur formalen Übereinstimmung kam. Am ehesten noch gemeinsam ist allen neutestamentlichen Schriften die Tendenz, das Miteinander der Christen in ihren Gemeinden – letztlich in der gesamten Kirche – im Sinne einer "Großfamilie" aufzufassen und zu gestalten, die keine interne Hierarchie benötigt, weil Gott selbst bzw. Christus der maßgebliche Bestimmungsfaktor ist.

Zu konkreten ethischen Umsetzungen dieser Tendenz ist es in der Anfangszeit des Christentums eher sporadisch und oft genug recht zufällig gekommen. Deshalb eignen sich die uns erhaltenen Einzelbefunde nur sehr begrenzt für Feststellungen grundsätzlicher Art, die letztlich von ganz anderen Voraussetzungen her – etwa im Rahmen einer systematisch-theologisch verantworteten christlichen Ethik – zu treffen sind. Eine historisch-theologische Untersuchung kann in dieser Hinsicht nur Vorklärungen schaffen, etwa feststellen, was sich dem Neuen Testament entnehmen läßt und was nicht, und die Einzelbefunde qualifizieren. Nicht mehr – aber auch nicht weniger – ist das Ziel dieser Untersuchung gewesen.

Literaturverzeichnis:

I. Hilfsmittel und Quellen:

Achilles Tatius, in der Ausgabe von S. Gaselee, LCL, London/Cambridge, Mass. 1969.
Adcock, M.A./Cook, S.A./Charlesworth, M.P., CAH, Cambridge X 1934, XI 1936.
Aelian, C., De natura animalium, nach der Übersetzung von F. Jacobs, Aelians Werke IV und V, 1840.
Aland, K. u. B., Der Text des Neuen Testaments, ^{2}1989.
Allam, S., Art. Geschwisterehe, LÄ II, 1977, 568-570.
Ambrosiaster, in der Ausgabe von H.J. Vogels, Ambrosiastri qui dicitur commentarius in epistulas Paulinas I (In Epistulas ad Corinthios), CSEL 81/2, Vindobonae 1968.
Ambrosius, in der Ausgabe von C. Schenkl (rez.), Sancti Ambrosii Opera I, in: CSEL 32, Prag u.a. 1897.
Amphilochius, in der Ausgabe von C. Datema, Amphilochii Iconiensis Opera, in: CChr.SG 3, Turnholt/Leuven 1978.
Antipater v. Tarsus, in der Ausgabe von H.v. Arnim, SVF III, 1903.
Apollonius Dyscolus, De syntaxi, in der Ausgabe von G. Uhlig, Grammatici Graeci III,2, 1910.
Apollonius Rhodius, in der Ausgabe von G.W. Mooney, 1964.
Apuleius, in der Ausgabe von W. Adlington/S. Gaselee, Apuleius. The golden ass; being the metamorphoses of Lucius Apuleius, LCL, London/Cambridge, Mass. 1965.
Aristoteles, De anima, in der Ausgabe von W.D. Ross, Oxford 1956.
–: Politica, in der Ausgabe von W.D. Ross, Aristotelis Politica, Oxford ^{3}1964.
–: Privatorum Scriptorum Fragmenta, in der Ausgabe von M. Plezia, BSGRT 1977.
–: Atheniensium Respublica, in der Ausgabe von F.G. Kenyon, SCBO, Oxford 1951.
–: Fragmenta selecta, in der Ausgabe von W.D. Ross, SCBO, Oxford 1955.
Athenagoras, nach der Ausgabe von E.J. Goodspeed (Hg.), Die ältesten Apologeten. Texte mit kurzen Einleitungen 1914.

Barion, H., Art. Zölibat, RGG VI, ³1962, 1923-1927.
Barrett, C.K./Thornton, C.-J., Texte zur Umwelt des Neuen Testaments, UTB 1591, ²1991.
Bate, H.N., (ed.), The Sibylline Oracles III-V, London/New York 1918 mit einem Vorwort von W.O. Osterley/G.H. Box.
Bauer-Aland, Griechisch-deutsches Wörterbuch zu den Schriften des Neuen Testaments, ⁶1988.
Bauernfeind, O., Art. ἀσέλγεια, ThWNT I (1933), 488.
Becker, J., Die Testamente der zwölf Patriarchen, JSHRZ III/1, 1980.
Berger, K./Colpe, C., Religionsgeschichtliches Textbuch zum Neuen Testament 1, 1987.
Bialoblocki, S., Art. Ehe I. In der Bibel, EJ VI, 1930, 223-233.
–: Art. Ehe II. Im nachbiblischen Judentum, EJ VI, 1930, 233-253.
–: Art. Ehescheidung, EJ VI, 1930, 259-271.
Bietenhard, H., Sifre Deuteronomium. Der tannaitische Midrasch, JudChr 8, mit einem Beitrag von H. Ljungman, Bern/Nancy u.a. 1984.
Bonnet, M./Lipsius, R.A., Acta Apostolorum Apocrypha, I 1891; II,2 1903.
Boysen, C., Flavii Iosephi Opera ex versione Latina Antiqua VI,2, Prag u.a. 1898.
Brandenburger, E., Himmelfahrt Moses / Müller, U.B., Die griechische Esra-Apokalypse / Klijn, A.F.J., Die syrische Baruch-Apokalypse, JSHRZ V/2, 1976.
Brox, N., Der Hirt des Hermas. Kommentar zu den Apostolischen Vätern 7, 1991.
Burchard, C., Joseph und Aseneth, JSHRZ II/4, 1983.
Burguière, P./Gourevitch, D./Malinas, Y., Soranos d' Éphèse, Maladies des femmes, Paris 1988.
Burkert, W., Art. Pythagoreismus, HWP VII 1989, 1724 I.
(Pseudo-)Callisthenes, in der Ausgabe von E.A.W. Budge, The History of Alexander the Great being the Syriac version, edited from five manuscripts of the Pseudo-Callisthenes with an English translation, London ²1976; ferner in der Ausgabe von L. Bergson, Der griechische Alexanderroman, Rezension β, AUS, SGS III, Stockholm/Göteborg/Uppsala 1965.
Capelle, W., Die Vorsokratiker. Die Fragmente und Quellenberichte, KTA 119, 1968.
Cassius Dio, in der Ausgabe von E. Cary auf der Basis von H.B. Foster, Dio's Roman History, Bde. VI, VII und VIII, LCL, London/Cambridge, Mass. VI ³1960; VII ³1961; VIII ³1961.
Chadwick, H., Art. Enkrateia, RAC V, 1960, 343-365.

Charles, R.H., The Apocrypha et Pseudephigrapha of the Old Testament in English II, Oxford 1913.
Cicero, Marcus Tullius, De re publica, in der Ausgabe von K. Buechner, WKLGS, 1984.
Clemens Alexandrinus, Stromata I-VI, in der Ausgabe von O. Stählin, Clemens Alexandrinus II, GCS 15, ²1939.
Codex Iuris Canonicus (CIC), in der Ausgabe: Pii X Pontificis Maximi iussu digestus Benedicti Papae XV, hg. v. E. Petri Kardinal Gasparri, Freiburg i. Br. 1919 (vgl. ferner die Ausgabe der Dt. Bischofskonferenz, Codex des Kanonischen Rechts/Codex Iuris Canonici, ²1984).
Cohn, M., Art. Leviratsehe, JL III, 1929, 1076-1078.
–: Art. Priesterehe, JL IV/1, 1930, 1122f.
–: Art. Levirate Marriage, UJE VI, New York 1942/1948, 638.
Crouzel, H., Art. Ehe/Eherecht/Ehescheidung V, TRE 9, 1982, 325-330.
Dauby, H., The Mishnah, London 1933, ND 1954.
Delling, G., Art. παρθένος, ThWNT V (1954), 824-835.
–: Art. Ehebruch, in: RAC IV, 1959, 666-677.
–: Art. Ehegesetze, in: RAC IV, 1959, 677-680.
–: Art. Ehehindernisse, in: RAC IV, 1959, 680-691.
–: Art. Eheleben, in: RAC IV, 1959, 691-707.
–: Art. Ehescheidung, in: RAC IV, 1959, 707-719.
–: Art. Eheschließung, in: RAC IV, 1959, 719-731.
Demosthenes, in der Ausgabe von A.T. Murray, Demosthenes IV (Private orations XXVIII-XL), LCL, London/Cambridge, Mass. 1965.
Dexinger, F., Art. Frau III. Judentum, TRE XI (1983), 424-431.
Digesta Justinians, in der Ausgabe von C.H. Munro, Digest of Justinian, 2 Bde., Cambridge 1894-1909.
Diodorus Sicilianus, in der Ausgabe von C.H. Oldfather, Diodorus of Sicily IV (Books IX-XII), LCL, London/Cambridge, Mass. 1961; F.R. Walton, XI (Books XXI-XXXII), LCL, London/Cambridge, Mass. 1957.
Diogenes Laertius, in der Ausgabe von H.S. Long, Diogenes Laertius, Vitae Philosophorum II, Oxford 1964.
Dionysius Halicarnassus, in der Übersetzung von E. Cary/E. Spelman, The Roman Antiquities of Dionysius Halicarnassus I.V., LCL, London/Cambridge, Mass., 7 Bde., I 1968; V 1962.
Ebach, J., Art. Frau VI. Altes Testament, TRE XI (1983), 422-424.
Egger, E., Apollonius Dyscole, Documenta Semiotica 1, 1987.
Encyclopedia Talmudica III, Jerusalem 1979.

Epictetus, The Discourses as reported by Arrian, the manual, and fragments, in der Ausgabe von W.A. Oldfather, LCL, London/Cambridge, Mass. I 1961; II 1959.

Epictetus, Enchiridion, in der Ausgabe von H. Schenkl, Epictetus, BSGRT, 1916, dort 1*-38* (dort zuvor in den ohne Stern bezifferten Seiten: Epiktet, Diss).

Epiphanius, Panarion, in der Ausgabe von K. Holl, Epiphanius: Ancoratus und Panarion, I.II 1922. II ^{2}1980 (bearb. v. J. Dummer).

Erlandsson, S., Art. זנה, ThWAT II (1977), 612-619.

Falk, Z.W., Art. Ehe/Eherecht/Ehescheidung III. Judentum, TRE 9 (1982), 313-318.

–: Art. Mischehe I. Judentum, TRE 23 (1994), 3-7.

Finkenzeller, J., Art. Sakrament III. Dogmengeschichtlich, LThK IX, ^{2}1964, 220-225.

Fischer, C.T., Art. Divortium, PRE 5 (NB 1905), 1241-1245.

Fitzer, G., Art. πορνεία, πορνεύω, EWNT 3 (1983), 328-333.

Freedman, D.N./Willoughby, B.E., Art. נאף, ThWAT V (1986), 123-129.

Freedman, H./Sjimon, M., Midrash Rabbah Genesis, 2 Bde., London/Bournemouth I 1951; II 1951.

Gaius, in der Ausgabe von M. David/H.L. Nelson, Gai Institutionem. Commentarii IV, Studia Gaiana II, Leiden 1954.

Gellius, A., Noctes Atticae, in der Ausgabe 'Die attischen Nächte' I (I.-VIII. Buch) der WBG Darmstadt, hg. v. F. Weiss 1975 (^{1}1875); sowie in der Ausgabe von P.K. Marshall, A. Gellii Noctes Atticae I (Libri I-X), Oxford 1968.

Georgi, D., Weisheit Salomos, JSHRZ III/4, 1980.

Gesenius, W., Hebräisches und Aramäisches Handwörterbuch, ^{17}1962.

Gigon, O., Art. Das hellenische Erbe, PWG III 1962, 573-674.

Götz, J.N., Die Gedichte Anakreons und der Sappho Oden, Deutsche Neudrucke, Reihe 18. Jhdt., Faksimiledruck nach der Ausg. v. 1760 mit einem Nachwort von H. Zeman, 1970.

Gold, D., Art. Celibacy, EncRel(E) 3, New York/London 1987, 144-148.

Goldschmidt, L., תלמוד בבלי. Der Babylonische Talmud IV 1931, V 1931, VI 1932, IX 1934.

Goldstein, H., Art. ἀσέλγεια, EWNT 1 (1980), 407f.

Goodspeed, E.J. (Hg.), Die ältesten Apologeten. Texte mit kurzen Einleitungen, 1914.

Gregor v. Nyssa, in der Ausgabe von H. Langerbeck (Hg.), Gregorii Nysseni in Canticum Canticorum, Opera VI, Leiden 1960.

Gribomont, J., Art. Askese IV. Neues Testament und Alte Kirche, TRE 4 (1979), 204-225.

Grundmann, W., Art. ἀναγκάζω, ἀναγκαῖος, ἀνάγκη, ThWNT I (1933), 347-350.
–: Art. ἐγκράτεια, ἐγκράτης, ἐγκρατεύομαι, ThWNT II (1935), 338-340.
Gundel, H.G., Art. Scantinius, KP 4, 1972, 1579.
Hammer, R., Sifre. A Tannaitic Commentary on the Book of Deuteronomy, YJS 24, 1986.
Hatch, E./Redpath, H.A., A Concordance to the Septuagint and the other Greek versions of the Old Testament (including the apocryphal books) II, Oxford 1894.
Hauck, F., Art. ἀκαθαρσία κτλ., ThWNT III (1939), 430-432.
Hauck, F./Schulz, S., Art. πόρνη κτλ., ThWNT VI (1960), 579-595.
Hefele, C.J. von, Conciliengeschichte, Freiburg i.Br. I [2]1873; II [2]1875.
Heuß, A., Art. Hellas, PWG III 1962, 69-400.
Heussi, K., Kompendium der Kirchengeschichte, [17]1988.
Hippolyt, Adversus haereses, in der Ausgabe von J.H. Mac-Mahon (Hg.), The Ante-Nicene Fathers V, Grand Rapids, Michigan 1981.
–: Refutatio omnium haeresium (= Elenchos), in: P. Wendland (Hg.), Hippolytus Werke III 1916.
Hoheisel, K., Art. Homosexualität, RAC XVI, 1994, 289-364.
Hohn-Nielsen, S., Die Psalmen Salomos, JSHRZ IV/2, 1977.
Honigsheim, P., Art. Priestertum I. Religionsgeschichtlich, RGG V, [3]1961, 570-574.
Huck-Greeven, Synopse der ersten Evangelien mit Beigabe der johanneischen Parallelstellen, [13]1981.
Hübner, H., Art. ἐπιθυμία κτλ., EWNT 2 (1981), 67-71.
Irenaeus, Adversus haereses, in der Ausgabe von N. Brox, Irenäus v. Lyon, FC 8/1, 1993.
Isaeus, in der Ausgabe von E.S. Forster, LCL, London/Cambridge, Mass. 1962.
Israelstam, J./Slotki, J.J., Midrash Rabbah Leviticus, London/Bournemouth 1951.
Jamblichus, in der Ausgabe von A. Nauck, Iamblichi, de vita Pythagorica, 1965.
James, M.R., The Biblical Antiquities of Philo, New York 1917, repr. 1971.
Jampel, S./Kirschner, B., Art. Eunuch, JL II 1928, 544.
Josephus, F., Antiquitates, in der Ausgabe von B. Niese, 1885ff.
–: Contra Apionem, in der Ausgabe von B. Niese, Flavii Iosephi Opera V [2]1955.
–: De Bello Judaico, in der Ausgabe von O. Michel/O. Bauernfeind, Flavius Josephus: De Bello Judaico. Griechisch – deutsch, 4 Bde., 1959-1969; sowie H.S.J. Thackerey, Josephus, The Jewish War, 2 Bde., London/Cambridge, Mass. 1961, in der Gesamtausgabe der LCL: Bde. II und III.

Julian, orationes, in der Ausgabe von W.C. Wright, Flavius Claudius Julianus, Werke. 3 Bde., LCL, London/Cambridge, Mass. 1959-1962.

Justin, Apologien, in der Ausgabe von P.J.M. Pfättisch, 1912 sowie in der Ausgabe von E.J. Goodspeed (Hg.), Die ältesten Apologeten. Texte mit kurzen Einleitungen, 1914.

Juvenal, Satiren, in der Ausgabe von G.G. Ramsay, Cambridge/London ^{11}1969 (^{1}1918).

Kippenberg, H.G./Wewers, G.A. (Hgg.), Textbuch zur neutestamentlichen Zeitgeschichte. GNT 8, 1979.

Koch, K., Art. Priestertum II. In Israel, RGG V ^{3}1961, 574-578.

Koeniger, A.M., Art. Zölibat II. In der christlichen Antike, RGG V ^{2}1931, 2129-2131.

Kraft, R.A./Purintun, A.-E. (edd.), Paraleipomena Jeremiou, SBL.PS 1, Montana, Miss. 1972.

Kroh, P., Art. Pythagoras von Samos, Lexikon der Antiken Autoren, KTA 366, 1972, 533f.

Kühlewein, J., Art. בעל, ThWAT I (1978), 327-333.

Kunkel, W., Art. Matrimonium, PRE 28 (NB 1930), 2259-2286.

Kurfess, A., Sibyllinische Weissagungen, 1951.

Lactantius, Divines Institutiones und Institutionem Epitome, in der Ausgabe von S. Brandt/G. Laubmann (Hg.), L. Caeli Firmiani Lactanti Opera omnia I, Prag u.a., CSEL 19, 1890.

Langenscheidts Großwörterbuch Griechisch-Deutsch ^{26}1987.

Lau, F., Art. Leviratsehe, RGG IV, ^{3}1960, 338-339.

Laudatio Turiae, in: CIL VI, hg. v. der Academia Litterarum Regiae Borussicae (Th. Mommsen u.a.), 1863ff.

Lell, J., Art. Mischehe II. Christentum, TRE 23, 1994, 7-13.

Leonhard, R., Art. Divortium, in: PRE 5, 1905, 1240-1245.

Lidzbarski, M., Mandäische Liturgien, 1920.

–: Ginza. Der Schatz oder das große Buch der Mandäer, 1925.

Lindemann, A./Paulsen, H., Die apostolischen Väter, 1992.

Lipsius, R./M. Bonnet, Acta apostolorum apocrypha, I 1891; II/1 1898; II/2 1903.

Livius, in der Ausgabe von B.O. Foster, Livy. With an English translation, 15 Bde., II (books III-IV), LCL, London/Cambridge, Mass. 1967.

Lisowsky, G., Konkordanz zum Hebräischen Alten Testament ^{2}1981.

Lohse, B., Art. Priestertum III. In der christlichen Kirche, RGG V, ^{3}1961, 578-581.

Lohse, E., Die Texte aus Qumran. Hebräisch und Deutsch, ^{4}1986.

(Pseudo-)Lucianus v. Samosata, Kynikos, in der Ausgabe von M.D. Macleod, Luciani Opera IV (lib. 69-86), Oxford 1987.
–: Erotes, in der Ausgabe von M.D. Macleod, Luciani Opera III (lib. 44-68), Oxford 1980 (vgl. ferner Ders., Lucian VIII, LCL, London/Cambridge, Mass. 1967).
Ludolphy, I., Art. Frau V. Alte Kirche und Mittelalter, TRE 11, 1983, 436-441.
Lysias, Orationes, in der Ausgabe von H. van Herwerden, Bibliotheca Batava, Scriptorum Graecorum et Romanorum, Groningen 1899.
Maier, J., Art. Askese III. Judentum, TRE IV (1979), 199-204.
–: Die Qumran-Essener: Die Texte vom Toten Meer, UTB 1862/1863, I 1995; II 1995.
Mayer, R., Der Babylonische Talmud, [3]1963.
Minucius Felix, Octavius, in der Ausgabe von B. Kythler, 1965.
Mörsdorf, K., Art. Zölibat I. Geschichtliche Entwicklung; II. Geltendes Recht; III. Grundsätzliches und Gedanken zur Reform, LThK 10, 1965, 1395-1400.
Münzer, F., Art. Scantinius, PRE II,2, 1923, 352.
Munier, C., Ehe und Ehelosigkeit in der Alten Kirche (1.-3. Jahrhundert), TC VI, 1987. (Quellenband mit Einleitung)
Murhill, W.R./Charles, R.H., The Book of the Secrets of Enoch, translated from the Slavonic, Oxford 1896.
Musonius Rufus, C., Reliquiae, in der Ausgabe von O. Hense, BSGRT, 1905.
Nestle-Aland, Novum Testamentum Graecum [26/9]1987, [27]1993.
Neudecker, R., Frührabbinisches Ehescheidungsrecht. Der Tosefta-Traktat Gittin, BibOr 39, Rom 1982.
Neusner, J., The Tosefta III. Nashim (The Order of Women), New York 1979; IV. Neziqin (The Order of Damages), New York 1981.
–: The Mishnah. A new translation, New Haven/London 1988.
–: The Tosefta. An Introduction, South Florida 1992.
Niederwimmer, K., Art. γαμέω κτλ., EWNT 1 (1980), 564-571.
Nikiprowetzky, La Troisiènne Sibylle, EtJ 9, Paris u.a. 1970.
Novatian, in der Ausgabe von G.F. Diercks, Novatiani Opera, CChr.SL 4, 1972.
Ovid, in der Ausgabe von J.G. Frazer, Ovid's Fasti, LCL, London/Cambridge, Mass. 1959.
Patzig, G., Art. Pythagoreer, RGG V [3]1961, 726f.
Pausanias, in der Ausgabe von W.H.S. Jones, Pausanias III (books VI-VIII of Pausanias' description of Greece), LCL, London/Cambridge, Mass. 1966.
Philo, De Decaloge, in der Ausgabe von F.H. Colson/G.H. Whitacker u.a., Philo. With an English Translation, 10 Bde. und 2 Supplement-Bände, LCL, London/Cambridge, Mass. VII 1958.
–: Hypothetica, in o.g. Philo-Gesamtausgabe, IX 1960.

–: Leges Allegoricae, in der Ausgabe von L. Cohn/P. Wendland, Philonis Alexandri Opera I, 1896 und die dt. Übers. in d. Ausgabe v. L. Cohn, Die Werke Philos von Alexandria III, 1919.

–: Quaestiones et solutiones in Genesis, in der Ausgabe von R. Marcus, Suppl.bd. I zu o.g. Philo-Gesamtausgabe, LCL, London/Cambridge, Mass. 1953.

–: Speciales Leges, in o.g. Philo-Ausgabe von F.H. Colson, VII, 1985.

Philo, deutsche Zitate nach der Gesamtausgabe von L. Cohn/I. Heinemann/M. Adler/W. Theiler, Philo v. Alexandrien: Die Werke in Deutscher Übersetzung, 7 Bde., 1909-1964.

Philo, griech. Gesamtausgabe in 7 Bänden, hg. v. L. Cohn/P. Wendland incl. den 2 Indexteilbänden von E. Leisegang, 1896-1930.

Philo, griech. Gesamtausgabe "Les Oeuvres de Philon d' Alexandrie" in 36 Bänden, Paris I 1961 – XXXVI 1988.

Philostrat, Vita Apollonii, in der Ausgabe von F.C. Conybeare, Philostratus. The Life of Apollonius of Tyana I, LCL, Cambridge, Mass./London 1969.

Platon, Charmides, in der Ausgabe von H. Hoffmann (griech. Text: L. Bodin/A. u. M. Croiset/L. Méridiert) auf der Basis der dt. Übersetzung von F. Schleiermacher, Platon I, 1977.

–: Nomoi, in der Ausgabe Insel-Taschenbuch 1409 (griech.-dt.), nach der Übersetzung von F. Schleiermacher, ergänzt von F. Susemihl u.a. (Hg. v. K. Hülser), 1991, sowie die Ausgabe der Wissenschaftlichen Buchgesellschaft Darmstadt 8/2, 1977.

–: Politeia, in der Ausgabe Insel-Taschenbuch 1405 (griech.-dt.), nach der Übersetzung von F. Schleiermacher, ergänzt von F. Susemihl u.a. (Hg. v. K. Hülser), 1991.

–: Symposion, in der Ausgabe von D. Kurz (griech. Text L. Robin/L. Méridier) auf der Basis der dt. Übersetzung von F. Schleiermacher, Platon III, 1974.

Platon, in der Ausgabe von R. Rufener, Platon – Die großen Dialoge, dtv 2265, 1991.

Plaumann, G., Art. Hetairai, PRE 8, 1913, 1331-1380.

Plinius, historia naturalis, in der Ausgabe von H. Rackham, Pliny. Natural history, London I 1958; II 1961.

–: C. Plini Caecilii Secundi, Epistularum libri decem, in der Ausgabe von H. Kasten, Gaius Plinius Caecilius Secundus, Briefe 1968.

Plümacher, E., Art. μοιχεύω κτλ., EWNT 2 (1981), 1073-1079.

Plutarch, Vitae Parallelae, in der Ausgabe von K. Ziegler, 2 Bde., 1957.1964.

Plutarch, Moralia, in der Ausgabe von F.C. Babbitt, H. Cherniss, P.A. Clement, B. Einarson, H.N. Fowler, W.C. Helmbold, H.B. Hoffleit, P.H. de Lacy, E.L.

Minar, L. Pearson, F.H. Sandbach, 15 Bde., LCL, London/Cambridge, Mass. 1957-69.

Porphyrius, de abstinentia, in der Ausgabe von A. Nauck, Porphyrii Philosophi Platonici opuscula selecta, 1886; sowie Th. Taylor (Übs.) und E. Wynne-Tyson (ed.), Porphyri on abstinence from animal food, London/Fontwell 1965.

–: Πρὸς Μαρκέλλαν, in der Ausgabe von W. Pötscher, Leiden 1969; sowie E. des Places, Paris 1982; ferner auch in o.g. Porphyriusausgabe von A. Nauck, 1886.

Priscian, in der Ausgabe von M. Hertz, Prisciani Grammatici Caesariensis Institutionem grammaticarum libri XVIII sowie libros XIII-XVIII, Grammatici Latini II.III 1855.1859, ND 1961.

Prümm, K., Art. Sakrament I. Religionsgeschichtlich, LThK IX, [2]1964, 218.

Rabbinowitz, J., Midrash Rabbah Deuteronomy, London/Bournemouth 1951.

Rahner, K., Art. Sakrament IV. Das kirchliche Lehramt; V. Systematik, LThK IX, [2]1964, 225-227.227-230.

Reicke, B., Art. Ehe/Eherecht/Ehescheidung IV. Neues Testament, TRE 9 (1982), 318-325.

Rengstorf, K.H., Die Mischna. Text, Übersetzung und ausführliche Erklärung III,1 Jebamot, 1929.

Ringeling, H., Art. Frau IV. Neues Testament, TRE 11 (1983), 431-436.

Robinson, J.A., The Fourth Book of Ezra, Texts and Studies, Contributions to Biblical and Patristic Literature III/2, Cambridge 1895, ND Neudeln/Liechtenstein 1967.

Rönsch, H. (Hg.), Das Buch der Jubiläen oder die kleine Genesis, Amsterdam 1970.

Rohls, J., Geschichte der Ethik, Tübingen 1991.

Rudolph, K. Die Gnosis, Bd. II. Koptische und mandäische Quellen, hg. v. W. Foerster, Zürich/Stuttgart 1971.

Rühle, O., Art. Zölibat I. Religionsgeschichtliches, RGG V [2]1931, 2128f.

Samter, E., Art. Flamines, PRE VI, 1909, 2484-2492.

Sandays, J.E., Aristotle's Constitution of Athens, New York 1973.

Sauer, G., Jesus Sirach, JSHRZ III/5, 1981.

Schaller, B., Art. Rabbinische Literatur, KP IV 1972, 1323-1327.

–: Das Testament Hiobs, JSHRZ III/3, 1979.

Scharbert, J., Art. Ehe/Eherecht/Ehescheidung II. Altes Testament, TRE 9 (1982), 311-313.

Schmidt, Ch., Art. Simon Magus, BBKL X, Herzberg 1995, 410-413.

Schnackenburg, R., Art. Sakrament II. Biblische Voraussetzungen und Ansätze, LThK IX, [2]1964, 218-220.

Schneider. G.. Art. πάθος κτλ., EWNT 3 (1983), 3.
Schrage. W.. Die Elia-Apokalypse. Apokalypsen. JSHRZ V,3, 1980.
Schreiner, J., Das 4. Buch Esra, JSHRZ V/4, 1981.
Schrenk, G., Art. θέλημα, θέλησις, ThWNT III (1938), 52-63.
Seneca, De Beneficiis, in der Ausgabe von J.W. Basore, Moral Essays III, LCL, London/Cambridge, Mass. ³1964 (¹1935).
–: Ad Lucilium Epistularum Moralium quae supersunt, in der Ausgabe von O. Hense, Senecas Werke III 1914.
Septuaginta (LXX), in der Ausgabe von A. Rahlfs, I 1935; II 1935.
Servius, Comm. in Verg. Aen., in der Ausgabe von A.F. Stocker/A.H. Travis, Servianorum in Vergilii Carmina Commentariorum. Editionis Harvardianae III (libr. III-V), Oxford 1965.
Stählin, G., Art. χήρα κτλ., ThWNT IX (1973), 428-454.
Stauffer, E., Art. γαμέω, γάμος, ThWNT I (1933), 646-655.
Stemberger, G., Einleitung in Talmud und Midrasch, ⁸1992.
Stobaeus, I., Anthologii, Libri Duo Posteriores, in: C. Wachsmuth/O. Hense (Hgg.), Ioannis Stobaei Anthologium: Anthologii libri quarti, IV 1909 (O. Hense).
–: Augustus; Romulus; Tiberius u.a. in der Ausgabe von J.C. Rolfe, LCL, London/Cambridge, Mass. I ⁸1964; II ⁸1965.
Syntipas, in der Ausgabe von J. Misrahi, Le Roman des sept sages, Paris 1933 (New Columbia Univ. Phil. Diss. 1933).
Tacitus, Annales, in der Ausgabe von E. Heller (ed.) / M. Fuhrmann, P. Cornelius Tacitus Annalen, Sammlung Tusculum, ²1992 sowie in der Ausgabe von E. Koestermann, Cornelius Tacitus I, ³1971.
–: Historiae, in der Ausgabe von E. Koestermann, Cornelius Tacitus II 1969.
Tertullian, Ad uxorem, in der Ausgabe von E. Kroymann, CChr.SL 1, 1954.
Tertullian, De praescriptione haereticorum, in der Ausgabe von E. Kroymann, CSEL 70, Vindobonae 1942.
Thackeray, H.St.J., The Letter of Aristeas, London/New York 1918.
Theodorus Prodromus, in: R. Hercher, Erotici Scriptores Graeci, 1858/1859 II 287ff.
Totok, W. (unter Mitarbeit von H. Schröer), Art. Pythagoras, HGP I 1964, 115f.
Tsevat, M./Bergman, J./Ringgren, H., Art. בתולה, ThWAT 1 (1973), 872-877.
Uhlig, G., Grammatici Graeci, 1910.
Uhlig, S., Das Äthiopische Henochbuch, JSHRZ V/6, 1984.
Ulpian, Domitius, in der Ausgabe von J. Muirhead, The Institutes of Gaius and Rules of Ulpian, Edinburgh 1880.

Valerius, Maximus, in der Ausgabe von C. Kempf, 1982 (^{1}1888); vgl. ferner die Ausgabe von F. Hoffmann, Val. Max., Sammlung merkwürdiger Reden und Thaten, I 1828.

Vogel, C.J. de, Greek Philosophy. A collection of texts with notes and explanations: I. Leiden 1969; III. Leiden ^{2}1964 / NA 1973.

Weber, L.M., Art. Zölibat IV. Pastoraltheologisch, LThK 10, 1965, 1400-1401.

Wenner, J., Art. Mischehe I. Im Kirchenrecht, LThK 7, 1962, 437-440.

Williams, R., Art. Origenes/Origenismus, TRE 25 (1995), 397-420.

Wundt, W., Ethik I, Stuttgart ^{3}1903.

Yadin, Y., The Temple Scroll. I Introduction; II Text and Commentary; Jerusalem I 1983; II 1983.

Zenger, E., Das Buch Judit, JSHRZ I/6, 1981.

Zscharnack, L., Art. Priestertum III.1.2. In der christlichen Kirche, RGG IV ^{2}1930, 1492f.

Ferner wurden diverse Bände der Gesamtausgabe MPG/MPL verwendet; die genauen Angaben erfolgen jeweils im Zusammenhang des Zitats.

II. Kommentare:

Billerbeck, P./Strack, H.L., Kommentar zum Neuen Testament aus Talmud und Midrasch I (Das Evangelium nach Matthäus), ^{2}1956.

Billerbeck, P./Strack, H.L., Kommentar zum Neuen Testament aus Talmud und Midrasch II (Das Evangelium nach Markus, Lukas und Johannes und die Apostelgeschichte), ^{6}1974.

Billerbeck, P./Strack, H.L., Kommentar zum Neuen Testament aus Talmud und Midrasch III (Die Briefe des Neuen Testaments und die Offenbarung Johannis), ^{2}1954.

Brox, N., Die Pastoralbriefe, RNT VII/2, ^{4}1969.

–: Der erste Petrusbrief, EKK XXI, 1979.

Conzelmann, H., Die Apostelgeschichte, HNT 7, 1963.

–: Der erste Brief an die Korinther, KEK 5, 1969.

Deissler, A., Zwölf Propheten, 3. Zefanja, Haggai, Sacharja, Maleachi, NEB.AT 21, 1988.

Drewermann, E., Das Markusevangelium II (Mk 9,14-16,20), ^{3}1990.

Driver, S.R., The International Critical Commentary on Deuteronomy ICC V, Edinburgh (^{3}1902), unv. ^{6}1951.

Eichrodt, W., Der Prophet Hesekiel I (Kap. 1-18) und II (Kap. 19-48), ATD 22/1.2, I ^{5}1986, II ^{3}1984.

Elliger, K., Das Buch der zwölf kleinen Propheten II, ATD 25, 1950.

Fascher, E., Der erste Brief des Paulus an die Korinther I (Einführung und Auslegung der Kapitel 1-7), ThHNT VII/1, 1975.
Fohrer, G., Die Propheten des Alten Testaments 5. Die Propheten des ausgehenden 6. und des 5. Jahrhunderts, Gütersloh 1976.
Gerleman, G., Ruth. Das Hohelied, BK XVIII, 1965.
Gnilka, J., Das Matthäusevangelium II, HThK I, 1988.
–: Das Evangelium nach Markus II, EKK II/2, 1979.
–: Der Kolosserbrief, HThK X/1, 1980.
–: Der Epheserbrief, HThK X/2, 1971.
Goppelt, L., Der erste Petrusbrief, KEK XII/1, ^{8}1978.
Hasler, V., Die Briefe an Timotheus und Titus, ZBK. NT 12, 1978.
Holtz, G., Die Pastoralbriefe, ThHNT XIII, 1965.
Holtz, T., Der erste Brief an die Thessalonicher, EKK XIII, 1986.
Hübner, H., An Philemon. An die Kolosser. An die Epheser, HNT 12, 1997.
Jeremias, J./Strobel, A., Die Briefe an Timotheus und Titus. Der Brief an die Hebräer, NTD 9, $^{11/1}$1975.
Käsemann, E., An die Römer, HNT 8a, ^{4}1980.
Knoch, O., Der Erste und Zweite Petrusbrief, Der Judasbrief, RNT, 1990.
Lang, F., Die Briefe an die Korinther, NTD 7, 1986.
Lohse, E., Die Offenbarung des Johannes, NTD 11, $^{14/7}$1988.
Luz, U., Das Evangelium nach Matthäus, EKK I/1, 1985.
Merkel, H., Die Pastoralbriefe, NTD 9/1, $^{13/1}$1991.
Montefiore, C.G., The Synoptic Gospels I, London 1909.
Oberlinner, L., Die Pastoralbriefe. Erste Folge: Kommentar zum Ersten Timotheusbrief, HThK XI/2, 1994.
Paulsen, H., Der Zweite Petrusbrief und der Judasbrief, KEK XII/2, 1992.
Pesch, R., Das Markusevangelium II, HThK II/2, 1977.
Philips, A., Deuteronomy, Cambridge 1973.
Roloff, J., Der erste Brief an Timotheus, EKK XV, 1988.
Sand, A., Das Evangelium nach Matthäus, RNT I, 1986.
Schelkle, K.H., Die Petrusbriefe. Der Judasbrief, HThK 13/2, ^{2}1964.
Schlier, H., Der Brief an die Epheser. Ein Kommentar, ^{4}1963.
Schnackenburg, R., Das Johannesevangelium II. Kommentar zu Kap. 5-12, HThK IV/2, 1971.
–: Der Brief an die Epheser, EKK X, 1982.
Schrage, W., Der erste Brief an die Korinther I (1,1-6,11), EKK VII/1, 1991; II (6,12-11,16), EKK VII/2, 1995 (*).
Schweizer, E., Das Evangelium nach Markus, NTD 1, $^{17/7}$1989.
–: Der Brief an die Kolosser, EKK XII, 1976.
–: Der Epheserbrief, HThK X/2, 1971.

Strecker, G., Die Bergpredigt. Ein exegetischer Kommentar, 1984.
Vögtle, A., Der Judasbrief/Der 2. Petrusbrief, EKK XXII, 1994.
Weiß, J., Der erste Korintherbrief, KEK 5, ^{9}1910 (NB).
Wendland, H.-D., Die Briefe an die Korinther, NTD VII, ^{13}1972.
Wiefel, W., Das Evangelium nach Lukas, ThHK 3, NB 1987.
Wilckens, U., Der Brief an die Römer (6-11), EKK VI/2 1980.
Zahn, Th., Das Evangelium des Johannes, KNT IV, $^{5/6}$1921.
Zimmerli, W., Ezechiel I (Ez 1-24), BK XIII/1, ^{2}1979.
Hinweis: Der mit (*) gekennzeichnete Band VII/2 von W. Schrage war mir erst im Endstadium dieser Arbeit zugänglich, so daß meine Arbeit unabhängig von diesem Band entstand. Er sei – der Vollständigkeit und Übersicht halber – dennoch genannt, zumal eine Reihe weiterer Arbeiten von W. Schrage in dieser Untersuchung Berücksichtigung finden.

III. Monographien und Aufsätze:

Abrahams, I., Studies in Pharisaism and the Gospels, New York 1967.
Achelis, H., Virgines subintroductae. Ein Beitrag zum VII. Kapitel des 1. Korintherbriefs, 1902.
–: Das Christentum in den ersten drei Jahrhunderten, ^{2}1925 (^{1}1912, 2 Bde.).
Alexander, P.S., Pre-Emptive Exegesis: Genesis Rabba's Reading of the Story of Creation, JJS 43 (1992), 230-245.
Allam, S., Familie und Besitzverhältnisse in der altägyptischen Arbeitersiedlung von Deir-el-Medineh, RIDA 30, Brüssel 1983, 17-39.
Allgeier, A., Die crux interpretum im neutestamentlichen Ehescheidungsverbot, Ang 20 (1943), 128-142.
Applegate, J.K., The Co-Elect Woman of 1 Peter, NTS 38 (1992), 587-604.
Archer, L.J., Her Price ist Beyond Rubies. The Jewish Woman in Graeco-Roman Palestine, JSOT.SS 60, Sheffield 1990.
Asmussen, J.P., Bemerkungen zur sakralen Prostitution im Alten Testament, STL 11 (1957), 167-192.
Balch, D.L., Backgrounds of 1 Cor. VII: Sayings of the Lord in Q; Moses as an ascetic ΘΕΙΟΣ ΑΝΗΡ in II Cor. III, NTS 18 (1971/72), 351-364.
–: 1 Cor 7,32-35 and stoic debates about marriage, anxiety, and distraction, JBL 102 (1983), 429-439.
–: Let Wives be Submissive. The Domestic Code in I Peter, SBL.MS 26, Ann Arbor, Michigan 1981.
Balch, D.L./Stambaugh, J.E., Das soziale Umfeld des Neuen Testaments, GNT 9, 1991.

Baltensweiler, H., Die Ehe im Neuen Testament. Exegetische Untersuchungen über Ehe, Ehelosigkeit und Ehescheidung, 1967.

Balz, H., Biblische Aussagen zur Homosexualität, ZEE 31 (1987), 60-81.

Bammel, E., Markus 10,11f und das jüdische Eherecht, ZNW 61 (1970), 95-101.

Bang, M., Das gewöhnliche Alter der Mädchen bei der Verlobung und Verheiratung, in: L. Friedländer (Hg.), Darstellungen aus der Sittengeschichte Roms in der Zeit von Augustus bis zum Ausgang der Antonine, 9/10 1964, 133-141.

Bangerter, O., Frauen im Aufbruch. Die Geschichte einer Frauenbewegung in der Alten Kirche. Ein Beitrag zur Frauenfrage, 1971.

Bartling, W.A., Sexuality, Marriage, and Divorce in 1 Corinthians 6:12-7:16, CTM 39 (1968), 355-366.

Batey, R.A., Jewish Gnosticism and the 'Hieros Gamos', NTS 10 (1963/4), 121-127.

–: The ΜΙΑ ΣΑΡΧ Union of Christ and the Church, NTS 13 (1966/67), 270-281.

–: New Testament Nuptial Imagery, Leiden 1971.

Baumbach, G., Das Verständnis des Bösen in den synoptischen Evangelien, ThA 19, 1963.

Baumert, N., Ehelosigkeit und Ehe im Herrn. Eine Neuinterpretation von 1 Kor 7, fzb 47, 1984; [2]1986.

–: Antifeminismus bei Paulus? Einzelstudien, fzb 68, 1992.

–: Frau und Mann bei Paulus. Überwindung eines Mißverständnisses, 1992.

Baumgarten, J.M., Studies in Qumran Law, SJLA 24, Leiden 1977.

–: The Qumran-Essene Restraints on Marriage, in: L.H. Schiffman (ed.), Archeology and history in the Dead Sea srolls. The New York University Conference in Memory of Yigael Yadin, JSPE.S 8, Sheffield 1990.

Baus, K./Ewig, E., Handbuch der Kirchengeschichte II/1, 1973.

Becker, J., Zum Problem der Homosexualität in der Bibel, ZEE 31 (1987), 36-59.

Becker, U., Jesus und die Ehebrecherin. Untersuchungen zur Text- und Überlieferungsgeschichte von Joh 7,53-8,11, 1963.

Belkin, S., Philo and the Oral Law. The Philonic Interpretation of Biblical Law in Relation to the Palestinian Halakah, HSS XI, Cambridge 1940.

–: Levirate and Agnate Marriage in Rabbinic and Cognate Literature, JQR 59 (1968/69), 275-329.

Bell, H.I., Brother and sister marriage in Greco-Roman Egypt, RIDA II, Brüssel 1949, 83-92.

Berger, K., Hartherzigkeit und Gottes Gesetz. Die Vorgeschichte des antijüdischen Vorwurfs in Mc 10,5, ZNW 61 (1970), 1-47.

–: Die Gesetzesauslegung Jesu. Ihr historischer Hintergrund im Judentum und im Alten Testament. I: Markus und Parallelen, 1972.
–: Historische Psychologie des Neuen Testaments, SBS 146/147, 1991.
Best, E., Following Jesus. Discipleship in the Gospel of Mark, JSNT.SS 4, Sheffield 1981.
Bethe, E., Die dorische Knabenliebe. Ihre Ethik und ihre Idee, in: A.K. Siems, Sexualität und Erotik in der Antike, WdF 605, 1988, 17-57.
Beyschlag, K., Grundriß der Dogmengeschichte I (Gott und die Welt) ²1988; II (Gott und Mensch, 1. Das christologische Dogma) 1991.
Bialoblocki, S., Materialien zum islamischen und jüdischen Eherecht mit einer Einleitung über jüdische Einflüsse auf den Hadith, Arbeiten aus dem Orientalischen Seminar der Universität Gießen 1, 1928.
Bianchi, U., Gesichtspunkte zur Erforschung der Ursprünge der Gnosis, in: K. Rudolph (Hg.), Gnosis und Gnostizismus, WdF 262, 1975, 707-748.
Blank, J., Frauen in den Jesusüberlieferungen, in: G. Dautzenberg/H. Merklein/ K. Müller (Hgg.), Die Frau im Urchristentum, QD 95, 1983, 9-91.
Blanke, F., Die Frau als Wortverkünderin in der alten Kirche, in: Ders./F.J. Leenhardt (Hgg.), Die Stellung der Frau im Neuen Testament und in der alten Kirche, KZF 24, Zürich 1949, 57-68.
Blau, L., Die jüdische Ehescheidung und der jüdische Scheidebrief. Eine historische Untersuchung I.II, 1911.1912.
Blinzler, J., Εἰσὶν εὐνοῦχοι, ZNW 48 (1957), 254-270.
–: Die Strafe für Ehebruch in Bibel und Halacha. Zur Auslegung von Joh. VIII.5, NTS 4 (1957/58), 32-47.
Blum, G.G., Das Amt der Frau im Neuen Testament, NT 7 (1964/65), 142-161.
Boatwright, M.T., Plancia Magna of Perge: Women's Roles and Status in Roman Asia Minor, in: S.B. Pomeroy (ed.), Women's History and Ancient History, Chapel Hill/London 1991, 249-272.
Böhmer, H., Die Entstehung des Zölibates, in: Schüler-FS A. Hauck, 1916, 6-24.
Bornkamm, G., Ehescheidung und Wiederverheiratung im Neuen Testament, in: Ders., Geschichte und Glaube, Gesammelte Aufsätze III, BeTh 48 (1968), 56-59.
Boucher, M., Some unexplored parallels to 1 Cor 11,11-12 and Gal 3,18: The NT on the role of women, CBQ 31 (1969), 50-58.
Bousset, W., Die Religion des Judentums im späthellenistischen Zeitalter, HNT 21, Tübingen 1966.
Braun, H., Spätjüdisch-häretischer und frühchristlicher Radikalismus. Jesus von Nazareth und die essenische Qumransekte, II. Die Synoptiker, BHTh 24/2, 1957.

–: Die Indifferenz gegenüber der Welt bei Paulus und bei Epiktet, in: Ders., Gesammelte Studien zum Neuen Testament und seiner Umwelt, 1962, 159-167.

–: Qumran und das Neue Testament I, 1966.

Bringmann, L., Die Frau im ptolemäisch-kaiserlichen Aegypten, Inaug.Diss. Phil. Bonn 1939.

Broek-Utne, A., Eine schwierige Stelle in einer alten Gemeindeordnung (Did 11/11), ZKG 54 (1935), 576-581.

Brooks, S.H., Matthew's Community – the evidence of his special sayings material, JSNT.SS 16, Sheffield 1987.

Brooten, B.J., Konnten Frauen im alten Judentum die Scheidung betreiben?, EvTh 42 (1982), 65-80.

–: Zur Debatte über das Scheidungsrecht der jüdischen Frau, EvTh 43 (1983), 466-478.

Brown, P., Die Keuschheit der Engel. Sexuelle Entsagung, Askese und Körperlichkeit am Anfang des Christentums, 1991.

Brown, R.E., Roles of Women in the Fourth Gospel, TS 36 (1975), 688-699.

Bultmann, R., Das religiöse Moment in der ethischen Unterweisung des Epiktet und das Neue Testament, ZNW 13 (1912), 97-110.177-191.

–: Das Verhältnis der urchristlichen Christusbotschaft zum historischen Jesus, in: E. Dinkler (Hg.), Exegetica. Aufsätze zur Erforschung des Neuen Testaments, 1967, 445-469.

–: Geschichte der synoptischen Tradition, FRLANT 29, ^{9}1979.

–: Jesus, UTB 1272, (1926)/1983.

–: Theologie des Neuen Testaments, UTB 630, ^{9}1984.

Burrows, M., Levirate Marriage in Israel, JBL 59 (1940), 23-33.

–: The Marriage of Boaz and Ruth, JBL 59 (1940), 445-454.

–: More Light on the Dead Sea Scrolls, New York 1958 (dt. Ausg.: Mehr Klarheit über die Schriftrollen 1958).

Busolt, G., Griechische Staatskunde, HKAW IV/1,1, ^{3}1920, 239-248 (= §38).

Bussmann, C., Gibt es christologische Begründungen für eine Unterordung der Frau im Neuen Testament?, in: G. Dautzenberg/H. Merklein/K. Müller (Hgg.), Die Frau im Urchristentum, QD 95, 1983, 254-262.

Campenhausen, H.v., Die Askese im Urchristentum, in: Ders. (Hg.), Tradition und Leben. Kräfte der Kirchengeschichte, Aufsätze und Vorträge, 1960, 114-156.

–: Die asketische Heimatlosigkeit im altkirchlichen und frühmittelalterlichen Mönchtum, in: Ders. (Hg.), Tradition und Leben. Kräfte der Kirchengeschichte, Aufsätze und Vorträge, 1960, 290-317.

–: Kirchliches Amt und geistliche Vollmacht in den ersten drei Jahrhunderten, BHTh 14, ^{2}1963.

Cancic, H., Zur Entstehung der christlichen Sexualmoral, in: A.K. Siems (Hg.), Sexualität und Erotik in der Antike, WdF 605, 1988, 347-374.

Cancic-Lindemaier, H., Ehe und Liebe. Entwürfe griechischer Philosophen und römischer Dichter, in: A.K. Siems (Hg.), Sexualität und Erotik in der Antike, WdF 605, 1988, 232-263.

Carmignac, J./Cothenet, É./Lignée, H., Les Textes de Qumran traduits et annotés II, Paris 1963.

Cartledge, P., The Politics of Spartan Pederasty, in: A.K. Siems (Hg.), Sexualität und Erotik in der Antike, WdF 605, 1988, 385-415.

Catchpole, D.R.,The Synoptic Divorce Material as a Traditio-Historical Problem, BJRL 57 (1974), 92-127.

Chadwick, H.E., Die Kirche in der antiken Welt, 1972 (Übers. n. d. engl. Auflage: Harmondsworth [2]1969).

Cherry, D., The Minician Law: Marriage and the Roman Citizenship, Phoenix 44 (1990), 244-266.

Childs, B.H./Patton, J., Generationsübergreifende Ehe- und Familienseelsorge, 1995. <amerikan. Originalausgabe: Christian Marriage and Family, Caring for Our Generations, Nashville 1988>

Cohen, B., Concerning Divorce in Jewish and Roman Law, PAAJR 21 (1952), 3-34.

–: Jewish and Roman Law. A Comparative Study, New York 1966.

Coiner, H.G., Those "Divorce and Remarriage" Passages (Matt. 5:32; 19:9; 1 Cor 7:10-16). With Brief Reference to the Mark and Luke Passages, CTM 39 (1968), 367-384.

Collins, R.F., The unity of Paul's paraenesis in 1 Thess. 4.3-8. 1 Cor. 7.1-7, a significant parallel, NTS 29 (1983), 420-429.

Conzelmann, H., "Was von Anfang war", in: W. Eltester (Hg.) Neutestamentliche Studien für R. Bultmann zu seinem 70. Geburtstag, BZNW 21 (1954), 194-201.

–: /Lindemann, A., Arbeitsbuch zum Neuen Testament, UTB 52, [10]1991.

Courth, F., Die Sakramente. Ein Lehrbuch für Studium und Praxis der Theologie, Freiburg i. Br. 1995.

Corbett, P.E., The Roman Law of Marriage, Oxford 1930, Darmstadt [2]1979.

Corbier, M., Family Behavior of the Roman Aristocracy, Second Century B.C. – Third Century A.D., in: S.B. Pomeroy (ed.), Women's History and Ancient History, Chapel Hill/London 1991, 173-196.

Cross, F.M. (jr.), The Ancient Library of Qumran and Modern Biblical Studies, Garden City/New York 1958.

Csillag, P., The Augustan Laws on Family Relations, Budapest 1976.

Cumont, F., Die orientalischen Religionen, [2]1914 (dt. v. G. Gehrich).

Daube, D., The New Testament and Rabbinic Judaism, London 1956.

–: Evangelisten und Rabbinen, ZNW 48 (1957), 119-126.

–: Origen and the Punishment of Adultery in Jewish Law, in: K. Aland/F.L. Cross (edd.), StPatr II, Berlin 1957, 109-113.

Dautzenberg, G., Zur Stellung der Frau in den paulinischen Gemeinden, in: Ders./H. Merklein/K. Müller (Hgg.), Die Frau im Urchristentum, QD 95, 1983, 182-224.

–: Φεύγετε τὴν πορνείαν (1 Kor 6,18), in: H. Merklein (Hg.), Neues Testament und Ethik, FS R. Schnackenburg, 1989, 271-298.

Davies, P.R., The Birthplace of the Essenes: Where is 'Damaskus'?, RdQ 56 (1990), 503-519.

Delling, G., Paulus' Stellung zu Frau und Ehe, 1931.

–: Das Logion Mar. X,11 (und seine Abwandlungen) im Neuen Testament, NT 1 (1956), 263-274.

Denner, M., Die Auslegung der neutestamentlichen Schrifttexte über die Ehescheidung, Diss. kath. theol. Würzburg 1910.

Derrett, J.D.M., Law in the New Testament: The Story of the Woman Taken in Adultery, NTS 10 (1963/64), 1-26.

–: New Creation: Qumran, Paul, The Church, RdQ 13 (1988), 597-608.

–: Law and Society in Jesus' World, ANRW II 25/1, 1982, 476-564.

Despland, M., The Heterosexual Body as Metaphor in Plato's Religious City, Religion 21 (1991), 31-50.

Desprez, V., Jewish ascetical groups at the time of Christ: Qumran and the Therapeuts, ABenR 41, 1990, 291-311.

Devereux, G., Greek Pseudo-Homosexuality and the 'Greek Miracle', in: A.K. Siems (Hg.), Sexualität und Erotik in der Antike, WdF 605, 1988, 206-231.

Devine, R.J., Holy Virginity. A Study of the New Testament Teaching on Virginity and Celibacy, Diss. kath. theol. Fribourg, Rom 1964.

Dietrich, E.L., Der Urmensch als Androgyn, ZKG 58 (1939), 297-345.

Dietzfelbinger, C., Die Antithesen der Bergpredigt, TEH 186 (1975), hg. v. T. Rendtorff/K.G. Steck.

Donner, H., Geschichte des Volkes Israel und seiner Nachbarn in Grundzügen, GAT 4/1.2, I 1984; ²1995. II 1986; ²1995.

Doughty, D.J., Heiligkeit und Freiheit. Eine exegetische Untersuchung der Anwendung des paulinischen Freiheitsgedankens in I Kor. 7, Diss. ev. theol. Göttingen 1965.

Dover, K., Classical Greek Attitudes to Sexual Behaviour, in: A.K. Siems (Hg.), Sexualität und Erotik in der Antike, WdF 605, 1988, 264-281.

Driver, G.R., The Judean Scrolls. The Problem and a Solution, Oxford 1965.

Düring, I., Aristoteles. Darstellung und Interpretation seines Denkens, 1966, 489-493.

Dulschnigg, P., Der theologische Ort des Zweiten Petrusbriefes, BZ.NF 33 (1989), 161-177.

Dupont-Sommer, A., The Essene Writings from Qumran, Oxford 1961.

Ebeling, G., Jesus und Glaube, ZThK 55 (1958), 64-110.

Elliott, J.K., Paul's Teaching on Marriage, NTS 19 (1972/73), 219-225.

Engelken, K., Frauen im Alten Israel. Eine begriffsgeschichtliche und sozialrechtliche Studie zur Stellung der Frau im Alten Testament, 1990.

Epstein, L.M., Marriage Laws in the Bible and the Talmud, HSS 12, Cambridge, Mass. 1942.

Erdmann, W., Die Ehe im alten Griechenland, MBPF 20, 1934.

–: Zum Γ΄ΑΜΟΣ ΄ΑΓΡΑΦΟΣ der graeco-aegyptischen Papyri, in: FS P. Koschaker zum 60. Geburtstag III 1939, 224-240.

Evans-Grubbs, J., "Marriage more shameful than adultery": slavemistress relationships, "mixed marriages", and late roman law, Phoenix 47 (1993), 125-154.

Fahnenbruch, F., Zu 1 Kor 7,36-38, BZ 12 (1914), 391-401.

Fahrner, I., Geschichte der Ehescheidung im kanonischen Recht. I. Geschichte des Unauflöslichkeitsprinzips und der vollkommenen Scheidung der Ehe im kanonischen Recht, Freiburg i. Br. 1903.

Fander, M., Die Stellung der Frau im Markusevangelium. Unter besonderer Berücksichtigung kultur- und religionsgeschichtlicher Hintergründe, MThA 8, 1990.

Fangauer, P.G., Stilles Frauenheldentum oder Frauenapostolat in den ersten drei Jahrhunderten des Christentums, 1922.

Farla, P., 'The two shall become one flesh'. Gen. 1.27 and 2.24 in the New Testament Marriage Texts, in: S. Draima (ed.), Intertextuality in Biblical Writings. Essays in honour of Bas van Israel, Kampen 1989, 67-82.

Farmer, W.R., The Minor Agreements of Matthew and Luke Against Mark and the Two Gospel Hypothesis, in: G. Strecker (Hg.), Minor Agreements. Symposium Göttingen 1991, GTA 50, 163-207.

Fascher, E., Zur Witwerschaft des Paulus und der Auslegung von 1 Cor 7, ZNW 28 (1929), 62-69.

Fauth, W., Sakrale Prostitution im vorderen Orient und im Mittelmeerraum, JAC 31 (1988), 24-39.

Fehribach, A., Between Text and Context: Scripture, Society and the Role of Women in Formative Judaism, in: P.J. Haas (Ed.), Recovering the Role of Women, SFSHJ 59, 1992, 39-60.

Fehrle, E., Die kultische Keuschheit im Altertum, 1910.

Fischer, J., Die Bestimmung der Pastoralbriefe: Unius uxoris vir, Weidenauer Studien 1 (1906), 179-226.

–: Ehe und Jungfräulichkeit im Neuen Testament, BZfr. NF 3/4, 1919.

Fitzer, G., "Das Weib schweige in der Gemeinde". Über den unpaulinischen Charakter der mulier-taceat-Verse in 1. Korinther 14, TEH.NF 110, 1963.

Fitzmyer, J.A., A Re-Study of an Elephantine Aramaic Marriage Contract (AP 15), in: H. Goedicke (ed.), Near Eastern Studies in Honor of William Foxwell Albright, Baltimore/London 1971, 137-168.

–: The Matthean Divorce Texts and some new Palestinian Evidence, TS 37 (1976), 197-226.

Fleckenstein, K.-H., Ordnet euch einander unter in der Furcht Christi. Die Eheperikope in Eph 5,21-33. Geschichte der Interpretation, Analyse und Aktualisierung des Textes, fzb 73, 1994.

Flusser, D., Pharisäer, Sadduzäer und Essener im Pescher Nahum, in: K.E. Grözinger/H. Ilg/H. Lichtenberger/G.-W. Nebe/H. Pabst (Hgg.), Qumran, WdF 410, 1981, 121-166.

Ford, J.M., Levirate Marriage in St. Paul (1 Cor. VII), NTS 10 (1963/64), 361-365.

–: St. Paul, The Philogamist (I Cor. VII in early patristic exegesis), NTS 11 (1964/65), 326-348.

–: The Meaning of 'Virgin', NTS 12 (1965/66), 293-299.

–: A Note on Proto-Montanism in the Pastoral Epistles, NTS 17 (1970/1), 338-346.

Frey, C., Zur Beurteilung der Homosexualität aus theologisch-ethischer Sicht. Schritte einer Urteilsfindung, ZEE 31 (1987), 103-106.

Friedman, M.A., Termination of the Marriage upon the Wife's Request: A Palestinian Ketubba Stipulation, PAAJR 37 (1969), 29-55.

–: Divorce upon the wife's demand as reflected in Manuscripts from the Cairo Geniza, JLA 4 (1981), 103-126.

Friedrich, G., Sexualität und Ehe. Rückfragen an das Neue Testament, BiFor 11, 1977.

Frishtik, M., Physical and sexual violence by husbands as a reason for imposing a divorce in Jewish law, JLA 9 (1991), 145-169.

Fusco, S.-A., Familie und Erziehung in der römischen Antike, in: H. Reif (Hg.), Die Familie in der Geschichte, KVR 1474, 1982, 10-27.

Gager, J.G., Das Ende der Zeit und die Entstehung von Gemeinschaften, in: W.A. Meeks (Hg.), Zur Soziologie des Urchristentums, TB 62, 1979, 88-130.

Gardner, J.F., Women in Roman Law & Society, Bloomington/Indianapolis 1986.

Geiger, R., Die Stellung der geschiedenen Frau in der Umwelt des Neuen Testamentes, in: G. Dautzenberg/H. Merklein/K. Müller (Hgg.), Die Frau im Urchristentum, QD 95, 1983, 134-157.

Georgi, D., Die Visionen vom himmlischen Jerusalem in Apk 21 und 22, in: D. Lührmann/G. Strecker (Hgg.), Kirche, FS G. Bornkamm, 1980, 351-372.

Gerstenberger, E.S./Schrage, W., Frau und Mann. Biblische Konfrontation, KTB 1013, 1980.

Ginzberg, L, An Unknown Jewish Sect, New York 1976 (rev. Übers. der Ausgabe: Eine unbekannte jüdische Sekte, New York 1922).

Gladigow, B., Römische Erotik im Rahmen sakraler und sozialer Institutionen, in: A.K. Siems (Hg.), Sexualität und Erotik in der Antike, WdF 605, 1988, 324-346.

Gnilka, J., Jesus von Nazaret: Botschaft und Geschichte, HThK.SB III, 1990.

–: Theologie des Neuen Testaments, HThK.SB V, 1994.

Gobanson, S., On the Hypothesis that Essenes lived on Mt. Carmel, RdQ 36 (1978), 563-567.

Goeden, R., Zur Stellung von Mann und Frau, Ehe und Sexualität im Hinblick auf Bibel und Alte Kirche, Diss. ev. theol. Göttingen 1969.

Golden, M., Slavery and Homosexuality at Athens, Phoenix 38 (1984), 308-320.

Goodblatt, D., The Place of the Pharisees in first century Judaism: The State of the Debate, JSJ 20 (1989), 12-30.

Goodenough, E.R., The Jurisprudence of the Jewish Courts in Egypt. Legal administration by the Jews under the early Roman empire as described by Philo Judaeus, New Haven 1929.

Goppelt, L., Jesus und die "Haustafel"-Tradition, in: P. Hoffmann u.a. (Hg.), Orientierung an Jesus. Zur Theologie der Synoptiker, FS J. Schmid, 1973, 93-106.

Goulder, M.D., Exegesis of Genesis 1-3 in the New Testament, JJS 43 (1992), 226-229.

Grafe, E., Verlöbnisse bei Paulus, TARWPV NF 3 (1899), 57-69.

Granqvist, H., Marriage Conditions in a Palestinian Village, Commentationes Humanarum Litterarum III.8, Helsingfors 1931.

Greeven, H., Das Hauptproblem der Sozialethik in der neueren Stoa und im Urchristentum, NTF 4, 1935, 113-140.

–: Ehe nach dem Neuen Testament, NTS 15 (1968/9), 365-388 (vgl. auch den gleichnamigen Beitrag von H. Greeven, in: Ders./J. Ratzinger/R. Schnackenburg/H.-D. Wendland (Hgg.), Theologie der Ehe, 1969, 37-79).

Grelot, P., Die Entwicklung der Ehe als Institution im Alten Testament, Concilium 6, Einsiedeln/Zürich/Mainz 1970, 320-325.

Gülzow, H., Christentum und Sklaverei in den ersten drei Jahrhunderten, 1969.

Haacker, K., Ehescheidung und Wiederverheiratung im Neuen Testament, ThQ 151 (1971), 28-38.
—: Der Rechtssatz Jesu zum Thema Ehebruch (Mt 5,28), BZ NF 21 (1977), 113-116.
Haardt, R., Die Gnosis. Wesen und Zeugnisse, Salzburg 1967.
Hägglund, B., Geschichte der Theologie. Ein Abriß, ²1990.
Hammond, P.C., A Divorce Document from the Cairo Geniza, JQR 52, Philadelphia 1961/62, 131-153.
Harnack, A.v., Die Mission und Ausbreitung des Christentums in den ersten drei Jahrhunderten: I. Die Mission in Wort und Tat, ⁴1924; II. Die Verbreitung, ⁴1924.
Harrell, P.E., Divorce and Remarriage in the Early Church, Austin, Texas 1967.
Harrison, A.R.W., The Law of Athens. I. The Family and Property, II. Procedure, Oxford I 1968; II 1971.
Hauber, A., Tertullians Kampf gegen die zweite Ehe, ThStKr 18,2 (1845), 607-662.
Hengel, M., Judentum und Hellenismus. Studien zu ihrer Begegnung unter besonderer Berücksichtigung Palästinas bis zur Mitte des 2. Jh. v. Chr., WUNT 10, 1969.
Hershbell, J., The Stoicism of Epictetus: Twentieth Century Perspectives, ANRW II, 36,3, 1989, 2148-2163.
Heussi, K., Der Ursprung des Mönchtums, 1936.
Hierzenberger, G., Weltbewertung bei Paulus nach 1 Kor 7,29-31. Eine exegetisch-kerygmatische Studie, KBAMNT, 1967.
Hoffmann, P., Jesu Wort von der Ehescheidung und seine Auslegung in der neutestamentlichen Überlieferung, Concilium 6, Einsiedeln/Zürich/Mainz 1970, 326-332.
—: /V. Eid, Jesus von Nazareth und eine christliche Moral. Sittliche Perspektiven der Verkündigung Jesu, QD 66, 1975.
Holsten, C., Das Evangelium des Paulus, Berlin I 1880.
Holzmeister, U., Die Streitfrage über die Ehescheidungstexte bei Matthäus 5,32; 19,9, Bib 26 (1945), 133-146.
Hommel, H., Herrenworte im Lichte sokratischer Überlieferung, ZNW 57 (1966), 1-23.
Hopkins, K., Brother-Sister Marriage in Roman Egypt, CSSH 22 (1980), 303-354.
Hopkins, M.K., The Age of Roman Girls at Marriage, PopSt 18, London 1965, 309-327.
Howard, G., The Head/Body Metaphors of Ephesians, NTS 20 (1974), 350-356.
Hübner, H., Zölibat in Qumran? NTS 17 (1970/71), 153-167.

–: Das Gesetz in der synoptischen Tradition, 1973.
–: Rezension zu Niederwimmer, Askese und Mysterium, ThLZ 103 (1978), 355-357.
–: Biblische Theologie des Neuen Testaments II. Die Theologie des Paulus und ihre neutestamentliche Wirkungsgeschichte, 1993.
–: Biblische Theologie des Neuen Testaments III. Hebräerbrief, Evangelien und Offenbarung; Epilegomena, 1995.
Huwardas, S.G., Beiträge zum griechischen und gräkoägyptischen Eherecht der Ptolemäer- und frühen Kaiserzeit, LRWS 64, 1931.
Isaksson, A., Marriage and Ministry in the New Temple. A Study with Special Reference to Mt 19,3-12 and 1 Cor 11,3-16, Kopenhagen/Lund 1965.
Jackson, B.S., Introduction, JLA 4 (1981), 3-8.
Jedin, H., Handbuch der Kirchengeschichte I. Von der Urgemeinde zur frühchristlichen Großkirche, 1962.
Jeremias, J., War Paulus Witwer?, ZNW 25 (1926), 310-312.
–: Nochmals: War Paulus Witwer?, ZNW 29 (1930), 321-323.
–: Unbekannte Jesusworte, AThANT 16, 1948.
–: Die missionarische Aufgabe in der Mischehe (1 Cor 7,16), in: W. Eltester (Hg.), Neutestamentliche Studien für Rudolf Bultmann zu seinem siebzigsten Geburtstag, BZNW 21 (1954), 255-260.
–: Die Gleichnisse Jesu, [4]1956, [10]1984, ND 1988.
–: Die Abendmahlsworte Jesu, Göttingen [4]1967.
–: Kennzeichen der ipsissima vox Jesu, in: Ders., Abba. Studien zur neutestamentlichen Theologie und Zeitgeschichte, 1966, 145-152.
–: Abba. Studien zur neutestamentlichen Theologie und Zeitgeschichte, 1966.
–: Neutestamentliche Theologie. Erster Teil: Die Verkündigung Jesu, [2]1973.
Jervell, J., Imago Dei. Gen 1,26f. im Spätjudentum, in der Gnosis und in den paulinischen Briefen, 1960.
Jordan, H., Einen Ehering bekommt nur die Braut. Jüdische Hochzeiten kommen ohne Pomp, Predigt und eine feste Kleiderordnung aus, in: Göttinger Tageblatt-Extra, 26.04.1995, Beilage ohne Seitenzahl.
Jülicher, A., Die geistlichen Ehen in der alten Kirche, ARW 7 (1904), 373-386.
–: Die Jungfrauen im ersten Korintherbrief, PrM. NF 22 (1918), 97-119.
Jung, J.H., Das Eherecht der römischen Soldaten, ANRW II 14, 1982, 302-346.
Kähler, E., Die Frau in den paulinischen Briefen unter besonderer Berücksichtigung des Begriffes der Unterordnung, 1960.
Käsemann, E., Das Problem des historischen Jesus, ZThK 51 (1954), 125-153.
–: Die Anfänge christlicher Theologie, ZThK 57 (1960), 162-185.
–: Zum Thema der urchristlichen Apokalyptik, ZThK 59 (1962), 257-284.

Kaiser, O., Der Gott des Alten Testaments. Theologie des AT 1: Grundlegung, UTB 1747, 1993.

Kaser, M., Die Rechtsgrundlage der actio rei uxoriae, RIDA II, Brüssel 1949, 511-550.

–: Ehe und 'conventio in manum', Iura. Rivista internazionale di diritto Romano e Antico 1 (1950), 64-101.

–: Das römische Privatrecht I (Das altrömische, das vorklassische und klassische Recht), in: Rechtsgeschichte des Altertums III/3.1, 1955.

–: Das römische Privatrecht II (Die nachklassischen Entwicklungen), in: Rechtsgeschichte des Altertums III/3.2, 1959.

Katzoff, R., Sources of Law in Roman Egypt: The Role of the Prefect, ANRW II 13, 1980, 807-844.

Kee, H.C., Das frühe Christentum in soziologischer Sicht. Methoden und Anstöße, UTB 1219, 1982.

Kees, H., Kulturgeschichte des alten Orients I. Ägypten, in: W. Otto (Hg.), HAW III/1,3.1, 1933, 76-86.

Kirchhoff, R., Die Sünde gegen den eigenen Leib. Studien zu πόρνη und πορνεία in 1 Kor 6,12-20 und dem sozio-kulturellen Kontext der paulinischen Adressaten, 1994.

Klinz, A., ἹΕΡΟΣ ΓΑΜΟΣ. Quaestiones selectae ad sacras nuptias Graecorum religionis et poeseos pertinentes. Diss.Inaug. Halle 1933.

Knopf, R., Ueber die soziale Zusammensetzung der ältesten heidenchristlichen Gemeinden, ZThK 10 (1900), 325-347.

Koch, H., Vater und Tochter im ersten Korintherbriefe, BZ 3 (1905), 401-407.

–: Taufe und Askese in der alten ostsyrischen Kirche, ZNW 12 (1911), 37-69.

Köhne, J., Über die Mischehen in den ersten christlichen Zeiten, ThGl 23 (1931), 333-350.

Kötting, B., Die Beurteilung der zweiten Ehe im heidnischen und christlichen Altertum, Diss. kath. theol. Bonn, 1943.

–: Der Zölibat in der Alten Kirche, Münster 1968.

–: Die Bewertung der Wiederverheiratung (der zweiten Ehe) in der Antike und in der Frühen Kirche, RhWAW.G 292, 1988.

Kraemer, R.S., Monastic Jewish Women in Greco-Roman Egypt: Philo Judaeus on the Therapeutrides, Signs 14, Chicago 1988, 342-370.

Dies., Jewish Women in the Diaspora World of Late Antiquity, in: J.R. Baskin (Hg.), Jewish Women in Historical Perspective, Detroit 1991, 43-67.

Dies., Her Share of the Blessings. Women's Religions among Pagans, Jews, and Christians in the Greco-Roman World, New York/Oxford 1992.

Krenkel, W.A., Familienplanung und Familienpolitik in der Antike, in: A.K. Siems (Hg.), Sexualität und Erotik in der Antike, WdF 605, 1988, 375-384.

Kretschmar, G., Ein Beitrag zur Frage nach dem Ursprung frühchristlicher Askese, in: K.S. Frank (Hg.), Askese und Mönchtum in der alten Kirche, WdF 409, 1975, 129-180.

–: Zur religionsgeschichtlichen Einordnung der Gnosis, in: K. Rudolph (Hg.), Gnosis und Gnostizismus, WdF 262, 1975, 426-437.

Kretzer, A., Die Frage: Ehe auf Dauer und ihre mögliche Trennung nach Mt 19, 3-12, in: H. Merklein/J. Lange (Hgg.), Biblische Randbemerkungen, FS R. Schnackenburg, 1974, 218-230.

Kroll, W., Römische Erotik, in: A.K. Siems (Hg.), Sexualität und Erotik in der Antike, WdF 605, 1988, 70-117.

Küchler, M., Schweigen, Schmuck und Schleier. Drei neutestamentliche Vorschriften zur Verdrängung der Frauen auf dem Hintergrund einer frauenfeindlichen Exegese des Alten Testaments im antiken Judentum, NTOA 1, Freiburg i.d. Schweiz u.a., 1986.

Kühn, U., Sakramente, HST 11, 1985.

Kümmel, W.G., Verheißung und Erfüllung. Untersuchungen zur eschatologischen Verkündigung Jesu, AThANT 6, Zürich ²1953.

–: Jesus und die Rabbinen, in: Ders. (Hg.), Heilsgeschehen und Geschichte I, MThSt 3, 1965, 1-14.

–: Jesus und der jüdische Traditionsgedanke, in: Ders. (Hg.), Heilsgeschehen und Geschichte I, MThSt 3, 1965, 15-35.

–: Die Gottesverkündigung Jesu und der Gottesgedanke des Spätjudentums, in: Ders. (Hg.), Heilsgeschehen und Geschichte I, MThSt 3, 1965, 107-125.

–: Verlobung und Heirat (1 Kor 7,36-38), in: Ders. (Hg.), Heilsgeschehen und Geschichte I, MThSt 3, 1965, 310-327.

–: Die Naherwartung in der Verkündigung Jesu, in: Ders. (Hg.), Heilsgeschehen und Geschichte I, MThSt 3, 1965, 457-470.

–: Jesusforschung seit 1981, ThR 54 (1989), 1-53.

–: Vierzig Jahre Jesusforschung (1950-1990), hg. v. H. Merklein, BBB 91, ²1994.

Kuhn, H.-W., Ältere Sammlungen im Markusevangelium, SUNT 8, 1971.

Lacey, W.K., Patria Potestas, in: B. Rawson (ed.), The Family in Ancient Rome. New Perspectives, London/Sydney 1986, 121-144.

Lampe, P., Die stadtrömischen Christen in den ersten beiden Jahrhunderten. Untersuchungen zur Sozialgeschichte, WUNT II.18, ²1989.

Landsberger, B., Jungfräulichkeit: Ein Beitrag zum Thema 'Beilager und Eheschliessung' (mit einem Anhang: Neue Lesungen und Deutungen im Gesetzbuch von Esnunna), in: J.A. Ankum/R. Feenstra/W.F. Leemans (Hgg.), Symbolae Iuridicae et Historicae Martino David Dedicatae II, Leiden 1968, 41-105.

Lang, B., "Du sollst nicht nach der Frau eines anderen verlangen". Eine neue Deutung des 9. und 10. Gebots, ZAW 93 (1981), 216-224.

Lee, C.L., Soziale Unruhe und Urchristentum, in: W.A. Meeks (Hg.), Zur Soziologie des Urchristentums, TB 62, 1979, 57-87.

Leenhardt, F., Die Stellung der Frau in der urchristlichen Gemeinde, in: Ders./Blanke, F. (Hgg.), Die Stellung der Frau im Neuen Testament und in der alten Kirche, KZF 24, Zürich 1949, 3-56.

Lehmann, M.R., Gen 2,24 as the Basis of Divorce in Halakhah and New Testament, ZAW 72 (1960), 263-267.

Leipoldt, J., Die Frau in der antiken Welt und im Urchristentum, ²1955.

Léon-Dufour, X., Mariage et continence selon s. Paul, FS A. Gelin (A la rencontre de Dieu), Le Puy 1961, 319-329.

Levy, E., Hergang der römischen Ehescheidung, 1925.

Lewandowski, H., Römische Sittengeschichte, 1978.

Licht, H., Sittengeschichte Griechenlands, 1978.

Lietzmann, H., Geschichte der alten Kirche I, ³1953.

Lindeskog, G., Studien zum neutestamentlichen Schöpfungsgedanken, UUA 11, Uppsala 1952.

Lipinski, E., The Wife's Right to Divorce in the light of an ancient Near Eastern Tradition, JLA 4 (1981), 9-27.

Lips, H.v., Glaube – Gemeinde – Amt. Zum Verständnis der Ordination in den Pastoralbriefen, 1979.

Lloyd-Jones, D.M., Life in the Spirit in Marriage, Home & Work. An Exposition of Ephesians 5:18 to 6:9, Edinburgh/Carlisle, Pennsylvania 1974.

Lösch, S., Christliche Frauen in Corinth (1 Cor 11,2-16), ThQ 127 (1947), 216-261.

Lövestam, E., Die funktionale Bedeutung der synoptischen Jesusworte über Ehescheidung und Wiederheirat, SNTU 2 (1977), 19-28.

–: Divorce and Remarriage in the New Testament, JLA 4 (1981), 47-65.

Loewe, R(aphael), The Position of Women in Judaism, London 1966.

Löwe, R(ichard), Kosmos und Aion. Ein Beitrag zur heilsgeschichtlichen Dialektik des urchristlichen Weltverständnisses, NF III/5, 1935.

Lohfink, G., Weibliche Diakone im Neuen Testament, in: G. Dautzenberg/H. Merklein/K. Müller (Hgg.), Die Frau im Urchristentum, QD 95, 1983, 320-338.

Lohse, E., Theologische Ethik des Neuen Testaments, ThW 5,2, 1988.

Lüdemann, G., Untersuchungen zur simonianischen Gnosis, GTA 1, 1975.

–: Das frühe Christentum nach den Traditionen der Apostelgeschichte. Ein Kommentar, Göttingen 1987.

Lührmann, D., Neutestamentliche Haustafeln und antike Ökonomie, NTS 27 (1981), 83-97.

Maier, J./Schubert, K., Die Qumran-Essener. Texte der Schriftrollen und Lebensbild der Gemeinde, 1973.

Maier, J., Die Tempelrolle vom Toten Meer, UTB 829, 1978.

–: Von Eleazar bis Zadok, RdQ 15 (1991), 231-241.

Marinelli, D., De virginibus in 1 Cor 7,36-38, SBFLA IV, Jerusalem 1953/54, 184-218.

Marshall, A.J., The Survival and Development of International Jurisdiction in the Greek World under Roman Role, ANRW II 13, 1980, 626-661.

Mayer, R./Reuss, J., Die Qumranfunde und die Bibel, 1959.

Mayer-Maly, T., Trauerzeit und Wiederheirat, in: W.M. Plöchl/I. Gampl (Hgg.), Im Dienste des Rechtes in Kirche und Staat. FS F. Arnold, KuR 4, Wien 1963, 314-330.

Meeks, W.A., The Image of the Androgyne: Some uses of a symbol in earliest Christianity, HR 13, Chicago 1974, 165-208.

Merklein, H., Die Gottesherrschaft als Handlungsprinzip. Untersuchung zur Ethik Jesu, fzb 34, ³1984.

–: Jesu Botschaft von der Gottesherrschaft, SBS 111, 1983.

–: "Es ist gut für den Menschen, eine Frau nicht anzufassen". Paulus und die Sexualität nach 1 Kor 7, in: Ders./G. Dautzenberg/K. Müller (Hgg.), Die Frau im Urchristentum, QD 95, 1983, 225-253.

Mette-Dittmann, A., Die Ehegesetze des Augustus. Eine Untersuchung im Rahmen der Gesellschaftspolitik des Princeps, Historia. Einzelschriften 67, Stuttgart 1991 (zugl. Hist. Diss. Berlin 1989).

Michaelis, W., Ehe und Charisma bei Paulus, ZSTh 5 (1928), 426-452.

Michel, O., Wie spricht Paulus über Frau und Ehe? Ein Blick auf G. Dellings Untersuchung, ThStKr 105 (1933), 215-225.

Mikat, P., Die Inzest-Gesetzgebung der merowingisch-fränkischen Konzilien (511-626/27), Paderborn 1994.

Milik, J.T., Die Geschichte der Essener, in: K.E. Grözinger/N. Ilg /H. Lichtenberger/G.-W. Nebe/H. Pabst (Hgg.), Qumran, WdF 410, 1981, 58-120.

Miller, J.E., The Practices of Romans 1:26: Homosexual oder Heterosexual?, NT 37 (1995), 1-11.

Mittelmann, J.M., Der altisraelitische Levirat. Eine rechtshistorische Studie, Jur. Inaug.-Diss. Leipzig 1934.

Moor, J.C. de, The Love of God in the Targum to the Prophets, JSJ 24 (1993), 257-265.

Moore, G.F., The Covenanters of Damascus. A Hitherto Unknown Jewish Sect, HThR 4 (1911), 330-377.

Moraldi, L, I manoscritti di Qumran, Turin 1971.
Müller, C.D.G., Was lehrt uns die ägyptische Literatur über die Eheethik im Nillande?, in: FS E. Otto, Fragen an die altägyptische Literatur, 1977, 349-360.
Müller, I. v., Die griechischen Privataltertümer, in: Ders. (Hg.), HAW IV/1,2, ²1893, 141-154 (= §§ 82-88).
Mueller, J.R., The Temple Scroll and the Gospel Divorce Texts, RdQ 10 (1979-1981), 247-256.
Müller, K., Die Forderung der Ehelosigkeit für alle Getauften in der alten Kirche, SGV 126, 1927.
Müller, K., Die Haustafel des Kolosserbriefes und das antike Frauenthema. Eine kritische Rückschau auf alte Ergebnisse, in: Ders./G. Dautzenberg/H. Merklein (Hgg.), Die Frau im Urchristentum, QD 95, 1983, 263-319.
–: Zur Datierung rabbinischer Aussagen, in: H. Merklein (Hg.), Neues Testament und Ethik, FS R. Schnackenburg, 1989, 551-587.
Müller, U.B., Vision und Botschaft. Erwägungen zur prophetischen Struktur der Verkündigung Jesu, ZThK 74 (1977), 416-448.
Munro, W., Col. III.18-IV.1 and Eph. V.21-VI.9: Evidences of a late literary stratum?, NTS 18 (1971/72), 434-447.
Murphy-O'Connor, J., An Essene Missionary Document? CD II,14-VI,1, RB 77 (1970), 201-229.
–: Remarques sur l'Exposé du Professeur Y. Yadin, RB 79 (1972), 99f.
–: The Essenes and their history, RB 81 (1974), 215-244.
–: The divorced woman in 1 Cor 7:10-11, JBL 100 (1981), 601-606.
Nagel, P., Die Motivierung der Askese in der Alten Kirche und der Ursprung des Mönchtums, TU 95, 1966.
Neidhardt, W., Das paulinische Verständnis der Liebe und die Sexualität, ThZ 40 (1984), 245-256.
McNeill, J.J., The Church and the Homosexual, London 1977.
Neudecker, R., Das "Ehescheidungsgesetz" von Dtn 24,1-4 nach altjüdischer Auslegung. Ein Beitrag zum Verständnis der neutestamentlichen Aussagen zur Ehescheidung, Bib 75 (1994), 350-387.
Neusner, J., The Formation of Rabbinic Judaism: Yavneh (Jamnia) from A.D. 70 to 100, ANRW II 19/2, 1979, 3-42.
–: A History of the Mishnaic Law of Women. Studies in Judaism in late Antiquity 33, 5 Bde. (I: Yebamot; II: Ketubot; III: Nedarim, Nazir; IV: Sotah, Gittin, Qiddushin; V: The Mishnaic System of Women), Leiden 1980.
Niditch, S., Portrayals of Women in the Hebrew Bible, in: J.R. Baskin (Hg.), Jewish Women in Historical Perspective, Detroit 1991, 25-42.

Niebergall, A., Tertullians Auffassung von Ehe und Eheschließung, in: B. Jaspert/R. Mohr (Hgg.), Traditio – Krisis – Renovatio aus theologischer Sicht, FS W. Zeller, 1976, 56-72.

–: Ehe und Eheschließung in der Bibel und in der Geschichte der alten Kirche, aus dem Nachlaß hg. v. A.M. Ritter, MThSt 18, 1985.

Niederwimmer, K., Zur Analyse der asketischen Motivation in 1 Kor 7, ThLZ 99 (1974), 241-248.

–: Askese und Mysterium. Über Ehe, Ehescheidung und Eheverzicht in den Anfängen des christlichen Glaubens, 1975.

Nietzold, J., Die Ehe in Ägypten zur ptolemäisch-römischen Zeit nach den griechischen Heiratskontrakten und verwandten Urkunden, Jur. Inaug.-Diss. Leipzig 1903.

Nock, A.D., Eunuchs in ancient religion, in: A.K. Siems (Hg.), Sexualität und Erotik in der Antike, WdF 605, 1988, 58-69.

Nörr, D., Die Auflösung der Ehe durch die Frau nach altbabylonischem Recht, Studi in onore di Emilio Betti III, Mailand 1962, 507-526.

Novak, D., Annulment in Lieu of Divorce in Jewish Law, JLA 4 (1981), 188-206.

Oepke, A., Irrwege in der neueren Paulusforschung, ThLZ 77 (1952), 449-458.

v.d. Osten-Sacken, P., Paulinisches Evangelium und Homosexualität, in: Ders. (Hg.), Evangelium und Tora. Aufsätze zu Paulus, ThB 77, 1987, 210-236.

Ott, A., Die Auslegung der neutestamentlichen Schrifttexte über die Ehescheidung bei den Vätern, Diss. kath. theol. Würzburg 1910.

–: Die Auslegung der neutestamentlichen Schrifttexte über die Ehescheidung, historisch-kritisch dargestellt, NTA III 1-3, 1910 (gegenüber o.g. Ausgabe wesentlich erweitert).

Pagels, E., Adam, Eve and the Serpent, New York 1988.

Patai, R., Sitte und Sippe in Bibel und Orient, 1962 (engl. Sex and Family, New York 1959).

Patterson, C.B., Marriage and the Married Woman in Athenian Law, in: S.B. Pomeroy (ed.), Women's History and Ancient History, Chapel Hill/London 1991, 48-72.

Pearl, D., The Wife's Right to Divorce in Muslim Law, JLA 4 (1981), 226-231.

Pedersen, J., Israel, its life and culture, I, University of South Florida studies in history of Judaism 28, University of South Florida 1991 (zuerst: Israel, London 1926-1940).

Perlitt, L., Bundestheologie im Alten Testament, WMANT 36, 1969.

Perrin, N., Was lehrte Jesus wirklich?, Rekonstruktionen und Deutung, 1967.

Pesch, R., Freie Treue. Die Christen und die Ehescheidung, 1971.

Pestman, P.W., Marriage and matrimonial property in ancient Egypt, PLB 9, Leiden 1961.
Phillips, C.R., The Sociology of Religious Knowledge in the Roman Empire to A.D. 284, ANRW II 16/3, 1986, 2677-2773.
Piatelli, D., The Marriage Contract and Bill of Divorce in ancient Hebrew Law, JLA 4 (1981), 66-78.
Plautz, W., Die Frau in Ehe und Familie. Ein Beitrag zum Problem ihrer Stellung im Alten Testament, Diss. ev. theol. Kiel 1959.
–: Monogamie und Polygamie im Alten Testament, ZAW 75 (1963), 3-27.
Plooij, D., Eine enkratitische Glosse im Diatessaron, ZNW 22 (1923), 1-16.
Pokorný, P., Epheserbrief und gnostische Mysterien, ZNW 53 (1962), 160-194.
–: Der Ursprung der Gnosis, in: K. Rudolph (Hg.), Gnosis und Gnostizismus, WdF 262, 1975, 749-767.
Pomeroy, S.B., Frauenleben im klassischen Altertum, v. N.F. Mattheis aus dem Engl. übers., 1985.
–: Women in Roman Egypt. A Preliminary Study based on Papyri, ANRW II 10/1, 1988, 708-723.
Popper, K., Die offene Gesellschaft und ihre Feinde I, UTB 1724, [7]1992.
Porten, B., Archives from Elephantine. The life of an ancient Jewish military colony, Berkeley/Los Angeles 1968.
Posphishil, V.J., Divorce and Remarriage. Towards a New Catholic Teaching, Guildford/London 1967.
Preisker, H., Christentum und Ehe in den ersten drei Jahrhunderten. Eine Studie zur Kulturgeschichte der alten Welt, 1927.
Pressler, C., The View of Women Found in the Deuteronomy Family Laws, BZAW 216, 1993.
Preuß, H.D., Theologie des Alten Testaments, I 1991; II 1992.
Preysing, K.G., Ehezweck und zweite Ehe bei Athenagoras, ThQ 110 (1929), 85-110.
Prostmeier, F.-R., Handlungsmodelle im ersten Petrusbrief, fzb 63, 1990.
Rabello, A.M., The Legal Condition of the Jews in the Roman Empire, ANRW II 13, 1980, 662-762.
–: Divorce of Jews in the Roman Empire, JLA 4 (1981), 79-102.
Rabin, C., The Zadokite Documents, Oxford 1954.
Rabinowitz, J.J., Marriage Contracts in Ancient Egypt in the Light of Jewish Sources, HThR 46 (1953), 91-97.
Rad, G.v., Theologie des Alten Testaments, I.II [9]1987.
Ratisda, L.F., Augustus' Legislation Concerning Marriage, Procreation, Love Affairs and Adultery, ANRW II, 13, 1980, 278-339.

Ratzinger, J., Zur Theologie der Ehe, in: Ders./H. Greeven/R. Schnackenburg/H.-D. Wendland (Hgg.), Theologie der Ehe, 1969, 81-115.

Rawson, B., The Roman Family, in: Ders. (ed.), The Family in Ancient Rome. New Perspectives, London/Sydney 1986, 1-57.

Reicke, B., Die Gnosis der Männer nach 1.Ptr 3,7, in: W. Eltester (Hg.), Neutestamentliche Studien für Rudolf Bultmann zu seinem 70. Geburtstag, BZNW 21 (1954), 296-304.

Reploh, K.-G., Markus – Lehrer der Gemeinde, SBM 9, 1969.

Richardson, P., Judgment in sexual matters in 1 Corinthians 6:1-11, NT 25 (1983), 37-58.

Richter, H.-F., Geschlechtlichkeit, Ehe und Familie im Alten Testament und seiner Umwelt, BET 10, 1978.

Ringeling, H., Die biblische Begründung der Monogamie, ZEE 10 (1966), 81-102.

–: Homosexualität – Teil I: Zum Ansatz der Problemstellung in der theologischen Ethik. Ein Überblick über die jüngere ethische Diskussion, ZEE 31 (1987), 6-35.

–: Homosexualität – Teil II: Zur ethischen Urteilsfindung, ZEE 31 (1987), 82-102.

Ringgren, H., Hohes Lied und hieros gamos, ZAW 65 (1953), 300-302.

Rissi, M., Die Hure Babylon und die Verführung der Heiligen. Eine Studie zur Apokalypse des Johannes, BWANT 136, 1995.

Rohr, I., Paulus und die Gemeinde von Korinth auf Grund der beiden Korintherbriefe, BSt(F) IV/4, 1899, 62-67.

Roloff, J., Die Kirche im Neuen Testament, GNT 10, 1993.

Rordorf, W., Marriage in the New Testament and in the Early Church, JEH 20 (1969), 193-210.

Rowley, H.H., The Marriage of Ruth, HThR 40 (1947), 77-99.

Rudolph, K., Die Gnosis. Wesen und Geschichte einer spätantiken Religion, ³1990.

Rudolph, W., Das Hohe Lied im Kanon, ZAW 59 (1942/43), 189-199.

Safrai, S., Home and Family (Kap. 14), in: Ders./M. Stern (edd.), The Jewish People in the First Century. Historical Geography, Political History, Social, Cultural and Religious Life and Institutions, CRINT I.2, Assen/Amsterdam 1976, 728-792.

Saller, R.P., Familia, Domus, and the Roman Conception of the Family, Phoenix 38 (1984), 336-355.

Sampley, J.P., "And the two shall become one flesh". A study of traditions in Ephesians 5:21-33, Cambridge 1971.

Sand, A., Reich Gottes und Eheverzicht im Evangelium nach Matthäus, SBS 109, 1983.
Sanders, J.T., Ethics in the New Testament. Change and Development, Philadelphia 1975.
Sauer, J.R., Rückkehr des Heils. Eine Untersuchung zum Problem der 'ethischen Radikalismen' des historischen Jesus. Diss. ev. theol. Göttingen 1989.
Schäfke, W., Frühchristlicher Widerstand, ANRW 23/1, 1979, 460-720(ff).
Schaller, B., Gen 1.2 im antiken Judentum (Untersuchungen über Verwendung und Deutung der Schöpfungsaussagen von Gen 1.2 im antiken Judentum), Diss. ev. theol. Göttingen 1961.
–: Die Sprüche über Ehescheidung und Wiederheirat in der synoptischen Überlieferung, in: E. Lohse/C. Burchard/B. Schaller (Hgg.), Der Ruf Jesu und die Antwort der Gemeinde, FS J. Jeremias, 1970, 226-246.
–: "Commits adultery with her", not "against her", Mk 10,11, ET 83, Edinburgh 1971, 197f.
Schechter, S., Documents of Jewish Sectaries: Fragments of a Zadokite Work, Cambridge 1910.
Schelkle, K.H., Ehe und Ehelosigkeit im Neuen Testament, in: Ders. (Hg.), Wort und Schrift. Beiträge zur Auslegung und Auslegungsgeschichte des Neuen Testaments, KBANT, 1966, 183-198.
–: Der Judasbrief bei den Kirchenvätern, in: Ders. (Hg.), Wort und Schrift. Beiträge zur Auslegung und Auslegungsgeschichte des Neuen Testaments, KBANT, 1966, 300-308.
Schiffman, L.H., Sectarian Law in the Dead Sea Scrolls, BJSt 33, Missoula, Mont. 1983.
Schillebeeckx, E., Der Amtszölibat. Eine kritische Besinnung, 1967.
Schiwietz, S., Eine neue Auslegung von 1 Kor 7,36-38, ThGl 19 (1927), 1-15.
Schmidt, T.E., Mark 10,29-30; Matthew 19,29: "Leave Houses ... and Region"?, NTS 4 (1992), 617-620.
Schmithals, W., Die Gnosis in Korinth. Eine Untersuchung zu den Korintherbriefen, FRLANT 66, ³1969.
–: Neues Testament und Gnosis, EdF 208, 1984.
Schmökel, H., Zur kultischen Deutung des Hohenliedes, ZAW 64 (1952), 148-155.
–: Heilige Hochzeit und Hoheslied, AKM XXXII,1, 1956.
Schnackenburg, R., Die Ehe nach dem Neuen Testament, in: Ders. (Hg.), Schriften zum Neuen Testament. Exegese in Fortschritt und Wandel, 1971, 414-434.
–: Die sittliche Botschaft des Neuen Testaments. Von Jesus zur Urkirche. HThK.S I ³1986; II 1988 (NB).

Schoellgen, G., Ecclesia sordida? Zur Frage der sozialen Schichtung frühchristlicher Gemeinden am Beispiel Karthagos zur Zeit Tertullians, JAC.E 12, 1984.
–: Hausgemeinden, ΟΙΚΟΣ-Ekklesiologie und monarchischer Episkopat, JAC 31 (1988), 74-90.
Schönfeld, H.G., Zum Begriff "Therapeutai" bei Philo, RdQ 3 (1961/62), 219-240.
Schoeps, H.J., Ehebewertung und Sexualmoral der späteren Judenchristen, StTh 2/1, Lund 1949, 99-101.
Scholl, N., Sakramente: Anspruch und Gestalt, Regensburg 1995.
Schrage, W., Die konkreten Einzelgebote in der paulinischen Paränese. Ein Beitrag zur neutestamentlichen Ethik, 1961.
–: Die Stellung zur Welt bei Paulus, Epiktet und in der Apokalyptik. Ein Beitrag zu 1 Kor 7,29-31, ZNW 61 (1964), 125-154.
–: Zur Ethik der neutestamentlichen Haustafeln, NTS 21 (1975), 1-22.
–: Zur Frontstellung der paulinischen Ehebewertung in 1 Kor 7,1-7, ZNW 67 (1976), 214-234.
–: Ethik des Neuen Testaments, GNT 4, 4/1 1982.
Schreiner, S., Mischehen – Ehebruch – Ehescheidung, ZAW 91 (1979), 207-228.
Schubert, K., Ehescheidung im Judentum zur Zeit Jesu, ThQ 151 (1971), 23-27.
Schürer, E., Geschichte des jüdischen Volkes im Zeitalter Jesu Christi, I, Leipzig 1901, repr. ND Hildesheim 1964.
Schuller, E.M., Women in the Dead Sea Scrolls, in: M.O. Wise/N. Golb/J.J. Collins/D.G. Pardee (edd.), Methods of Investigation of the Dead Sea Scrolls and the Khirbet Qumran Site. Present realities and future prospects, Annals of the New York Academy of Sciences 722, New York 1994, 115-131.
Schulz, S., Neutestamentliche Ethik, ZGB, 1986.
Schweizer, E., Scheidungsrecht der jüdischen Frau? Weibliche Jünger Jesu?, EvTh 42 (1982), 294-296.
Sealey, R., On Lawful Concubinage in Athens, ClA 3/1 (1984), 111-133.
Seboldt, R.H.A., Spiritual Marriage in the Early Church, CTM 30 (1959), 103-119.176-189.
Sellin, G., Die Häretiker des Judasbriefes, ZNW 77 (1986), 206-225.
Seltman, C., Women in Antiquity, London 1956.
Shaner, D.W., A Christian View of Divorce. According to the Teachings of the New Testament, Leiden 1969.
Shilo, S., Impotence as a ground for divorce (to the end of the period of the Rishonim), JLA 4 (1981), 127-143.

Sickenberger, J., Syneisaktentum im ersten Korintherbriefe?, BZ 3 (1905), 44-69.

Siedl, H., Qumran. Eine Mönchsgemeinde im Alten Bund. Studie über Serek Ha-Yahad, 1963, 254-260.

Siems, A.K., Einleitung, in: Ders. (Hg.), Sexualität und Erotik in der Antike, WdF 605, 1988, 1-15.

Sly, D., Philo's Perception of Women, BJSt 209, Atlanta 1990.

Söder, R., Die apokryphen Apostelgeschichten und die romanhafte Literatur der Antike, Würzburger Studien zur Altertumswissenschaft 3, 1932.

Der Spiegel 26/1995, 127, mit dem Beitrag: "Letzter Trost. Orthodoxe Rabbiner wehren sich gegen eine Reform der biblischen Ehe- und Scheidungsgesetze".

Staab, K., Die Unauflöslichkeit der Ehe und die sog. "Ehebruchsklausel" bei Matth 5,32 und Matth 19,9, in: M. Grabmann/K. Hoffmann (Hgg.), FS E. Eichmann, 1940, 435-452.

Stählin, G., Das Bild der Witwe, JAC 17 (1974), 5-20.

Staerk, W., Die jüdische Gemeinde des Neuen Bundes in Damaskus, 1922.

Stambaugh, J.E., Das soziale Umfeld des Neuen Testaments, GNT 9, 1992.

Steck, R., Geistliche Ehen bei Paulus? (I. Kor. 7,36-38), SThZ 34 (1917), 177-189.

Stegemann, H., Weitere Stücke von 4 QpPsalm 37, von 4 Q Patriarchal Blessings und Hinweis auf eine unedierte Handschrift aus Höhle 4 Q mit Exzerpten aus dem Deuteronomium, RdQ 22 (1967), 193-227.

–: Der lehrende Jesus. Der sogenannte biblische Christus und die geschichtliche Botschaft Jesu von der Gottesherrschaft, NZSTh 24 (1982), 3-20.

–: Das Gesetzeskorpus der "Damaskusschrift" (CD IX-XVI), RdQ 14 (1989/90), 409-434.

–: The Qumran Essenes – Local Members of the Main Jewish Union in Late Second Temple Times, in: J.T. Barrera/L.V. Montaner (edd.), The Madrid Qumran Congress (18.-21.3.1991), I, Leiden, New York, Köln, Madrid 1992, 83-166.

–: Die Essener, Qumran, Johannes der Täufer und Jesus, Herder/Spektrum 4128, 1993, ^{5}1996.

–: Qumran und das Judentum zur Zeit Jesu, ThGl 84 (1994), 175-194.

Steiner, A., Warum lebten die Essener asketisch?, BZ NF 15 (1971), 1-28.

Stelzenberger, J., Die Beziehungen der frühchristlichen Sittenlehre zur Ethik der Stoa. Eine moralgeschichtliche Studie, 1933, 403-438.

Stendahl, K., The Bible and the Role of Women. A Case Study in Hermeneutics, FB.B 15, Philadelphia 1966.

Stockmeier, P., Scheidung und Wiederverheiratung in der alten Kirche, ThQ 151 (1971), 39-51.

Straatman, J.W., Bijdragen tot de kritiek en exegese des N. Testaments, ThT 8, Leiden 1874, 400-409.
Strathmann, H., Geschichte der frühchristlichen Askese bis zur Entstehung des Mönchtums im religionsgeschichtlichen Zusammenhange I. Die Askese in der Umgebung des werdenden Christentums, 1914.
Strecker, G., Der Weg der Gerechtigkeit. Untersuchung zur Theologie des Matthäus, ²1966.
–: Handlungsorientierter Glaube. Vorstudien zu einer Ethik des Neuen Testaments, 1972.
–: Die Antithesen der Bergpredigt (Mt 5,21-48 par), ZNW 69 (1978), 36-72.
–: Strukturen einer neutestamentlichen Ethik, ZThK 75 (1978), 117-146.
–: Homosexualität in biblischer Sicht, KuD 28 (1982), 127-141.
–: Die neutestamentlichen Haustafeln (Kol 3,18-4,1 und Eph 5,22-6,9), in: H. Merklein (Hg.), Neues Testament und Ethik. FS R. Schnackenburg, 1989, 349-375.
–: / J. Maier, Neues Testament – Antikes Judentum, GKT 2, 1989.
–: Literaturgeschichte des Neuen Testaments, UTB 1682, 1992.
–: Theologie des Neuen Testaments. Bearbeitet, ergänzt und hg. v. F.W. Horn, 1995.
Swidler, L., Women in Judaism. The Status of Women in Formative Judaism, Metuchen, N.J. 1976.
Taubenschlag, R., The Law of Greco-Roman Egypt in the Light of the Papyri (332 B.C. to 640 A.D.), Warschau ²1955 sowie Mailand 1972 (mit identischen Seitenzahlen!).
Theissen, G., Judentum und Christentum bei Paulus. Sozialgeschichtliche Überlegungen zu einem beginnenden Schisma, in: M. Hengel/U. Heckel (Hgg.), Paulus und das antike Judentum, Tübingen-Durham-Symposium im Gedenken an den 50. Todestag Adolf Schlatters, 1991, 331-360.
Theobald, M., Heilige Hochzeit. Motive des Mythos im Horizont von Eph 5,21-33, in: K. Kertelge (Hg.), Metaphorik und Mythos im Neuen Testament, QD 126, 1990.
Thorp, J., The Social Construction of Homosexuality, Phoenix 46 (1992), 54-61.
Thyen, H., '... nicht mehr männlich und weiblich', in: Ders./F. Crüsemann (Hg.), Als Mann und Frau geschaffen. Exegetische Studien zur Rolle der Frau, 1978.
Tomson, P.J., Paul and the Jewish Law: Halakha in the Letters of the Apostle to the Gentiles, CRI III/1, Minneapolis 1990.
Trautman, D.W., The Eunuch Logion of Matthew 19,12: Historical and exegetical dimensions as related to celibacy, Diss. kath. theol. Rom 1966.

Türck, U., Die Stellung der Frau in Elephantine als Ergebnis persisch-babylonischen Rechtseinflusses, ZAW.NF 5 (1928), 166-169.

Van der Horst, P.W., Einige Beobachtungen zum Thema Frauen im antiken Judentum, BThZ 9 (1993), 77-93.

Van der Ploeg, J.M., Die Essener und die Anfänge des christlichen Mönchtums, in: K.S. Frank (Hg.), Askese und Mönchtum in der antiken Kirche, WdF 409, 1975, 107-128.

Van Greytenbeek, A.C., Musonius Rufus and Greek Diatribe, rev. und übers. v. B.L. Hijmans, WTS 8, Assen 1963.

Van Manen, W.C., De verloofden te Korinthe (1 Kor. VII: 36-38), ThT 8, Leiden 1874, 607-616.

Vaux, R. de, Die Ausgrabungen von Qumran und En Feschcha IA. Die Grabungstagebücher, übersetzt von F. Rohrhirsch und B. Hofmeir, NTOA. Series Archeologica 1A, Göttingen 1996.

Vawter, B., Divorce and the New Testament, CBQ 39 (1977), 528-542.

Vermes, G., Essenes and Therapeutai, RdQ 3 (1961/62), 495-504.

–: The Dead Sea Scrolls in English, Harmondsworth 1962, rev. 1968, London 1977 (Untertitel: Qumran in Perspective).

–: The Qumran Interpretation of Scripture in its Historical Setting, Dead Sea Scroll Studies 1969, ALUOS 6 (1969), 85-97.

–: Sectarian Matrimonial Halakhah in the Damascus Rule, JJS 24 (1973), 197-202, sowie in: Ders. (ed.), Post-Biblical Jewish Studies, SJLA 8, Leiden 1975, 50-55.

–: Genesis 1-3 in Post-Biblical Hebrew and Aramaic Literature before the Mishnah, JJS 43 (1992), 221-225.

Vielhauer, Ph., Geschichte der urchristlichen Literatur. Einleitung in das Neue Testament, die Apokryphen und die Apostolischen Väter, 1975.

Villers, R., Le mariage envisagé comme institution d'Etat dans le droit classique de Rome, ANRW II 14, 1982, 285-301.

Vögtle, A., Die Tugend- und Lasterkataloge im Neuen Testament. Exegetisch, Religions- und formgeschichtlich untersucht, NTA 16/4.5, 1936.

Vööbus, A., Celibacy, a Requirement for Admission to Baptism in the Early Syrian Church, PETSE 1, Stockholm 1951.

–: History of Asceticism in the Syrian Orient. A Contribution to the History of Culture in the Near East. I. The Origin of Asceticism. Early Monasticism in Persia, Louvain 1958.

Vogt, F., Das Ehegesetz Jesu. Eine exegetische Untersuchung von Mt 19,3-12; 5,27-32; Mk 10,1-12 und Lk 16,18, 1936.

Vogt, J., Von der Gleichwertigkeit der Geschlechter in der bürgerlichen Gesellschaft der Griechen, in: A.K. Siems (Hg.), Sexualität und Erotik in der Antike, WdF 605, 1988, 118-167.

Volz, P., Die Eschatologie der jüdischen Gemeinde im neutestamentlichen Zeitalter. Nach den Quellen der rabbinischen, apokalyptischen und apokryphen Literatur, ²1934, ND 1966.

Vorgrimler, H., Hoffnung auf Vollendung, QD 90, 1980.

Watson, A., The Divorce of Carvilius Ruga, TRG/Revue d'histoire du droit 33 (1965), 38-50.

Weaver, P.R.C., The status of children in mixed marriages, in: B. Rawson (ed.), The Family in Ancient Rome. New Perspectives, London/Sydney 1986, 145-169.

Weder, H., Perspektive der Frauen?, EvTh 43 (1983), 175-178.

Wegner, J.R., The Image and Status of Women in Rabbinic Judaism, in: J.R. Baskin (ed.), Jewish Women in Historical Perspective, Detroit 1991, 68-93.

Dies., Chattel or Person? The Status of Women in the Mishnah, New York/Oxford, 1988.

Weidinger, K., Die Haustafeln. Eine Studie urchristlicher Paränese, UNT 14, 1928.

Weinel, H., Handbuch zu den neutestamentlichen Apokryphen, hg. v. E. Hennecke, 1904.

Weiser, A., Die Rolle der Frau in der urchristlichen Mission, in: G. Dautzenberg/H. Merklein/K. Müller (Hgg.), Die Frau im Urchristentum, QD 95, 1983, 158-181.

Weiss, J., Die Predigt Jesu vom Reiche Gottes, ³1964 (hg. v. F. Hahn, mit einem Geleitwort von R. Bultmann).

Wendland, H.-D., Zur Theologie der Sexualität und der Ehe, in: Ders./H. Greeven/J. Ratzinger/R. Schnackenburg (Hgg.), Theologie der Ehe, 1969, 117-142.

–: Ethik des Neuen Testaments. Eine Einführung, GNT 4, 1970.

Wenham, G.J., BETULAH 'A girl of marriageable age', VT 22 (1972), 326-348.

Westbrook, R., Old Babylonian Marriage Law, AfO 23 (1988).

Westerholm, S., Jesus and scribal authority, Diss. ev. theol. Lund 1978.

Wibbing, S., Die Tugend- und Lasterkataloge im Neuen Testament und ihre Traditionsgeschichte unter besonderer Berücksichtigung der Qumran-Texte, 1959.

Widengren, G., Die Ursprünge des Gnostizismus und die Religionsgeschichte, in: K. Rudolph (Hg.), Gnosis und Gnostizismus, WdF 262, 1975, 686-706.

Wilckens, U., Weisheit und Torheit. Eine exegetisch-religionsgeschichtliche Untersuchung zu 1. Kor. 1 und 2, BHTh 26, 1959.

Wili, H.-U., Das Privilegium Paulinum (1 Kor 7,15f) – Pauli eigene Lebenserinnerung? (Rechtshistorische Anmerkungen zu einer neueren Hypothese), BZ 22 (1978), 100-108.
Winter, P., Sadoqite Fragments IV 20,21 and the Exegesis of Genesis 1,27 in late Judaism, ZAW 68 (1956), 71-84.
–: Genesis 1,27 and Jesus' Saying on Divorce, ZAW 70 (1958), 260-261.
Winter, U., Frau und Göttin. Exegetische und ikonographische Studien zum weiblichen Gottesbild im Alten Israel und in dessen Umwelt, OBO 53, 1983.
Wisse, F., The Epistle of Jude in the History of Heresiology, in: M. Krause (ed.), Essays on the Nag Hammadi texts in honour of Alexander Böhlig, NHS III, Leiden 1972, 133-143.
Witherington, B., Women in the Ministry of Jesus. A Study of Jesus' Attitudes to Women and their Roles as Reflected in His Early Life, Cambridge u.a. 1984.
Wolbert, W., Ethische Argumentation und Paränese in 1 Kor 7, MoThSt.S 8, 1981.
Wolff, H.J., Written and Unwritten Marriages in Hellenistic and Postclassical Roman Law, Philological Monographs 9, Haverford 1939.
–: Die Grundlagen des griechischen Eherechts, TRG/Revue d'histoire du droit 20 (1952), 1-29 (= Teil I). 157-181 (= Teil II).
–: Römisches Provinzialrecht in der Provinz Arabia (Rechtspolitik als Instrument der Beherrschung), ANRW II 13, 1980, 763-806.
Wolter, M., Die Pastoralbriefe als Paulustradition, FRLANT 146, 1988.
Wright, D.F., Homosexuals or Prostitutes? The Meaning of ΑΡΣΕΝΟΚΟΙΤΑΙ (1 Cor 6:9, 1 Tim 1:10), VigChr 38 (1984), 125-153.
Yadin, Y., The Message of the Scrolls, London ²1959.
–: The Scroll of the War of the Sons of Light against the Sons of Darkness, translated by B. & C. Rabin, 1962.
–: The Temple Scroll I, Jerusalem 1963.
–: L'Attitude Essénienne envers la Polygamie et le Divorce, RB 79 (1972), 98f.
Yaron, R., On Divorce in Old Testament Times, RIDA 3ser., IV (1957), 117-128.
–: Introduction to the Law of the Aramaic Papyri, Oxford 1961, 44-64.
–: CPJud. 144 et Alia, Iura. Rivista Internazionale di diritto Romano e Antico 13 (1962), 170-175.
Young, B.H., 'Save the Adulteress': Ancient Jewish Responsa in the Gospels?, NTS 41 (1995), 59-70.
Zakovitch, Y., The Woman's Rights in the Biblical Law of Divorce, JLA 4 (1981), 28-46.
Zeitlin, S., Solomon Zeitlin's Studies in the Early History of Judaism. History of Early Talmudic Law IV, New York 1978.

Zmijewski, J., Neutestamentliche Weisungen für Ehe und Familie, SUNT 9 (1984), 31-78.

Ferner ist auf die Benutzung der diversen Bände der Migne Patrologia G bzw. L hinzuweisen, was die Zitate und Angaben zu den Kirchenvätern anbetrifft.

Die Abkürzungen richten sich nach S.M. Schwertner, IATG (Internationales Abkürzungsverzeichnis für Theologie und Grenzgebiete), ²1992.

In der Arbeit werden die Zitate durch Kurztitel belegt. Vollständige Titelangaben enthält das Literaturverzeichnis. Die Herausgeberorte sind nur bei ausländischen Monographien genannt (bei inländischen Werken nur, sofern eine Verwechslungsgefahr besteht!); die Herausgeberorte der zitierten Zeitschriften-Reihen und Lexika sind bequem dem o.g. Verzeichnis von Schwertner, IATG ²1992 zu entnehmen.

Insofern Nestle-Aland 26. und 27. Auflage übereinstimmen, wurde die Zitation nach der 26. Auflage belassen.

Abkürzungsverzeichnis

Abkürzungen in der Darstellung, sofern sie vom Allgemeinen Abkürzungsverzeichnis von S.M. Schwertner, in der 2. überarb. Auflage der TRE, 1994, XVIIff, abweichen, sind die folgenden:

A.	Anmerkung (aus zitierter Literatur)
Abr.	de Abrahamo
Adv. haer.	Adversus haereses
Adv. Jov.	Adversus Jovinianem
Adv. Valentinianos	Adversus Valentinianos
Akk.	Akkusativ
Alc.	Alcibiades
Anm.	Anmerkung (innerhalb der eigenen Arbeit)
ann.	annales
AntBibl	Liber Antiquitatum Biblicarum (Pseudo-Philo)
Anthol.	Anthologii
Antiqu. Rom	ΡΩΜΑΙΚΗΣ ΑΡΧΑΙΟΛΟΓΙΑΣ
Ap./Apol.	Apologie
Aristot. frg.	Aristotelis fragmenta
Aug.	Augustus
Babyl. Talmud	Babylonischer Talmud
Bell.Jud.	de bello Judaico
Ben.	de beneficiis
c.Ap.	contra Apionem
c. Cels.	contra Celsum
CD	Damaskusschrift
Charm.	Charmides
ChrG	Chronistisches Geschichtswerk
Comm. in Verg. Aen.	Servius' Kommentar zu Vergils Aeneaden
Conc. Trull.	Concilium Trullanum
Cyn.	Kynikos
dag.	dagegen
de cher.	de cherubim
de ebr.	de ebrietate
de exh. cast.	de exhortatione castitatis

de monog.	de monogamia
de post. Cain	de posteritate Caini
de praem.	de praemiis et poenis
de praescr. haeretic.	de praescriptione haereticorum
Dig.	Digestae
Diod. Sic.	Diodorus Sicilianus
Diog. Laert.	Diogenes Laertius
Dion. Hal.	Dionysos Halicarnassus
Diss.	Dissertationes/Dissertation
Eleph.	Elephantine
EsrApk	Esra-Apokalypse
Evg.	Evangelium
F.K.	Frank Kleinschmidt
Fr./frg.	fragmentum/fragmenta
hebr.	hebräisch
hist.anim.	historiae animalium
hist. eccl.	historia ecclesiae
hist. nat.	histores naturales
hom.	homilia
Hypoth.	Hypothetica
i.f.	im folgenden
Inaug.-Diss.	Inaugural-Dissertation
Inst.	Institutiones
Interpret.	Interpretatio(n)
Jambl.	Jamblichus
Jeb	Jebamoth/Yebamot
Jhdt.	Jahrhundert
Kat.	Kategorie
Keth	Kethuboth/Ketubot
leg.all.	legum allegoriae
LevR (auch: Midrasch LevR)	Midrasch Rabbah Leviticus
Liv.	Livius
lk	lukanisch
Lys.	Lysias
m.	mit
Max.	Maximus
MigrAbr	de migratione Abrahami
mk	markinisch
mor./moral.	moralia (in der Literatur bisweilen als Amat. genannt)

MPG	Migne Patrologia Graeca
MPL	Migne Patrologia Latina
mt	matthäisch
n.	nach
NA^{26}	26. Auflage von Nestle-Aland
NA^{27}	27. Auflage von Nestle-Aland
ND	Nachdruck
Neubearb.	Neubearbeitung
noct. att.	noctes atticae
o.	oder
o.g.	oben genannte(r)
Or.	Orationes
pal. Talmud	palästinischer Talmud
Panarion haer.	Panarion haereticorum
Papyr. (P)	Papyrus
ParJer	Paralipomena Jeremiae
parr	Paralleltexte (par bei nur einem Paralleltext)
Pericl.	Pericles
Philad.	Brief des Ignatius v. Antiochien an die Philadelphier
Philostrat.	Philostratos
pln.	paulinisch
Plut.	Plutarch
Pol.	Politeia
Polyc.	Brief des Ignatius v. Antiochien an Polykarp
PolPhil	Brief des Polykarp an die Philipper
Praec.Coniug.	Praecepta coniugales
Ps.-Clem.	Pseudo-Clemens
Ps.-Dem.	Pseudo-Demosthenes
Ps.-Luc.	Pseudo-Lukian
Ps.-Phocyl.	Pseudo-Phokylides
Q	Logienquelle
Quaest.	Quaestio
quaest. Rom	ΑΙΤΙΑ ΡΩΜΑΙΚΑ
quod det. pot. ins.	quod deterius potiori insidiari soleat
1QM	Kriegsregel aus der 1. Qumranhöhle
1QpHab	Pescherkommentar zum Habbakukbuch aus der 1. Qumranhöhle
1QS	Gemeinderegel aus der 1. Qumranhöhle
1QSa	Gemeinschaftsregel aus der 1. Qumranhöhle

4QpPs 37	Peschertkommentar zum 37. Psalm aus der 4. Qumranhöhle
6Q15 Frg. 5	Text 15, Fragment 5 aus der 6. Qumranhöhle (s. ed. J. Maier, I 315)
11QTempel	Tempelrolle der 11. Qumranhöhle
R.	Rabbi
resp. Ath.	Atheniensium Respublica, auch als Politica bzw. ΠΟΛΙΤΙΚΩΝ bezeichnet
Roschh	Rosh Hashshanah
Sabb.	Shabbat
Sanh.	Sanhedrin
Sif Deb	Sifre Debarim
slavHen	slavischer Henoch
Smyr.	Brief des Ignatius v. Antiochien an die Smyrnäer
Symp.	Symposion
Tac.	Tacitus
Tat.	Tatius
term.techn.	terminus technicus
TestHi	Testimonium Hiob
Tr.	Traktat
u.	und
Ulp.	Ulpian
Vita Ap.	Vita Apolonii
Vit. Pyth.	de vita Pythagorica
XII(Test)Patr	Testamente der zwölf Patriarchen

Arbeiten zur Religion und Geschichte des Urchristentums
Studies in the Religion and History of Early Christianity

Herausgegeben von Gerd Lüdemann

Band 1   Matthias Günther: Die Frühgeschichte des Christentums in Ephesus. 1995. 2., überarb. Aufl. 1998.

Band 2   Kuriakose Antony Valavanolickal: The Use of the Gospel Parables in the Writings of Aphrahat and Ephrem. 1996.

Band 3   Niels Hyldahl: The History of Early Christianity. 1997.

Band 4   Matthias Günther: Einleitung in die Apostolischen Väter. 1997.

Band 5   Rainer Reuter: Synopse zu den Briefen des Neuen Testaments/Synopsis of the New Testament Letters. Teil I: Kolosser-, Epheser-, II. Thessalonicherbrief/Vol. I: Colossians, Ephesians, II. Thessalonians. 1997.

Band 6   Rainer Reuter: Synopsen zu den Briefen des Neuen Testaments/Synopsis of the New Testament Letters. Teil II: Die Pastoralbriefe/Vol. II: The Pastoral Epistles. 1998.

Band 7   Frank Kleinschmidt: Ehefragen im Neuen Testament. Ehe, Ehelosigkeit, Ehescheidung, Verheiratung Verwitweter und Geschiedener im Neuen Testament. 1998.